WANDERN & ERLEBEN

# OBERBAYERN

Bernd Riffler

W0336485

SCONTO

## ZEICHENERKLÄRUNG ZU DEN TOURENKARTEN

| | |
|---|---|
| A4 9 Autobahn | Aussicht |
| 40 Hauptstraße | Einkehr/Hütte |
| Landstraße | Kirche/Kloster |
| Nebenstraße | Turm |
| Fahrweg | Museum |
| Fußpfad | Prähistorische Fundstelle |
| Bahnlinie mit Bahnhof | Denkmal |
| Tourenführung mit Anfangs- und Endpunkt | Höhle/Grotte |
| Tourenvariante | Schloß/Burg/Ruine |
| E5 Fernwanderweg | Camping |
| **Konstanz** Sehenswerter Ort/Stadt | Markanter Baum |
| Bergbahn - Sessellift/Skilift | Mühle |
| Gipfel - Pass | Landschaftlicher Höhepunkt |
| Quelle - Wasserfall | Sehenswert |
| Parkmöglichkeit | Busverbindung/ Haltestelle |

## HINWEISE ZUR BENUTZUNG

Das Buch gliedert sich in vier Hauptkapitel: **»Die Einführung«** gibt einen landeskundlichen und historischen Überblick zur Region-Oberbayern. Das Kapitel **»Reise-Informationen von A bis Z«** enthält Angaben, die die Reisevorbereitung unterstützen und während des Urlaubs in Oberbayern weiterhelfen. In alphabetischer Reihenfolge werden im Abschnitt **»Sehenswürdigkeiten von A bis Z«** die interessantesten und reizvollsten Orte, Klöster, Schlösser und Landschaften in Oberbayern vorgestellt. Schließlich sind im Kapitel **»Die schönsten Wanderungen«** 30 ausgewählte Touren beschrieben, auf denen so manche Sehenswürdigkeit besonders eindrucksvoll »erwandert« werden kann. Zu jeder Route gibt es eine eigene Karte und einen Infokasten mit nützlichen Informationen (Tourencharakter, Verkehrsanbindung), Einkehr u.v.m.). Ein leicht verständliches Verweissystem stellt sinnvolle Bezüge zwischen den Kapiteln her. Darüber hinaus sind zu allen Sehenswürdigkeiten und Wanderungen Koordinaten angegeben, mit denen man den Ort oder die Tour ganz leicht auf der beigelegten, **großen Faltkarte** finden kann. Diese herausnehmbare Reisekarte – ein besonderes Extra – gibt dem Oberbayern-Urlauber jederzeit die Möglichkeit, seine ganze Urlaubsregion und ihre Ausflugsziele im Überblick zu betrachten.

# INHALT

# EINFÜHRUNG

*Seite 8/9: Blick von Schondorf über den Ammersee auf Kloster Andechs*

# OBERBAYERN: BERGE UND SEEN, KLÖSTER UND BIERGÄRTEN

Oberbayern ist mit seiner landschaftlichen Vielfalt eine der schönsten Gegenden Deutschlands. Es ist Teil des Alpenvorlands und hat darüber hinaus auch Anteil an den Nördlichen Kalkalpen. Beherrschende Akzente setzen deren bekannteste Gipfel, die 2963 m hohe Zugspitze (auch die höchste Erhebung) bei Garmisch-Partenkirchen und der 2713 m hohe Watzmann bei Berchtesgaden.

Die Kalkalpen sind geologisch gesehen ein junges Gebirge, dessen Auffaltung erst vor 70 Millionen Jahren begann; die Gesteine bestehen überwiegend aus den Kalkablagerungen eines Meeres (der *Thetys*), das sich einst zwischen der afrikanischen und der europäischen Kontinentalplatte erstreckte. Entscheidend für die Ausformung des heutigen Alpenvorlands waren die erst vor 10000 Jahren abgeschlossenen Eiszeiten, in deren Verlauf die Gletscherströme von Moränenwällen umgebene »Zungenbecken« ausformten, die heute mit dem Chiemsee, dem Starnberger See und dem Ammersee gefüllt sind. Eiszeitlich überformt wurden auch der Walchensee, der Tegernsee und der Königssee. Die Prozesse am Ende der Eiszeit schufen auch die Voraussetzung zur Enststehung der Moore, die ebenso den malerischen Charakter mancher Vorgebirgsgegenden bestimmen.

*Dem eindrucksvollen Turm der Rottenbucher Klosterkirche entspricht der großartige barocke Innenraum.*

Die Bevölkerung Oberbayerns war ursprünglich altbayerisch geprägt. In den letzten Jahrzehnten wurden die altbayerischen Dialekte zumindest aus den größeren Städten weitgehend verdrängt. Der von germanischen Bajuwaren abstammende kernige Menschenschlag wird wegen seiner zu Unrecht belächelten Eigenheiten in seinen besonderen Qualitäten häufig verkannt. Betrachtet man die beeindruckenden Zeugnisse altbayerischer Kunst und Kultur, wird man schnell dahingehend belehrt, daß die barocke Kraftnatur ebenso im Schöngeistigen und Feinsinnigen Bedeutendes zu leisten in der Lage war. So ist Oberbayern nicht nur mit schöner Natur gesegnet, sondern ebenso eine der reichsten deutschen Kunstprovinzen, in der neben Musik und Literatur vor allem die Baukunst großes Format erreichte.

Dies trifft nicht allein auf die Hauptstadt München zu, sondern in gleicher Weise auf das Land, in dem zumal die Klöster ihr kulturelles Wirken und eine rege Bautätigkeit entfalteten. Den einzigartigen Höhepunkt brachte zweifelsohne die Zeit des Barock, in der sich am Münchner Hof und im Umkreis des Klosters Wessobrunn eine Künstlerelite herausbildete, die im Spätbarock Bau- und Kunstwerke von europäischem Rang schuf.

*Die Zugspitze ist nicht nur der höchste, sondern auch der besterschlossene Gipfel der bayerischen Alpen.*

Neben der großen Kunst steht das Bunte der Trachten, das Fröhliche der traditionellen Feste und das Intime der alten Bräuche, die sich zwischen Christkindlanläuten, Sternsingen, Fasching, Starkbierzeit, Maibaumaufstellen, Münchner Oktoberfest, Leonhardifahrten und Christkindlmarkt in regelmäßiger Wiederkehr übers Jahr verteilen und zu den hauptsächlichen Wurzeln altbayerischer Lebensfreude gehören. Das gesunde Selbstverständnis der Oberbayern gründet aber nicht weniger in der jahrhundertelangen Verbundenheit mit ihrem Königshaus, das seit dem 1180 inthronisierten ersten Wittelsbacher, Otto von Wittelsbach, bis zur Abdankung des letzten Königs, Ludwig III., im Jahre 1918 stets in der Hand derselben Dynastie blieb und ein Garant der Kontinuität der bayerischen Geschichte und Entwicklung war. Eine Entwicklung, die sich nach den dunklen Jahren von Diktatur und Krieg seit 1945 in veränderten Bahnen fortsetzte, als sich das Agrarland zum wirtschaftsstarken Industrie- und Technologiestandort wandelte. Daneben ist der Fremdenverkehr ein wichtiger Wirtschaftsfaktor, der sich auf ein vielfältiges Freizeitprogramm stützt, in dem das Wandern an vorderster Stelle steht.

So gesehen bestand die Schwierigkeit bei der Auswahl der in diesem Buch beschriebenen 30 Wanderrouten und -gebiete nicht im mangelnden Angebot, sondern in der Fülle an Touren-»Klassikern«, die dem Verfasser die Wahl nicht leichtmachte. Den Ausschlag gab letztlich das Bemühen, dem Benutzer dieses Führers in Verbindung mit den Touren und Anfahrtsrouten zugleich ein Kompendium der Natur- und Kunsthöhepunkte und damit über den sportiven Teil hinaus ein komplexes Rundumerlebnis zu vermitteln. Schließlich wurde auch noch der bayerischen Landeshauptstadt München ein gebührender Platz eingeräumt, so daß der Besucher im Rahmen eines Altstadtrundgangs auch grundlegende Eindrücke von dieser bedeutenden Kultur- und Kunstmetropole bekommt.

# REISE-INFORMATIONEN

*Seite 12/13: Das Dorf Wamberg fügt sich idyllisch in die Werdenfelser Gebirgslanschaft.*

## ANREISE

**Flug:** Flughafen München-Erding, S-Bahn und Buslinie nach München.

**Bahn:** Fernverbindung nach München aus den Richtungen Augsburg, Würzburg, Nürnberg, Regensburg, Deggendorf, Passau, Burghausen, Rosenheim – Freilassing, Kufstein, Kochel, Garmisch, Mittenwald, Landsberg. Nebenstrecken: Geltendorf – Weilheim, Weilheim – Schongau, Murnau – Oberammergau, Holzkirchen – Tegernsee, Lenggries, Schliersee und Bayrischzell, Rosenheim – Wasserburg, Prien – Aschau, Traunstein – Ruhpolding, Freilassing – Berchtesgaden; S-Bahn von München u.a. nach Herrsching, Tutzing, Wolfratshausen, Ebersberg, Freising, Dachau.

*Farbenfrohe Lüftlbilder zieren die Hausfassaden vieler Gebirgsorte*

**Schnellstraßen:** A9 Berlin – Nürnberg – München, A93 Weiden – Regensburg – München, A92 Deggendorf – München, A8 Salzburg – München, A93 Rosenheim – Kufstein, A95 München – Garmisch, A96/B12 München – Lindau, A8 Stuttgart – München, A3 Frankfurt – Nürnberg – A9 München, A7 Fulda – Würzburg – A3 Nürnberg – A9 München.

## AUSKUNFT / INFORMATION

Tourismusverband München-Oberbayern, Bodenseestraße 113, 81243 München, Tel. 089/829218-0, Fax 089/829218-28. Deutscher Alpenverein, Alpine Auskunftsstelle, 80538 München, Tel. 089/294940 (Hüttenöffnungszeiten, u.a.); Bergwetterinformation Tel. 089/295070; Alpenwetterbericht täglich in Bayern 2 nach den 8-Uhr-Nachrichten.

**Regionale Tourismusvereine:** Ammersee/Lech, 86899 Landsberg a. Lech, Tel. 08191/47177; Berchtesgadener Land, 83471 Berchtesgaden, Tel. 08652/9670; Chiemgau, 83278 Traunstein, Tel. 0861/58-223; Chiemsee, 83209 Prien, Tel. 08051/2280; Garmisch-Partenkirchen, 82467 Garmisch-Partenkirchen, Tel. 08821/1800; München, Tel. 089/233-0300; Münchner Umland, 85737 Ismaning, Tel. 089/9612427; Pfaffenwinkel, 86956 Schongau, Tel. 08861/7773; Rosenheim/Wendelstein, 83098 Brannenburg,

Tel. 08034/8842; Schliersee/Bayrischzell/Spitzingsee, 83727 Schliersee, 08026/60650; Starnberger Fünfseenland, 82319 Starnberg, Tel. 08151/9060-0; Tegernseer Tal, 83684 Tegernsee, Tel. 08022 /18 01 49; Tölzer Land, 83646 Bad Tölz, Tel. 08041/505206.

## BAHN → Anreise

## BERGBAHNEN

Im Bereich der vorgeschlagenen Wanderungen (mit Höhenlage von Tal- und Bergstation): Jennerbahn (630/1800m), Blombergbahn (680/1237m), Brauneckbahn (700/1550m), Herzogstandbahn (800/1600m), Zugspitz-Zahnradbahn (705/2964m), Zugspitz-Seilbahn (Eibsee) (1008/2964m), Kreuzeckbahn (705/1650m), Eckbauerbahn (735/1236m), Kranzberglift (980/1220m).

## BERGHÜTTEN → Unterkunft

## BRAUCHTUM

So facettenreich die altbayerische → **Mundart** ist, so zahlreich sind die Bräuche. Neben der traditionellen Tracht mit Lederhose und Dirndl verbinden sich vor allem die Kirchenfeste mit einer Reihe von Bräuchen, wie Palmprozessionen, Pfingstschießen, Buttermandl aufen im Advent, Herbergssuche, Christkindlanläuten und Weihnachtsschießen, Neujahrsanschießen, Perchtenlaufen und Sternsingen am Dreikönigstag. Ihren angestammten Platz im Kalender haben darüber hinaus der Fasching, die Starkbierzeit, das Aufstellen der Maibäume und das Münchner Oktoberfest. Einen detaillierten Überblick gibt der → **Veranstaltungskalender**.

*Die sommerbewirtschafteten Almen sind malerische Akzente der Gebirgslandschaft.*

## CAMPING

Campingplätze gibt es u.a. in Aschau, Bad Kohlgrub, Bad Tölz, Bernau/Felden, Chieming, Dießen, Grainau, Klais-Krün, Kochel, Kreuth-Weißach, Landsberg/Lech, Mittenwald,

*Auf den Wanderer warten zahlreiche Berggasthöfe, so etwa das Blomberghaus bei Bad Tölz.*

Oberammergau, Prem, Prien, Ramsau, Rottenbuch, Ruhpolding, Schliersee, Seebruck, Seefeld/Pilsensee, Seehausen, St. Heinrich/ Starnberger See, St. Quirin-Gmund, Uffing, Wolfratshausen. Adressen und Tel. bei den regionalen Tourismusvereinen (→ **Auskunft/Information**).

## ESSEN UND TRINKEN

Lokale Spezialitäten, wie Schweinsbraten mit Knödel, Schweinshax'n, warmer Leberkäs oder Weißwürst' haben nach wie vor einen hohen Stellenwert. Geschätzt wird auch das bayerische Bier, das bis heute dem ältesten Lebensmittelgesetz der Welt, dem 1516 erlassenen »Reinheitsgebot« Herzog Wilhelms IV., unterliegt. Demnach darf das Bier nur aus Wasser, Gerste und Hopfen gebraut werden.

## FLUGVERKEHR → Anreise.

## HOTELLERIE (AUSWAHL)

**Bad Bayersoien:** Gasthof Zum weißen Roß, Dorfstraße 20, 82435 Bad Bayersoien, Tel. 08845/7402-0; behagliche Ausstattung, anerkannt ausgezeichnete Küche mit Fischspezialitäten.

**Bad Tölz:** Hotel Kolbergarten, Fröhlichgasse 5, 83646 Bad Tölz, Tel. 08041/9067; zentrale, doch sehr ruhige Lage am Fuß des Kalvarienbergs, exzellentes Frühstücksbüffet und sehr gute Küche.

**Bayrischzell:** Hotel Garni Maria Theresia, Tannermühlstraße 19, 83735 Bayrischzell, Tel. 08023/1403; persönlich geführtes Haus, ruhige Waldrandlage, gepflegtes Ambiente.

**Berchtesgaden:** Hotel Bavaria, Sunklergäßchen 11, 83471 Berchtesgaden, Tel. 08652/96610 und 2620; Familienbetrieb, sonnige und aussichtsvolle Lage, sehr gute Küche und hoteleigenes Restaurant. Hotel-Restaurant Zur Seeklause, Seestraße 6, 83471 Schönau a. Königssee, Tel. 08652/2516; landschaftlich prachtvoll gelegener Familienbetrieb, hervorragende Küche mit origineller Note. Hotel Rehlegg, Holzengasse 16-18, 83486 Ramsau; Tel.08657/1214; ruhig und landschaftlich schön gelegenes Hotel mit gehobenem Komfort und ausgezeichneter Küche.

*Die holzgeschnitzten »Stammgäste« vor den Ammergauer Brunnerkopfhäusern zeigen viel Sinn für Humor.*

**Bernried:** Hotel Seeblick, Tutzinger Straße 9, 82347 Bernried, Tel. 08158/2540; größtes Ferienhotel am Starnberger See, gute Küche, bayerische Spezialitäten, Hallenbad, Seenähe.

**Garmisch-Partenkirchen:** Hotel-Gasthof Drei Mohren im Ortsteil Partenkirchen, Ludwigstraße 65, 82467 Garmisch-Partenkirchen, Tel. 08821/9130; traditionsreiches Haus mit bayerisch-gemütlichem Flair. Gasthof Fraundorfer im Ortsteil Partenkirchen, Ludwigstraße 24, 82467 Garmisch-Partenkirchen, Tel. 08821/2176 oder 9270; Familienbetrieb seit 1820, gepflegte Mischung aus modernem Komfort und bayerischem Ambiente. Gasthof Zum Rassen im Ortsteil Partenkirchen, Ludwigstraße 45, 82467 Garmisch-Partenkirchen, Tel. 08821/2089; hervorragende bürgerliche Küche, bayerische Schmankerl, Bühne des Partenkirchner Bauerntheaters.

**Mittenwald:** Hotel Alpenrose, Obermarkt 1, 82481 Mittenwald, Tel. 08823/5055,56,57; kultivierter Hotel-Gasthof im Ortszentrum mit jahrhundertealtem Stammbaum, sehr gute Küche.

**Oberammergau:** Hotel Alte Post, Dorfstraße 19, 82487 Oberammergau, Tel. 08822/910-0; zentral gelegenes, sehr gepflegtes Hotel mit ausgezeichneter Küche.

**Prien a. Chiemsee:** Hotel Bayerischer Hof, Bernauer Straße 3, 83209 Prien, Tel. 08051/6030; renommiertes Hotel in zentraler, dennoch ruhiger Lage.

*Das Bier gehört immer noch zum festen Bestandteil bayerischer Tafelfreuden.*

**Reit im Winkl:** Alpengasthof Augustiner, Klammweg 2, Winklmoosalm, 83242 Reit im Winkl, Tel. 08640/9814-0; prachtvolle Lage auf der berühmten Winklmoosalm, Familienunternehmen mit bayerisch-gemütlicher Atmosphäre. Hotel-Gasthof Zur Post, Kirchplatz 7, 83242 Reit im Winkl, Tel. 08640/8448; zentrale, ruhige Lage, gutbürgerliches Haus mit langer Familientradition, bekannt gute Küche.

**Rottach-Egern:** Hotel garni Hubertus-Schlössl, Kreuzweg 7, 83700 Rottach-Egern, Tel. 08022/95160; sehr ruhige, sonnige Lage, großer Garten mit Liegewiese, individuelles Ambiente.

**Ruhpolding:** Sporthotel am Westernberg, Am Wundergraben 4, 83319 Ruhpolding, Tel. 08663/1674-5; ruhig und aussichtvoll gelegenes Familienunternehmen, sehr gute Küche, großes Freizeit- und Fitneßangebot. Hotel garni Flora, Zeller Straße 13, 83321 Ruhpolding, Tel. 08663/321-322; zentrale, dennoch ruhige Lage, anerkannt gute Küche, Hallenbad und andere Freizeitangebote.

**Schliersee:** Hotel zur Post, Rathausstraße 3, 83727 Schliersee, Tel. 08026/4011; traditionsreiches, zentral gelegenes, gediegenes Hotel mit ausgezeichneter Küche.

**Walchensee:** Hotel Schwaigerhof, Seestraße 42, 82432 Walchensee, Tel. 08858/920252; schöne Lage direkt am See, Liegewiese, Badeplatz, Surfeinrichtungen.

## JUGENDHERBERGEN

Detaillierte Informationen zu den relativ preiswerten Unterkünften in Jugendherbergen erteilt der DJH-Landesverband Bayern e.V. in München, Tel. 089/922098-0. Im vorgestellten Touren- und Reisegebiet gibt es Jugendherbergen in

*Bei der Reintalangerhütte im Wetterstein nimmt die Gebirgswelt besonders wildromantische Züge an.*

folgenden Orten: Bad Endorf, Bayrischzell, Benediktbeuern, Berchtesgaden/Strub, Bergen, Ebersberg, Füssen, Garmisch-Partenkirchen, Kochel, Kreuth/Scharling, Lenggries, Mittenwald, München (2), Oberammergau, Oberaudorf, Prien, Pullach, Schliersee, Urfeld/Walchensee.

## KARTEN

Für die Touren sind, zumal bei schwierigerem Routenverlauf oder im Gebirge, spezielle Wanderkarten empfehlenswert. Neben den Karten der Wanderverlage empfehlen sich vor allem die topographischen Karten 1:50000 des Bayerischen Landesvermessungsamts.

## KLIMA

Das oberbayerische Klima ist gewissermaßen »durchwachsen« – oder positiv: abwechlungsreich. Wo sich die Luftmassen am Gebirge stauen, ist die Niederschlagsmenge höher als im nördlichen Flachland. So beträgt der mittlere Jahresniederschlag im Berchtesgadener Land rund 2000mm, in München hingegen nur etwa 900 mm. Ein besonderes Phänomen ist der Föhn, ein warmer Fallwind aus dem Süden, der innerhalb weniger Stunden einen Temperaturanstieg um 10 bis 15°C bewirken kann. Ebenso häufig sind Kaltlufteinbrüche, bei denen die Temperaturen in kürzester Zeit ebenfalls um bis zu 15°C fallen können. Mit dem Quecksilber sinkt im Gebirge auch die Schneefallgrenze (manchmal auch im Sommer auf 1500m), so daß unerfahrene Wanderer im Handumdrehen ernsten Gefahren ausgesetzt sein können, wenn sie nicht mit entsprechender Zusatzkleidung gegen derartige Tücken gewappnet sind.

## MEDIZINISCHE VERSORGUNG

Zumal in den Fremdenverkehrsgebieten ist die Ärztedichte völlig ausreichend, so daß für Notfälle Hilfe gesichert ist. Ebenso zuverlässig funktioniert das Rettungswesen, wobei der Bergwacht (Tel. 19222 = Rettungsleitstelle) im alpinen Bereich eine besonders wichtige Rolle zukommt.

*Überall begegnet man Zeugnissen der tiefen Frömmigkeit der Gebirgsbewohner.*

## MUNDART

Der altbayerische Dialekt zeichnet sich durch Wortreichtum und Lautmalerei aus. Die sprachlichen Überlagerungen durch Zuwanderung vor allem während der letzten Jahrzehnte veränderten und verdrängten jedoch vielerorts (v.a. in den Großstädten) die regionale Mundart, so daß selbst älteren Einheimischen früher gebräuchliche Redewendungen und Ausdrücke manchmal nicht mehr geläufig sind.

## MUSEEN IN MÜNCHEN (AUSWAHL)

**Alte Pinakothek:** Weltberühmte Gemäldesammlung aus fünf Jahrhunderten (1300–1800). **Antikensammlung:** Griechische Kleinkunst, Vasen, Terrakotten. **Bayerisches Nationalmuseum:** Bayerische Kunst, Volkskunst, Krippen. **Deutsches Museum:** Größtes technisches Museum der Welt. **Glyptothek:** Antike griechische und römische Plastiken. **Galerie im Lenbachhaus:** Sammlung Blauer Reiter, Münchner Maler des 19. Jhs. **Münchner Stadtmuseum:** Wohnkultur, Puppentheater, Photo- und Filmmuseum, Sonderausstellungen. **Neue Pinakothek:** Gemäldesammlung des 19. Jhs. **Prähistorisches Museum:** Vorgeschichte in Bayern. **Residenzmuseum:** Wohn- und Prunkräume von der Renaissance bis zum Historismus, Cuvilliés-Theater, Schatzkammer. **Schackgalerie:** Malerei des 19. Jhs. **Schloß Nymphenburg:** Prunkräume, Schönheitsgalerie; Marstallmuseum im nördlichen Seitenflügel; Amalienburg, Pagodenburg, Badenburg, Magdalenenklause im Park; Museum Mensch und Natur im südlichen Seitenflügel. **Schloß Lustheim:** Meißner Porzellansammlung. **Schloß Schleißheim:**

*München ist nicht zuletzt eine Stadt der Museen. Die Glyptothek ist ein Beispiel für viele.*

Festsäle, Malerei 17. und 18. Jh. **Stuckvilla:** Jugendstilvilla und bedeutende Sammlung zum Jugendstil. **Völkerkundemuseum:** Kulturen Südostasiens, Perus, u. a.

## NOTRUF

Polizei, Tel. 110.

## PANNENHILFE

ADAC, Tel. 0180/2 22 22 22.

## RADFAHREN

In Oberbayern erfreut sich auch das Radwandern und Bergradeln großer Beliebtheit. Viele Hotels verleihen deshalb Fahrräder. Ebenso

*Romantische Seen, wie der Hintersee in der Ramsau, tragen viel zum Zauber der Bergwelt bei.*

*Für den Wanderer ist die Gebirgsregion mittlerweile bestens erschlossen.*

gibt es Bahnhöfe mit Fahrradverleih (Gesamtverzeichnis an den Schaltern, telefonische Vorbestellung empfehlenswert).

*Die zunehmend gefährdete Gebirgsflora steht inzwischen unter Naturschutz.*

## REISEZEIT

Die sommerliche Hauptsaison dauert von Juni bis September. Die Berghütten sind dann geöffnet und die Bergpfade selbst in höheren Lagen weitgehend schneefrei. Wer den Trubel in den Tourismusgegenden scheut, sollte seinen Urlaub besser im Frühjahr oder Herbst ansetzen. Zu Bergtouren verlockt v.a. der Spätherbst mit oft noch milden Temperaturen und klaren Sichtverhältnissen. Allerdings sind dann die meisten Berghütten wieder geschlossen, so daß die Brotzeit im Rucksack dabeisein sollte. Die Tal- und Flachlandwanderungen sind ebenso für den Winter geeignet.

## S-BAHN → **Anreise**.

## SEENSCHIFFAHRT

Neben dem Chiemsee, Starnberger See und Ammersee verkehren auch auf dem Königssee, Schliersee und Tegernsee fahrplanmäßig Motorschiffe und -boote. Sie dienen heute fast ausschließlich touristischen Zwecken.

## TOURISMUSVERBÄNDE UND -VEREINE

→ **Auskunft**.

## UNTERKUNFT

Oberbayern ist mit Unterkunftsmöglichkeiten – von preiswerten Privatquartieren bis zur Nobelhotellerie – bestens ausgestattet. Für die Feriensaison empfiehlt sich eine rechtzeitige Voranmeldung. Berghütten sind oft nicht ganzjährig bewirtschaftet.

## VERANSTALTUNGSKALENDER

Der Jahresüberblick über die Veranstaltungen in Oberbayern kann beim Tourismusverband München-Oberbayern (Adresse/Tel. → **Auskunft/Information**) bezogen werden.

## VERKEHRSVEREINE → Auskunft.

*Eine Bootspartie auf dem Ramsauer Hintersee ist stets sehr beliebt.*

## AMMERSCHLUCHT

*Höhe: 635 m* | *Karte: A 4–5* | *Wanderung 2*

Auf der Höhe von Bayersoien, → **Rottenbuch** und Peiting zwängt sich die Ammer durch eine wildromantische Schlucht. Besonders reizvoll sind die **Schleierfälle**. Einige Abschnitte der Ammerschlucht sind mit zuverlässigen Wanderwegen und Treppenanlagen erschlossen. An der **Scheibum,** der Schlüsselstelle für die Kajakfahrer, gibt es sogar einen Mini-Klettersteig.

## AMMERSEE

*Höhe: 533 m* | *Tiefe: 82 m* | *Karte: B 2–3* | *Wanderungen 11, 13*

Der Zungenbeckensee ist ein Relikt der großen Eiszeitperioden der jüngsten Erdgeschiche, in denen das südliche Alpenvorland unter dicken Eispanzern verpackt war. Trotz seiner immer noch respektablen Dimensionen von 16 km Länge, bis zu 6 km Breite und an die 82 m Tiefe ist der Ammersee aber nur noch ein Schatten seiner einstigen Ausdehnung. Wie am → **Starnberger See** veranstaltete dereinst auch am Ammersee die Adelsprominenz vom Münchner Hof vergnüglich-makabre Seejagden, die von regenschutzüberdachten Flößen aus inszeniert wurden. Einen Hinweis auf ein dunkles Kapitel der Geschichte liefert der Name der Schweden-Halbinsel am Südrand des Sees, die als einstige Insel im Dreißigjährigen Krieg den Bewohnern der Gegend vor den marodierenden Schweden Schutz bot. 1878 kreuzte das erste Dampfschiff durch die Fluten des Ammersees. 1880–1939 gab es mit der »Maria Theresia« sogar einen Amper-Schiffsverkehr von Stegen am Nordufer nach Grafrath. Über den See stampften 1910 bereits fünf Raddampfer, die erst nach dem Zweiten Weltkrieg durch modernere Motorschiffe Konkurrenz bekamen.

## ANDECHS, KLOSTER

*Höhe: 711 m* | *Karte: B 3* | *Wanderung 11*

Der Name des Klosters auf dem **»heiligen Berg«** östlich des → **Ammersees** weckt gleich mehrfache positive Empfindungen. Zum einen zählt Andechs seit Jahrhunderten zu den volkstümlichsten Wallfahrtsstätten Bayerns, zum anderen wird in der klostereigenen **Braue-**

**rei** ein weltweit berühmtes Bier gebraut (und im **Klosterbiergarten** gleich ausgeschenkt); zum dritten gilt die Klosterkirche unter Kunstexperten als eines der gelungensten Beispiele prachtvoll barockisierter Gotteshäuser.

Andechs war zunächst der Stammsitz der Grafen von Dießen, die im 11. Jh. ihre Residenz vom Ammerseeufer auf den **Moränenrücken** verlegten. Der bedeutende, wenngleich kurze Höhenflug des **Andechser Grafengeschlechts** endete Mitte des 13. Jhs., als die konkurrierenden **Wittelsbacher** die Oberhand gewannen und 1245 die Burg schleiften. 1388 wurden in der Ruine der einstigen Burgkapelle jene hl. drei Hostien wiederentdeckt, die im 12. Jh. ein Graf Berthold dort hinterlegt hatte. Grund genug, um eine alsbald blühende Wallfahrt auszulösen, die bis auf den heutigen Tag lebendig geblieben ist.

1420 erfolgte der Baubeginn der neuen **Kirche**, die 1669 abbrannte und 1670–1676 wiederhergestellt wurde. 1751–1755 erfuhr der Innenraum erneute Eingriffe, die aber das Ausgangskonzept einer dreischiffigen gotischen Halle weiterhin bestehen ließen. Der überragende künstlerische Rang der Klosterkirche resultiert trotzdem aus der virtuosen Ausstattung, die der berühmte Johann Baptist Zimmermann als Freskant, Stukkateur und Altarbauer fast im Alleingang besorgte. Daneben waren mit den Bildhauern Johann Baptist Straub und Franz Xaver Schmädl noch weitere Meister ihres Fachs beteiligt.

*Der Andechser Kirchturm erhebt sich blickbeherrschend über den Ostuferhöhen des Ammersees.*

## ASCHAU / SCHLOSS HOHENASCHAU

*Höhe: 615 m* *Karte: H 4*
*Einwohner: 4970* *Wanderung 26*

Der Luftkurort am Eingang des Prientals reicht mit seinen Anfängen bis ins 12. Jh. zurück. Der touristische Stellenwert ergibt sich aus der Nähe des → **Chiemsees** und aus den Ausflugs- und Wandermöglichkeiten, die vor allem die zerklüftete **Kampenwand** eröffnet.

*Von der Kampenwand reicht der Blick über Aschau hinweg weit hinaus in das Alpenvorland.*

Den Kunstfreund beeindruckt die barockisierte Aschauer **Pfarrkirche** mit ihrem reichen italienischen Stuck, meisterlichen Deckengemälden und einer prachtvollen, mit üppigem Schnitzwerk versehenen Kanzel. Nicht minder ansprechend ist die benachbarte, von der Aschauer Hofwirtin Maria Anna Schropp gestiftete **Kreuzkapelle** mit ihrem Rokokodekor und einem 1754 angefertigten Schmiedeeisengitter.

Natürlich wird man auch das blickbeherrschende **Schloß Hohenaschau** besichtigen, das im 12. Jh. als Burg entstand, im ausgehenden 19. Jh. von den Freiherren Cramer-Klett zum Herrschaftssitz ausgebaut wurde und dazwischen 1610–1835 dem bayerischen Grafengeschlecht der Preysing als Stammsitz diente, die sich im Renaissance-Rittersaal als überlebensgroße Gipsfiguren für die Nachwelt verewigten. –

## BAD KOHLGRUB

*Höhe: 828 m* *Karte: B 5*
*Einwohner: 2280* *Wanderung 2*

Der Ort Kohlgrub ist 1280 als »Cholgrube« erstmals urkundlich erwähnt; der Name weist auf die auch hier vorkommende Kohle der Molasseschichten hin, die in Penzberg und Peißenberg bis ins 20. Jh. abgebaut wurde. 1295 übernahmen die Chorherren des Klosters → **Rottenbuch** den welfischen Besitz, an dem von 1330 bis zur Säkularisation von 1803 auch das Kloster → **Ettal** beteiligt war. 1835. –1836 entstand in Kohlgrub eine Fabrik für optisches Glas, die ein paar Jahrzehnte florierte, dann aber 1870 einem Bad weichen muß-

te, das die Entwicklung zum renommierten **Kurbad** einleitete. An der nordwestlichen Ortsperipherie steht auf einem Hügel die kleine **St.-Rochus-Votivkapelle** aus dem Pestjahr 1633, die an das dunkelste Kapitel der Chronik des Badeorts erinnert, als die Seuche im bayerischen Oberland wütete und in Kohlgrub bis auf zwei Ehepaare alle Einwohner dahinraffte. 1733 wurde die Kapelle erneuert und präsentiert sich heute als schlichter tonnengewölbter Saal mit halbrund geschlossenem Altarraum. Die hübschen Fresken im Inneren schildern Leben und Wirken des hl. Rochus. Von beachtlicher Qualität ist auch der Stuck, der ebenso wie die Ausschmückung der stattlichen Kohlgruber Pfarrkirche der Wessobrunner Schule um Josef Schmuzer zugeschrieben wird.
Das ländlich geprägte **Ortsbild** Bad Kohlgrubs wird von einigen Bauernhäusern geprägt, die mit vorzüglichen Lüftlmalereien verziert sind. So das Haus beim Jäger Jürgl, dessen um 1790 angefertigte Fassadenbilder Franz Seraph Zwinck aus Oberammergau zugeschrieben werden.

## ▶ BAD TÖLZ

| | |
|---|---|
| *Höhe: 658 m* | *Karte: D 4* |
| *Einwohner: 16 700* | *Wanderung 10* |

Die Isarflößerei und die Salzstraße, die von Reichenhall ins Allgäu zog und bei Tölz den Fluß überschritt, haben die Hauptstadt des Isarwinkels schnell reich gemacht. So erscheint die erst im Jahr 1182 urkundlich erwähnte Ortschaft knappe 100 Jahre darauf bereits als Markt. Später wurden die traditionellen Erwerbsquellen durch andere ergänzt oder abgelöst, z. B. durch die Tölzer Kistler, die seit dem 16. Jh. mit ihren kunstfertigen Kästen und Truhen weit über die Gemeindegrenzen hinaus einträgliche Geschäfte machten. Und dann natürlich durch die 1846 entdeckten **Jodquellen**, die von der 1860 gegründeten Jod-Schwefel-Gesellschaft zielstrebig in einen alsbald vehement aufblühenden **Heilbadbetrieb** umgesetzt wurden. Die Umtitulierung in Bad Tölz im Jahr 1899 und die nur sieben Jahre später erfolgte Stadterhebung waren danach nur noch eine Formsache.
Aber die Tölzer erlebten auch düstere Stunden: So 1453, als ein Großbrand die damals üblichen Holzhäuser dahinraffte, oder im Jahr 1743, in dem eine Viehseuche etliche Bauern ins Elend stürzte und zum folgenreichen Gelübde an den hl. Leonhard veranlaßte, alljähr-

lich zu einer **Votivkirche auf den Kalvarienberg** zu ziehen. Auch Kriege haben Tölz übel mitgespielt: Der Dreißigjährige Krieg mit dem Einfall der Schweden, die 1632 sengend und plündernd durch die Straßen zogen, dann der Österreichische Erbfolgekrieg, der 1742 die Isarwinkler die unerfreuliche Bekanntschaft mit den wilden Panduren des Freiherrn Franz von der Trenck machen ließ. Schwer drückt auch die Erinnerung an die Sendlinger Mordweihnacht am Heiligen Abend des Jahres 1705, die ein paar Tausend von Tölz aus mobilisierte patriotische »Oberlandler« vor den Toren Münchens unter den Waffen der überlegenen österreichischen Besatzer der Residenzstadt elend zugrunde gehen sah.

Die wenigen Tölzer Bauern und Handwerker, die das Gemetzel überlebten, gelobten auf dem Kalvarienberg über der Isar den Bau einer Kapelle, die 1718–1722 auf dem höchsten Punkt des Hochufers entstand. Bereits 1711 hatte der kurfürstliche Salz- und Zollbeamte Friedrich Nockher auf dem Scheitel des Kalvarienbergs nach römischem Vorbild eine heilige Stiege unter freiem Himmel errichten lassen, die man wenig später überdachte und 1720–1726 mit der vorgesetzten Kreuzkirche zu einer Doppelanlage erweiterte. 1732 wurde die Fassade mit dem Turmpaar ergänzt, das weißleuchtend als Tölzer Wahrzeichen von hoher Warte herabschaut. Desgleichen wurde der Kreuzhügel aufgeschüttet, an dessen Fuß in einprägsamer Detailtreue die als »Kerker« bezeichnete Grotte mit dem gefesselten Heiland steht. Jahrzehnte später hat noch ein Bauer in Erfüllung eines Gelübdes für die zuerst errichtete, dem **hl. Leonhard gewidmete Kapelle** eine Kette gestiftet, die das kleine Gotteshaus umspannt. Die volkstümliche Tölzer Sehenswürdigkeit rückt alljährlich am 6. November bayernweit

ins Rampenlicht, wenn die berühmte und von viel Prominenz begleitete Tölzer **Leonhardiprozession** über die Bühne geht und bei der Leonhardskapelle endet.

Sehenswert ist auch die platzartig geweitete Tölzer **Marktstraße**, die mit ihren stattlichen Bürgerhäusern unter weit vorspringenden Ziergiebeln und Fassadenfresken aus dem 18. Jh. zu den ansehnlichsten Stadtbildern Oberbayerns zählt. Am oberen Absatz der Marktstraße steht die barocke **Mühlfeldkirche**, die von Joseph Schmuzer aus Wessobrunn 1735–1737 erbaut und vom berühmten Augsburger Matthäus Günther mit virtuosem Freskenschmuck ausgestattet wurde. Daneben sollte man noch einen Blick in die spätgotische Stadtpfarrkirche **Mariae Himmelfahrt** werfen, in der einige vorzügliche Schnitzwerke und Rotmarmorgrabmäler Beachtung verdienen.

*Die Tölzer Marktstraße ist ein schönes Beispiel gelungener Stadtplatzarchitektur.*

*Unweit von Bayrischzell liegt die nach wie vor sehr beliebte Marienwallfahrt Birkenstein.*

## BAYRISCHZELL

*Höhe: 800 m* — *Karte: F 5*
*Einwohner: 1630* — *Wanderung 25*

Wie der Name des Gebirgsorts am Fuß des Wendelsteins schon besagt, ging Bayrischzell aus einer klösterlichen Zelle hervor, deren Mönche allerdings schnell dem rauhen Gebirgsklima wichen und ihren Sitz nach Fischbachau, dann auf den Petersberg bei Dachau und schließlich nach Scheyern bei Pfaffenhofen an der Ilm verlegten. Neben dem gepflegten Ortsbild ist auch die 1734–1736 von Abraham Millauer errichtete, aufwendig ausgestattete, Bayrischzeller **Pfarrkirche** sehenswert.

Von Bayrischzell ist es nicht allzuweit bis nach **Fischbachau** mit seiner prachtvoll barockisierten ehemaligen Klosterkirche und bis zur benachbarten Wallfahrtskirche **Birkenstein**, deren Bedeutung und ungebrochene Popularität in der Fülle des überschäumenden Dekors und in den vielen anrührenden Votivbildern zum Ausdruck kommt. Von Bayrischzell aus lohnt auch eine Seilbahnfahrt zum → **Wendelstein**, der dank seiner separaten Position eine hervorragende Aussicht bietet, oder ein Ausflug zum **Sudelfeld** und zu den **Tatzelwurm-Wasserfällen**

## BENEDIKTBEUERN

*Höhe: 617 m* — *Karte: C 5*
*Einwohner: 3240* — *Wanderung 9*

Die im 8. Jh. gegründete, 955 von den Ungarn verwüstete und 1031 vom Kloster Tegernsee wieder ins Leben gerufene **Benediktinerabtei** in Benediktbeuern war zeit ihrer Geschichte eine Stätte der Gelehrsamkeit und Kunst. Hier entstand im 13. Jh. eine Aufzeichnung von Liedern wandernder Scholaren, die als **»Carmina burana«** dem Kloster ein bleibendes Denkmal setzten. Neben den Studier- und Schreibstuben florierte ebenso die kunsthandwerkliche Benediktbeurer Schule, aus der bedeutende Wand-, Glas- und Hinterglasmaler hervorgingen.

Nach Tiefschlägen durch schwere Klosterbrände und während des Dreißigjährigen Krieges begann man 1669 mit dem Neubau der

Konventsgebäude, der 1675 weitgehend abgeschlossen war. 1722 folgte die Errichtung des Bibliotheksbaus. Für die Stuckarbeiten im Inneren wurden vorzügliche Künstler gewonnen, so Kaspar Feichtmayr aus Wessobrunn, der 1672–1675 den Alten Festsaal im Westflügel der Klosteranlage üppig ausschmückte, und Johann Baptist Zimmermann, der 1724 im Bibliothekssaal und 1731–1733 im Prälatenhaus und Neuen Festsaal seine Meisterschaft bewies.

Die **Klosterkirche** mit ihren charakteristischen Zwiebeltürmen entstand 1680–1683 und zeigt als eine der frühesten oberbayerischen Barockkirchen mit ihrem eher düsteren Innenraum und schweren Stuck noch ganz den italienischen Einfluß der Anfänge. Die Deckenbilder malte Hans Georg Asam, der Vater der berühmten Barockkünstler Cosmas Damian und Egid Quirin Asam.

Bedeutender als die Hauptkirche ist die 1751–1758 von Johann Michael Fischer an den Chor angesetzte **Anastasiakapelle**, die zu den besten Leistungen des bayerischen Rokokos zählt. Die überragende Qualität erklärt sich aus dem hohen Rang der beteiligten Künstlerelite. So stammt das Kuppelfresko von Johann Jakob Zeiller, der Hochaltar von Ignaz Günther, das Altarblatt von Jacopo Amigoni und der Entwurf für das silber-vergoldete Büstenreliquiar der hl. Anastasia von Egid Quirin Asam.

1803 wurde das Kloster Benediktbeuern säkularisiert und teilweise für eine Glashütte mit einem optischen Institut verwendet, in dem **Josef von Fraunhofer** unter anderem das wellenfreie Flintglas erfand. Erst 1931 kamen die Gebäude mit den Salesianern wieder in die Hände eines Ordens, der sie als Bildungsstätte nutzt.

*Das Kloster Benediktbeuern war einst eines der bedeutendsten altbayerischen Kulturzentren.*

## BERCHTESGADEN

*Höhe: 571 m* *Karte: K 5*
*Einwohner: 7700* *Wanderung 30*

Die erste urkundliche Erwähnung der Berchtesgadener Watzmann-Königssee-Gegend geht auf das Jahr 700 zurück. Kurz nach 1100 faßten die Gräfin Irmgart von Sulzbach und deren Sohn Berengar eine Stiftung in der Berchtesgadener Waldeinsamkeit ins Auge, die der Rottenbucher Propst Udalrich mit vier dorthin entsandten Mönchen in die Tat umsetzte. Der erste Anlauf war jedoch wegen der Unwirtlichkeit der Gegend nicht von Dauer, die nach dem seinerzeitigen Tagebucheintrag eines Klosterbruders als »schrecklicher Urwald, starrend von ewigem Schnee und Frost« und als »eine weite Einöde« beschrieben wird, »die vor noch gar nicht langer Zeit ein Gehege der wilden Tiere und eine Brutstatt der Drachen...« war. So verlegte der Kleinkonvent sein Domizil vorübergehend nach Baumburg am freundlichen Chiemsee. Keine 20 Jahre später wurde jedoch ein zweiter, diesmal erfolgreicherer Versuch unternommen und ein Augustinerchorherrenstift ins Leben gerufen, das unter seinem ersten Propst Eberwin rasch aufblühte – auch deshalb, weil der Berchtesgadener Propstei im Jahr 1156 durch die Goldene Bulle aus der Hand Kaiser Friedrich Barbarossas das Schürfrecht nach Salz und Erzen verliehen wurde, das auf Jahrhunderte für eine solide wirtschaftliche Basis sorgte. Das »weiße Gold« weckte natürlich manch begehrliche Blicke und Besitzansprüche des benachbarten Salzburger Erzbistums, das dann auch für kurze Zeit zwischen 1393 und 1404 das Berchtesgadener Ruder übernahm.
Zwischen 1595 und 1723 kamen die nachgeborenen Wittelsbachersöhne Ferdinand, Maximilian, Heinrich und Johann Clemens zu pröpstlichen Würden. 1813 ließen die Wittelsbacher den Konventstrakt zum **Schloß** umwandeln, das auch nach der 1918 erfolgten Abdankung des letzten Bayernkönigs Ludwig III. vom populären Kronprinzen Rupprecht bis 1938 weiterhin bewohnt wurde. Der über 700 Jahre gewachsene Gebäudekomplex hat von der Romanik bis zum barocken 18. Jh. sämtliche Stilrichtungen durchlaufen, die alle ihre Spuren hinterließen. Besonders schön ist die zweischiffige gotische Halle des ehemaligen Dormitoriums, des Schlafraums der Mönche, in dem Kronprinz Rupprecht den Hauptteil seiner wertvollen Haussammlung einrichtete und der Öffentlichkeit zugänglich machte. Das **Schloßmuseum** zeigt unter anderem Möbel und Gobelins so-

wie spätgotische Skulpturen berühmter Künstler, wie Tilman Riemenschneider, Veit Stoß und Erasmus Grasser.

Kunstgeschichtlich bedeutsamer ist der alte **romanische Kreuzgang des einstigen Stifts**, der bis auf den später veränderten Nordflügel im Originalzustand aus dem 12. Jh. erhalten blieb. Die benachbarte **Stiftskirche St.Peter und Johannes** entstand auf romanischen Fundamenten. Dem Chor aus der frühen Gotik (1283–1303) schloß sich 1470 eine dreischiffige gotische Halle an. Die beiden Westtürme wurden erst 1865/66 an Stelle des abgebrannten Turmpaars aus dem 13. Jh. errichtet. Wie im Stiftsgebäude wird auch in der Kirche der Werdegang durch mehrere Stilepochen deutlich. Das Säulenportal stammt aus der Romanik, das reiche Chorgestühl fertigte 1436–1443 der Reichenhaller Kistler Marquard, der 1663–1669 entstandene Marmorhochaltar ist ein Werk des Renaissancekünstlers Bartholomäus von Opstal aus Salzburg.

*Berchtesgaden und das Berchtesgadener Land gehören zu den ältesten bayerischen Feriengebieten.*

Nahe der Stiftskirche lohnt auch die **Pfarrkirche St. Andreas** mit ihren vorzüglichen Schnitzarbeiten einen Besuch, ebenso die 1488–1519 erbaute Frauenkirche am Anger, die als spätgotische, zweischiffige Halle von einem schönen Netzgewölbe überzogen ist und die »Madonna im Ährenkleid«, ein auf 1500 datiertes Schnitzwerk verwahrt.

Der Ortskern wird von Häusern mit weit vorspringenden Giebeldächern und schmucken Lüftlbildern geprägt; besonders sehenswert: das Haus Hirschen mit seinem hintergründige Affen-Gemälde.

Im **Heimatmuseum** wird neben lokalgeschichtlichen Dokumenten und schönen Hinterglasbildern vor allem der »Berchtesgadener Ware«, dem einst vielgefragten und europaweit vertriebenen Berchtesgadener Spielzeug, ein angemessener Platz eingeräumt, das den armen Bergbauern in früheren Zeiten ein oft bitter benötigtes bescheidenes Zubrot einbrachte. Auch das **Salzbergwerk** läßt sich besichtigen; es war über Jahrhunderte mit die wichtigste wirtschaftliche Grundlage der Fürstpropstei. Der Gang in Knappenmontur durch die unterirdischen Labyrinthe verläuft so informativ wie abwechslungsreich. Das Programm zwischen Ein- und Ausfahrt mit der

Grubenbahn beinhaltet unter anderem Kahn- und Rutschpartien, Filmvorführungen und sonstige Erläuterungen, so daß die Bergwerksvergangenheit einprägsam lebendig wird.
Das hauptsächliche Kapital Berchtesgadens ist aber der Landschaftsrahmen. So etwa die **Wimbachklamm**, deren Besuch in der bilderbuchschönen **Ramsau** eingeleitet wird, oder der von Reiteralpe und Hochkalter gesäumte malerische **Hintersee** am Ausgang des geheimnisvollen Felssturzlabyrinths des **Zauberwalds**. Vor allem aber der **Königssee**, der wie ein Fjord mit grünblauen Wassern abgrundtief zwischen dräuenden Felsabstürzen eingebettet ist und mit seinem kuppelbedeckten Kirchlein von **St. Bartholomä** längst zum Inbegriff berückend wilder Gebirgsromantik wurde. Der Königssee ist Schauplatz überwältigenden Erlebens, wenn man lautlos in Elektrobooten darübergleitet oder von Kessel auf die aussichtsvolle Höhe der Gotzenalm hinaufsteigt oder von Bartholomä zur **Eiskapelle** vor der legendären **Watzmann-Ostwand** spaziert bzw. südwärts die lange Tour zum Steinernen Meer unternimmt.

## ▶ BERG, SCHLOSS

*Höhe: 600 m* — *Karte: C 3* — *Wanderung 13*

Das Schloß am Nordostufer des → **Starnberger Sees** ist vor allem durch die Tragödie um den bayerischen **König Ludwig II.** bekannt geworden: Der entmündigte und entmachtete Monarch wurde von einer Regierungskommission im Juni 1886 von Schloß Neuschwanstein hierher verbracht. Am Abend des 13. Juni 1886 unternahm Ludwig II. mit seinem Arzt Dr. v. Gudden, seinerzeit ein berühmter Psychiater, einen Spaziergang im Berger Schloßpark, von dem beide nicht mehr zurückkehrten. Die Leichen fand man anschließend im See. An der Unglücksstelle wurde später ein Gedenkkreuz errichtet. Am Uferhang darüber entstand um 1900 die von Julius Hofmann in byzantinischem Stil entworfene Votivkapelle, die nach wie vor als Gedenkstätte und Ziel der königstreuen Wallfahrer lebhaft besucht wird.
Die Geschichte des Schlosses begann, als die Münchner Patrizierfamilie Ligsalz 1556 ein Herrenhaus in Berg errichtete; 1640 ersetzte es Hans Friedrich v. Hörwarth durch ein Schloß. Bereits 1676 erwarb es der bayerische Kurfürst Ferdinand Maria. Eine Wiederentdeckung erfuhr Schloß Berg unter Kurfürst Max I. Josef, der 1806 zum bayeri-

schen König aufstieg und den Berger Schloßgarten zum großzügigen englischen **Landschaftspark** umgestalten ließ. Sein Nachfolger Ludwig I. hielt sich in Berg hingegen wieder etwas zurück, während König Max II. für seine Seeresidenz mit umfangreichen neugotischen Um- und Anbauten sowie etlichen hier ausgetragenen Gelehrten-, Literaten- und Künstlerfesten wieder neuen Glanz ins alte Gemäuer brachte.

Den Höhepunkt bedeutete freilich die Ägide des schwärmerischen Ludwig II., der 1864 als 19jähriger den bayerischen Thron bestiegen hatte und viele Sommer hauptsächlich in Berg verbrachte, wo er den vier Türmen einen fünften anfügen ließ, den von Wagnerschen Opernszenen ausgemalten **Isoldeturm**

## ▶ BERNRIED

*Höhe: 597 m* | *Karte: C 4*
*Einwohner: 1930* | *Wanderung 14*

Die Chronik des Orts am Südwestufer des → **Starnberger Sees** setzt im Jahr 1120 ein, als ein wittelsbachischer Seitensproß, Graf Otto von Valley, seine Bernrieder Besitzungen den Augustinerchorherren vermachte und ein **Chorherrenstift** ins Leben rief. Dort verfaßte der 1145 gestorbene Geschichtsschreiber Paulus Bernriediensis eine Biographie Papst Gregors VII.

Den kunstsinnigen Bernried-Besucher interessiert neben der freundlichen **St.-Martins-Pfarrkirche** vor allem die gegenüberliegende, ursprünglich gotische, ab 1670 von Tassilo Zöpf und anderen vorzüglich barockisierte **Hofmarks- und Marienkirche**, in der ein Kruzifix aus dem 16. Jh., eine »Madonna im Rosenkranz« aus dem frühen 16. Jh. und das Vesperbild in der angefügten **Gruftkapelle** aus dem beginnenden 15. Jh. beachtliche Qualität aufweisen.

An den Bernrieder Klosterbereich schließt sich südlich der bis in die Nähe Seeshaupts reichende, einzigartige Bernrieder Park an.

*Der berühmte Ausblick von der Ilkahöhe am Westufer des Starnberger Sees begeistert immer wieder von neuem.*

*Unter Naturschutz: Die Uferzone des Mündungsdeltas, das die Tiroler Ache unaufhaltsam in den Chiemsee schüttet.*

## CHIEMSEE

*Höhe: 519 m* *Karte: H-I/3-4*
*Tiefe: 73 m* *Wanderung 24*

Der 18 km lange, 14 km breite und bis zu 73 m tiefe Chiemsee ist mit 84 km² das größte Gewässer Oberbayerns. Die flachen, in heiteres Hügelland hinausgleitenden Ufer verleihen dem »Bayerischen Meer« jenen reizvollen Charakter, der insbesondere den Landschaftsmalern des 19. Jhs. sehr entsprach, so daß sich am Chiemsee eine regelrechte Malerkolonie bildete. Neben den Uferorten mit dem Hauptort → **Prien**, die als altbewährte »Sommerfrischen« und nach wie vor vielgefragte Ausflugs- und Ferienziele einen guten Namen haben, sind es vor allem die zwei großen Chiemseeinseln → **Frauenchiemsee** und → **Herrenchiemsee**, die den See berühmt gemacht haben.

## DIESSEN

*Höhe: 544 m* *Karte: B 3*
*Einwohner: 9450* *Wanderung 13*

Dießen am Südwestsaum des → **Ammersees** präsentiert sich frei von stolzer Monumentalität, doch geprägt von der saturierten wirtschaftlichen Lage einer tüchtigen Handwerkergilde, die sich – → **Wessobrunn** steht im Hintergrund – in vielerlei Kunstvollem hervortat. Dießener Keramiker, Zinngießer, Handweber, Holzschnitzer, Wachszieher und Korbflechter hatten es seinerzeit weit gebracht.
Übertroffen wird der kunstgewerbliche Anstrich des Dorfs durch die **Kirche** des ehemaligen **Augustinerchorherren-Stifts** auf der Anhöhe am westlichen Ortsausgang, die vom Münchner Hof- und Barockbaumeister Johann Michael Fischer 1732–1739 in der ihm eigenen

sauberen handwerklichen Art als voluminöse Wandpfeileranlage konzipiert und mit einer elegant gegliederten Fassade versehen wurde. Der außerordentliche Wert des Gotteshauses liegt aber in der ungemein kostbaren Ausstattung, an der sich nahezu die gesamte bayerische Rokokoelite beteiligte. François Cuvilliés d. Ä. entwarf den raffinierten Bühnenaltar und das elegante Gitter zwischen der Vorhalle und dem Schiff, Franz Xaver und Johann Michael Feichtmayer und der vielgefragte Johann Georg Üblher schufen das virtuose Stuckdekor, der Münchner Johann Baptist Straub, vielleicht der brillanteste Altarbauer seiner Zeit, versuchte sich ausnahmsweise an einer nicht minder bestechenden Kanzel, der Augsburger Akademiedirektor Johann Georg Bergmüller steuerte strahlende Fresken bei. Auch Joachim Dietrich, der geschätzte Weilheimer Bildschnitzer Franz Xaver Schmädl, sogar Koryphäen wie Ignaz Günther und der berühmte Italiener Giovanni Battista Tiepolo waren zugegen, um ein Gebilde aus der Taufe zu heben, das in seiner schwelgerischen Fülle und stilistischen Geschlossenheit auch im rokokoverwöhnten Bayern kaum seinesgleichen findet. Nach dem Umzug der Dießener Grafen auf den Hügel von → **Andechs** vermachte nämlich Graf Berthold II. im Jahr 1157 dem Dießener Stift einen ansehnlichen Teil seines Talbesitzes, um damit das Fundament für ein über die Jahrhunderte gesichertes wirtschaftliches Auskommen des Konvents zu legen.

1803 wurde das Stift im Gefolge der Säkularisation aufgehoben und der Gebäudetrakt von einem Medizinalrat erworben, der einen Teil abbrechen ließ. Die Kirche hat derlei Wechselfälle indessen unbeschadet überstanden und vor einigen Jahren sogar ihren originalbarocken Turm zurückbekommen.

## EBERSBERG

*Höhe: 558 m* — *Karte: F 2*
*Einwohner: 10 500* — *Wanderung 22*

Die Stadt am Südrand des **Ebersberger Forsts**, mit 9000 ha die größte geschlossene Waldfläche Deutschlands, war in ihrem Werdegang stets eng mit der Geschichte ihres **Klosters** verknüpft. 931 wurde von dem Augustinerpropst Hunfried die Hirnschale des hl. Sebastian als kostbare Reliquie von Rom nach Ebersberg gebracht, die Graf Ulrich von Sempt-Ebersberg und seine Gemahlin Richardis 934 zur Gründung eines Augustinerchorherrnstifts veranlaßte. 1013 ging das Kloster an die Benediktiner über, denen 1596 die Jesuiten, dann bis zur Säkularisation von 1803 die Malteser folgten.
So abwechslungsreich wie die Klostergeschichte ist die heutige Erscheinung der Kirche, in der von der Romanik bis zum Barock alle Stilepochen ihre Spuren hinterlassen haben. Wertvollstes Kunstwerk der Ausstattung ist das 1501 von Wolfgang Leb aus rotem Marmor gestaltete Stifter-Hochgrab unter der Empore. Dessen volkstümlicher Rang wird natürlich von der 1450 angefertigten Silberbüste mit der Hirnschale des Heiligen weit übertroffen, die in der erlesen und verschwenderisch ausgestatteten barocken **Sebastianskapelle** verwahrt wird. Ebersberg war über Jahrhunderte die berühmteste und meistbesuchte Sebastianswallfahrt im Heiligen Römischen Reich.

## ETTAL, KLOSTER

*Höhe: 877 m* — *Karte: B 6*
*Wanderung 1*

Die Geschichte des Klosters und der Marienwallfahrt Ettal verbindet sich mit zwei Legenden. Zum einen wird berichtet, daß Kaiser Ludwig der Bayer auf der Rückkehr von seinem 1327–1330 unternommenen verlustreichen Italienfeldzug auf geheimnisvolle Weise mit dem Gnadenbild der weißen Alabastermadonna beschenkt und durch das Gelöbnis einer Klostergründung von seinen Geldsorgen befreit worden sei. Zum anderen wird überliefert, daß Ludwig der Bayer bereits mit der Ettaler Gnadenfigur aus Italien zurückkehrte und auf der Höhe der Ettaler Gegend unter der plötzlichen immensen Last der Skulptur zusammenbrach, woraufhin der Fürst an gleicher Stelle »Unserer Frauen Eh-Thal« (= Gelöbnistal) errichten ließ. Zuverlässig verbürgt ist indessen nur die Version, daß Ludwig der Bayer nach seinem Italienabenteuer im Jahr 1330 zur Grenzsicherung seines Territoriums gegen die fürstbischöfliche Grafschaft Werdenfels und gegen Tirol das Ettaler Stift gründete und mit 22 Mönchen, zwölf Ritterehepaaren sowie sechs Ritterwitwen besetzte. 1711 wurde in Ettal eine Ritterakademie eingerichtet, 1803 erfolgte durch die Säkularisation die Aufhebung des Klosters, das erst 1900 durch Freiherr von Cramer-Klett den Benediktinern wieder zurückgegeben wurde.

Parallel zur bedeutenden Klostergeschichte verlief der Werdegang der **Kloster- und Wallfahrtskirche**, die 1370 in ihrer ersten gotischen Fassung nach dem Vorbild der Jerusalemer Grabkirche Christi bereits als zwölfeckiger Zentralbau angelegt war und auch 1710 in ihrer barocken Neufassung nach Plänen Enrico Zuccallis und Franz Xaver Schmuzers den Zentralbautypus beibehielt. Nach dem Brand von 1744 besorgte Schmuzer 1745–1752 den Wiederaufbau, wobei der Wessobrunner Baumeister nicht nur alten Plänen folgte, sondern mit der gewaltigen **Barockkuppel** auch eigene Ideen realisierte. An die Zwölfeck-Rotunde des Hauptraums ist ein achteckiger Chorraum mit Hochaltar und Gnadenbild angefügt, der über Jahrhunderte das Ziel einer der beliebtesten bayerischen Marienwallfahrten war. Die Gestaltung der prunkvollen Fassade wurde erst 1901 abgeschlossen. An der Ausstattung der Ettaler Klosterkirche beteiligten sich eine Reihe der bedeutendsten Barock- und Rokokokünstler. Das riesige **Kuppelfresko** malte Johann Jakob Zeiller aus Reutte in Tirol, das Deckenbild im Chor und das Altarblatt stammen von Martin Knoller, die virtuosen Stukkaturen werden nach neueren Erkenntnissen den beiden Wessobrunnern Franz Xaver Schmuzer und Johann Georg Üblher zugeschrieben, während die Altäre und die Kanzel kein Geringerer als der berühmte Johann Baptist Straub schuf. Ein spätbarockes Meisterwerk also, das zugleich die hohe Blüte und Wirtschaftskraft des Ettaler Konvents im 18. Jh. eindrucksvoll dokumentiert.

*Unter der mächtigen Kuppel der Ettaler Klosterkirche verbirgt sich ein ebenso beeindrucker der Barockraum.*

## FRAUENCHIEMSEE, KLOSTER

*Höhe: 523 m* | *Karte: H 3*
*Wanderung 24*

Als Gegenstück zu → **Herrenchiemsee** gründete Herzog Tassilo III. auf der Nachbarinsel im Jahr 782 ein Frauenkloster, dessen Äbtissin im 9. Jh. die selige Irmingard, Tochter König Ludwigs des Deutschen, war. Wie Herrenchiemsee verschwand Frauenchiemsee in den Ungarnstürmen des 10. Jhs., erholte sich jedoch sehr rasch wieder. So entstanden bereits nach der ersten Jahrtausendwende die **romanische Kirche** und der freistehende, gedrungene **Glockenturm**, die beide trotz späterer gotischer An- und Umbauten noch heute den erdenschweren, ernsten Charakter romanischer Baugesinnung bestimmen. Neben dem betagten Gemäuer sind es auch die in jüngerer Zeit freigelegten Fresken aus den romanischen Anfängen, die den Besuch der Kirche lohnen. Daneben wird man einen Rundgang durch die idyllische kleine **Fischersiedlung** machen.

## GARMISCH-PARTENKIRCHEN

*Höhe: 707 m* | *Karte: B 6*
*Einwohner: 26 850* | *Wanderung 3, 4*

Vor der 1935 »..auf höchstes Geheiß« erfolgten Vereinigung der Werdenfelser Nachbarorte Partenkirchen und Garmisch zur jetzigen Doppelgemeinde verlief der Werdegang der beiden Dörfer am Fuß der Zugspitze sehr unterschiedlich. Das bereits 802 urkundlich erstmals erwähnte Garmisch kam 1249 an die Fürstbischöflich Freising'sche Grafschaft Werdenfels, deren Pfleger auf der **Burg Werdenfels** (heute Ruine) residierte. 1632 verlegten die Freisinger Bischöfe den Amtssitz des Pflegers nach Schwaigwang und 1732 nach Garmisch. Trotz des damit verbundenen politischen Gewichts blieb Garmisch aber viele Jahrhunderte im wirtschaftlichen Schatten von Partenkirchen, das nach 1130 namentlich als »Barthinchirichen« auftauchte und im Jahr1294 an die Freisinger Grafschaft fiel.

Der frühe Wohlstand und schnelle Aufstieg Partenkirchens war vor allem der Lage an der vielbenutzten alten Handelsstraße von Italien über den Brenner nach Augsburg zu verdanken, die mit Handelsniederlage und einträglicher Beteiligung am Rottbetrieb die Kassen füllte. Zudem hatten die Partenkirchner den Schutz des Freisinger Bischofs Berthold auf ihrer Seite, der 1408 die Garmischer Ansprüche

*Bergbahnen, wie hier die Wankbahn bei Garmisch, haben die Gebirgserschließung erheblich forciert.*

auf eine Gewinnbeteiligung am Warenverkehr zugunsten Partenkirchens abwies. Als schließlich im Jahr 1487 die Venezianer ihren Markt vorübergehend von Bozen nach Mittenwald verlegten, erlebte Partenkirchen einen zusätzlichen Aufschwung, der 1516 sogar die Errichtung eines eigenen Ballenhauses erforderlich machte. So standen in den Partenkirchner Gasthöfen die Ställe voll, wie z. B. im Gasthof zum Stern, in dem für den Fuhrbetrieb allein 120 Pferde Platz fanden. Ab dem 18. Jh. wendete sich jedoch das Blatt. Die hohen Rottgebühren, die gleichzeitig aufkommende Konkurrenz billigerer und schnellerer Verkehrswege und -mittel sorgten für einen Niedergang des Handels und des allgemeinen Wohlstands, der zudem von verheerenden Bränden beschleunigt wurde.

*Die neue Pfarrkirche St. Martin im Zentrum von Garmisch.*

1803 fiel die säkularisierte Grafschaft Werdenfels mit Partenkirchen und Garmisch an Bayern. Ein empfindlicher Einschnitt, der den Werdenfelsern zunächst vorwiegend wirtschaftliche Nachteile einbrachte. Im 19. Jh. erfolgte schließlich mit dem einsetzenden Tourismus der Aufstieg zur beliebten »Sommerfrische«, dem sich auch durch die 1936 in Garmisch-Partenkirchen ausgetragenen Olympischen Winterspiele die Karriere als international bekanntes Wintersportzentrum anschloß. Neben der einzigartigen **Gebirgskulisse** mit dem Wettersteinmassiv und der → **Zugspitze** als höchstem deutschen Berggipfel sind es nicht minder die wildromantischen Klammen und malerischen Seen der Werdenfelser Metropole, die zusätzlich ihren besonderen Reiz ausmachen. So die → **Höllentalklamm** und die → **Partnachklamm**, der **Eibsee** über **Grainau**, der kleine **Badersee** und der **Rießersee**, die jeweils auf ihre Weise bei den Landschaftsgenießern und Gebirgsliebhabern ihre Bewunderer finden.

Auch im Bereich der Kunst kann Kostbares und Hochrangiges entdeckt werden. So steht im alten Garmischer **Martinswinkel** im nordwestlichen Siedlungsbereich die einstige Pfarrkirche **St. Martin**, die aus dem 13., 15. und 16. Jh. stammt und im Inneren vollständig mit gotischen Wandbildern ausgeschmückt ist. Die älteste Darstellung, ein großer Christophorus, geht auf das 13. Jh. zurück. In der ersten Hälfte des 15. Jhs. entstanden die Passionsbilder und die Darstellungen der zwölf Apostel über dem Chorbogen. In unmittelbarer Nähe des alten Gotteshauses entdeckt man das Haus zum Husaren mit originellen Lüftlbildern. Auch der Frühlingsstraße sollte man einen Blick schenken, die noch einen Eindruck von der einst bäuerlichen, schlichteren Gebirgsdörflichkeit des Loisachorts vermittelt. Im Zentrum von Garmisch steht die **neue Pfarrkirche St. Martin**, die als Frühwerk des bekannten Wessobrunner Baumeisters Joseph Schmuzer 1730–1734 als stattlicher Barocksaal entstand und von vorzüglichen Künstlern, wie Matthäus Günther als Freskanten, Franz Xaver Schmädl und Anton Sturm als Schöpfer des Figurenschmucks, meisterlich ausgestattet wurde. Den feinen Stuck besorgte der Baumeister mit seinen Mitarbeitern selbst.

Das künstlerische Hauptereignis ist aber zweifelsohne das Deckenfresko in der Wallfahrtskirche **St. Anton** bei Partenkirchen, das der 1709 im Südtiroler Vinschgau geborene Johann Evangelist Holzer 1739, ein Jahr vor seinem frühen Tod, angfertigte. Der geniale Künstler hatte es in seiner kurzen Karriere vom Schüler des renommierten Augsburger Barockfreskanten Johann Georg Bergmüller bis zum Hofmaler des Eichstätter Fürstbischofs gebracht und ein Ansehen erreicht, das ihn in die Nähe des berühmten Venezianers Tiepolo rückte. Nicht wenige Kunstkenner halten Holzers brillant und schwungvoll vorgetragenes St.-Anton-Fresko über das Leben und Wirken des Heiligen für das schönste deutsche Deckenbild des spätbarocken 18. Jhs. Die Kirche selbst, ein Oktogon mit angeschlossener Ellipse, errichtete der bereits bei der neuen St.-Martins-Kirche erwähnte Joseph Schmuzer aus Wessobrunn, der zusammen mit seinem Sohn Franz Xaver auch den Stuck anfertigte.

## ▶ GAUTING

*Höhe: 564 m* *Karte: C2*
*Einwohner: 18 550* *Wanderung 16*

Die Siedlung im Südwesten von → **München** war zu Römerzeiten ein Militärposten am Schnittpunkt zweier Heer- und Versorgungsstraßen und auch nach dem Zusammenbruch des Limes als »Villa Goddinga« bekannt. Mehr berührt natürlich die **Legende um die Geburt Karls des Großen**: Eine alte Weihenstephaner Handschrift erzählt von einem Jagdaufenthalt des Frankenkönigs Pippin, Karls

Vater, in der Gautinger Gegend und von einer hier verbrachten Liebesnacht mit einer Adelsdame namens Perchta, als deren Folge der nachmalige Kaiser in der Reismühle bei Gauting das Licht der Welt erblickt haben soll.

## GLENTLEITEN → Kochel

## GRÜNWALD, BURG

*Höhe: 547 m* — *Karte: D 2* — *Wanderung 17*

An der Stelle einer keltischen Ringburg und einer nachfolgenden Römerschanze ließ der bayerische Herzog Ludwig der Strenge Ende des 13. Jhs. auf dem Isarhochufer im Süden von → **München** eine Burg errichten, in der sein Sohn, der nachmalige Kaiser Ludwig der Bayer, seine Jugendzeit verbrachte. Auch Herzog Sigismund verweilte gerne in Grünwald, obgleich er in Blutenburg ein schönes Schloß besaß. In seine Ägide fiel auch der Ausbau der Grünwalder Burg, die mit dem damals entstandenen viereckigen Bergfried, Zinnenturm und stufengiebeligen Torbau in dieser spätgotischen Form bis heute unverändert erhalten geblieben ist, da der Schloßbau und fürstliche Lebensstil im Barock andere Wege ging.

## HERRENCHIEMSEE, KLOSTER UND SCHLOSS

*Höhe: 538 m* — *Karte: H 4* — *Wanderung 24*

Wie auf → **Frauenchiemsee** stand auch auf der Herreninsel bereits im 8. Jh. ein Kloster, das im 10. Jh. von den Ungarn zerstört, 1130 aber als **Chorherrenstift** erneuert wurde. Der Konvent war mit seiner Gelehrtenschule weitbekannt und ließ sich 1684 von Lorenzo Sciasca eine stattliche Kirche errichten. Die Säkularisation von 1803 setzte dem Herrenkloster jedoch ein gründliches Ende, wobei nahezu alle Spuren verwischt wurden. Von der Kirche wurden der Chor und die Türme abgerissen und das Hauptschiff in ein Brauhaus umgewandelt. Ebenso ist vom vierflügeligen, im 17. Jh. erneuerten Klosterbau nur der Ostflügel, das heutige **Alte Schloß**, geblieben. 1873 erwarb **König Ludwig II.** die 2½ km² große Herreninsel, um dort in Anlehnung an das Schloß des von ihm verehrten französischen »Sonnenkönigs« Ludwig XIV. eine monumentale Inselresidenz zu errichten, die jedoch wegen der angegriffenen Finanzlage nur Bruch-

WANDERN & ERLEBEN

stück blieb: **Schloß Herrenchiemsee**. Unter den mit teuersten Materialien und üppigstem Dekor fertiggestellten Zimmern und Räumen finden heute die 75 m lange **Spiegelgalerie** und das von Ludwig II. nie benutzte, ausschließlich Ludwig XIV. geweihte Prunkschlafzimmer die besondere Bewunderung der zahlreichen Schloßbesucher.

## ▶ HÖLLENTALKLAMM

*Höhe: 1100 m* | *Karte: A/B 7*
*Wanderung 3*

Im Gegensatz zur kompakten, düsteren → **Partnachklamm** ist die Höllentalklamm von dramatischer Zerrissenheit und Vielgestalt. Der wildromantische Felsdurchbruch des Hammersbachs wurde 1902–1905 mit einer Weg- und **Steiganlage** sowie zwölf Tunnels der Öffentlichkeit erschlossen. Oberhalb der Klamm sind in den Felsufern noch Spuren der Bergwerksvergangenheit der Garmischer Gegend auszumachen, die bis ins 19. Jh. hineinreichte und mit dem hier gewonnenen Legierungszusatz Molybdän auch für die Kriegsindustrie makabre Bedeutung gewann.

## ▶ IFFELDORF

*Höhe: 603 m* | *Karte: C 4*
*Einwohner: 2480* | *Wanderung 12*

Der Ort am Südrand der Osterseen wird von Landschafts- und Naturgenießern, Wander- und Badefreunden gleichermaßen geschätzt. Zudem kommt auch der Kunstliebhaber nicht zu kurz, der in der spätbarocken Pfarrkirche **St. Veit** erlesenen Wessobrunner Rocaillestuck bewundern kann, der einem Großen seines Fachs, Franz Xaver Schmuzer, zugeschrieben wird. Desgleichen konnte für die Fresken mit Johann Jakob Zeiller einer der berühmtesten Künstler dieser glanzvollen bayerischen Kunstepoche gewonnen werden. Vom Ortsrand führt eine idyllische Allee zum kleinen Rundbau der **Wallfahrtskirche im Heuwinkl** empor, die 1689 im Auftrag des Wessobrunner Klosters vom ebenfalls aus Wessobrunn stammenden Baumeister Johann Schmuzer errichtet und mit kraftvollem Akanthusranken-

*Neben der schönen Iffeldorfer Pfarrkiche lohnt auch ein Besuch der Heuwinklkapelle am Ortsrand*

stuck ausgeschmückt wurde. Die um 1700 entstandenen Bilder in den Gewölbefeldern zwischen dem üppigen Zierat stammen vermutlich vom Münchner Hofmaler Nikolaus Prugger.

*Die legendäre Gestalt des Schmieds von Kochel steht kernig auf dem Denkmalssockel.*

## ▶ KOCHEL

| | |
|---|---|
| *Höhe: 605 m* | *Karte: C 5* |
| *Einwohner: 4030* | *Wanderung 8* |

Der Luftkurort am Nordostufer des → **Kochelsees** und am Fuß der Jochberg-Herzogstand-Heimgarten-Gruppe blickt auf eine lange Geschichte zurück. Bereits um 740 stand hier ein Nonnenkloster, das jedoch im 10. Jh. den Ungarnstürmen zum Opfer fiel. Neben der gepflegten Gastronomie und den vielfältigen Möglichkeiten, die der Kochelsee und das nahe Vorgebirge bieten, lockt das Freizeit- und Badezentrum **»trimini«**, das mit seinen verschiedenen, auch familien- und kindergerechten Einrichtungen einen mehrstündigen, wenn nicht ganztägigen Aufenthalt lohnt. Kunstinteressierte besuchen auch die Pfarrkirche **St. Michael**, die Ende des 17. Jhs. entstand und Kaspar Feichtmayr zugeschrieben wird. Die Ausstattung des hellen Innenraums besorgten einheimische Künstler, wobei der 1725 entstandene Stuck in der Art Johann Baptist Zimmermanns beachtliches Niveau erreicht. Außerdem hat Kochel zu Ehren des **»Blauen Reiter«-Malers Franz Marc**, der von 1910 bis zu seinem frühen Tod zu Beginn des Ersten Weltkriegs im nahen Sindelsdorf wohnte, ein **Museum** eingerichtet.

Unweit von Kochel wurde auf der **Glentleiten** über Großweil 1976 das **Freilichtmuseum** des Bezirks Oberbayern eingerichtet, eines der umfangreichsten und vielseitigsten Bauernhofmuseen Bayerns. Mit dem Namen Kochel verbindet sich die legendäre Gestalt des **Schmieds von Kochel**, dem beim Bauernaufstand in der tragischen »Sendlinger Mordweihnacht« am Weihnachtsabend des Jahres 1705 eine führende Rolle zugeschrieben wird. Sein Denkmal steht im Kochler Ortszentrum.

## KOCHELSEE

*Höhe: 599 m* *Karte: C 5*
*Tiefe: 66 m* *Wanderung 8*

Der 3,9 km lange und bis zu 66 m tiefe Kochelsee zeigt zwei Gesichter: An seinen Nordrand schließen sich die bis nach Benediktbeuern hinüberreichenden Moorwiesen an, die einst Seeboden waren. An sein Südufer grenzen hingegen die schroffen Nordabbrüche von Jochberg, Herzogstand und Heimgarten.

## KÖNIGSSEE

*Höhe 603 m* *Karte: K 6*
*Tiefe: 188 m* *Wanderung 30*

Der 8 km lange, bis zu 2 km breite und 188 m tiefe Königssee bei → **Berchtesgaden** ist fjordartig zwischen steilen Felswänden eingebettet und zählt mit seinem grün-dunklen Wasser und wildromantischen Zauber zu den schönsten Alpenseen. Am Südwestufer liegt im Schatten der legendären Watzmann-Ostward das Kirchlein von **St. Bartholomä**, einer der glanzvollen Höhepunkte der mit Elektrobooten betriebenen Königssee-Schiffahrt.

*Das Kirchlein von St. Bartholomä steht höchst fotogen am Ufer des Königssees.*

## LEUTSTETTEN

*Höhe: 592 m* — *Karte: C 2*
*Einwohner: → Starnberg* — *Wanderung 16*

Der Ort nördlich von → **Starnberg** und am Eingang der **Würmtalschlucht** ist bereits um 800 in einer Chronik des Klosters Benediktbeuern erwähnt. Bekannter als das kleine Dorf ist jedoch das 1565 vom herzoglichen Kämmerer Hans Urmüller erbaute **Schloß**. Der Ansitz wechselte 1875 samt Hofmark zu Prinz Ludwig von Bayern, der als König Ludwig III. die Sommer gerne hier verbrachte.
Nahe beim Schloß steht die kleine spätgotische **St.-Alto-Kirche** mit schönen Altären, darunter ein meisterlich geschnitzter Pfingstaltar aus dem Umfeld von Erasmus Grasser.

## LINDERHOF, SCHLOSS

*Höhe: 943 m* — *Karte: A 6*
*Wanderung 1*

Das rokokoartige Schloß im Graswangtal westlich von → **Oberammergau** und → **Ettal** geht auf den bayerischen König Ludwig II. zurück, der sich hier in Anlehnung an das Petit Trianon im Park des Prunkschlosses Ludwigs XIV.,Versailles, ein intimes Refugium errichten ließ. Schon Ludwigs Vater, König Max II., besaß im Graswangtal einen zum Jagdhaus umgewandelten ehemaligen Hof des Klosters Ettal, der im späten Mittelalter einer Bauernfamilie Linder gehörte. Ludwigs Absichten waren zunächst bescheiden; davon war indessen nichts mehr zu spüren, als die vom Münchner Hoftheaterdirektor Franz Seitz angeleitete Münchner Ausstatterelite den 1874–1879 von Georg Dollmann errichteten Steinbau des Schlosses in Bearbeitung nahm. So entstand eine Anlage, die mit erstaunlichen Superlativen, bizarren Verspieltheiten, farblichen Kühnheiten und teuersten Materialien nicht eben geizt. Neben dem Prunkschlafzimmer, der Suite verschieden getönter Kabinette, dem zumindest technisch genialen **Tischlein-deck-dich**, der 30 m hochsteigenden **Riesenfontäne** im Bassin vor dem Schloß interessiert den Besucher auch die in der Nähe eingerichtete künstliche **Blaue Grotte**, in der sich der Monarch auf einem Gipsschwan zu Thannhäuserklängen in die Wagnersche Heldenromantik versenken konnte. Sehenswert ist ferner der 1876 aus böhmischem Besitz erworbene und jüngst restaurierte **Maurische Kiosk** in dem weitläufigen Schloßpark, den der Münchner Hofgartendirektor Karl von Effner mit großem Geschick gestaltet hat.

*Von allen Gebirgsrefugien Ludwigs II. ist Schloß Linderhof mit Sicherheit das prunkvollste.*

## MITTENWALD

*Höhe: 912 m* — *Karte: C 7*
*Einwohner: 8250* — *Wanderung 5*

Der Karwendelort verdankt seinen Namen der einstigen Lage »mitten im Scharnitzwald«. Der frühe wirtschaftliche Wohlstand des Dorfs, das einem Münzfund entsprechend möglicherweise schon zu Römerzeiten ein befestigter Stützpunkt war, hing eng mit der einstigen Römer- und späteren Handelsstraße zusammen, die über den Brenner an Mittenwald vorbei nach Augsburg führte und den Anrainern mit der Beteiligung am Rottverkehr die Kassen füllte. Als die Venezianer Ende des 15. Jhs. noch dazu ihren Handelsstützpunkt von Bozen nach Mittenwald verlegten, setzte eine regelrechte Blüte ein, die 200 Jahre währte. Die nachfolgende Ebbe war schnell überwunden, als 1680 der Einheimische Matthias Klotz das bei Nicolo Amati in Italien erlernte Geigenbauhandwerk in sein Heimatdorf importierte und eine neue lukrative Erwerbsquelle erschloß.

Heute lebt Mittenwald nicht zuletzt vom Fremdenverkehr, der sich auf die vielseitigen Naturgegebenheiten und ein vielfältiges Angebot an Freizeiteinrichtungen stützt. Daneben werden dem kunstsinnigen Besucher auch eine Reihe vorzüglicher **Lüftlmalereien** geboten, Fassadenfresken aus dem 18. Jh. In Mittenwald wurden mit dem einheimischen Franz Karner und dem aus → **Oberammergau** herbeigeholten Franz Zwinck zwei der bedeutendsten Meister dieses dekorativen Genres tätig. Das Ergebnis war dementsprechend, so daß sich Goethe bei seinem Mittenwalder Zwischenaufenthalt während seiner Italienreise zur anerkennenden Äußerung vom »lebendigen Bilderbuch« bewogen sah. Nicht minder beeindruckt die barocke Mittenwalder **Pfarrkirche** mit ihrem schön proportionierten und aufwendig bemalten Turm. Die hohe Qualität entspricht dem Rang der beteiligten Künstler: Joseph Schmuzer aus Wessobrunn als

*Der schöne Mittenwalder Kirchturm steht farbenfroh vor der markanten Viererspitze.*

Baumeister, Matthias Günther als Schöpfer der Fresken des Innenraums und des farbigen Turmschmucks. Wer auch noch einen Blick in Geschichte und Brauchtum Mittenwalds tun möchte, besucht das **Heimatmuseum**, in dem auch dem **Geigenbau** mit alten Originalinstrumenten der angemessene Platz eingeräumt ist.

## ▶ MÜNCHEN

| | |
|---|---|
| *Höhe: 515 m* | *Karte: D 1–2* |
| *Einwohner: 1 206 000* | *Wanderung 15* |

Die Landeshauptstadt wurde erst 1158 durch Heinrich den Löwen gegründet. Der Welfenherzog verlegte zu diesem Zeitpunkt die Isarbrücke und Salzstraßenüberführung, die bis dahin den Freisinger Bischöfen gute Zolleinnahmen brachte, kurzerhand isaraufwärts zur Mönchssiedlung »bei den Munichen«. Eine Tat mit Konsequenzen, denn schon bald gewährte Kaiser Friedrich Barbarossa dem neuen Ort Markt-, Münz- und Stadtrechte. Der florierende Salzhandel füllte rasch und reichlich die Kassen, so daß schon bei der ersten Teilung Bayerns im Jahr 1255 der Regent der südlichen Gebietshälfte, Ludwig der Strenge, in München seine Residenz einrichtete. Kaiser Ludwig der Bayer, 1314–1347 im Herrscheramt, stattete die Bürgerschaft der Isarstadt mit weiteren Privilegien und Freibriefen aus, die ihre wachsende Vorzugsstellung zusätzlich unterstrichen.
1504 zur Haupt- und Residenzstadt des wiedervereinten Bayern gekürt, war die Entwicklung Münchens in den folgenden Jahrhunderten immer wieder durch kriegerische Ereignisse unterbrochen. 1632 stand während des Dreißigjährigen Kriegs der Schwedenkönig Gustav Adolf vor der Tür, während des Spanischen Erbfolgekriegs führten 1705–1714 die österreichischen Besatzer, die mit den aufständischen »Oberlandlern« in der berüchtigten »Sendlinger Mordweihnacht« von 1705 gnadenlos abgerechnet hatten, in München ein strenges und kostspieliges Regiment. 1800 kommandierten nach der verlorenen Schlacht bei Hohenlinden die Franzosen unter den Frauentürmen. Dann drehte sich die Fahne, und 1805 zog Napoleon, nun als freundlich empfangener Verbündeter, in der bayerischen Metropole ein. Die Liaison mit den Franzosen zahlte sich diesmal aus: 1806 wurde Bayern ein Königreich und die Stadt München zum Königssitz erhoben.
Den Aufstieg zum politischen, wirtschaftlichen und kulturellen Zentrum Bayerns verdeutlichen auch die eskalierenden Einwohnerzah-

len: 94400 im Jahr 1852, über 596500 im Jahr 1910, 840600 im Jahr 1939, mehr als eine Million seit 1957. Nach dem Ersten Weltkrieg war die Stadt ein unruhiges Pflaster: 1918 wurde hier die Republik ausgerufen, 1919 die Räterepublik, der die Freikorps und die Reichswehr ein schnelles Ende setzten. Der Hitlerputsch von 1923, die Zeit als »Hauptstadt der Bewegung« und der Zweite Weltkrieg mit seinen verheerenden Bombennächten waren besonders schlimme Stationen der Münchner Geschichte. Es folgte die Wiedergeburt einer Stadt, deren architektonisches Gesicht neben einer stets vermögenden Bürgerschaft und zahlreich vertretenen Geistlichkeit vor allem die 700jährige Präsenz, Baufreude und mäzenatische Großzügigkeit der Herrscherdynastie der Wittelsbacher geprägt hat. Kaum ein anderes Fürstenhaus hat, wenn man von Ludwigs II. misanthropischer Flucht in die Gebirgseinsamkeit absieht, seinen Hausstand im residenzumgebenden Nahbereich derart beeinflußt und zusammengehalten.

So sehen wir im 15. Jh. nach der Wiedervereinigung von Bayern-München und Bayern-Landshut den Bruder Sigismund des regierenden Herzogs Albrecht IV. in → **(München-) Blutenburg**, Untermenzing und → **(München-) Pipping** mit Kirchenbauten befaßt. Wilhelm IV., der Standhafte, legte nördlich der Residenz den **Hofgarten** an und richtete die erste bayerische Gemäldegalerie ein. Albrecht V.

*Die Münchner Frauenkirche mit ihren einzigartigen Turmkappen ist ein Werk der späten Gotik.*

bereicherte seine Residenz um den Münzhof und das Antiquarium. Wilhelm V., der Fromme, leitete die Blüte der niederländisch-italienisch orientierten Renaissancekultur ein und ließ die **Michaelskirche**, eine der großartigsten Leistungen in der Sakralbaukunst nördlich der Alpen, die Maxburg und, ausnahmsweise etwas abgelegener, bei Dachau das Alte **Schloß Schleißheim** errichten. Kurfürst Maximilian I. nahm an seiner Münchner **Residenz** großzügige Ausbauten vor. Kurfürst Ferdinand Maria und seine Gattin Henriette Adelaide setzten als Bauherren der **Theatinerkirche**, einem der monumentalsten nach dem Dreißigjährigen Krieg entstandenen Gotteshäuser nördlich der Alpen, und des Schlosses → **(München-) Nymphenburg** die Tradition glanzvoll fort. Und selbst der »Blaue Kurfürst« Max Emanuel, meist außer Landes und seiner bayerischen Heimat nicht eben zugetan, baute im Münchner Umkreis. Die Vergrößerung von Nymphenburg zur Mehrflügelanlage, das kühn projektierte, dann aber nicht vollendete Neue Schloß Schleißheim, die Pagoden- und Badenburg im Nymphenburger Schloßpark sind seiner Initiative zu verdanken. Der nachfolgende Karl Albrecht, für wenige glücklose und unfrohe Jahre mit Kaiserwürden bedacht, konnte sich immerhin mit Höhepunkten des bayerischen Rokokos identifizieren. In seine Ägide fallen die Reichen Zimmer und die Grüne Galerie der Residenz, die einzigartige **Amalienburg** von Cuvillies d. Ä. im Nymphenburger Schloßpark, von Kunstkennern als perfektestes Lustschlößchen des Spätbarocks geschätzt, das Münchner **Preysingpalais**, die Kirchen **St. Anna** im Lehel, **St. Michael** im Münchner Vorort Berg am Laim, die **Damenstiftskirche**, und im Stadtinneren die kostbare **St.-Johann-Nepomuk-Kirche** der Brüder Asam.

Mit Max III. Josef verglühte das Rokoko in spätem Glanz: Franz Anton Bustelli formte in Nymphenburg seine grazilen Porzellangebilde, Ignaz Günther sublimierte in seiner Münchner Werkstatt die figürliche Plastik zu äußerster Noblesse und Ausdruckskraft, **François Cuvillies** baute das vielbewunderte **Hoftheater**, das wohl schönste Rokokotheater überhaupt, Johann Baptist Zimmermann freskierte den Steinernen Saal im Schloß Nymphenburg. Kurfürst Karl Theodor von Sulzbach-Rosenberg bemühte sich um die Anlage des **Englischen Gartens**, heute eine der be-

vorzugten Erholungsoasen der Stadt, Max IV. Josef läutete mit dem **Nationaltheater** und dem **Prinz-Carl-Palais** den Klassizismus ein, den sein Nachfolger, Ludwig I., vor allem mit seinem Baumeister Leo von Klenze durch **Königs-** und **Odeonsplatz**, **Ludwigstraße**, Königsbau der Residenz, Feldherrnhalle, Siegestor, Propyläen, der **Alten Pinakothek** und anderen Bauten zum beherrschenden Stil ganzer Münchner Stadtteile machte. Unter Max II., dem Gelehrten, ließ die Bauleidenschaft etwas nach und begnügte sich mit der von historisierenden Prachtbauten gesäumten Maximilianstraße, an deren Ende das **Maximilianeum** steht, der Sitz des Bayerischen Landtags. Der Historismus von Gabriel von Seidl und Friedrich Thiersch bestimmte die Bautätigkeit des volkstümlichen Prinzregenten Luitpold, der an Stelle des entthronten Ludwig II. die bayerischen Geschicke leitete. Seiner Ära entstammen als repräsentativste Beispiele Prinzregentenstraße und -theater, der Justizpalast, das National- und das Deutsche Museum. Der letzte bayerische König, Ludwig III., konnte in seiner kurzen Regierungszeit von 1913 bis zur Abdankung im Jahr 1918, die hauptsächlich in die kargen Jahre des Ersten Weltkriegs fiel, keinen eigenen Bauwillen mehr entfalten.

*Der Turm über der Isarbrücke gehört zum Deutschen Museum, der größten technischen Sammlung der Erde.*

Die nachfolgende künstlerische und städtebauliche Dürre ist erst nach dem Zweiten Weltkrieg von einigen exemplarischen Bauwerken, wie etwa den kühnen **Zeltdach-Olympiaanlagen**, abgelöst worden, die der Verpflichtung nicht nur als bayerische, sondern auch als deutsche Kunst- und Kulturmetropole gerecht werden. Außerdem zählen die Münchner **Museen** (→ **Informationen von A bis Z**), allen voran das weltweit umfangreichste technische und naturwissenschaftliche **Deutsche Museum** und die ebenso weltberühmten **Pinakotheken** zu den Sehenswürdigkeiten, an denen kein München-Besuch vorbeiführen sollte.

## MÜNCHEN-BLUTENBURG, SCHLOSS

*Höhe: 512m* *Karte: D 1*
*Wanderung 15*

Der einzigartig in sich geschlossenen Anlage an der westlichen Peripherie Münchens ging eine Wasserburg voraus, die Herzog Albrecht III. 1435–1439 umbauen und Herzog Sigismund Ende des 15. Jhs. erweitern ließ. 1681 wurde das neue Schloßgebäude errichtet. Herausragendes Schmuckstück ist jedoch die 1488 erbaute **Schloßkapelle**, eine spätgotische Halle mit Rippengewölbe und dreiseitigem Chorabschluß, deren hoher künstlerischer Rang insbesondere in der wertvollen Ausstattung gründet. So verwahrt die Kapelle einige um 1490 angefertigte Altargemälde des bedeutenden Münchner Stadtmalers Jan Polack, eine Reihe vorzüglich gearbeiteter, farbig gefaßter Holzfiguren, die ebenfalls der Entstehungszeit der Kirche entstammen und dem Meister der Blutenburger Apostel zugeschrieben werden, sowie wertvolle Glasbilder, die gleichfalls in die Bauzeit zurückreichen.

## MÜNCHEN-NYMPHENBURG, SCHLOSS

*Höhe: 514m* *Karte: D 1*
*Wanderung 15*

Als dem bayerischen Herrscherpaar Kurfürst Ferdinand Maria und Henriette Adelaide am 11. Juli 1662 endlich der langersehnte Thronfolger Max Emanuel geschenkt wurde, stiftete der Landesfürst seiner Gattin eine Schwaige im Münchner Westen, auf der seit 1664 nach Plänen Agostino Barellis, dann Enrico Zuccalis jene mehrstöckige »villa suburbana« errichtet wurde, die heute den zentralen Kernbau des Nymphenburger Schloßkomplexes bildet. Unter Kurfürst Max Emanuel und dessen Nachfolger Karl Albrecht entstanden anschließend nach Plänen Giovanni Antonio Viscardis und des nachfolgenden Dachauers Joseph Effner die Verbindungsgalerien zu den vier an den Mittelbau anschließenden Seitenpavillons, die ausladenden Trakte von Marstall, Kavalierswohnungen, Orangerie und Kloster, die mit den halbkreisförmig angereihten Rondellbauten einen üppig bemessenen Ehrenhof umfingen. Danach ist nicht mehr viel verändert worden oder hinzugekommen. Leo v. Klenze, der Hausarchitekt Ludwigs I., hat lediglich die Fassade durch Wegnahme des Giebels seinem klassizistischen Geschmack angeglichen. Außerdem wurde im 20. Jh. der noch unfertige Effnersche Nordflügel zu Ende gebracht.

Der westlich angrenzende, 200 ha große, weitläufige Schloßpark zeigt nur noch im schloßnahen Kernbereich das ursprüngliche Gesicht des Barockgartens, den Max Emanuel durch Carbonet und Girard in der naturwidrig symmetrischen und geometrischen Reißbrettpräzision französisch-absolutistischen Geschmacks anlegen ließ. Zwischen 1804 und 1823 hat Friedrich Ludwig v. Sckell den größten Teil in einen unregelmäßigen englischen Landschaftspark verwandelt, in dem sich links und rechts der schnurgeraden Mittelachse des Nymphenburger Kanals zwei Seen und jene vier Parkschlösser gruppieren, die den besonderen Reiz der Freianlage ausmachen. Neben den Effner-Bauten, der **Badenburg** mit ihrem seinerzeit ersten beheizbaren Hallenbad der europäischen Neuzeit, der im Inneren raffiniert konzipierten und mit Chinoiserien reich ausgestatteten **Pagodenburg** und der als künstliche Ruine und Eremitage eingerichteten **Magdalenenklause** ist es vor allem die **Amalienburg**, die den Rahmen soliden Könnens weit übersteigt und europäisches Format erreicht. Die Ausnahmestellung des Rokoko-Jagdschlößchens der Kurfürstin Maria Amalia wird verständlich, wenn man die Liste der beteiligten Künstler liest: François Cuvilliés d. Ä., der Schöpfer des einzigartigen Münchner Cuvilliés-Theaters, als Architekt, Johann Baptist Zimmermann als Stukkateur, Joachim Dietrich für die Holzschnitzarbeiten, George Desmarées und andere für den Gemäldeschmuck. Den Höhepunkt des relativ klein dimensionierten Bauwerks bildet das Innere der von Flügelanbauten flankierten Rotunde, das mit seinem erlesenen Farbklang aus Gelb, Silber und lichtem Blau, seinem virtuosen Dekor und seinem verwirrenden Arrangement von Fenstern und Spiegeln alle Elemente verschwenderisch-heiteren Rokokos in reifer Vollendung vorführt.

## ▶ MÜNCHEN-PIPPING, PFARRKIRCHE ST. WOLFGANG

*Höhe: 514 m* — *Karte: D 1, Wanderung 15*

Die 1478–1480 erbaute einschiffige Halle ist eine Schöpfung der späten Gotik und mit ihrem Netzgewölbe und dem mehreckigen Chor an sich kein baugeschichtliches Ereignis. Trotzdem lohnt der Besuch des äußerlich ebenfalls schlichten Gotteshauses im Westen der Landeshauptstadt und südlich von → **(München-)Blutenburg**, weil die vorzügliche Ausstattung auch hier seit der Bauzeit vollständig erhalten geblieben ist und mit dem Raum zu bruchloser stilistischer Einheit verschmilzt. So enthält der Chor **auf 1479 datierte und Jan Polack zugeschriebene Wandmalereien**. Außerdem finden sich Glasgemälde, drei Schnitzaltäre, ein Hochaltar, zwei Seitenaltäre und eine Kanzel mit Bemalung, die gleichwohl die Handschrift des tüchtigen Stadtmalers Jan Polack zeigen

## MURNAU

| | |
|---|---|
| *Höhe: 688 m* | *Karte: B 5* |
| *Einwohner: 11 460* | *Wanderung 7* |

Der Marktflecken auf dem Molasserücken zwischen → **Staffelsee**, **Riegsee** und → **Murnauer Moos** war im 12. Jh. entstanden und durch die günstige Lage am Schnittpunkt der nord-südlichen Handelsstraße Augsburg–Brenner–Venedig und der Salzstraße zwischen → **Bad Tölz** und Füssen frühzeitig zu Wohlstand gelangt. Im 19. Jh. entdeckte die Münchner Malergilde die Schönheit der Murnauer Gegend und begründete eine bedeutende künstlerische Tradition, die zwar nie zur Entstehung einer regelrechten Malerkolonie führte, jedoch mit prominenten Namen wie **Wilhelm von Kobell, Max Wagenbauer, Karl Spitzweg, Wassily Kandinsky, Alexej Jawlensky und Gabriele Münter** bis weit in das 20. Jh. fortbestand. Einen touristischen Aufschwung verschaffte dem Ort die Eröffnung der Bahnlinie Weilheim – Murnau im Jahr 1880.

*Das Murnauer Moos mit der Wettersteinkette ist eines der Paradebilder am Alpenrand.*

Die Gestaltung der Murnauer **Marktstraße** geht auf den Münchner Architekten Emanuel von Seidl zurück. Neben dem malerischen Zentrum Murnaus, das der Tölzer Altstadt kaum nachsteht, lohnt vor allem die Pfarrkirche **St. Nikolaus** einen Besuch, die als Werk des 18. Jhs. mit einer beeindruckenden Ausstattung aus den Händen erstklassiger Künstler aufwartet; so wird für den Stuck mit Johann Baptist Zimmermann einer der besten süddeutschen Rokokokünstler in Erwägung gezogen.
Unweit der Pfarrkirche steht das alte **Murnauer Schloß**; dort wurde ein interessantes mehrteiliges **Museum** eingerichtet, in dem vom Lokalgeschichtlichen bis zu den literarischen und künstlerischen Glanzlichtern das vielseitige Spektrum in der Chronik des Marktfleckens aufbereitet ist.

## ▶ MURNAUER MOOS

*Höhe: 625 m* | *Karte: B 5*
*Wanderung 7*

Das Murnauer Moos südwestlich von → **Murnau**, Relikt eines ehemaligen großen Seebeckens der Loisach, ist mit etwa 32 km² das ausgedehnteste noch bestehende Moor Süddeutschlands. Im Verlauf der letzten Jahrtausende verlandete der von Molasse- und Moränenrücken aufgestaute Loisachsee und hinterließ eine Landschaft, die gleich mit mehreren Qualitäten beeindruckt. Zoologen schätzen mehr als 3000 Tierarten, Botaniker erfreut der Pflanzenreichtum der ausgedehnten Moorfläche mit über 800 Blütenpflanzenarten. Künstler und Maler bewundern das nuancenreiche Farbenspiel zwischen herbstlich glühendem Goldocker und blauem Felsgewände, das nicht zuletzt im 19. Jh. die Murnauer Karriere als Dorado für Landschaftsmaler auslöste.

## ▶ OBERAMMERGAU

*Höhe: 837 m* | *Karte: B 6*
*Einwohner: 5280* | *Wanderung 1*

Die Bedeutung des Ortes am Ostrand des Ammergebirges beruhte früher v.a. auf der einst vielbenutzten, an Oberammergau vorbeiführenden Handelsstraße von Italien über den Brenner nach Augsburg. Sie brachte zwar Profit ein, nach dem Niedergang des Rottbetriebs breitete sich dann aber Armut aus; so war die neu aufgenommene Holzschnitzerei ein willkommener Zuverdienst. Aus dem

Notnagel entwickelte sich eine selbstbewußte Handwerkerzunft, die bei der kurfürstlichen Hofkammer in München bereits im 17. Jh. die Anerkennung als »freie Bildhauerkünstler« erwirkte. 1880 lebten über 120 Oberammergauer Familien von den Schnitzerzeugnissen, die zunächst über Kraxentrager und Hausierer, dann über die sogenannten Verleger von St. Petersburg bis Lima in Peru weltweit vertrieben wurden.

Nicht weniger gründet der Ruhm Oberammergaus indessen auf der Einlösung eines Gelübdes, das die Dorfbewohner ablegten, als 1633 während des Dreißigjährigen Kriegs die schwarze Pest durch den Ort zog und bereits 84 Einwohner hinwegraffte. Damals schworen die Gemeindehäupter, alle zehn Jahre ein Spiel vom Leiden Christi (das **Passionsspiel**) aufzuführen. 1634 erfolgte die Premiere auf dem Oberammergauer Friedhof, der bis zum Umzug auf die Passionswiese im Jahr 1830 als Schauplatz des düsteren Laienspiels beibehalten wurde. 1930 wurde das Theater vergrößert und den wachsenden Besucherzahlen angepaßt.

*Die Motive der Oberammergauer Lüftl-Maler reichen vom Religiösen bis zur Märchenwelt.*

Daneben gibt sich Oberammergau im Ortsbild heiter und beschwingt. Das malerische, anheimelnde Ambiente resultiert u.a. aus den bunten **Fassadenfresken**, die in der spätbarocken Zeit der zweiten Hälfte des 18. Jhs. entstanden und hier zu besonderer Meisterschaft gediehen. Der berühmteste der Lüftlmaler war der einheimische Franz Xaver Zwinck, der zumal mit der virtuos vorgetragenen Scheinarchitektur auf dem **Pilatushaus** barocke Illusionsmalerei in Vollendung demonstrierte.

Bedeutender Kunst begegnet man schließlich noch in der **Pfarrkirche**, die 1736–1742 vom Wessobrunner Baumeister Joseph Schmuzer als zentralbauartiger Saal angelegt und von einer Reihe namhafter Künstler ausstattet wurde, so Matthäus Günther, Johann Jakob Zeiller und Franz Xaver Zwinck als Maler und Freskanten, Franz Xaver Schmuzer, der Sohn des Baumeisters, als Stukkateur und Franz Xaver Schmädl als Schöpfer des prachtvollen Hochaltars.

*Der enge Felsdurchbruch der Partnachklamm ist ein besonders wildromantisches Naturschauspiel.*

## OSTERSEEN

*Höhe: 590 m*
*Tiefe: 32 m*
*Karte: C 4*
*Wanderung 12*

Das südlich an den → **Starnberger See** sich anschließende Naturschutzgebiet der Osterseen ist eine ungewöhnlich malerische Hochmoorlandschaft mit insgesamt 18 Weihern und Seen. Entstanden sind sie dadurch, daß unter Schotter begrabene Reste eiszeitlicher Gletscher (Toteis) mit Verzögerung abgeschmolzen sind und die Oberfläche dadurch nachgesackt ist. Der Geologe spricht daher von einer **Toteislandschaft**

## PARTNACHKLAMM

*Höhe: 790 m*
*Karte: B 7*
*Wanderung 4*

Der Felsdruchbruch des nur 19 km langen Loisachnebenflusses Partnach bei → **Garmisch-Partenkirchen** zählt zu den großartigsten Naturschauspielen im bayerischen Alpenraum. Die etwa 700 m lange und bis zu 70 m tief eingeschnittene Partnachklamm glänzt mit nahezu gleichbleibender Enge, mystischer Düsternis und beklemmender Urgewalt und ist für viele der fast bühnenhaft perfekte Inbegriff eines wildromantischen Infernos.

## POSSENHOFEN, SCHLOSS

*Höhe: 586 m*
*Karte: C 3*
*Wanderung 13*

Die Geschichte des Herrschaftssitzes am Westufer des → **Starnberger Sees** reicht bis ins 12. Jh. zurück. In dieser Zeit tauchte zum ersten Mal die Hofmark Possenhofen als Besitztum der Markgrafen von Scheyern-Wittelsbach auf. Nach 1294 durchlief der Ansitz mehrere Besitzer und gelangte 1511 schließlich an den bayerischen Kanzler Jakob Rosenbusch, dessen Neubauabsichten zunächst einen Holzbau vorsahen. Auf Geheiß seines herzoglichen Dienstherrn Wilhelm IV. errichtete Rosenbusch jedoch einen repräsentativeren Steinbau. 1584 ging Possenhofen an Matthias v. Schöll, 1595 an Hans v. Hörwarth. 1633 zogen während des Dreißigjährigen Kriegs abwechselnd schwedische, kaiserliche und bayerische Truppen plündernd durch die Gebäude.

1668 wurde Possenhofen von Kurfürst Ferdinand Maria erworben und in Ergänzung der Jagdreviere um das soeben neu ausgebaute

→ **Starnberger** Schloß mit einem Tiergarten als zusätzlicher Arena für die höfische Hatz ausgestattet. Seit Kurfürst Max Emanuel gaben sich die Besitzer dann wieder in kürzerer Abfolge die Türklinke in die Hand. Dem kaiserlichen Feldmarschall Graf v. Serényi folgten 1689 ein Freiherr v. Wampl, 1765 ein Freiherr v. Delling, 1780 die Grafen v. La Rosé, von denen Possenhofen 1834 schließlich an Herzog Maximilian in Bayern überging und wieder in wittelsbachische Hände zurückkehrte. Der bayerische Herzog ließ sein bald zum Lieblingssitz erkorenes Schloß gründlich aufputzen und trat auch als Vater seiner in Possenhofen aufgewachsenen Tochter Elisabeth, genannt »Sissi«, der späteren Gemahlin Kaiser Franz Josephs von Österreich, ins Rampenlicht.

## PRIEN

*Höhe: 532 m* — *Karte: H 4*
*Einwohner: 9680* — *Wanderung 24*

Der Luft- und Kneippkurort am Südwestufer des → **Chiemsees** verfügt über eine reiche Auswahl an Kur- und Freizeiteinrichtungen. Die **Pfarrkirche** ist vor allem wegen der hervorragenden Ausstattung durch Johann Baptist Zimmermann einen Besuch wert. Neben dem zartgetönten Stuck und der Kanzel aus Stuckmarmor beeindruckt

insbesondere das gewaltige Gewölbefresko im Langhaus über die Seeschlacht von Lepanto.

Südwestlich von Prien findet sich in der kleinen romanischen Kirche des Weilers **Urschalling** ein 1930–1942 freigelegter Freskenschmuck aus der Erbauungszeit und der frühen Gotik, dessen Erhaltungszustand in Bayern einmalig ist.

## ROTTENBUCH, KIRCHE

*Höhe: 763 m* *Karte: A 5*
*Wanderung 13*

Ein Vorgänger des ehemaligen **Augustinerchorherrnstifts** reicht möglicherweise bereits ins 10. Jh. zurück. Die offizielle Klostergründung erfolgte 1073 durch Herzog Welf IV. Die Augustinerchorherren entfalteten einen beachtlichen Baueifer, der sich in einer stattlichen Stiftskirche niederschlug. Der erste romanische Bau fiel 1322 einem Brand zum Opfer und wurde 1436 in **spätgotischem Stil** wiedererrichtet, wobei man den **romanischen Grundriß** einer dreischiffigen Basilika mit Querschiff und freistehendem Glockenturm beibehielt.

Entscheidender war dann die **barocke Umwandlung** des Innenraums in der ersten Hälfte des 18. Jhs., wobei durch den Wessobrunner Baumeister Joseph Schmuzer zunächst der gotische Innenraum neu

*Die beschwingte Heiterkeit des Gebirgsvorlands spricht aus dem Motiv des Klosters Rottenbuch mit dem Peißenberg*

eingewölbt und anschließend von dessen Sohn Franz Xaver nach Entwürfen des Vaters mit einem verschwenderisch-üppigen Stuckmantel überzogen wurde. Das virtuose Gipsdekor fiel allerdings sehr umfangreich aus, so daß der berühmte Augsburger Freskant Matthäus Günther für seine Wandbilder nur noch wenig Platz fand und beklagte, »... daß Sye allhier so vill Stokatherey gemacht, wenig spatium für die Mallerey yberlassen ...«. Mehr noch als die beiden Schmuzers und Matthäus Günther hat sich der Weilheimer Bildhauer und Altarbauer Franz Xaver Schmädl in Szene gesetzt. Eine **spätgotische Madonna** in der Kirche stammt wohl noch vom spätgotischen Hochaltar vor der Barockisierung. Der besondere Stellenwert der Rottenbucher Kirche liegt in der Synthese von klarer mittelalterlicher Raumform und barockem Überschwang.

## ▶ RUHPOLDING

*Höhe: 655 m*
*Einwohner: 6370*
*Karte: J 4*
*Wanderung 28*

*Zu Füßen des Ruhpoldinger Kirchhügels floriert der Tourismus.*

Der Chiemgauer Ferienort hat neben landschaftlichen Vorzügen ebenso künstlerische Schönheiten anzubieten. So in der **St.-Georgs-Pfarrkirche**, die blickbeherrschend auf dem Kirchhügel steht und anstelle einer gotischen Vorgängerkirche 1738–1757 als stattlicher Barockbau neu erstand. Der Plan des großen Wandpfeilersaals mit doppelgeschossiger Westempore stammte vom Münchner kurfürstlichen Hofbaumeister Johann Baptist Gunetzrhainer, der vermutlich auch den Hochaltar und die Seitenaltäre entwarf.

Wertvollster Besitz der Kirche ist die **»Ruhpoldinger Madonna«**, eine romanische, farbig gefaßte Skulptur, die um 1200 entstand, zunächst in der Häuslerkapelle im benachbarten Zell aufbewahrt wurde und erst vor wenigen Jahrzehnten in ihrem hohen kunstgeschichtlichen und künstlerischen Rang entdeckt wurde. Ebenso erging es dem Meisterwerk des spätgotischen Kruzifixus an der Südwand, das man 1966 auf dem Speicher eines Bauernhofs aufstöberte. Daneben besticht die farbenprächtige und dekorüppige Kanzel, die selbst in der rokoko-verwöhnten süddeutschen Kunstlandschaft kaum ihresgleichen findet.

## SACHRANG

*Höhe: 738 m* *Karte: H 5*
*Einwohner: 620* *Wanderung 26*

Das Dorf im inneren Priental und nahe der Tiroler Grenze war die Heimat des 1766 hier geborenen **Müllner Peter**, der als Universalgenie und Komponist unzähliger Messen, Motetten, Psalmen und Lieder erst in jüngerer Zeit wiederentdeckt wurde.

Die Lage an einer ehedem vielbenutzten Querverbindung zwischen Italien und Ostbayern erklärt die stattliche barocke Sachranger **Pfarrkirche St. Michael**, die 1685 vom Aschauer Wolfgang Steindlmüller errichtet und in den nachfolgenden Jahrzehnten von Salzburger, Graubündner und Tiroler Baumeistern und Ausstattungskünstlern nach und nach vollendet und reich ausgeschmückt wurde.

Neben dem Besuch des festlichen Saalbaus lohnt auch der kleine Spaziergang zur **Ölbergkapelle** kurz vor der Landesgrenze, die malerisch am Berghang lehnt und früher ein beliebtes Wallfahrtsziel war. Die dreiteilige, schlichte Anlage besteht aus der Hauptkapelle von 1674, dem 1732 entstandenen doppelstöckigen Ostbau mit der Heiliggrabkapelle und der Rupertuskapelle sowie einer 1734 westlich angefügten Emporenkapelle.

*Das innere der Schäftlarner Klosterkirche ist ein virtuoses Beispiel bayerischer Barockkunst*

## SCHÄFTLARN

*Höhe: 561 m* *Karte: D 3*
*Wanderung 17*

Die 762 gegründete **Benediktinerabtei** Schäftlarn wurde im 10. Jh. in ein Kollegiatstift umgewandelt, im gleichen Jahrhundert während der Ungarneinfälle zerstört, 1140 vom Freisinger Bischof Otto als **Prämonstratenserkloster** wieder ins Leben gerufen, 1803 schließlich säkularisiert und mit seinen Gebäuden für ein paar Jahrzehnte als Industrieanlage genutzt. 1865 erwarb der bayerische König Ludwig I. den Besitz und übereignete ihn dem Benediktinerorden, der 1910 neben der Abtei ein Gymnasium einrichtete. Wenngleich der dreigeschossige, 1702–1707 errichtete Klostertrakt mit dem Münchner Hofbaumeister Giovanni Antonio Viscardi einen renommierten Architekten vorweisen kann, gründet der Ruhm Schäftlarns allein in der barocken **Klosterkirche**, die in Oberbayern zu den Spitzenleistungen dieser baufreudigen und dekorüppigen Stilepoche zählt. Der 1733 begonnene Bau folgte zunächst den Plänen des berühmten François Cuvilliés d. Ä., dem sich 1751 nach längerer Unterbrechung durch den Österreichischen Erbfolgekrieg Johann Baptist Gunetzrhainer als Architekt und Bauleiter anschloß, der das Projekt, wahrscheinlich mit Unterstützung seines Schwagers Johann Michael Fischer, 1760 zum Abschluß brachte. Der künstlerische Rang der Wandpfeileranlage resultiert aus der brillanten Ausstattung, an der sich eine kleine Elite absoluter Spitzenkönner beteiligte. So Johann Baptist Zimmermann, der 1754–1756 mit eleganten Stukkaturen und warm leuchtenden Deckenfresken hier sein reifstes Alterswerk schuf, und Johann Baptist Straub mit virtuosen Altären und einer prachtvollen Kanzel. Die Altarblätter von Balthasar August Albrecht und Matthäus Günther fügen sich in die hohe Qualität ebenfalls ein.

## ▶ SCHLIERSEE

*Höhe: 784 m* | *Karte: F 5*
*Einwohner: 6300* | *Wanderung 20*

Der Ort am Nordufer des gleichnamigen Sees hat sich seinen ländlichen, malerischen Charakter bewahrt. Wie so oft steht auch hier eine klösterliche Zelle am Anfang der Dorfchronik, die im 8. Jh. vom Freisinger Bischof Arbeo geweiht wurde. Im 11. Jh. entstand ein Chorherrenstift, das 1494 aufgelöst wurde. Die ehemalige, 1712–1714 erneuerte Stifts- und heutige **Pfarrkirche** ist im Gegensatz zu ihrem schlichten Äußeren wertvoll ausgestattet. Neben den 1714 entstandenen Fresken und Stuckarbeiten des zu dieser Zeit noch jungen Johann Baptist Zimmermann verwahrt das Gotteshaus unter anderem einen geschnitzten »Gnadenstuhl« von Erasmus Grasser und eine gemalte »Schutzmantelmadonna« von Jan Polack, die ebenso wie Grassers Werk dem Stil der späten Gotik des ausgehenden 15. Jhs. angehört.

Von Schliersee ist es

*Wie der benachbarte Tegernsee gibt sich auch der Schliersee als heitere Idylle.*

nicht mehr weit bis zum hochgelegenen **Spitzingsee**, der mit seinem Kranz leicht begehbarer Vorberge und abwechslungsreicher Skihänge im Sommer wie im Winter beliebt ist.

## ▶ STAFFELSEE

*Höhe: 649 m* | *Karte: B 5*
*Tiefe: 38 m* | *Wanderung 7*

*Die Staffelseegegend hat sich vom alten Kulturboden zur beiebten Sommerfrische gewandelt.*

Der 4 km lange, 3 ½ km breite und nur bis zu 38 m tiefe Staffelsee nordwestlich von → **Murnau** zählt zu den wärmsten Seen Oberbayerns und zu den beliebtesten Badegewässern. Auf der größten der sieben Inseln, der Insel **Wörth**, stand zunächst ein Kloster, das 907 dem Ungarnsturm zum Opfer fiel, anschließend eine romanische Basilika, die bis 1743 die offizielle Pfarrkirche für Murnau war.

## ▶ STARNBERG

*Höhe: 587 m* | *Karte: C 3*
*Einwohner: 21 300* | *Wanderung: 13*

Die Geschichte der Kleinstadt am Nordufer des gleichnamigen Sees begann mit der 1243 erstmals erwähnten hochgelegenen **Burg**, die zunächst den Andechser Grafen gehörte und nach dem Niedergang dieses mächtigen Geschlechts 1365 von den Wittelsbachern übernommen wurde. 1541 ließ Herzog Wilhelm IV. die Burg abbrechen

und durch die noch heute bestehende Vierflügelanlage ersetzen, die dem Münchner Hof als beliebter Sommersitz diente. Dem Höhepunkt fürstlicher Festlichkeiten unter Ferdinand Maria in der zweiten Hälfte des 17. Jhs. folgten wieder ruhigere Jahre, die im 19. Jh. schließlich zur Umwidmung der blickbeherrschenden stattlichen Schloßanlage in ein Amtsgebäude führten.
Die ursprünglich »Aham« genannte Siedlung zu Füßen des Schloßbergs war bis zur Mitte des 19. Jhs. ein schlichtes Bauern- und Fischerdorf, das erst 1854 durch die Eisenbahnanbindung an München einen Wandel zum beliebten Ausflugs- und Freizeitziel und zunehmend gefragten Wohngebiet wohlhabender und prominenter Neubürger erfuhr. Der kontrastreiche Werdegang spiegelt sich im uneinheitlichen Ortsbild wider, in dem unauffällige Bausubstanz aus früheren Tagen, sachliche Moderne und mondäne Villenarchitektur nebeneinander stehen. Am 12. März 1912, dem 91. Geburtstag des bayerischen Prinzregenten Luitpold, feierte man die Stadterhebung Starnbergs, das bereits im 14. Jh. durch die Einrichtung des Landgerichts zum Verwaltungszentrum und Hauptort am → **Starnberger See** aufgestiegen war.
Wenngleich das **Schloß** nicht mehr besichtigt werden kann, kommt der Kunstfreund dennoch auf seine Rechnung. Nahe der einstigen Residenz erwartet ihn die alte Starnberger **St.-Josephs-Pfarrkirche** die mit den zart leuchtenden Fresken Christian Winks, den eleganten Stukkaturen Franz Xaver Feichtmayrs und insbesondere mit den Altarfiguren und der Kanzel aus den Händen des genialen Barockbildhauers Ignaz Günther vorzüglich ausgestattet ist.

## ▶ STARNBERGER SEE

| | |
|---|---|
| *Höhe: 587 m* | *Karte: C 3–4* |
| *Tiefe: 123 m* | *Wanderung 13, 14* |

Als Becken einer eiszeitlichen Gletscherzunge wird der Starnberger See im Westen, Osten und Norden von Seiten- und Endmoränenzügen umfaßt. An seinem Südende liegt die Ortschaft **Seeshaupt**, an seinem Nordende die Stadt → **Starnberg**, von der sich die gebräuchlichere Bezeichnung des Sees ableitet. Behördlicherseits wird hingegen die Würm, die den See am Nordende verläßt, als Namenspatronin favorisiert. Solche Überlegungen lassen indessen die Anrainer des 20 km langen, bis zu 4,7 km breiten und an die 123 m tiefen Gewässers im Südwesten von → **München** unberührt, da sich derlei enge Denkungsart mit dem Nobelstil des betuchten Starnberger-See-Publikums nicht verträgt.

Das vornehme Image hat eine lange Tradition. Hier vergnügte sich bereits im 16. Jh. der Münchner Hof, der den See wegen der umgebenden Jagdgründe und auch wegen seiner edlen Fischarten in mehrfacher Weise schätzte. Die feudale Prachtentfaltung erreichte im 17. Jh. und in der Ägide des Kurfürsten Ferdinand Maria ihren Höhepunkt, der 1663 nach venezianischem Muster das 20000 Gulden teuere Prunkschiff »Bucentaur« erbauen ließ, das 37 m lang, 10 m breit, 6 m hoch war und 500 Passagiere aufnahm. Der Fortbewegung dienten Segel und vergoldete Ruder. An den Riemen saßen 110 Schiffer. Außerdem war das Vergnügungsboot mit 16 Kanonen bewehrt. Um das legendäre Riesenschiff scharten sich bis zu 30 Begleitboote, damit die aufwendigen Rahmenbedingungen für monströse Lustseeschlachten und makaber-»ergötzliche« Treibjagden gesichert waren.

Nach annähernd 100 Jahren hatte der »Bucentaur« ausgedient. Gegen Ende des 18. Jhs. kamen die mit Segeln bestückten englischen Kielboote. 1851 läutete der Raddampfer »Maximilian« eine neue Epoche ein, in deren Verlauf der Starnberger See zu einem gefragten Münchner Ausflugs- und Naherholungsziel avancierte, das sich auch auf die bei Kempfenhausen, St. Heinrich und → **Possenhofen** großzügig angelegten Bade- und Erholungsdorados stützt. Neben den vornehmen und vergnüglichen Seiten stehen die düsteren Stunden. So bewegt noch heute das tragische Geschick des bayerischen »Märchenkönigs« Ludwig II. die Gemüter, der am Abend des 13. Juni 1886 im Verlauf eines Spaziergangs im Park von **Schloß → Berg** zusammen mit seinem Arzt im seichten Ufergewässer auf nie völlig geklärte Weise den Tod fand.

## ▶ STEINGADEN, KIRCHE

*Höhe: 763 m* — *Karte: A 5* — *Wanderung 13*

An die erste, 1176 geweihte Kirche des 1147 gegründeten ehemaligen **Prämonstratenserklosters** Steingaden erinnern nur noch der **dreischiffige romanische Außenbau** und einige bauliche wie dekorative Details. Im Gegensatz dazu erfuhr das Innere nach Bränden und Verwüstungen im Verlauf des Bauernkriegs und des Dreißigjährigen Kriegs entscheidende Veränderungen, die sich an den jeweiligen

stilistischen Strömungen orientierten. Anläßlich der 600-Jahr-Feier 1747 erhielt der Innenraum schließlich sein neues, üppiges Rokokogewand, das im wesentlichen bis heute erhalten geblieben ist und den Gesamteindruck bestimmt. Insofern trägt das Steingadener Münster fast die Züge eines Architekturmuseums, das vom 12. bis zum 18. Jh. einen weiten Bogen zwischen den verschiedenen Ausdrucksformen der Sakralkunst spannt. So finden sich neben dem romanischen, von zwei Westtürmen flankierten Hauptbau und anderen Relikten aus dem frühen 13. Jh. eine netzgewölbte **spätgotische Vorhalle**, ein **Renaissance-Chorgestühl** aus dem Jahr 1534, **frühbarocke Altäre**, die meisterliche **Rokokokanzel** aus den Händen des Füsseners Anton Sturm, die Welfen-Epitaphien des bedeutenden Plastikers und Münchner Hofbildhauers Johann Baptist Straub, strenger Stuck aus der Wessobrunner Frühphase, virtuos-verspieltes Rocailledekor vom berühmten Wessobrunner Franz Xaver Schmuzer und leuchtende Wandbilder des weitbekannten Augsburger Freskanten Johann Georg Bergmüller.

*Hinter dem romanischen Äußeren erwartet den Steingadener Kirchenbesucher ein üppiger Rokokoraum.*

## TEGERNSEE, STADT UND KLOSTER

*Höhe: 747 m* *Karte: E 5*
*Einwohner: 4120* *Wanderung 20*

Die Geschichte der 1954 zur Stadt erhobenen Ortschaft Tegernsee am Ostufer des gleichnamigen Sees begann mit dem Mitte des 8. Jhs. hier gegründeten **Kloster**, das über Jahrhunderte zu den überragenden kulturellen Zentren Oberbayerns zählte. Die Anfänge verliefen allerdings nicht sehr verheißungsvoll. 920 wurde die Abtei vom bayerischen Herzog Arnulf um einen Teil ihrer Besitztümer gebracht, 955 von den Ungarn zerstört, 975 durch einen Brand völlig vernichtet. Bereits 978 erfolgte jedoch durch Kaiser Otto II. die Erneuerung unter Trierer Benediktinermönchen, die hierher entsandt wurden. Der ersten Hochblüte im 11. Jh. folgte eine zweite im 15. Jh., in die auch der Bau der spätgotischen **Kirche** fiel, die 1673–1700 grundlegend barockisiert wurde.

Das Tegernseer Kloster war stets gut gestellt und besaß in seiner besten Zeit zwischen Schwaben, Niederösterreich und Südtirol an die 12000 Bauernhöfe. Dem wirtschaftlichen Wohlstand entsprachen die kulturellen Leistungen und kunstfertigen Produkte der klösterlichen Schreibstuben und Werkstätten. So entstand hier um 1050 mit dem **»Ruodlieb«** der erste deutsche Roman. 1165 wurde im Beisein Friedrich Barbarossas im Klosterhof das erste deutsche Drama, das »Spiel vom Antichrist« aufgeführt. In der klösterlichen Bibliothek standen mehr als 2000 Handschriften und ein paar tausend Wiegendrucke, ein Bestand, der sich mit den Vatikanischen Bibliotheken messen konnte. Desgleichen florierten im 10. und 11. Jh. Buchmalerei, Glasmalerei, Goldschmiedekunst und Erzgießerei. Ebenso wurde im Tegernseer Kloster ein bedeutendes Kapitel bayerischer Musikgeschichte geschrieben.

Vergeblich versuchte der letzte Abt, Gregor Rottenkolber, den Geist christlicher Wissenschaft aufrechtzuerhalten und das Verhängnis abzuwehren. So war die Säkularisation und Klosteraufhebung im Jahr 1803 für die Mönche ein besonders schwerer Schlag, der 15 von ihnen dazu bewog, 1805 einen Trakt zurückzuerwerben und erneut mit klösterlichem Leben zu füllen. Der Großteil der Gebäude wurde jedoch in seiner neuen Funktion als Herzogliches Schloß von Leo v. Klenze 1817–1820 klassizistisch umgestaltet, wobei auch die Fassade der ehemaligen Klosterkirche eine nicht gerade glückliche stilistische Anpassung erfuhr.

Das Tegernseer Kloster übernahmen die Wittelsbacher nach 1803 als Sommerresidenz.

*Die Egerner Bucht und der Wallberg prägen das Gesicht des Tegernsees.*

Geblieben ist das barockisierte Innere der heutigen Pfarrkirche mit dem schweren Stuck italienischer Prägung, einigen ansehnlichen Ausstattungsstücken und beachtlichen Fresken aus der Hand Johann Georg Asams, des Vaters der berühmten Gebrüder Cosman Damian und Egid Quirin, der mit diesen 1689 –1694 angefertigten Deckengemälden zugleich einen der frühesten barocken Freskenzyklen auf deutschem Boden schuf.

Ansonsten sollte man in Tegernsee noch das **Olaf-Gulbransson-Museum** im Kurpark besuchen, in dem Zeichnungen des norwegischen Zeichners, Malers und »Simplicissimus«-Karikaturisten sowie interessante Wechselausstellungen gezeigt werden. Nicht zu vergessen das Herzogliche **Bräustüberl** gleich neben der Kirche mit seinem internationalen Flair und herzhaften Brotzeitgenüssen.

## TEGERNSEE, SEE

| | |
|---|---|
| *Höhe: 726 m* | *Karte: E 5* |
| *Tiefe: 72 m* | *Wanderung 18, 19* |

Der 7,5 km lange, 2,5 km breite und bis zu 72 m tiefe Tegernsee ist dank seines idyllischen Charakters von den dichtest besiedelten Uferstreifen Oberbayerns umgeben. Die wachsende Beliebtheit der Tegernseer Gegend als »Sommerfrische« und Zweitwohnsitz geht auf das frühe 19. Jh. zurück, als die Wittelsbacher die 1803 säkularisierten Gebäude des Klosters Tegernsee zum Schloß und Sommersitz

umwandelten und somit den bis dahin ruhigen Vorgebirgswinkel fürstlich aufwerteten. Der 1883 eingerichtete Bahnanschluß tat sein übriges, um den Rang des Tegernsees als Tourismusattraktion und Neusiedler-Mekka zu forcieren.

## TUTZING

*Höhe: 603 m* *Karte: C 3*
*Einwohner: 9230* *Wanderung 14*

Der Luftkurort am Westufer des → **Starnberger Sees** ist vor allem durch seine beiden Akademien, die Evangelischen Akademie und die Akademie für politische Bildung, überregional bekannt geworden. Außerdem kann die Gemeinde einige prominente Wahlbürger und Gäste aufweisen, die hier auf Dauer oder vorübergehend wohnten. Darunter waren der Ägyptologe Georg Ebers, der Essayist Wilhelm Hausenstein, der Filmschauspieler Hans Albers, die Pianistin Elly Ney, der Cellist Ludwig Hölscher und der Komponist Johannes Brahms, der laut einer Gedenktafel an der Seeuferpromenade in Tutzing während eines längeren Aufenthalts einige bedeutende Werke schuf.

*Die Tutzinger Brahmspromenade ist dem berühmten Tondichter gewidmet.*

Die Geschichte Tutzings begann 753 mit einer Schenkung des hiesigen Besitzes durch drei Huosi-Brüder an das Kloster Benediktbeuern. Das Tutzinger **Schloß** war aus einer mittelalterlichen Burg hervorgegangen und nach der Zerstörung im Dreißigjährigen Krieg im barocken Stil wiederaufgebaut worden. 1732–1864 residierten die Grafen Vieregg in dem seeanliegenden, stattlichen Gebäudekomplex. 1949 gelangte das Schloß schließlich in die Hände der Evangelischen Landeskirche, die es als renommierte Tagungsstätte nutzt.

Sehr lohnend ist eine Wanderung zur **Ilkahöhe**, die bei günstigem Wetter einen umfassenden Ausblick auf die Alpen gewährt. Der Name des berühmten Aussichtspunkts geht auf eine Tochter Carl Theodors Graf Vieregg zurück.

## WALCHENSEE

*Höhe: 802 m* | *Karte: C 6*
*Tiefe: 196 m* | *Wanderung 8*

Der südlich von → **Kochel** gelegene See ist 7 km lang, 5 km breit und bis zu 196 m tief. Der **größte und tiefste deutsche Gebirgssee** ist ringsum von Bergen gesäumt und mit der Hintergrundkulisse des Karwendels eines der landschaftlich schönsten bayerischen Gewässer. Der Höhenunterschied zum nördlich benachbarten, 200 m tiefer gelegenen → **Kochelsee** wurde von Oskar von Miller, dem Begründer des Deutschen Museums in → **München**, für die Energiegewinnung genutzt, indem er 1918–1925 am Südostufer des Kochelsees das von Druckrohrleitungen gespeiste **Walchenseekraftwerk** errichtete.

*Der Walchensee war eines der Lieblingsmotive des Malers Lovis Corinth, der sich hier niederließ.*

## WASSERBURG AM INN

*Höhe: 427 m* *Karte: G 2*
*Einwohner: 11 370* *Wanderung 23*

*Nach der frühen Hochblüte stagnierte die Entwicklung Wasserburgs, dessen mittelalterliches Gesicht erhalten blieb.*

Die geschützte Lage in einer Innschleife, die lukrativen Einnahmen am Flußübergang der hier vorbeiführenden Salzstraße von Bad Reichenhall und Salzburg nach → **München** und Augsburg, nicht zuletzt aber die gewinnträchtige Innschiffahrt veranlaßten bereits 1137 den Hallgrafen Engelbert, seinen Sitz hierher zu verlegen. 1247 bemächtigten sich die bayerischen Wittelsbacher der einträglichen Pfründe Wasserburg, der Kaiser Ludwig der Bayer bereits 1334 die Stadtrechte verlieh. Die fetten Jahre waren jedoch gezählt, als ab 1504 der Salzverkehr über Rosenheim lief und die Wasserburger nach und nach ins wirtschaftliche Abseits gerieten. Den endgültigen Niedergang besiegelte im 19. Jh. die Einrichtung der Eisenbahnlinien und billigerer Transportwege, denen die Innschiffer nichts entgegenzusetzen hatten.

Der frühe Aufstieg und Niedergang spiegeln sich in der Wasserburger Altstadt wider, die sich im Kern seit den Glanzzeiten kaum verändert hat. So begegnet man einem betagten Bauensemble von seltener Geschlossenheit, in dem die **inntypischen Bürgerhäuser** mit Erdgeschoßlauben, Erkern und horizontalen Mauerabschlüssen das Bild beherrschen. Besonders schön ist das Haus Kern am **Marktplatz**, dessen Fassade Johann Baptist Zimmermann stukkiert hat. Desgleichen sei das gegenüberliegende Rathaus hervorgehoben, das mit seinen zwei Treppengiebeln etwas aus der Reihe fällt. Schließlich lohnen die beiden Wasserburger Kirchen aus der späteren Gotik, die **Frauenkirche** und die Stadtpfarrkirche **St. Jakob**, einen Besuch. Sehenswert ist auch die romantische, dem Inn zugewandte Häuserzeile mit dem eindrucksvollen **Brucktor**, das 1470 von Wolfgang Wieser errichtet wurde.

*Die zerklüftete Watzmann-Gruppe bestimmt das Bild der Berchtesgadener Bergwelt.*

## ▶ WATZMANN

*Höhe: 2713 m* | *Karte: K 6* | *Wanderung 30*

Das wildzerklüftete → **Berchtesgadener** Felswahrzeichen erreicht mit der **Mittelspitze** eine Höhe von 2713 m. Zwischen Mittelspitze und **Kleinem Watzmann** (2307 m) reihen sich fünf kleinere Gipfel. Der Sage nach ist das Watzmannmassiv eine versteinerte Fürstenfamilie, die einst in der Berchtesgadener Gegend mit grausamer Hand regierte. Alpinistische Berühmtheit genießt die **Watzmann-Ostwand**, die mit 1800 m eine der höchsten Wandfluchten der Ostalpen ist. Die Erstbesteigung durch Kederbacher und Schück am 6. Mai 1881 zog zahlreiche Nachahmer und auch Tragödien nach sich.

## ▶ WENDELSTEIN

*Höhe: 1838 m* | *Karte: F 5* | *Wanderung 25*

Der 1838 m hohe Wendelstein zwischen Brannenburg und → **Bayrischzell** ist dank seiner separaten Position einer der berühmtesten Aussichtsberge der Bayerischen Alpen. An klaren Tagen reicht der Blick vom Böhmerwald bis zu den Zentralalpen. Der Gipfelbereich ist von technischen Anlagen überzogen: Sonnenobservatorium, Wetterwarte, Sternwarte und Rundfunk-Sendestation. Daneben steht, als anrührender Kontrast, das **Wendelsteinkirchlein**, in dem seit 1889 über 300 Hochzeiten stattfanden.

Der Wendelstein ist von der Brannenburger Seite durch die **Zahnradbahn** und von der Bayrischzeller Seite durch die **Seilbahn** ab Bayrischzell/Osterhofen bequem zu erreichen.

## WESSOBRUNN, KLOSTER UND KIRCHE

*Höhe: 701 m* *Karte: A 4*
*Wanderung 13*

Das Dorf und Kloster westlich von Weilheim haben ihre Höhepunkte längst hinter sich. Die von den europäischen Kulturzentren weit abgelegene, 753 vom letzten Agilolfingerherzog Tassilo III. gegründete Mönchsniederlassung war bereits zu Beginn des 9. Jhs. mit dem **»Wessobrunner Gebet«, einem der ersten Texte in deutscher Sprache**, in Erscheinung getreten. Nach den Verwüstungen durch die Ungarn im Jahr 955 entstand Mitte des 11. Jhs. ein neues **Benediktinerkloster**, dessen Kirche einem Brand zum Opfer fiel und 1285 neu errichtet wurde. Von diesem Bau blieb der trutzige romanische Turm erhalten. Ab 1680 ging man an die Errichtung einer neuen Klosteranlage, deren monumentale, weitläufige Planung nur zum Teil zur Ausführung gelangte.

1803 wurden auch davon Gebäudetrakte abgerissen, so daß vom einstigen Höhenflug heute fast nichts mehr zu erahnen ist. Geblieben sind höchstens ein Viertel der einstigen Klosteranlage mit den 1680–1700 erbauten und von Johann Schmuzer stuckierten Fürsten- und Gästetrakten, ferner der Pfarrhof- oder Prälatentrakt, schließlich der schöne Tassilosaal mit seinem üppigen, in Grün und Rosa gehaltenen Stuckdekor. Es erinnert zugleich an den zweiten lokalen Höhepunkt im 17. und 18. Jh., als in und um Wessobrunn eine **Bauhandwerker- und Stukkatorenschule** entstand, die neben den Schmuzer, Zimmermann, Üblher, Zöpf und Feichtmayr an die 600 Baumeister, Stuckdekorateure und auch Maler hervorbrachte. Sie waren in halb Europa tätig und entwickelten bald jene unverkennbare bayerische, beschwingt-heitere und frei Hand improvisierte Spielform des feingliedrigen Gipszierats, die als spätbarocke Ablösung der schweren Monumentalität des italienischen Hochbarocks ein bedeutendes Kapitel europäischer Kunstgeschichte geschrieben hat.

Ein letzter Rest einstiger Meisterschaft schwingt in der 1757–1759 erbauten **Pfarrkirche** am Rande des Klosterhofs nach, die Joseph Schmuzer plante, Tassilo Zöpf makellos stukkierte und Johann Bader mit meisterlichen Fresken versah. Sehenswert ist auch die Tassilo-Linde hinter der Klosterumfriedung, die auf das Quellwunder und auslösende Motiv für die Klostergründung verweist.

## WIESKIRCHE

*Höhe: 871 m* *Karte: A 5*
*Wanderung 13*

Die Wallfahrtskirche zum gegeißelten Heiland in der Wies bei → **Steingaden** verdankt ihre Entstehung einer wundersamen Begebenheit im Jahr 1739, als die Bäuerin Maria Lori eine kleine Holzskulptur mit dem Heiland an der Geißelsäule in der Hand hielt und plötzlich Tränen auf dem Gesicht der Schnitzfigur entdeckte. Das Tränenwunder löste alsbald einen vehementen Bittgängeransturm aus, dem die zunächst errichtete Feldkapelle nicht mehr gewachsen war.

So wurde die Errichtung eines größeren Gotteshauses erforderlich, dessen Planung das zuständige Steingadener Kloster bei **Dominikus Zimmermann** in Auftrag gab. Zimmermann stand zu dieser Zeit bereits auf der Höhe seiner Schaffenskraft und entwarf in Fortsetzung seiner im schwäbischen Steinhausen errichteten Wallfahrtskir-

*Die Wieskirche bei Steingaden gilt als Inbegriff bayerischer Rokokokunst.*

che einen Ovalraum mit Freipfeilerkranz, eingezogenem Umgang und angesetztem Chor, der so schlicht wie genial in seiner raumillusionären Weite, lichten Leichtigkeit und diffusen Lichtführung alle Merkmale eines vollkommenen Spätbarockbauwerks trägt. Dem hohen Rang der Architektur entspricht die Ausstattung, die mit den Fresken von Johann Baptist Zimmerman, dem Bruder des Baumeisters, und den von Dominikus Zimmermann vermutlich selbst geformten Stukkaturen zu den absoluten Spitzenleistungen des bayerischen Rokokos zählt. Dem Baumeister wird ebenso die prunkvolle Kanzel zugeschrieben.

Dem einzigartigen künstlerischen Stellenwert und der malerischen Lage inmitten einer bäuerlichen Bilderbuchlandschaft verdankt die Wieskirche ihren immensen touristischen Zuspruch. Der Verfasser empfiehlt deshalb den Besuch außerhalb der sommerlichen Hochsaison.

## ZUGSPITZE

*Höhe: 2963 m* — *Karte: A 7*
*Wanderung 3*

Die 2963 m hohe Zugspitze im Wettersteingebirge bei → **Garmisch-Partenkirchen** ist der höchste Berg Deutschlands und und entsprechend ihrer Ausnahmestellung von der deutschen wie von der österreichischen Seite her bestens erschlossen. Nach der 1924–1926 erbauten **Seilbahn von Ehrwald in Tirol** aus folgte 1928–1930 die Errichtung der 18,6 km langen **Zugspitz-Zahnradbahn**, die vom Garmischer Bahnhof zum 2649 m hoch gelegenen Schneefernerhaus hinaufführt, von dem seit 1931 eine Seilbahn den Rest bis zum Gipfel besorgt. 1963 wurde eine **Großkabinenbahn vom Eibsee** aus in Betrieb genommene.

Die erste dokumentierte Besteigung der Zugspitze erfolgte im August 1820 durch den Leutnant Karl Naus, der als Vermesser die Pioniertat mit einem Dienstauftrag verband.

*Die Zugspitze ist eine der attraktivsten Zugnummern des Garmisch-Partenkirchner Tourismus.*

*Seite 86/87: Die Wettersteinkette mit der pyramidenförmigen Alpspitze ist ein grandioser Landschaftshöhepunkt.*

# ALLGEMEINE HINWEISE

## Anforderungen / Ausrüstung

Das Spektrum der Wandervorschläge reicht vom geruhsamen Spaziergang bis zur anspruchsvollen Gipfeltour, die Bergerfahrung, Trittsicherheit und Schwindelfreiheit verlangt.

Für die **einfachen Unternehmungen im Flachland** genügen bequeme Wander-/Freizeitbekleidung, feste Schuhe (evtl. Joggingschuhe) und Regenschutz.
Erfahrungen aus der Ebene lassen sich nicht einfach aufs Gebirge übertragen. Dort gelten besondere Gegebenheiten.
Für das **Bergwandern** gelten folgende 6 Grundregeln:
**1.** Pro 100 Hm sinkt die Temperatur um ½° C. bis 1° C. Plötzliche Schlechtwettereinbrüche, Gewitter und aufziehender Nebel sind keine Seltenheit. Das heißt: entsprechende Zusatzkleidung mitnehmen und Wetterprognosen berücksichtigen.
**2.** Leichtes Schuhwerk mit glatten Sohlen ist im Gebirge lebensgefährlich!
**3.** Niemals die markierten Wege verlassen! Abkürzer sind meistens steil, unübersichtlich und bergen Absturzgefahren.
**4.** Eine längere Bergtour ist anstrengend; Kreislaufschwäche, Erschöpfung und Herzversagen stehen in der Bergwachtbilanz als Risikofaktoren an oberster Stelle. Also: kein falscher Ehrgeiz!

*Für Körper, Geist und Seele ist der Besuch der Bergwelt gleichermaßen ein Jungbrunnen.*

**5.** Stets eine aktuelle Wanderkarte mitführen! Kompaß und Höhenmesser können zusätzliche Orientierungshilfe leisten. Empfehlenswert ist die Mitnahme von Taschenlampe, Notapotheke und Rettungsfolie sowie eines Notproviants mit Energiekonzentraten und mit Kindern einer Reepschnur.
**6.** Im Ernstfall (bitte nur dann) bedient man sich ggf. des mitgeführten Handys bzw. des alpinen Notsignals. Es besteht aus sechs akustischen oder optischen Zeichen pro Minute; die Antwort erfolgt in drei Zeichen pro Minute.

## Gehzeiten

Im flachen Gelände zählt die Wegstrecke. Hier ist bei normalem Gehtempo etwa 1 Std. für 4 km zu veranschlagen. Im gebirgigen Gelände hängt die Gehzeit hingegen in erster Linie von der Höhendifferenz ab, wobei pro Std. bergauf in der Regel 400 Hm bewältigt werden. Die Infoblöcke zu den einzelnen Touren berücksichtigen diese Gesichtspunkte und benennen entsprechend den jeweiligen Verhältnissen entweder die Streckenlänge der Wanderung oder die Höhenunterschiede.

## Wanderwege

Die vorgestellten Wanderungen verlaufen größtenteils auf soliden Wegen und gut angelegten Steigen. Einige wenige Touren bewegen sich stellenweise im exponierten Felsgelände und erfordern Bergerfahrung einschließlich guter Kondition, Trittsicherheit und Schwindelfreiheit. Die meisten Routen sind markiert bzw. beschildert. Dennoch empfiehlt sich die Mitnahme einer zuverlässigen Karte, da trotz sorgfältigster Recherchen Unstimmigkeiten in den Angaben durch kurzfristig vorgenommene Wegänderungen oder andere Eingriffe nicht vollkommen ausgeschlossen werden können. Dies betrifft insbesondere die Wanderungen im exponierten Gebirgsgelände, bei denen eine sichere Orientierung unerlässlich ist.

*Der Walchensee unterm Jochberg ist das tiefste bayerische Alpengewässer.*

# 1 Zum Schloß des »Märchenkönigs«

Oberammergau – Pürschling – Linderhof

Karte: A6

Das Graswangtal zwischen → **Ettal** und → **Schloß Linderhof** ist als winterliches Loipendorado und als sommerliches Wandergebiet gleichermaßen beliebt. Nicht weniger Zuspruch genießt im Sommer der Pürschlingkamm nördlich des Tals, der mit recht ansprechenden Höhenwanderungen aufwartet.

## Wegverlauf:

Beide Touren beginnen in **Oberammergau** (837 m) an der westlichen Peripherie auf dem Parkplatz an der Eugen-Papst-Straße. Zuerst geht es auf der Straße in nordwestlicher Richtung kurz zurück, dann links in Richtung Kreuzigungsgruppe über die **Ammer**. Als nächstes wird die **Kolbenalm** (990 m) erreicht. Anschließend kommt man vor der **Kolbensattelalm** (1250 m) an eine **Wegteilung**, bei der man geradeaus weiterwandern kann und auf einem stimmungsvollen, aber etwas gleichförmigen Waldweg zum **Unterammergauer Pürschlinganstieg** und auf diesem zum Pürschlinghaus (1564 m) gelangt. Oder man wählt den links abzweigenden, für Geübte ausgewiesenen **Sonnbergsteig** über den Zahn, der auf luftigem Grat und teilweise exponiert zum Unterammergauer Weg aufschließt und schließlich ebenfalls zum **Pürschlinghaus** führt. Trittsichere und schwindelfreie Bergwanderer können also für den Anstieg den Sonnbergsteig und für den Rückweg den Waldweg benutzen.

## Abtiegsvarianten:

Daneben finden die Abstiegsvarianten nach Linderhof (943 m) ihre zahlreichen Liebhaber, die lediglich den Nachteil der Busrückfahrt zum Ausgangspunkt Oberammergau in Kauf nehmen müssen. Wer

*Vom Pürschlinghaus genießt man schöne Ausblicke auf die Ammergauer Berge.*

sich dafür entscheidet, wandert vom Pürschlinghaus auf dem **Höhenweg** westwärts bis zu einer **Wegteilung**, bei der links der gefahrlose Direktabstieg nach **Schloß Linderhof** abzweigt. Geradeaus führt der zwar anspruchsvollere, gelegentlich etwas ausgesetzte, dafür aber wesentlich erlebnis- und aussichtsreichere **Kammweg** weiter, der mit einigem Auf und Ab bis auf die Höhe von Linderhof verläuft, hier auf den Brunnenkopf-Anstiegsweg trifft, auf dem links zum Schloß Ludwigs II. abgestiegen wird. Den Rest besorgt, wie gesagt, der Bus, der allerdings nur spärlich verkehrt. Wer sich Wartezeiten ersparen möchte, studiert also vor der Tour den Busfahrplan, wenngleich sich mit Schloß- und Schloßparkbesichtigung derlei Geduldsproben leicht und sinnvoll überbrücken ließen.

**Tourencharakter:** Bis auf den Gratweg über den Zahn leichte Bergwanderungen; für Sonnenbergsteig griffiges Schuhwerk notwendig. **Beste Jahreszeit:** Am schönsten im Frühjahr und Herbst. **Reine Gehzeiten:** Rundweg Oberammergau – Sonnenbergsteig – Pürschling – Waldweg – Oberammergau 3½ Std., Direktabstieg Pürschling – Linderhof 1½ Std., Höhenweg – Linderhof 3 Std. **Höhendifferenzen:** Oberammergau – Pürschling 730 m, Pürschling – Linderhof 630 m (Abstieg). **Ausgangspunkt:** Oberammergau, Eugen-Papst-Straße. **Endpunkte:** Oberammergau bzw. Schloß Linderhof. **Verkehrsanbindung:** **Bahn:** über Murnau nach Oberammergau; **Bus:** Linderhof – Oberammergau; **Auto:** B 23 bzw. Garmischer Autobahn – Oberau – Ettal – Ober-ammergau **Einkehr:** Kolbenalm, Kolbensattelalm, Pürschlinghaus, Linderhof.

# 2 Naturpoesie und Landschaftsidylle

Bad Bayersoien – Schleierfälle – Bad Kohlgrub
Karte: A 5

*Die Schleierfälle bei Bad Bayersoien bezaubern als verträumte Naturidylle.*

Die benachbarten Heilbäder Bad Bayersoien und → **Bad Kohlgrub** setzen neben ihren Kureinrichtungen ebenso auf Bewegung und sportliche Aktivität. Dafür sprechen neben den Langlaufloipen vor allem die abwechslungsvollen Rundwanderrouten. So führt beispielsweise eine anspruchsvolle Runde von Bayersoien zu den Schleierfällen im Ammergrund und eine landschaftlich ebenso eindrucksvolle Wanderung nach Bad Kohlgrub.

## Wegverlauf

### a) Schleierfälle:

Ausgangspunkt ist der Parkplatz am Südrand von **Bayersoien**, westlich der B 23. Zuerst geht es auf einer Sackstraße in Richtung Ammer westwärts, dann links zu einem Bauernhof empor, anschließend schräg rechts weiter und in Richtung Auwiesen. Dann Richtung Ammer bis zu einer Stiege, auf der man rechts gerichtet einen Absatz erklimmt, auf dem man nach links am Waldrand bis zu einer nächsten Wegteilung wandert, wo man geradeaus den **Ammerrundweg II** wählt. Bei einem Feldkreuz wird dem Wegweiser nach Acheleschwaig gefolgt, ein Wiesengrund, dann ein Waldstreifen durchquert, ein aussichtsvoller Wiesenrücken überschritten und schließlich absteigend im Rechtsbogen **Acheleschwaig** er-

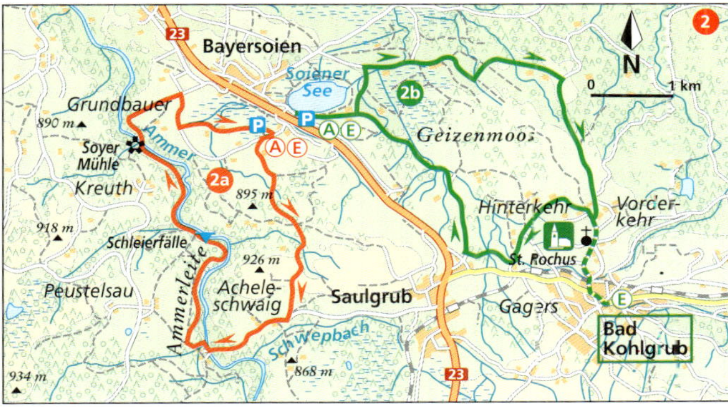


reicht. Hier geht es, stets in Richtung Schleierfälle, zur Ammer hinab, jenseits der Brücke links um ein Kraftwerk herum, dann rechts gerichtet über Brücken und Treppen wieder steil zum Hochufer hinauf und entsprechend der roten Markierung weiter. Nach einiger Zeit kommt man zu einem abfallenden Waldhang und zu einer Wegteilung, bei der man entsprechend dem Pfeil nach rechts die Wanderung fortsetzt und (zumindest bei Naßwetter reichlich feucht) zum **Ammergrund** absteigt. Bei den nächsten Wegteilungen geht es zweimal nach rechts. Schließlich ist man bei der Ammer und den romantischen **Schleierfällen** mit ihren über bemooste Tuffsteinstufen herabsprühenden Wassern.

Vom kleinen Naturschauspiel wandert man zunächst auf gleichem Steig bis zur Wegteilung zurück, dann auf dem für Trittsichere ausgewiesenen, jedoch ungefährlichen Pfad in Richtung **Soyermühle** weiter. Bald darauf wird ein weiteres Mal die Anhöhe erklommen, bei einer Ruhebank der bewegende Tiefblick auf den Ammergrund genossen, anschließend der blauen Markierung entsprechend bis zu einer weiteren Ruhebank gewandert, bei der man wieder rechts in Richtung Ammer absteigt. Für einige Zeit geht es auf halber Höhe nordwärts dahin, dann auf einem Sträßchen rechts zur einstigen Mühle und **Ammerbrücke** hinab. Jenseits des temperamentvollen Gewäs-

**Tourencharakter:** Eindrucksvolle Naturerlebnisse; für die Ammertour griffiges Schuhwerk. **Beste Jahreszeit:** a) Sommer/Spätherbst, b) ganzjährig. **Weglänge:** a) 16 km, b) 13 km. •**Reine Gehzeiten:** a) 4–4½ Std., b) 3½ Std. **Höhendifferenzen:** a) Anstieg insges. ca. 350 m, b) 100 m. **Ausgangs- und Endpunkte:** a) Bayersoien, südöstl. Ortsrand, b) Bayersoien, Soiener See, Südufer. **Verkehrsanbindung:** **Bahn:** über Murnau nach Bad Kohlgrub oder Saulgrub, **Auto:** B 23 Schongau–Oberammergau. **Einkehr:** Bayersoien.

sers wird noch einmal ein Anstieg bewältigt, ein alleinstehendes Gehöft passiert, dann auf einer Feld- und späteren Teerstraße ostwärts auf Bayersoien zugehalten. Schließlich biegt man rechts, dann links in Richtung Bärenbach ab und erreicht wieder den westlichen Ortsrand von **Bayersoien**, wo man gleich darauf nach links wieder beim Startplatz eintrifft.

### b) Bad Bayersoien – Bad Kohlgrub:

Die landschaftlich außerordentlich vielseitige Runde zwischen den benachbarten Kurorten läßt sich von der einen wie von der anderen Seite aus unternehmen. Die Route ist zuverlässig beschildert, so daß sich eine detaillierte Beschreibung erübrigt. Wer in **Bad Kohlgrub** aufbricht, spaziert vom westlichen Ortsrand auf der St.-Rochus-Straße in nordöstlicher, dann nördlicher Richtung zur **Rochuskapelle** und nach **Vorderkehr** und schließt hier zur Wanderrunde auf. Wer in **Bayersoien** startet, wandert vom Südrand

des idyllischen, von Filzwiesen gesäumten Soiener Sees auf dem Kurweg in die östliche Richtung und dann rechts abzweigend zum Waldeingang. Beim rechts abbiegenden medizinischen Testweg geradeaus weiter, in südöstlicher, dann südlicher Richtung durch schattiges Gehölz, anschließend auf Feld-und Forstwegen bis in die Nähe von **Saulgrub**. Noch vor der Ortschaft kann man links und querfeldein über einen Wiesenhang zu einem Feldweg absteigen, der nach links einen Bach überquert und auf eine Straße trifft, die uns links in Richtung **Bad Kohlgrub** und zu den Randsiedlungen **Hinterkehr** und **Vorderkehr** führt. Von Vorderkehr (s.o.) geht´s auf die Rückrunde, die inmitten idyllischer Moosböden und erholsamer Ländlichkeit den ganzen Reiz dieser Voralpengegend vorführt. Schließlich trifft man auf dem zuerst nordwärts, dann westwärts verlaufenden Wanderweg wieder am **Soiener See** und Ausgangspunkt ein.

*Bad Bayersoien ist rundum von malerischen Moosböden gesäumt.*

# 3 Wildromantische Sensationen im Schatten der Zugspitze

Garmisch-Partenkirchen – Kreuzeck – Hupfleitenjoch – Höllental – Höllentalklamm Karte: B 7

*Die Höllentalangerhütte ist ein beliebter Ausgangspunkt für Zugspitzbesteigungen.*

Die grandiose Rundtour vom Kreuzeck ins Höllental vor den gewaltigen Nordabstürzen der → **Zugspitze** und schließlich durch die wildromantische → **Höllentalklamm** gehört zu den absoluten Höhepunkten im Wetterstein südlich von → **Garmisch-Partenkirchen**

**Wegverlauf:**

Ausgangspunkt ist die **Bergstation der Kreuzeckbahn** (1651 m). Zunächst geht es auf einem Fußweg südwestwärts und ohne große Mühen zum **Hupfleitenjoch** (1754 m) hinauf, wo sich ein begeisternder Tiefblick in das Felsrund des Höllentalabschlusses eröffnet. Anschließend steigt man in steilen Kehren zu den **Knappenhäusern** (1526 m) hinab, die nur noch dem Namen nach an die Bergwerksvergangenheit der Gebirgsgegend erinnern. Seit 1449 florierte beim Kreuzeck der Eisen-, Zink- und Bleibergbau, der sich dank des Molybdäns, einer im Ersten Weltkrieg hochgeschätzten Edelstahlzumischung, bis ins 20. Jh. halten konnte. Die Einträglichkeit dieses Broterwerbs erhellt schon allein die Tatsache, daß die Hammersbacher Bergleute auf dem Weg zu ihrem luftigen Arbeitsplatz offensichtlich kein Risiko scheuten und an jener Stelle, an der sich heute 73 m über dem Abgrund ein Eisensteg über die Höllentalklamm spannt, auf zwei Baumstämmen die Schlucht überquerten. Ebenso finden sich im Höllental letzte Relikte der halsbrecherischen Knappensteige. Zurück zur Route: Von den Knappenhäusern senkt sich der gut ausgebaute, stellenweise jedoch exponierte und drahtseilgesicherte Bergsteig mit stetem Blick auf die näher rückenden Zugspitzabbrüche zum Talkessel mit der meist sehr belebten **Höllentalangerhütte** (1387 m).

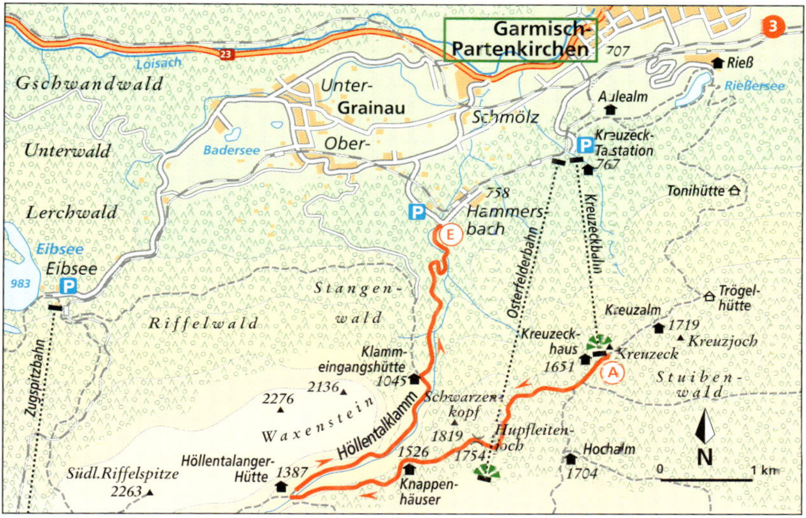


Der zweite Teil der Bergabwanderung verläuft zunächst auf einem steinigen Serpentinenweg, der den Hammersbach talauswärts begleitet. Danach wird es noch mal hochdramatisch, weil sich der stürmische Bach mit lautem Getöse durch die wildromantische **Höllentalklamm** zwängt. Nach dem höchst eindrucksvollen Naturspektakel kommt man zur **Klamm-Eingangshütte** (1045 m), die ebenfalls eine Verköstigung bereithält. Der beschauliche Rest der Rundtour vollzieht sich auf einer bequemen Forststraße, auf der man neben dem Hammersbach zur gleichnamigen Ortschaft hinabschlendert. Nach derlei Großartigem ist´s natürlich eine Überlegung wert, ob man die 30 Gehminuten von **Hammersbach** (758 m) zur **Talstation der Kreuzeckbahn** auf einem wenig reizvollen Wiesenweg auch noch in Kauf nimmt oder nicht doch lieber auf die Zugspitzbahn wartet, mit der man bequemer und schneller zum Ausgangspunkt der Tour zurückgelangt.

**Tourencharakter:** Grandioser Gebirgsrahmen und wildromantische Klamm; wenig anstrengende Bergabwanderung; griffiges Schuhwerk und für die Klamm Nässeschutz erforderlich. **Beste Jahreszeit:** Sommer bis Herbst. **Reine Gehzeit:** 3½–4 Std. **Höhendifferenzen:** Bergauf 100 m, bergab 1000 m. **Ausgangsgangspunkt:** Kreuzeckbahn-Bergstation. **Endpunkte:** Hammersbach bzw. Kreuzeckbahn-Talstation. **Verkehrsanbindung: Bahn:** Bhf. Garmisch-Partenkirchen; von dort (auf dem Rückweg ab Hammersbach) per Bus oder Zugspitzbahn zur Kreuzeckbahn-Talstation; **Auto:** In Garmisch-Partenkirchen Richtung Fernpaß, im Ortsteil Garmisch links ab zur Talstation der Kreuzeckbahn. **Einkehr:** Höllentalangerhütte, Klamm-Eingangshütte.

# 4 Beliebte Brotzeiteinkehr und düsteres Klammspektakel

Garmisch-Partenkirchen – Wamberg – Eckbauer – Partnachklamm

Karte: B 6–7

*Dem geheimnisvollen Zauber der Partnachklamm kann sich keiner entziehen.*

**Tourencharakter:** Harmlose Rundwanderung mit schöner Aussicht, kultivierter Einkehr und Bilderbuchklamm; Nässeschutz für die Partnachklamm von Vorteil. **Beste Jahreszeit:** Ganzjährig, am schönsten im Herbst. **Reine Gehzeit:** 3½–4 Std. **Höhendifferenz:** 520 m. **Ausgangs- und Endpunkt:** Garmisch-Partenkirchen, Kainzenbad. **Verkehrsanbindung: Bahn:** Bhf. Garmisch-Partenkirchen, Bus zum Kreiskrankenhaus; **Auto:** In Garmisch-Partenkirchen Richtung Mittenwald, am östlichen Ortsrand von Partenkirchen rechts ab. **Einkehr:** Wamberg, Eckbauer, Vordergraseck, Wildenau.

Der Wamberger Höhenrücken südöstlich von → **Garmisch-Partenkirchen** übertrifft zwar kaum die 1300-Meter-Marke, zählt aber dank seiner abgesetzten Lage vor der Garmischer Gebirgsszenerie zu den meistbesuchten Aussichtskanzeln im Werdenfelser Land.

## Wegverlauf:

Am Südrand des Großparkplatzes in **Garmisch-Kainzenbad** (720 m) neben dem Kreiskrankenhaus fängt die nach Wamberg beschilderte Straße an. Sie steigt nur gelegentlich steiler an und verläuft stellenweise im Waldschatten. Im idyllischen Dorf **Wamberg** (966 m) zweigt dann rechts der Weg zum Eckbauer ab, der meist der Sonne ausgesetzt ist und ohne lange Verschnaufpausen sehr zügig an Höhe gewinnt. Schließlich ist ein Wiesenhügel erreicht, auf dem einige Rast- und Aussichtsbänke zum längeren Verweilen und ausführlichen Betrachten des großartigen Gebirgsrahmens einladen. Danach geht's über den Rücken ohne weitere Anstrengungen in 10 Min. zum **Gast-**

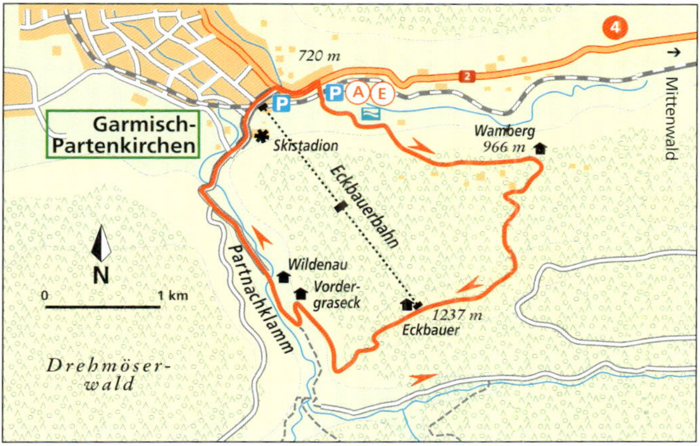


**hof Eckbauer** (1237 m), wo eine kultivierte Brotzeit und ein kleiner Kinderspielplatz gleich mehrere Wünsche erfüllen.

Von der Gasthausterrasse wird südwestwärts über Treppen und auf soliden Wanderpfaden in Richtung **Vordergraseck** abgestiegen. Hier geht es nach links, dann rechts zur Partnach und zum südlichen Eingang → **Partnachklamm** hinab. Nach der Durchquerung der wildromantischen Schlucht wandert man auf dem anschließenden Fahrweg neben der Partnach bis zum Garmischer **Olympiastadion** und noch vor der Bahn rechts wieder nach **Kainzenbad** zurück.

*Der Aufstieg zum Eckbauer passiert das malerische Dorf Wamberg.*

# 5 Paradekanzel überm Geigenbauerdorf

Mittenwald – Hoher Kranzberg – Ferchensee – Lautersee

Karte: B/C 7

Die Bezeichnung Hoher Kranzberg für den harmlosen, 1391 m hohen Wald- und Wiesenmugel nordwestlich von → **Mittenwald** ist schon etwas übertrieben. Wer jedoch einmal auf der exzellenten Aussichtswarte stand und die umfassende Aussicht auf die Karwendelkette und das Wettersteingemäuer erlebt hat, wird den Berg trotzdem schätzen.

*Mittenwald, überragt vom schroffen Karwendel.*

## Wegverlauf:

Unsere Runde beginnt bei den Parkflächen der Talstation der **Kranzbergbahn** (980 m) am nordwestlichen Mittenwalder Ortsrand. Zuerst geht es auf zuverlässig beschilderten und mäßig ansteigenden Wegen in Nähe der Sessellifttrasse nach **St. Anton** (1140 m), dann weiter zum **Kranzberghaus** und in wenigen Kehren zum Wiesengipfel des **Hohen Kranzbergs** (1391 m) hinauf.

Der Rundweg führt anschließend vom Berggasthof in die südwestliche Richtung und kommt zu einer Wegteilung, bei der man links (geradeaus kommt man nach Kranzbach und Klais) in Richtung Ferchensee weiterwandert und über steile Laubwaldhänge (im Herbst ein besonderes Erlebnis!) zum romantisch eingebetteten Gewässer vor der Prachtkulisse der Wettersteinwand absteigt. Am **Ferchensee** (1059 m) kommt man natürlich nicht so ohne weiteres vorbei, weil ein Ausflugsrestaurant, ein Kahnverleih und erfrischende Badefreuden locken. Vom Ferchensee spaziert man auf dem Uferweg oder gleich auf dem Fahrsträßchen in Richtung Mittenwald und biegt wenig später in den links abzweigenden Fußweg ein, der mit schönen Ausblicken auf das Mittenwalder Karwendel und zuletzt über einen Treppenabgang den **Lautersee** (1014 m) erreicht, der mit seinem Einkehr- und Erholungsangebot dem Ferchensee in nichts nachsteht. Die Wanderung führt nördlich am See vorbei, dann über eine Wiese

*Die Rundwanderung über den Hohen Kranzberg berührt auch den idyllischen Ferchensee.*

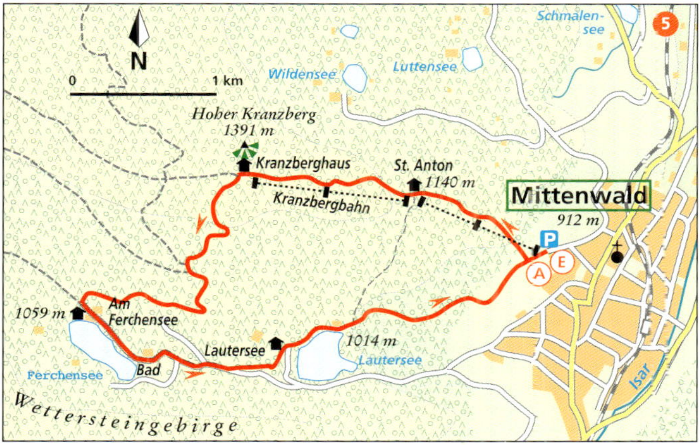


bis zu einer Wegteilung, bei der man geradeaus durchs Lainbachtal nach Mittenwald käme. Wir kehren jedoch, links abbiegend, auf einem Höhenweg zur **Talstation der Kranzbergbahn** zurück.

**Tourencharakter:** Geruhsame Höhenwanderung vor großer Naturkulisse. **Beste Jahreszeit:** Frühjahr und Herbst, im Hochsommer ggf. zu heiß. **Reine Gehzeit:** 3 Std. **Höhendifferenz:** 410 m. **Ausgangs- und Endpunkt:** Mittenwald, Kranzbergbahn-Talstation am nordwestl. Ortsrand. **Verkehrsanbindung:** **Bahn:** Bhf. Mittenwald; **Auto:** B 2 bzw. B 11. **Einkehr:** St. Anton, Kranzberghaus, Ferchensee, Lautersee.

# 6 Aussichtsloge vor dem Karwendel

Krün – Soiernhaus –
Soiernspitze – Fereinalm Karte: C 6

Die Soierngruppe bei Krün ist mit ihrem Gipfelhufeisen um den wildromantischen Hochkessel mit den kleinen Soiernseen eine Welt für sich. Außerdem ist die Vorkarwendelgruppe eine der großartigsten Aussichtslogen im bayerischen Gebirge.

## Wegverlauf:

Der traditionelle, zunächst etwas langatmige Zugang führt von **Krün** (875 m) auf einer Forststraße zur **Fischbachalm** (1403 m), wo man sich bis zum **Soiernhaus** (1616 m) für zweierlei Routen entscheiden kann: entweder für den völlig gefahrlosen einstigen **Reitweg** durch den Hundsstall oder für den westlich davon angelegten, stellenweise etwas exponierten, aber wesentlich reizvolleren **Lakaiensteig**.
Nach der Hüttennacht geht's westwärts und links an den **Soiernseen** vorbei zur gewaltigen Sandreiße im steilen Kar zwischen Soiernspitze und Reißender Lahnspitze, durch das man zur **Soiernscharte** hinaufsteigt. Von hier aus ist es links hinüber fast nur noch ein Katzensprung bis zur Paradekanzel der **Soiernspitze** (2257 m). Vom Gipfel steigt man dann über die freien Südhänge mit weiterhin großartigen Ausblicken zur **Fereinalm** und der **Krinner-Kofler-Hütte** (1394 m) ab.
Von der Alm wandert man nun im Seinsbachtal ca. 1 km westwärts bis zum links abzweigenden **Jägersteig**, der hoch überm Seinsbachgraben im Waldschatten dahinzieht und dann zur **Aschauer Alm** absteigt (diese beliebte Einkehrstation ist seit einigen Jahren geschlossen). Dahinter geht es schließlich rechts zur Fereinalm-Versorgungsstraße und auf dieser ca. 1 km nach links zur Haltestelle an der Seinsbachbrücke, wo der Bus nach Krün vorbeikommt. Wer genügend Kondition hat, kann auch noch die 4 km lange Querverbindung vom Seinsbachweg nach **Krün** zu Fuß zurücklegen.

**Tourencharakter:** Ausgedehnte Tour mit großartigen Ausblicken; Bergerfahrung, Bergwanderausrüstung mit griffigem Schuhwerk sowie Schlafzeug erforderlich. **Beste Jahreszeit:** Spätsommer und Frühherbst. **Reine Gehzeiten:** 9–9½ Std., Teilumrundung 6–7 Std. **Höhendifferenzen:** Anstieg 1390 m, Abstieg 1350 m. **Ausgangs- und Endpunkt:** Krün. **Verkehrsanbindung:** **Bahn:** Bhf. Klais oder Mittenwald, **Bus:** Seinsbachbrücke – Krün; **Auto:** B 11. **Unterkunft:** Soiernhaus (Pfingsten bis Mitte Oktober). **Einkehr:** Fischbachalm (Sommermonate), Soiernhaus, Gasthaus Jägerhaus auf der Fereinalm.

## Varianten:

Neben dieser Standardrunde stehen die klassischen Gipfeltouren rund um den Soiernkessel, die in verschiedensten Varianten möglich sind. So kann man in einer dreitägigen Tour eine Teilumrundung vornehmen, die vom **Soiernhaus** zunächst auf einem ehemaligen Reitsteig westwärts die **Schöttlkarspitze** (2050 m) ansteuert, dann zum **Feldernkreuz** (2048 m), über Felsstufen und Geröll zum **Feldernkopf** (2071 m) und anschließend mit etwas heikleren Passagen (ggf. Südumgehung benutzen) zur **Reißenden Lahnspitze** (2209 m) führt. Von hier geht es schließlich über die Soiernscharte zur **Soiernspitze** (2257 m) und zuletzt auf der bereits genannten Sandreiße zu den Soiernseen und zum **Soiernhaus** zurück, wo man noch am gleichen Tag oder nach einer weiteren Hüttennacht über die Fischbachalm wieder nach Krün hinabmarschiert.

*Die Kalkschichten der Soiernspitze verdeutlichen die Entstehung der Bayerischen Alpen, die aus Meeresablagerungen hervorgingen.*

# 7 Botaniker-, Maler- und Badedorados bei Murnau

Rund um den Staffelsee oder ums Murnauer Moos Karte: B 5

*Der Staffelsee bei Murnau ist einer der wärmsten oberbayerischen Badeseen.*

Der → **Staffelsee** und das → **Murnauer Moos** sind die Haupttrümpfe im Erholungsangebot der Marktgemeinde → **Murnau**. Während der im Sommer ungewöhnlich warme Staffelsee bereits seit Generationen als vielgefragtes Badegewässer geschätzt wird, ist das Moorgebiet südlich des Sees erst in jüngerer Zeit vom Maler- und Botanikerdorado zum beliebten Wandergebiet avanciert.

## Wegverlauf – a) Staffelsee-Rundweg:

Dieser ausgeschilderte 20-km-Rundweg verläuft im Uhrzeigersinn und wird in der Regel beim Schwimmbad in **Seehausen** am Ostufer des **Staffelsees** in Angriff genommen. Zuerst geht es in südlicher Richtung zum Murnauer Schwimmbad, dann in westlicher Richtung auf dem Südufersträßchen bis zum **Obernacher Moos** am Südwestende des Staffelsees, das im Rechtsbogen durchquert wird. Anschließend zieht der Wanderweg nordostwärts durch die außerordentlich malerischen Filzböden auf der nahezu unbesiedelten, verträumten Westseite des Sees dahin, überquert eine Landzunge und kommt in nördlicher Richtung zum **Uffinger Schwimmbad**, hinter dem sich die Wanderroute für einige Zeit vom Seeufer entfernt. Dann geht's jedoch im Rechtsbogen und südwärts gerichtet wieder näher zum See hin und durch **Rieden**, wo am Ortsausgang rechts ein reizender Wiesenweg abzweigt, der uns mit letzten schönen Bildern von der Staffelseelandschaft verwöhnt, bevor er wieder in **Seehausen** eintrifft.

## b) Moos-Rundweg:

Der Moos-Rundweg mißt 12 km und beginnt bei der **Ramsachkirche** südwestlich von Murnau. Die erste Etappe verläuft auf einem ebenen Feldweg, der neben der Ramsach in die südwestliche Richtung führt und eindrucksvolle Ausblicke auf die nahe Estergebirgs- und Wettersteinkette eröffnet. Nach einiger Zeit geht es rechts über den Bach

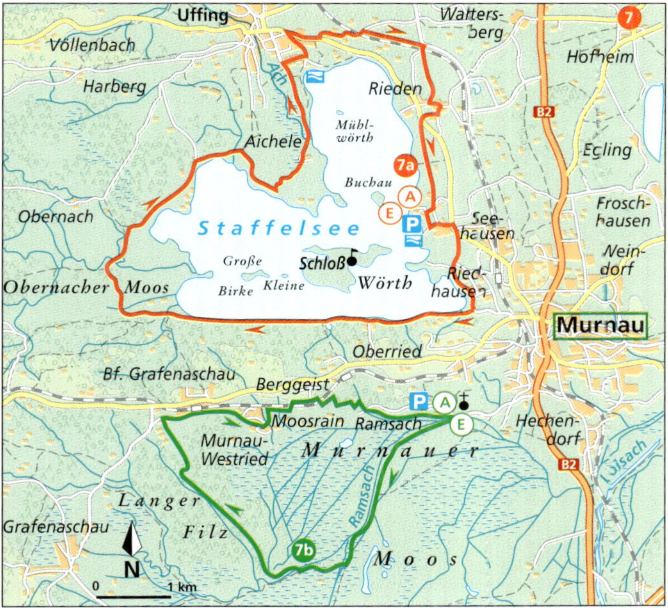


und durch einen Waldstreifen, hinter dem der Brettersteig und schönste Wegabschnitt durch den naturbelassenen Kernbereich des **Murnauer Mooses** einsetzt. Zwischendrin wird ein Unterstand mit Infotafel passiert, hinter dem auch bald wieder der Rand des Mooses erreicht ist. Die nächste Wegstation ist **Murnau-Westried**. Hier marschiert man auf der Aschauer Straße rechts vor zum Grafenaschauer Bahnhof und zum östlichen Siedlungsrand von **Moosrain**, wo es links zum Bahngleis hinaufgeht. Jenseits der Schienen führt der Rundweg für einige Zeit in die östliche Richtung, überquert dann nach rechts abermals die Zugtrasse und mündet in einen Höhenweg, der den Wanderer mit fabelhaften Ausblicken auf das Murnauer Moos vor der nahen Gebirgskulisse wieder zur **Ramsachkirche** – mit benachbartem einladenden Wirtshaus Ähndl – zurückbringt.

**Tourencharakter:** a) Staffelsee-Umrundung: lange Wanderung inmitten stimmungsvoller Landschaft; b) Moos-Rundweg: geruhsam und landschaftlich ungewöhnlich malerisch. **Beste Jahreszeit:** Frühjahr bis Spätherbst, je nach Schneelage auch im Winter. **Weglängen:** a) 22 km, b) 12 km **Reine Gehzeiten:** a) 5–6 Std., b) 3–3½ Std. **Höhendifferenz:** b) 50 m. **Ausgangs- und Endpunkte** a) Seehausen, Schwimmbad, b) Ramsachkirche südwestl. von Murnau. **Verkehrsanbindung: Bahn:** Bahnhöfe Uffing, Murnau, Grafenaschau; **Auto:** B 2. **Einkehr:** Uffing-Bad, Ramsach.

# Münchner Familienberge und Tourismus-Bestseller

## 8

Kesselberg – Herzogstand – Heimgarten – Walchensee

Karte: C 5/6

Ganze Bergsteigergenerationen sind auf dem Herzogstand und Heimgarten in die Geheimnisse der Gebirgswelt eingeführt worden. Wer heute dem Trubel der sommerlichen Urlaubssaison ausweichen will, muß abwarten, bis im fortgeschrittenen Herbst die Urlauberheere gelichtet und die Skifahrer noch nicht aufmarschiert sind.

### Wegverlauf – a) Herzogstand:

Auf den **Herzogstand** führen mehrere ansprechende Wege. Der kürzeste und meistbegangene ist der vom Kesselberg aus, der bereits auf einer Ausgangshöhe von 858 m einsetzt. Man wandert auf dem einstigen **Reitweg** Ludwigs II. im Waldschatten und in etlichen Kehren zum Hochkessel zwischen Fahrenbergkopf und Herzogstand empor, wo das **Herzogstandhaus** (1575 m) sichtbar wird. Vom Bergrestaurant geht's schließlich durch Latschenfelder zum Gipfel (1731 m) hinauf.

Für den Abstieg kann man wieder den Hinweg benutzen. Ebenso gibt es über die steilen Südhänge einen **Steig**, der beim Berggasthof einsetzt und mit einigen exponierten Passagen (Trittsicherheit erfor-

*Blick von der Soiernspitze auf Herzogstand (rechts) und Heimgarten (links).*

derlich!) zur Talstation der Herzogstandbahn am → **Walchensee** hinabführt, wo man mit dem Bus wieder zum Ausgangspunkt **Kesselberghöhe** zurückkehren kann.

## b) Rundweg Herzogstand – Heimgarten:

Wer über solide Bergerfahrung, Trittsicherheit und Schwindelfreiheit verfügt und auch entsprechend ausgerüstet ist, wird sich die großartige Rundwanderung über den Heimgarten (1790 m) nicht entgehen lassen. Der stellenweise ausgesetzte Steig über den **Verbindungsgrat** zwischen Herzogstand und Heimgarten setzt beim **Herzogstandgipfel** ein und zieht westwärts durch unruhiges Felsgelände bis zum Gipfelaufbau des 60 m höheren **Heimgarten**, der ein wenig mühsam durch Latschenfelder erklommen wird. Der Abstieg führt in südlicher Richtung zunächst an der kleinen, einfach bewirtschafteten **Heimgartenhütte**, dann an der **Ohlstädter Alm** (1423 m) und am Rotwandkopf vorbei. Anschließend geht's auf einem vorwiegend waldschattigen Steig zum Dorf **Walchensee** (810 m) hinab, von dem man nach links wieder zur Talstation der Bergbahn gelangt. Den Rest bis zum **Kesselberg** besorgt der Bus.

**Tourencharakter:** Kesselberg – Herzogstand: leichte Bergwanderung mit großartigen Ausblicken; Rundweg über Heimgarten: lange, anspruchsvolle Tour für Trittsichere und Schwindelfreie; griffiges Schuhwerk und für den Rundweg mit Kindern ggf. Reepschnur erforderlich. **Beste Jahreszeit:** Herbst und Spätherbst. **Höhendifferenzen:** a) Anstieg Herzogstand 870 m, Herzogstand – Heimgarten 60 m, Abstieg Heimgarten – Walchensee 990 m. **Reine Gehzeiten:** a) Kesselberg – Herzogstand 4–4½ Std., b) Rundweg über Heimgarten 6½–7 Std. **Ausgangs- und Endpunkt:** Kesselberg-Paßhöhe. **Verkehrsanbindung: Bahn:** Bhf. Kochel, weiter per Bus über den Kesselberg nach Walchensee; **Auto:** B 11. **Einkehr:** Berggasthof Herzogstand (ganzjährig), Heimgartenhütte (Sommermonate).

# 9 Bergwander-Evergreen beim klösterlichen Dorf

Benediktbeuern – Lainbachtal – Tutzinger Hütte – Benediktenwand Karte: C/D 5

Die 1801 m hohe Benediktenwand ist mit ihrer Nordwand eine der beeindruckendsten Felsgestalten der bayerischen Voralpen. Dementsprechend erfreut sie sich bei den Bergwanderern großer Beliebtheit, was sich auch in der Vielzahl der Gipfelzugänge widerspiegelt. Am traditionsreichsten ist jedoch der Anstieg von → **Benediktbeuern** aus, der sich unter Einbeziehung einer Hüttennacht auch auf zwei gemütliche Bergtage verteilen läßt.

*An die Benediktbeurer Klosterkirche lehnt sich die barocke Anastasiakapelle.*

## Wegverlauf:

Ausgangspunkt ist der Benediktbeurer Ortsteil **Gschwendt** (660 m) am südöstlichen Siedlungsrand, wo auch ein Großparkplatz zur Verfügung steht. Der zuverlässig beschilderte Weg führt am Geröllbett des **Lainbachs** entlang und windet sich zunächst ohne merkliche Steigungen dahin. Zwischendrin wird dann der Bach verlassen und eine steilere Passage bewältigt. Anschließend geht es auf Forstwegen wieder geruhsamer dahin. Zuletzt wird auf einem zwar schattigen, aber zügig emporstrebenden Serpentinensteig der Sattel mit der **Tutzinger Hütte** (1327 m) erklommen, bei der die Riesenmauer der **Benediktenwand** (1801 m) urplötzlich vor uns steht. Die Wand durchziehen neben der sogenannten Maximiliansstraße noch weitere Kletterführen, die sich der Gelegenheitsalpinist natürlich nur von unten ansieht. Das Gros der »Benewand«-

**Tourencharakter:** Lange Bergwanderung, die besser auf 1 ½ Tage verteilt wird; interessante Alternativen auf den Gipfel: teils leicht, teils felsgespickt. **Beste Jahreszeit:** Herbst, im Sommer ggf. zu heiß. **Reine Gehzeit:** 7–8 Std. **Höhendifferenz:** 1140 m. **Ausgangs- und Endpunkt:** Benediktbeuern, Ortsteil Gschwendt. **Verkehrsanbindung:** **Bahn:** Bhf. Benediktbeuern an der Strecke München – Kochel; **Auto:** B 11; Garmischer Autobahn, Ausfahrt Sindelsdorf – Bichl – Benediktbeuern. **Unterkunft:** Tutzinger Hütte (Ende April bis Anfang November). **Einkehr:** Benediktbeuern, Tutzinger Hütte.

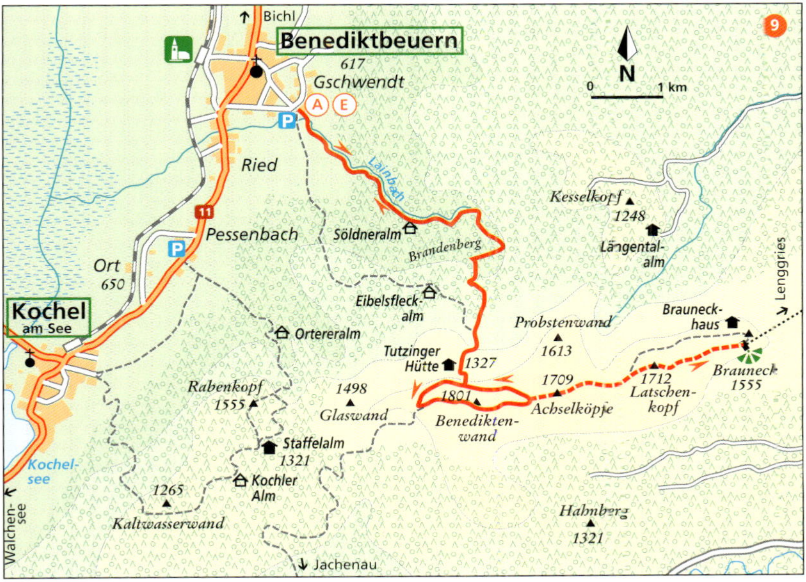


Besucher wählt für den Gipfelaufstieg die bestens markierte Westumleitung, die als unschwieriger Geröll- und Felssteig auch für den Abstieg wieder benutzt werden könnte, wenn man nicht im Sinne eines Rundwegs die Ostumgehung über den **Rotöhrsattel** bevorzugt, die trotz kurzer Drahtseilsicherungen und leicht exponierter Felspassagen von halbwegs trittsicheren Bergwanderern ebenso gemeistert werden kann.

*Der breit gewölbte Nordabbruch der Benediktenwand beherrscht die Silhouette über dem Kochler Moos.*

# 10 Brotzeitmugel für Genußwanderer

Bad Tölz – Waldherralm – Blomberghaus – Blomberg – Zwiesel

Karte: D 4/5

Mit ihren bescheidenen Gipfelhöhen unter der 1300er bzw. 1400er Höhenmarke sind die → **Bad Tölzer** Hausberge Blomberg und Zwiesel für Alpinisten natürlich nicht der Rede wert. Daß das Blombergrevier trotzdem reichlich Zuspruch erhält, hängt mit der lustigen Sommerrodelbahn und der idyllischen Landschaft zusammen.

## Wegverlauf – a) Nordanstieg:

Er beginnt beim Parkplatz der **Blombergbahn** an der B 472 (700 m) westlich von Bad Tölz und führt auf einer mäßig ansteigenden Forststraße im weiten Bogen nordwestlich um den Blomberg herum, stößt südwestlich des Blomberghauses auf eine Wegteilung, bei der man rechts zum Zwiesel und links zum **Blomberghaus** (1203 m) kommt. Wer die Besteigung des **Zwiesel** (1348 m) der Einkehr vorzieht, wandert also nach rechts weiter, wer die umgekehrte Reihenfolge bevorzugt spaziert links zum Berggasthof hinüber und nimmt sich den Zwiesel-Abstecher (oft bleibt es nach der Bergeinkehr beim Vorsatz) für hinterher vor.

*Trotz der bescheidenen Gipfelhöhe ist die Aussicht vom Blomberg bereits beachtlich.*

Für den Abstieg wird man der Abwechslung halber nicht ein zweites Mal den langen Forstweg wählen, sondern lieber den steileren und kürzeren Waldweg, der östlich vom Blomberghaus einsetzt, an der Mittelstation des Blomberglifts vorbeizieht, wo auch die Sommerrodler starten, und im Tal wieder auf die Forststraße trifft, auf der man die letzten Meter zum Parkplatz zurücklegt.

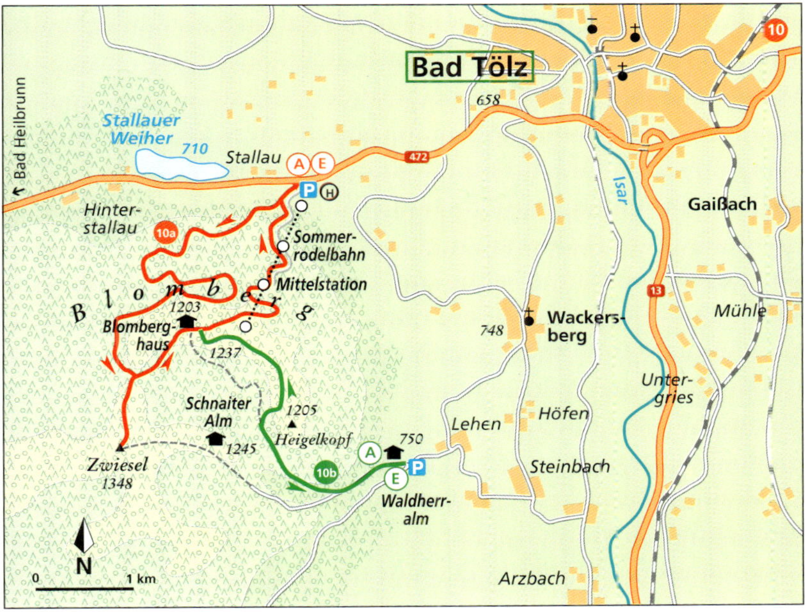


## b) Südostanstieg:

Neben dem vielbenutzten Nordanstieg gibt es wie gesagt noch einen Weg vom Südosten her. Er geht von der **Waldherralm** (750 m) bei Lehen südwestlich der Ortschaft **Wackersberg** aus. Der bezeichnete Weg führt zunächst südwestwärts. Bei einer Brücke geht's rechts weiter und neben einem Bach auf einer Forststraße taleinwärts. Nach einem knappen Kilometer schwenkt der Blomberganstieg in die nordwestliche Richtung, passiert die **Baunalm**, die **Obere Hirschalm** und den **Heigelkopf** (1205 m, kurzer Abstecher von der Hirschalm) und erreicht schließlich den **Blomberggipfel** (1237 m), von dem man in westlicher Richtung schnell zum **Blomberghaus** (1203 m) gelangt.

**Tourencharakter:** Gemütliche Vorgebirgswanderung mit vergnüglicher Brotzeiteinkehr. **Beste Jahreszeit:** Herbst, im Sommer ggf. zu heiß. **Reine Gehzeiten:** a) 2½–3 Std., mit Zwiesel zusätzl. ca. 45 Min., b) 2½–3 Std. **Höhendifferenzen:** a) Nordanstieg 500 m (Blomberghaus) bzw. 650 m (Zwiesel), b) 490 m (Blomberg). **Ausgangs- und Endpunkte:** a) Blombergbahn-Talstation westl. von Bad Tölz, b) Waldherralm bei Lehen/Wackersberg. **Verkehsanbindung: Bahn:** Bad Tölz, weiter per Bus. **Auto:** B 472. **Einkehr:** Blomberghaus (ganzjährig).

# 11 Zum Barock- und Biermekka auf den »heiligen Berg«

Herrsching – Kiental – Kloster Andechs

Karte: B 3

Unter den vielen Wanderwegen, die auf den »heiligen Berg« zum → **Kloster Andechs** führen, wird man immer wieder dem altgedienten Weg von Herrsching durchs romantische Kiental den Vorzug geben; er hat den hier nützlichen Vorteil der Kürze, so daß man die Qualitäten des **Bräustüberls** samt des Bieres sowie die künstlerischen Qualitäten der **Kirche** richtig auskosten kann.

*Die gepflegte Herrschinger Seepromenade ist viel besucht.*

## Wegverlauf:

Ausgangspunkt ist der **Herrschinger Bahnhof**, von dem es zunächst in östlicher Richtung auf der Kienbachstraße und Fischergasse ins Ortszentrum geht. Hier wird der Mühlfelder Straße ein paar Schritte nach rechts bis zur gleich wieder links abbiegenden Albertstraße gefolgt. Der Wegweiser nach Andechs leitet dann links an der hochgelegenen St.-Martins-Kirche vorbei, danach auf der Kientalstraße nach rechts bis zu einer Wegteilung, bei der man entsprechend dem Andechs-Wegpfeil schräg links weiterwandert. Wenig später hat man die Ortschaft hinter sich und betritt das waldschattige, idyllische **Kienbachtal**. Nach ca. 1 ½ km wird der teilweise hoch überm Bachgrund dahinführende, mäßig ansteigende Weg links auf einem zügig emporstrebenden Treppensteig verlassen, der auf der Höhe in einen querenden Fußweg einmündet, dem man sich nach rechts anschließt. Dann geht es rechts um die Klostermauer herum und zuletzt über einen Treppenanstieg links zur **Andechser Klosterkirche** mit dem darunterliegenden Bräustüberl hinauf.

Für den Rückweg kann man die gleiche Route benutzen. Ebenso empfiehlt sich der Umweg über Erling. Dabei wird zunächst über die vom Anstieg her bekannten Trep-

**Tourencharakter:** Geruhsame Wanderung, große Kunst und herzhafte Gaumenfreuden. **Beste Jahreszeit:** Ganzjährig. **Reine Gehzeiten:** 2 bzw. 2 ½ Std. **Höhendifferenz:** 170 m **Ausgangs- und Endpunkt:** Herrsching, Bahnhof. **Verkehrsanbindung:** **Bahn:** S5 München – Herrsching; **Auto:** A96, Ausfahrt Oberpfaffenhofen Weßling – Herrsching. **Einkehr:** Klosterbräustüberl Andechs (Januar geschlossen).

penstufen wieder bis zur Wegteilung bei einer Wegkapelle abgestiegen. Hier jedoch nicht entsprechend der Anstiegsroute rechts abbiegen, sondern geradeaus dem Wegweiser »Fußweg durchs Kiental nach Herrsching« folgen. Am Ortseingang von **Erling** trifft man unmittelbar vor dem Kienbach auf die Kientalstraße, auf der man nach rechts wieder zur beschriebenen Kientalroute zurückkehrt.

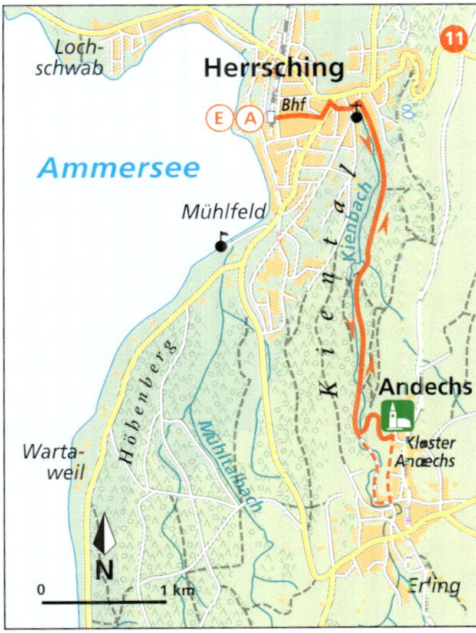

*Über dem Ostufer des Ammersees thront die Barockkirche des Klosters Andechs.*

# 12 Maleridylle südlich des Starnberger Sees

Rund um den Großen Ostersee

Karte: C 4

*Das barocke Kleinod der Iffeldorfer Heuwinkl-Kapelle lohnt einen Besuch.*

Die Malerlandschaft der → **Osterseen** ist ein beliebtes Bade- und Wanderdorado für trubelallergische Naturfeinschmecker. Wer beide Freizeitvergnügen unter einen Hut bringen möchte, unternimmt die stimmungsvolle Rundwanderung um den Großen Ostersee, die am Ostufer des schilfgesäumten Gewässers an einem netten Badeplatz vorbeiführt.

## Wegverlauf:

Die Wanderung beginnt beim geräumigen Wanderparkplatz östlich des Sees, der beim Iffeldorfer Ortsteil **Staltach** neben der Verbindungsstraße Seeshaupt – Penzberg angelegt ist. Vom Parkplatz geht es zunächst zu den Bahnschienen, davor ein paar Meter rechts bis zu einem Übergang, links über die Gleise, dann am Wald entlang bis zu einem Forstweg, dem nach links gefolgt wird. Nach einiger Zeit trifft man auf eine Wegteilung, bei der man entsprechend der Wandertafel nach rechts zum **Großen Ostersee** weitermarschiert. Der Wanderweg bringt uns zum Ufer des Sees, überquert den schmalen Verbindungskanal zum benachbarten **Fohnsee** und kommt zu einem von → **Iffeldorf** herführenden Fahrsträßchen mit Infotafel (hierher gibt es auch einen Wanderweg von Iffeldorf), auf dem man nach rechts den Rundgang fortsetzt. Inmitten einer wahren Bilder-

**Tourencharakter:** Spaziergang in malerischer Landschaft, gemütliche Badeplätze. **Beste Jahreszeit:** Ganzjährig. **Weglänge:** 8½ km. **Reine Gehzeit:** 2–2½ Std. **Ausgangs- und Endpunkt:** Iffeldorf/Staltach, Wanderparkplatz an der Straße Seeshaupt – Penzberg. **Verkehrsanbindung:** **Bahn:** Bhf. Staltach der Strecke München – Kochel; **Auto:** Garmischer Autobahn, Ausfahrt Penzberg/Iffeldorf – Seeshaupt. **Einkehr:** Iffeldorf.

buchidylle spaziert man am Westufer bis zu einer erneuten Wegteilung, hier rechts in Richtung Lauterbacher Mühle weiter und für einige Zeit im Wald dahin.

Kurz vor der **Lauterbacher Mühle**, heute ein dezent in die Landschaft eingefügtes Sanatorium, wird das schattige Gehölz wieder verlassen, ein kleiner Anstieg genommen und das Prachtmotiv des Ostersees vor der nahen Gebirgskulisse genossen. Das Sanatoriumsgelände wird links umgangen. Danach geht's auf einem Teersträßchen nach rechts bis zum nächsten Wander-Info-Rastplatz, bei dem man die Teerunterlage rechts abbiegend wieder verläßt. Der anschließende gut beschilderte Wald- und Wiesenweg umrundet zunächst die schilfbestandenen Nordausläufer des Ostersees, schwenkt in die südöstliche Richtung, führt dann rechts der Bahnschienen wieder ins freie Feld hinaus und zu dem bereits erwähnten Badeplatz. Schließlich geht es auf der Hauptroute noch ein kurzes Stück in südöstlicher Richtung zum Wald hin, wo man wieder auf die eingangs benutzte Querverbindung zum Staltacher Wanderparkplatz und Ausgangspunkt trifft.

*Die Osterseen sind als Malermotiv und Freizeitrevier gleichermaßen gefragt.*

# 13 Auf dem König-Ludwig-Weg von Schloß Berg nach Schloß Neuschwanstein

Berg/Starnberger See – Starnberg – Andechs – Herrsching – Dießen – Wessobrunn – Hohenpeißenberg – Ammerschlucht – Rottenbuch – Wieskirche – Steingaden – Neuschwanstein – Hohenschwangau – Füssen

Karte: C 3–A 5

Der König-Ludwig-Weg vollzieht in der umgekehrten Reihenfolge den letzten Gang Ludwigs II. nach, der als entmachteter bayerischer Monarch im Juni 1886 von Schloß Neuschwanstein nach → **Schloß Berg** am → **Starnberger See** gebracht wurde, wo er kurz darauf im See ertrank. Die mit einem bekrönten »K« auf weißem Grund durchgehend markierte Fernwanderung bietet beeindruckende Landschafts- und Kunsterlebnisse.

## Wegverlauf – 1. Tag Berg – Dießen (23 km):

Ausgangspunkt ist der **Schloßpark von Berg**. Zunächst geht's auf dem bezeichneten Seeweg nordwärts nach → **Starnberg**, hier im Zentrum auf der Vordermühlgasse rechts, über die Mühlbergstraße zur Söckinger Straße, auf dieser rechts bis zum links abzweigenden Maisinger-Schlucht-Weg, auf dem man die romantische Bachidylle durchquert. Die nächsten Stationen sind das Naturschutzgebiet des stimmungsvollen **Maisinger Sees** und das bäuerliche **Aschering**. Entsprechend der Wegtafel wandert man in Richtung Andechs weiter, passiert den **Eßsee**, an dem der Verhaltensforscher Prof. Lorenz wirkte, und kommt hinter **Rothenfeld** auf freies Bauernland. Der Weg überquert die Fahrstraße Perchting – Andechs und führt entlang dem Kreuzweg zum → **Kloster Andechs** hinauf, wo eine längere Stärkungs- und Besichtigungspause unumgänglich ist. Danach wandert man auf dem Kientalweg nach Herrsching am → **Ammersee**, wo man das Schiff besteigt und den Rest bis nach → **Dießen** am anderen Seeufer auf besonders erholsame Weise absolviert.

## 2. Tag Dießen – Hohenpeißenberg/Peiting (24 km):

Der zweite Tag beginnt mit der Besichtigung des barocken Marienmünsters von Johann Michael Fischer. Dann geht es in südwestlicher Richtung über **Haid** nach → **Wessobrunn**, das sich mit dem »Wessobrunner Gebet« und der berühmten Stukkatorenschule in der europäischen Barock- und Rokokoära einen Namen machte. Nach der Besichtigung der Reste des einst weitläufigen Klosterkomplexes wandert man durch eine stimmungsvolle Wald- und Wiesenlandschaft

*Die schmale Starnberger Seepromenade ist ein beliebter Ausflüglertreffpunkt.*

über **St. Leonhard im Forst** auf den **Hohenpeißenberg** (988 m), auf dem eine besuchenswerte Kirche und ein vorzügliches Gasthaus stehen. Den Höhepunkt bildet jedoch die an Föhrtagen einzigartige Aussicht auf die Alpenkette. Schließlich geht's zum **Ort Hohenpeißenberg** hinunter, wo man nächtigen kann, es sei denn, man fährt mit dem Zug nach Peiting.

### 3. Tag Hohenpeißenberg/Peiting – Ammerschlucht – Rottenbuch – Wildsteig (23 km):

Der dritte Wandertag bietet mit → **Ammerschlucht** und → **Rottenbuch** wildromantische Natur und erlesene Kunst, so daß die körperlichen Mühen und gelegentlich etwas heiklen Wegstellen in der Schlucht kaum ins Gewicht fallen. Wer in **Hohenpeißenberg** startet, wandert zuerst westwärts, dann südwärts zum Schnalzhaus im Ammergrund und am rechten Flußufer weiter. Wer

**Tourencharakter:** Anspruchsvolle 5tägige Fernwanderung mit großen Kunstgenüssen und Naturerlebnissen. **Beste Jahreszeit:** Frühjahr bis Spätherbst. **Weglänge:** 106 km bzw. 113 km. **Reine Gehzeit:** 5 Tage, jeweils ca. 6–7 Std **Höhendifferenz:** 400 m. **Ausgangspunkt:** Schloß Berg/Starmberger See. **Endpunkt:** Füssen. **Verkehrsanbindung: Bahn:** S6 nach Starnberg, Zugverbindung Weilheim – München; **Bus:** Füssen – Weilheim; **Auto:** Autobahn Garmisch, Ausfahrt Percha; B 16 bzw. B 17 Füssen. **Markierung:** Blaues »K« mit Krone. **Unterkunft:** Auskunft bzw. Prospekt einholen bei: Tourismusverband Ammersee-Lech, 86899 Landsberg a. Lech, Tel. 08191/47177; dort ebenso Auskunft über geführte Touren mit Gepäcktransport, Kirchenführungen u.a. **Einkehr:** Zahlreiche Möglichkeiten am Weg.

in **Peiting** startet , kommt am südlichen Ortsausgang über die August-Moralt-Straße und Schnalzstraße zu einem Wanderparkplatz, bei dem der Wegpfeil nach Rottenbuch den weiteren Routenverlauf anzeigt und zur **Ammer** hinabführt, wo sich beide Routen wieder vereinen. So oder so folgt als nächster Höhepunkt die stimmungsvolle **Ammerschlucht**, die mit einer nur dürftig gesicherten Steg- und Brückenanlage erschlossen ist, die bei Naßwetter und rutschigen Passagen konzentriertes Gehen und griffiges Schuhwerk verlangt. Nach dem leichten Nervenkitzel geht's nach **Rottenbuch** zur prachtvoll ausgestatteten Barockkirche hinauf. Im Anschluß an die große Kunst kommt wieder die bäuerliche Voralpenlandschaft zu ihrem Recht, die uns bis zum Etappenziel **Wildsteig** begleitet.

*Die Rottenbucher Barockkirche wird von Kennern sogar der Wieskirche vorgezogen.*

### 4. Tag, 18 bzw. 25 km, Wildsteig – Wieskirche – Trauchgau – Berghof; bzw. Wildsteig – Wieskirche – Steingaden – Prem – Trauchgau – Berghof (18 bzw. 25 km):

Wie am Vortag steht auch die vorletzte Etappe wieder im Zeichen bilderbuchschöner Landschaftserlebnisse und eindrucksvoller Kunsthöhepunkte. Von Wildsteig geht's zunächst durch malerische Moor- und Wiesenböden und über **Schwarzenbach** zur → **Wieskirche**, dem virtuosen Gemeinschaftwerk der Brüder Dominikus und Johann Baptist Zimmermann. Die große Kunst und ein gemütliches Gasthaus bedingen natürlich eine länge-

LANDSBERG
Finning
Utting
Hechendorf
Seefeld
Leutstetten
13
STARNBERG
Prügen
Stoffen
Hofstetten
Rieden
Windach-Speicher
Ammer-see
Herrsching
Söcking
Percha
Maising
Stau-Stufen
Stadl
Hübschried
Bier-dorf
Kloster Andechs
Pöcking
Berg
Schloß Berg
Thaining
Issing
Detteng-schwang
Andechs
Schloß Possenhofen
Traubing
Allmannns-hausen
Vilgerts-hofen
Wengen
Dießen
Aidenried
Feldafing
Reichling
Ludenhsn.
Ablsried
Fischen
Schloß Tutzing
Raisting
Pähl
Tutzing
Unterapfel-dorf
Schell-schwang
Ammer
728 m
Starn-berger See
Münsing
Rott
Haid
Wielenbach
Hauns-hofen
Degerr-dorf
Kinsau
Aich
Wesso-brunn
Weilheimer Moos
Bern-ried
Hohen-furch
Hofen
Gallafilz
95
Bichl
Burgstall
WEILHEIM
Sees-haupt
E533
Lech
Bayerstadl
Marnbach
Heinrich
Herzog-sägmühle
Magnets-ried
Schechen
Kronau
Oderding
Hausen
Hetten
Polling
Hohen-berg
Etting
Oster-see
Staltach
472
Peiting
Peißenbg.
Ober-hausen
Berg
Ober-eberfing
Stadel
Iffeldorf
Hohen-peißenberg
Ammer-schlucht
Ammer-höfe
Huglfing
PENZ-BERG
Antdorf
Böbing
Egenried
17
23
Grasleiten
Tauting
Habach
Riedern
Rotten-buch
Geigersau
Eglfing
Spatzen-hausen
798 m
Kreit
Sindelsdorf
Boschach
Schwaig
Völlenbach
Uffing
Aidling
Kalkhofen
Riegsee
Wild-steig
Rieden
Pölten
Schwaig
Bayersoien
Obernach
Frosch-hausen
Staffel-see
Kreut
Großweil
Wies
Steigrain
Schneidberg 1012 m
Saulgrub
Murnau
Schnaiz
Kochel
Bad Kohlgrub
Schleh-dorf
Altenau
Kochel-see
Murnauer Moos
95
950 m
Raut
Unternogg
11
Kl.-Aschau
Fuchsloen
Hohe Bleick
1369 m
1548 m
Altjoch
1638 m
Schwaigen
Ohlstadt
Unter-ammergau
Urfeld
1731 m
Ober-ammergau
Eschen-lohe
1659 m
1363 m
Apfel-bichl
Walchensee
Walchen-see
Weng-wies
23
Zwergern
NSG
Graswang
E533
Einsiedl
Ettal
1922 m
Altlach
Linderhof
Kloster Ettal
Oberau
1926 m
2086 m
11
2026 m
Buch-wies
Sachen-S.
NSG
Kreuzspitz 2155 m
Farchant
1310 m
N
2049 m
Mühldörfl
Wallgau
0
5 km
1685 m
23
2

re Pause. Danach fällt die Entscheidung, ob man süd- und südwestwärts über **Resle**, **Schober** und **Hainzenbichl** auf kürzerem Weg zum Trauchgauer Schwimmbad wandert, oder aber im westlich ausholenden Bogen mit zusätzlichen 7 km die Route wählt, die über → **Steingaden** nach **Prem** und zum **Lech** führt und schließlich süd-, dann südostwärts nach **Trauchgau** gelangt, wo beide Routen wieder zusammentreffen. Die längere, landschaftlich ansprechendere Variante hat zudem den Vorteil, an der **Steingadener** Basilika vorbeizukommen, die dem Kunstliebhaber ein zusätzliches Erlebnis vermittelt. Der Rest der Tagesstrecke von Trauchgau nach **Berghof/Buching** ist für geübte Wanderer mit 2 ½ km natürlich kaum noch der Rede wert.

### 5. Tag Berghof/Buching – Neuschwanstein – Hohenschwangau – Füssen (18 km):

*Beim Kalkofensteg unterhalb von Peiting gibt sich die Ammer besonders romantisch.*

Wenngleich der Abschluß des König-Ludwig-Wegs unser oberbayerisches Wandergebiet verläßt (er führt nun durch den bayerischen Bezirk Schwaben), sei er der Vollständigkeit halber trotzdem erwähnt. Die Schlußetappe führt über **Bayerniederhofen** zum **Bannwaldsee**, dann kurz neben der B 17 dahin, anschließend links abzweigend zu einem Sägewerk und zur **Pöllatschlucht**. Dann steigt man zum **Schloß Neuschwanstein**

*Das kühn plazierte Schloß Neuschwanstein ist einer mittelalterlichen Burg nachempfunden.*

hinauf, wo meist eine längere Geduldsprobe ansteht, bevor man mit dem Schloßrundgang an der Reihe ist. Nach der Besichtigung geht's in den Ort **Hohenschwangau** hinunter und anschließend zum **Schloß Hohenschwangau** hinauf, das weit weniger besucht ist als Neuschwanstein. Nach der Schlösservisite wird auf dem Alpenrosenweg zwischen **Alpsee** und **Schwansee** zum **Füssener Lechfall** spaziert und nach diesem letzten spektakulären Höhepunkt das Großziel **Füssen** des Fernwanderwegs erreicht.

# 14 Fürstliche Aussichtsloge und herrschaftlicher Landschaftspark

**Tutzing – Ilkahöhe – Bernried – Bernrieder Park** Karte: C 3/4

Die Rundwanderung zwischen → **Tutzing** und → **Bernried** berührt mit der Ilkahöhe einen der berühmtesten Aussichtspunkte im Alpenvorland und mit dem Bernrieder Park wohl den schönsten Landschaftsteil am Westufer des → **Starnberger Sees**.

## Wegverlauf:

Die Wanderung beginnt am Bahnhof in **Tutzing**. Zuerst geht es auf dem Schönmoosweg südwärts bis zur Lindemannstraße, auf dieser rechts und unter der Bahn hindurch. Danach auf einem Gehsteig neben der ansteigenden Lindemannstraße bis zur rechts abzweigenden Monatshauser Straße, auf der man (oder auf einem links davon ver-

laufenden, markierten Waldweg) ansteigend einen Waldstreifen durchquert. Auf der Höhe wird am Waldausgang eine Straße überquert und mit nochmaligem kurzen Anstieg der Wiesenkamm der **Ilkahöhe** erreicht, über den man links bis zum höchsten Punkt (728 m) mit der erwähnten Paradeaussicht wandert.

*Inmitten einer weitläufigen Parklandschaft steht das klassizistische Schloß Seeseiten.*

Am Südrand des Kamms geht's bei einer Baumgruppe links hinab, dann kurz rechts, hinter einem Weiher links und beim **Gut Oberzeismering** wieder rechts weiter. Anschließend wandert man auf einer Forststraße südwestwärts zur Weilheimer Straße hinab und auf dieser kurz rechts bis zur links abzweigenden Zufahrt nach **Kampberg**. Die Siedlung wird auf der Bahnhofstraße durchquert. Dann geht es westlich des Bahnhofs über die Gleise und gleich danach (!) links und neben den Schienen noch kurzzeitig in die östliche Richtung. Dann wandert man im Rechtsbogen auf den Wald zu, durchquert in südöstlicher Richtung das

**Tourencharakter:** Lange Rundwanderung mit landschaftlichen Höhepunkten. **Beste Jahreszeit:** Ganzjährig. **Weglänge:** 20½ km. **Reine Gehzeit:** 5½ Std. **Höhendifferenz:** 120 m. **Ausgangs- und Endpunkt:** Tutzing, Bahnhof. **Verkehrsanbindung:** **Bahn:** S6 München – Tutzing; **Auto:** Garmischer Autobahn, Ausfahrt Percha – Starnberg – Tutzing. **Einkehr:** Ilkahöhe/Oberzeismering, Bernried, Unterzeismering, Tutzing.

Gehölz, kommt zum Weiler **Karra** und zu einer Wegteilung. Hier setzt man links haltend den Weg fort und unterquert durch eine kleine Rundbogen-Unterführung die Schienen. Etwa 250 m danach biegt man rechts zum **Auweiher** ab, marschiert links am malerischen Gewässer vorbei, folgt der Forststraße im Linksbogen bis zu einer Wegteilung, bei der man wieder nach rechts weiterwandert. Durch Wald und Feld nähert man sich der Ortschaft Bernried. Davor taucht der Forstweg wieder in den Wald ein und kommt nach einem kurzen Anstieg zu einer weiteren Wegteilung, bei der man links nach Höhenried käme, rechts aber die Route nach Bernried weiterführt. Der Waldweg steigt leicht bergan, macht einen Linksbogen, passiert einen kleinen Weiher und trifft beim nordöstlichen Siedlungsrand von **Bernried** ein. Hier geht's auf der Weilheimer Straße kurz nach rechts, dann auf der Karwendelstraße links, anschließend schräg rechts über die Bahnhofstraße zur Alpspitzstraße, auf dieser bis zur Seeshaupter Straße. Dieser folgt man rechts bis zur wenig später

links abbiegenden Parkstraße, die uns zum **Bernrieder Park** bringt. Hier rechts und leicht absteigend auf einem Alleeweg bis zum Waldrand, davor links auf den Seeweg, der dicht am Ufer des Starnberger Sees und an mehreren einladenden Badeplätzen vorbei in nordöstlicher, dann nordwestlicher Richtung den Bernrieder Park durchquert und zuletzt schräg links zum **Bernrieder Kloster** bzw. Klosterhof hinaufzieht. Der Hof westlich des Klosters wird links durch einen Torbogen verlassen. Anschließend wandert man rechts zur Hauptstraße vor, rechts der Straße ansteigend am neuen Museumsbereich vorbei, dann schräg rechts zum Eingang der **Höhenrieder Klinik** und zur Linken des Klinikareals auf einem reizvollen Alleeweg mit malerischen Ausblicken auf den Starnberger See und Tutzing nach **Unterzeismering**. Hier am Ortseingang dem beschilderten, rechts abzweigenden Fußweg nach Tutzing folgen, der in Seenähe nach **Tutzing** führt, wo die links abbiegende Bahnhofstraße wieder zum Ausgangspunkt zurückkehrt.

*Von der Ilkahöhe am Westufer des Starnberger Sees erfaßt der Ausblick die gesamte bayerische Alpenkette.*

# 15 Die Residenzstadt der Wittelsbacher

Rundgang durch die Münchner Altstadt

Karte: D 1/2

Der Rundgang durch die Altstadt von → **München** ist so angelegt, daß auch die abseits des Hauptweges gelegenen beachtenswerten Objekte in Form von Abstechern einbezogen werden.

*Der Turm des Neuen Rathauses, dahinter die »welschen« Turmhauben der Münchner Frauenkirche.*

## Wegverlauf – die einzelnen Stationen:

Der **Marienplatz** ①, früher Markt und Schranne, heute Zentrum der Fußgängerzone, ist das Herz Münchens. In der Mitte des Platzes steht die Mariensäule mit der vergoldeten Himmelskönigin von Hubert Gerhard (1594) obenauf, am Nordrand das neugotische Neue Rathaus von Hauberrisser (1867–1909), am Ostabschluß das Alte Rathaus von Jörg von Halsbach, 1470–1475 im Stil der Spätgotik als Tanzhaus mit großem Saal errichtet und von Erasmus Grasser mit den berühmten Moriskentänzern ausgestattet. Das im Zweiten Weltkrieg schwer beschädigte Bauwerk wurde teilweise in vereinfachter Form wiedererrichtet.

Südlich des Platzes erhebt sich die dreischiffige Pfarrkirche **St. Peter** ②. Münchens ältestes Gotteshaus, in seiner ersten Fassung bald nach der Stadtgründung vor 1200 entstanden, ist nach Neu- und Umbauten, Barockisierung, Kriegszerstörung und Renovierung als der »Alte Peter« in seiner volksliedhaften Popularisierung nach wie vor ein Garant der »Münchner Gemütlichkeit«. Die Ausstattung ist zum Teil bedeutend: Hochaltarplastiken von Erasmus Grasser (Petrusfigur), Egid Quirin Asam (Kirchenväter) und Grabplatten aus der Grasser-Werkstatt.

Südöstlich schließt sich die **Heiliggeistkirche** ③ an, ursprünglich eine gotische Halle und Spitalkirche, die 1742–1730 Johann G. Ettenhofer barockisiert hat. Durch Kriegszerstörung um den größten Teil ihrer wertvollen Ausstattung gebracht, wurde die Kirche, soweit möglich, wieder stilvoll restauriert. Kostbarstes Inventar sind die »Hammerthaler Muttergottes« (um 1450) und das um 1608 von Hans Krumpper in Bronze gegossene Grabmal Herzog Ferdinands von Bayern.

Mit einem Abstecher kommt man auf der Straße Im Thal zuerst zum **Isartor** ④ – darin das skurrile Valentin-Musäum –, das 1337 als west-

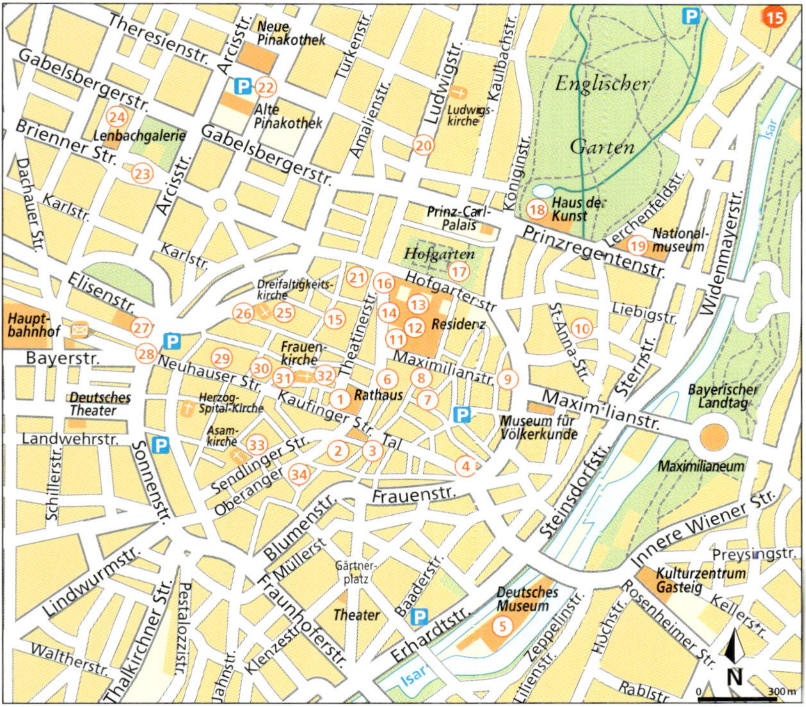


liches Haupttor des zweiten Altstadtrings erbaut und 1830–1835 von Friedrich von Gärtner erneuert wurde. Es folgt das berühmte **Deutsche Museum** ⑤, das 1903 von Oskar von Miller ins Leben gerufen wurde und als umfangreichste technische Sammlung der Welt zu den größten Attraktionen Münchens gehört.

Die Hauptroute führt über Dienerstraße, Hofgraben und Pfisterstraße zum **Alten Hof** ⑥, der 1255 von Herzog Ludwig dem Strengen als erste Wittelsbacherresidenz errichtet wurde. Südöstlich davon steht das legendäre **Hofbräuhaus** ⑦, das 1589 von Herzog Wilhelm V. zur Aufbesserung der Hoffinanzen eingerichtet wurde. Ab 1830 kam das Bier auch zum Ausschank. Der heutige

**Wegcharakter:** Stadtspaziergang mit einzigartigem Kunst-und Kulturgenuß. **Beste Jahreszeit:** Ganzjährig. **Weglänge:** Hauptrunde 4 ½ km, mit Abstechern und jeweiligem Rückweg zur Hauptrunde ca. 13 km. **Reine Gehzeit:** 1 ½–3 ½ Std. **Ausgangs- und Endpunkt:** München-Zentrum, Marienplatz. **Verkehrsanbindung: Bahn:** München-Hauptbahnhof, S-Bahn Richtung Ostbahnhof, Haltestelle Marienplatz. **Einkehr:** Donisl, Hofbräuhaus, u. v. a. m.

Bau entstand im 19. Jh. Dem Alten Hof schräg gegenüber liegen die **Münze** und der **Münzhof** ⑧, 1563–1567 von Herzog Albrecht V. als Marstall und »Kunstkammer« in Auftrag gegeben und 1809 mit einer klassizistischen Fassade versehen. Der Münzhof gehört mit seinen zweigeschossigen Laubengängen zu den großen Leistungen der süddeutsche Renaissance.

Nordwärts gelangt man zur **Maximilianstraße** ⑨, die 1853 unter König Max II. angelegt wurde und mit ihren Prachtbauten im historisierenden Stilgemisch des 19. Jhs. zu den elegantesten Vierteln Münchens zählt. Inmitten der südlichen Gebäudezeile liegen die von Richard Riemerschmid errichteten **Kammerspiele**, das einzige Jugendstiltheater auf deutschem Boden. Den östlichen Abschluß der Straße bildet das **Maximilianeum**, der Sitz des bayerischen Landtags. Noch vor der Isar zweigt von der Maximilianstraße links die St.-Anna-Straße ab, an der die Klosterkirche **St. Anna** ⑩, ein früher Johann-Michael-Fischer-Bau steht, dessen Inneres nach schwerer Kriegszerstörung wieder rekonstruiert wurde.

Zurück zur Hauptroute und zu den Bauwerken am **Max-Joseph-Platz**: Das 1818 von Karl v. Fischer errichtete klassizistische **Nationaltheater** ⑪, die Bayerische Staatsoper, brannte bereits 1823 wieder ab, wurde von Leo v. Klenze originalgetreu erneuert und im Zweiten Weltkrieg abermals ein Opfer der Flammen. Der kostspielige Wiederaufbau war 1963 abgeschlossen. Nördlich davon und unmittelbar anschließend zwängt sich das **Neue Residenztheater** ⑫ zwischen Nationaltheater und Residenz, das 1948–1951 von Karl Hocheder in geschickt-eleganter Stilunverbindlichkeit als Haus der Bayerischen Staatsbühne errichtet wurde.

Über Eck folgt der platzbeherrschende Südbau der Wittelsbacher-**Residenz** ⑬, die im Lauf ihrer langen Geschichte zu einem weitverzweigten Komplex anwuchs. Seit 1385 als Neuveste an der Nordostecke der erweiterten Stadtmauer begonnen, wurde 1550–1579 von Herzog Albrecht V. zur Aufnahme der Antikensammlung das Antiquarium, ein schöner Renaissanceraum, angelegt. 1579–1597 erfolgte die Erweiterung im Umkreis des Grottenhofs, in der Zeit Maximilians I. die Ausweitung in der Umbauung des Kaiser- und Brunnenhofs. In die Jahre zwischen 1730 und 1753 fiel die fruchtbare Tätigkeit François Cuvillié's d. Ä., der mit den Reichen Zimmern, der Grünen Galerie und dem Meisterwerk des Alten Residenztheaters (nach dem Zweiten Weltkrieg als Cuvilliés-Theater an andere Stelle versetzt) höchste Rokokovollendung präsentierte. Unter Lud-

*Am »Stachus«. Der pompöse Münchner Justizpalast ist ein Werk des Historizismus des 19. Jahrhunderts.*

wig I. wurde im Nordosten anstatt der mittlerweile abgebrochenen Neuveste von Leo v. Klenze der klassizistische Festsaalbau aufgeführt und im Südwesten mit dem Königsbau (s.o.) nach dem Vorbild des florentinischen Palazzo Pitti die Bautätigkeit weitgehend abgeschlossen. Der Gebäudekomplex wurde im letzten Weltkrieg aufs schwerste beschädigt, anschließend jedoch wieder aufwendig und vorzüglich restauriert, so daß er in seiner stilistischen Vielseitigkeit und kostbaren Ausstattung einen Besuch (unterschiedliche Vormittags- und Nachmittagsrundgänge) in jeder Weise lohnt.

Westlich der Residenz grenzt an die Residenzstraße das **Preysing-Palais** ⑭, das sich 1723–1728 der kurfürstliche Oberstjägermeister Graf Maximilian v. Preysing von Joseph Effner als feudalen Stadtsitz errichten ließ. Nicht minder sehenswert ist das südwestlich davon an der Kardinal-Faulhaber-Straße gelegene **Holnstein-Palais** ⑮. Der Rokokopalast und heutige Bischofssitz wurde von François Cuvilliés entworfen.

Nach dem Abstecher geht es zurück zur Residenzstraße, die nördlich in den Odeonsplatz einmündet. An der Südseite des Platzes steht die **Feldherrnhalle** ⑯, eine 1841–1844 von Friedrich v. Gärtner erbaute detailgenaue Kopie der Loggia dei Lanzi in Florenz. Gegen Nordosten gelangt man durch einen Torbogen zum **Hofgarten** ⑰ der Residenz, der an zwei Seiten von Arkaden gesäumt ist und 1613–1617 unter Kurfürst Maximilian I. nach italienischem Renaissance-Vorbild in strenger Regelmäßigkeit angelegt wurde. Östlich des Hofgartens entstand die neue bayerische Staatskanzlei, die mit ihrer Verknüpfung von belassener schwerer Bausubstanz aus dem 19. Jh. und transparenter Glasbauweise nicht ungeteilten Beifall fand.

Nordöstlich über den Hofgarten kommt man zur Prinzregentenstraße mit dem **Haus der Kunst** ⑱, das bis zur Fertigstellung des Museumsneubaus die Gemäldesammlung des 20. Jhs. enthält. Nördlich dahinter schließt sich der **Englische Garten** an, eine ausgedehnte Parkanlage, die mit dem Kleinhesseloher See, dem Chinesischen Turm, Biergärten, Spielplätzen und sonstigen Einrichtungen eines der beliebtesten Münchner Freizeitziele ist. Südostwärts gelangt man auf der Prinzregentenstraße zur **Prähistorischen Staatssammlung** und zum **Bayerischen Nationalmuseum** ⑲, das 1894–1899 von Gabriel v. Seidl erbaut wurde und umfangreiche Schätze bayerischer Kunst beherbergt, darunter eine wertvolle Krippensammlung.

Nach diesem ausführlicheren Abstecher kehrt man wieder zum Odeonsplatz zurück und besichtigt die nördlich sich anschließende **Ludwigstraße** ⑳, die von Ludwig I. initiiert, von Leo v. Klenze und Friedrich v. Gärtner seit 1817 geplant und bebaut wurde und in ihrer klassizistisch-monumentalen Geschlossenheit als eindrucksvollste Prachtstraße Münchens gilt. Am Nordende steht als adäquates Gegenstück zur südlich abschließenden Feldherrnhalle das einem römischen Triumphbogen nachempfundene **Siegestor**.

An der Westseite des Odeonsplatzes erhebt sich die **Theatinerkirche** ㉑, die mit ihren barocken Türmen und der mächtigen Vierungskuppel neben der Frauenkirche zu den auffallensten Wahrzeichen der Münchner Stadtsilhouette zählt. Die von Agostino Barelli, Enrico Zuccalli, dann François Cuvilliés d. Ä. seit 1663 konzipierte und ausgeführte Kirche war eines der ersten Sakralbauwerke des Barock nördlich der Alpen und mit ihrer Synthese von kuppelüberwölbtem Rundbau und Langhausbau von stilprägender Bedeutung. Die besonders eindrucksvolle Fassade wurde von Cuvilliés d. Ä. entworfen und von dessen Sohn ausgeführt. Anlaß für den Bau der Theatinerkirche war die Geburt des langersehnten bayerischen Thronfolgers Max Emanuel, die Kurfürst Ferdinand Maria zu dieser großherzigen Votivgabe veranlaßte.

Der Rundgang setzt sich vom Odeonsplatz in nordwestlicher Richtung auf der Briennerstraße fort und führt, vom Karolinenplatz auf der Barerstraße in die nordöstliche Richtung schwenkend, mit einem Abstecher zu den beiden berühmten Münchner **Pinakotheken** ㉒. Von der Grundsteinlegung zur **Alten Pinakothek** im Jahr 1826 bis zur

Eröffnung vergingen zehn Jahre. Währenddessen war Leo v. Klenze aber ein Galeriebau gelungen, der für seine Zeit Maßstäbe setzte. Vom Krieg stark mitgenommen, ist die Münchner Alte Pinakothek mit ihren Beständen der europäischen Malerei vom 14. bis zum 18. Jh. längst wieder eine der weltweit bedeutendsten und ältesten Gemäldesammlungen. Nördlich dahinter hat die am Ende des Zweiten Weltkriegs zerstörte **Neue Pinakothek** erst in jüngerer Zeit wieder eine großzügige Bleibe gefunden. Wenngleich der Aderlaß durch die Vernichtungskampagne gegen die »entartete Kunst« während des Dritten Reichs nach wie vor spürbar ist, hat die aus der Privatsammlung Ludwigs I. hervorgegangene Gemäldegalerie über die Kunst des 19. Jhs. wieder einen beachtlichen Stellenwert erreicht.

An den Pinakotheken führt westlich die Arcisstraße vorbei, auf der man in südwestlicher Richtung zum **Königsplatz** ㉓ gelangt, der von Ludwig I. als Platz der Kultur gedacht war. Leo v. Klenze und Georg Friedrich Ziebland umrahmten den begrünten Hof mit klassizistisch makelloser Museal- und Monumentalarchitektur. Den Westabschluß bilden die **Propyläen**, ein pylonengefaßter »Torbau von erhabener Zwecklosigkeit« (Lieb). Am Südrand steht die hinter einem korinthischen Portikus ausgebreitete **Antikensammlung** mit ihren ausführlichen Beständen antiker Kleinkunst, gegenüber hinter einem jonischen Portikus die Vierflügelanlage der **Glyptothek** mit Plastiken der griechischen und römischen Antike. Nordwestlich der Propyläen und auf der gegenüberliegenden Straßenseite steht das **Lenbachhaus** ㉔, die einstige Prunkvilla des »Malerfürsten« Franz v. Lenbach, die heute als Städtische Galerie genutzt wird und mit Werken alter Münchner Meister, mehr aber noch mit ihrer vorzüglichen »Blauen Reiter«-Sammlung große Beachtung findet.

*König Ludwig I. und Leo v. Klenze prägten das »klassizistische« München. Im Bild die Glyptothek am Königsplatz.*

Von den Museen geht es auf der Briennerstraße wieder zurück und noch vor dem Odeonsplatz rechts zum Maximiliansplatz, dann zum anschließenden Lenbachplatz und beim Wittelsbacherbrunnen, einem Werk Adolf von Hildebrandts, links abbiegend in Richtung Promenadeplatz.

Hier steht links der Straße die **Dreifaltigkeitskirche** ㉕, die einzige vom Krieg verschonte Kirche im Münchner Innenbereich, die mit ihrer schönen geschwungenen Barockfassade im 18. Jh. von Giovanni Antonio Viscardi erbaut und von Cosmas Damian Asam mit einem leuchtenden Kuppelfresko ausgeschmückt wurde. Der Büro- und Geschäftskomplex gegenüber der Kirche entstand auf den Trümmern der **Maxburg** ㉖, der einstigen Nebenresidenz der Wittelsbacher, die 1944 in einer Bombennacht vom Erdboden verschwand.

Von hier aus sind es südwestlich nur noch einige Schritte bis zum neubarocken, 1887–1897 von Friedrich v. Thiersch errichteten Prachtbau des Münchner **Justizpalastes** ㉗ aus der Ära des Prinzregenten Luitpold und bis zum 1791 von Kurfürst Karl Theodor angelegten **Karlsplatz** ㉘, der nach einer dereinst hier gelegenen Wirtschaft vorzugsweise **Stachus** genannt wird. Den früheren Münchner Verkehrsknotenpunkt und einen der belebtesten Plätze Europas hat man in seiner Turbulenz durch Tiefbauten und Untergrund-Verkehrsmittel mittlerweile weitgehend entschärft. Auf der Ostseite des Platzrondells eröffnet das **Karlstor** des einstigen zweiten Mauerrings wieder den Zugang zur Fußgängerzone der Altstadt und zum letzten Abschnitt des Rundgangs, der sich in dichtgedrängter Folge mit weiteren Sehenswürdigkeiten verbindet.

So kommt man zuerst zur **Bürgersaalkirche** ㉙, die einzigartige Plastiken von Ignaz Günther und Andreas Feistenberger verwahrt, anschließend zur Jesuitenkirche **St. Michael** ㉚ die vom Niederländer Friedrich Sustris kurz vor 1600 als tonnengewölbte Wandpfeileranlage errichtet wurde und mit ihrer ausgewogenen Fassade – in der Mitte die vorzügliche Bronzefigur des hl. Michael von Hubert Gerhard – zu den außergewöhnlichsten Sakralbauten der deutschen Spätrenaissance zählt. An der ehemaligen, heute als **Jagdmuseum** genutzten **Augustinerkirche** ㉛ vorbei trifft man auf die **Frauenkirche**, den **Dom** ㉜, die vom Stadtbaumeister Jörg von Halsbach im ausklingenden 15. Jh. als spätgotische, geräumige dreischiffige Halle angelegt wurde und mit ihren welschen Turmhauben zum Wahrzeichen Münchens wurde. Im Inneren der vom Krieg schwer mitgenommenen Kirche sind von der ursprünglichen gotischen Ausstattung nur noch Reste übriggeblieben: ein paar originale Glasfenster, Holzfiguren am Chorgestühl von Erasmus Grasser sowie das monumentale Grabmahl Kaiser Ludwigs des Bayern in schwarzem Marmor, das Hans Krumpper geschaffen hat. Vom Marienplatz führt der Rundgang

schließlich auf der Sendlinger Straße südwestwärts zur **Asamkirche** ㉝, die sich der europaweit gefragte und berühmte Barockkünstler Egid Quirin Asam zusammen mit seinem nicht minder virtuosen Bruder Cosmas Damian 1734–1746 als Hauskirche erbaute und zu einem der feinsten und reifsten Zeugnisse bayerischen Rokokos ausgestaltete. Von der Asamkirche geht es links auf der Schmidstraße zum Oberanger und noch mal links zum **Stadtmuseum** ㉞ als letztem Programmpunkt. Das ehemalige Münchner Zeughaus aus der Spätgotik wird heute für interessante und vielfältige Dauer- und Wechselausstellungen genutzt.

*Die kühne Münchner Olympia-anlage fügt sich nahtlos in die große Bautradition der Stadt.*

Die Bautätigkeit der Wittelsbacher wird natürlich nur unvollständig beleuchtet, wenn man nicht auch noch die hauptsächlichen Zeugnisse im Münchner Norden und Westen einschließt. Für deren Besuch bietet sich eine Auto- oder Radl-Rundtour in der Abfolge **Schleißheim**, **Dachau**, → **Blutenburg**, → **Pipping** und → **Nymphenburg** an (etwas über 50 km ab München-Zentrum).

# 16 Romantisches Flußtal mit fürstlichem Glanz

Gauting – Würmtal – Leutstetten

Karte: C 2

Zwischen → **Leutstetten** und → **Gauting** windet sich die Würm durch romantische Laubwälder, die insbesondere im warmen Glanz stiller Herbsttage begeistern. Die Würm durchbricht hier die Endmoränen jenes Gletschers, der das Becken des → **Starnberger Sees** ausgeschürft hat.

## Wegverlauf:

Die Wanderung beginnt im Zentrum von **Gauting**. Hier wird bei der großen Straßenkreuzung dem Wegweiser nach München-Pasing gefolgt, die Würm überquert, dann noch ein paar Meter auf der Münchener Straße weitermarschiert und anschließend rechts in die Leutstettener Straße eingebogen. Nun geht's in südlicher Richtung zunächst über freies Feld, als nächstes links an der legendären **Reismühle**, dem angeblichen Geburtsort Karls des Großen vorbei, dann ins stimmungsvolle **Mühltal** mit der zwischen lichten Laubwäldern gemütlich dahinsprudelnden Würm. Der nette Waldwanderweg bleibt dicht am linken Ufer des idyllischen Gewässers, passiert eine Brücke zu einem vielbenutzten Wanderparkplatz und trifft nach einem kleinen Zwischenanstieg beim **Gasthof Mühltal** ein, der kurz vor der Wendemarke der Wanderrunde für eine Zwischenrast sehr gelegen kommt.

*Schloß Leutstetten war der Sommersitz des letzten bayerischen Königs Ludwig III.*

Hinter dem Gasthof führt die Fahrstraße nach Starnberg vorbei, neben der man auf einem separaten Fußweg links bis zu einer Brücke wandert, auf der man nach rechts die Würm überquert (wer mit einem Abstecher **Leutstetten** besuchen möchte, wandert hier neben der Straße geradeaus weiter, dann links

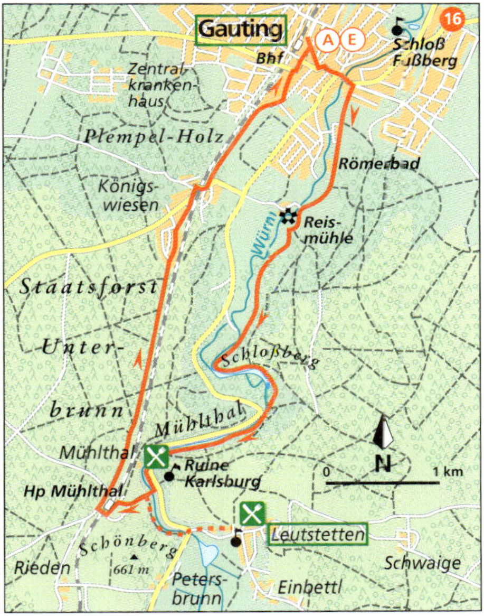


zum königlichen Dorf). Anschließend geht es auf einer Teerstraße, dann auf einem rechts abzweigenden Fußweg mit zügigem Anstieg zum **Bahnhof Mühltal** und zum **Gasthaus Obermühltal** hinauf, das als weitere Einkehr-Alternative ebenso zu empfehlen ist. Danach südlich des S-Bahnhofs durch eine Unterführung auf die andere Seite der Bahnanlage und bei der folgenden Wegteilung rechts in Richtung Gauting weiter. Der Forstweg führt in nördlicher Richtung zu einer weiteren Wegteilung, bei der abermals rechts gerichtet die Wanderung fortgesetzt wird. Später teilen sich erneut die Wege. Rechts haltend kommt man zum Waldausgang und zu einem Sträßchen, das links schnurgerade und am Waldrand dahin nach **Königswiesen** verläuft.

Hier geht's zunächst auf einem Fußweg neben den Schienen einher, dann im Linksbogen zu einer Fahrstraße, auf dieser rechts unter der Bahn hindurch und gleich danach auf einem Teersträßchen wieder links weiter. Im nachfolgenden Rechtsbogen des Teerwegs wandert man auf einem Fußpfad geradeaus weiter und gelangt zum Ortseingang von **Gauting**, wo man auf einem Anliegersträßchen die Bahnhofstraße erreicht, auf der man nach rechts zum Zentrum und Ausgangspunkt zurückkehrt. Bahnfahrer hingegen gehen links hinauf zur S-Bahn-Station.

**Tourencharakter:** Geruhsame Wanderrunde durch stimmungsvolles Tal. **Beste Jahreszeit:** Ganzjährig, am schönsten im Herbst (Laubfärbung). **Weglänge:** 10 km. **Reine Gehzeit:** 2½ Std. **Höhendifferenz:** 50 m. **Ausgangs- und Endpunkt:** Gauting, Ortsmitte. **Verkehrsanbindung:** **Bahn:** S6 München – Tutzing; **Auto:** Straße von München-Neuried und München Pasing – Starnberg.

# 17 Traditionsreiche Ausflugsziele im Münchner Süden

Höllriegelskreuth – Grünwald – Isartal – Kloster Schäftlarn – Ebenhausen

Karte: D 2/3

In den Isarauen südlich von → **München** führt eine besonders reizvolle Wanderung von → **Grünwald** isaraufwärts zum → **Kloster Schäftlarn.** Unweit von Start und Ziel verläuft die S-Bahn und sorgt für eine bequeme Verbindung zwischen beiden Punkten.

*Die Burg von Grünwald geht auf eine keltische Ringburg und eine spätere Römerschanze zurück.*

## Wegverlauf:

Unter diesem Aspekt startet man bei der **S-Bahn-Haltestelle Höllriegelskreuth** westlich von Grünwald, spaziert zunächst von der Bahnunterführung auf der rechten Straßenseite etwa 100 m ostwärts bis zu einer Fußgängerbrücke, über die man zur linken Straßenseite wechselt. Dort zweigt rechts in Richtung Grünwald ein Treppensteig ab, der zur Isar hinabführt. Hier geht's links über die Brücke, dann neben der Fahrstraße bis zum links abzweigenden Flößersteig. Der Treppenaufgang mündet in **Grünwald** in die Rathausstraße, auf der man nach rechts zum Marktplatz kommt. Noch mal rechts gerichtet gelangt man zu einer Verkehrsampel. Im Anschluß an die Überquerung der Emil-Geis-Straße trifft man auf die schräg rechts abzweigende Straße Auf der Eierwiese, die später einen Linksbogen beschreibt. Hier zweigt rechts der Georg-Proebst-Weg ab, dem wir südwärts folgen. Im scharfen Rechtsknick des Wegs marschieren wir geradeaus weiter (gelbe Dreieckmarkierung beachten!) und auf einem vergnüglichen Fußsteig dicht an der Hochuferkante dahin. Bei der nächsten Wegteilung geht's schräg links (nicht scharf links) weiter, an einer ehemaligen Römerschanze vorbei und zu einem aussichtsvollen Rastplatz vis-à-vis von Baierbrunn. Auch in der Folge bleibt man noch für einige Zeit an der Hochuferkante, nimmt dann aber den schräg links abzweigenden Fuchsweg, der zur

Straße Mühlweg führt. Auf dieser geht es nach rechts und westlich an einer **Straßlacher** Randsiedlung vorbei. Die gelbe Dreiecksmarkierung bringt uns in südlicher, zuletzt südwestlicher Richtung schließlich zu einem Wanderparkplatz, von dem ein Teersträßchen zum **Gasthaus Mühle** an der Isar hinabführt. Im Talboden teilen sich vor dem Isarkanal die Wege: Rechts kommt man mit einem 3-Minuten-Abstecher zum eben erwähnten Gasthaus zur Mühle. Ansonsten wandert man auf der Teerunterlage links weiter, erreicht nach 2½ km eine Brücke, auf der man rechts den Isarkanal überquert und gleich darauf zum beliebten **Gasthaus Bruckenfischer** gelangt, wo man den längsten Teil der Wanderung hinter sich und eine Brotzeit verdient hat. Anschließend marschiert man nordwestlich neben der Fahrstraße zum bereits sichtbaren **Kloster Schäftlarn** hinüber, wo man prachtvolle Barockkunst und wiederum eine kultivierte Brotzeit genießen kann. Nachher geht man vom Kloster bzw. Klosterbräustüberl noch ein paar Meter auf der Fahrstraße weiter, folgt dann dem Wegweiser links zur S-Bahn-Station Ebenhausen und steigt auf steilen Wegen und Stufen nach **Ebenhausen** hinauf. Hier spaziert man auf dem Rodelweg rechts zur Wolfratshauser Straße, auf dieser links bis zum Gasthof Zur Post und rechts zum S-Bahnhof, um abschließend bequem wieder zum Ausgangspunkt zurückzukehren.

**Tourencharakter:** Stimmungsvolle Wanderung mit kleinen Anstiegen. **Beste Jahreszeit:** Ganzjährig. **Weglänge:** 13 km **Reine Gehzeit:** 3½ Std. **Höhendifferenz** ca. 120 m. **Ausgangspunkt:** S-Bahn-Haltestelle Höllriegelskreuth. **Endpunkt:** S-Bahn-Haltestelle Ebenhausen. **Verkehrsanbindung: Bahn:** S7 München – Wolfratshausen; **Auto:** E 11. **Einkehr:** Grünwald, Bruckenfischer, Kloster Schäftlarn, Ebenhausen.

# 18 Paradetour im Kreuther Winkel

Bayerwald – Tegernseer Hütte – Roß- und Buchstein

Karte: E 5

*Eindrucksvoll liegt die Tegernseer Hütte zwischen Roß- und Buchstein.*

Die Bergwelt um den → **Tegernsee** zeigt sich vorwiegend von der heiter-idyllischen Seite. Um so überraschter ist man angesichts einiger markanter Felsgestalten, die sich hin und wieder aus den Waldmänteln hervorrecken, so auch das Gipfelpaar Roß- und Buchstein über Bayerwald im hinteren Kreuther Talwinkel.

## Wegverlauf:

Der steile, beim **Gasthaus Bayerwald** (825 m) einsetzende und zur Tegernseer Hütte beschilderte Steig führt zunächst durch schattigen Mischwald. Wird auf der Höhe jedoch nach dem **Sonnberg-Niederleger** (1144 m) der Wald verlassen und über sonnige Südhänge das Buckelwiesengelände des **Sonnberg-Hochlegers** (1496 m) erreicht, steht man urplötzlich vor den helleuchtenden Kalktürmen. Am Nordrand der Hochweide lockt dann noch mal ein weiterer Höhepunkt in Form des **Bayerwald-Steigs**, der im steilen Fels, jedoch zuverlässig gesichert, an der von Kletterartisten geschätzten Roßsteinnadel vorbeizieht und anschließend bei der **Tegernseer Hütte** (1650 m) eintrifft, die in ihrer exponierten Lage in der Scharte zwischen den Gipfelstöcken bereits mit einer großartigen Aussicht aufwartet.

Noch umfassender ist allerdings der Ausblick vom Gipfel des **Roßsteins** (1698 m), der im Gegensatz zum **Buchstein** (1701 m) gefahrlos zu erreichen ist. Der Vollstän-

**Tourencharakter:** Eindrucksvolle Bergwanderung; bis Sonnbergalm-Hochleger gefahrlos; Bayerwald-Steig nur für Geübte mit griffigem Schuhwerk. **Beste Jahreszeit:** Frühjahr bis Spätherbst. **Reine Gehzeit:** 4½– 5 Std. **Höhendifferenz:** 850 m. **Ausgangs- und Endpunkt:** Bayerwald südl. von Kreuth, Parkplatz südl. vom Gasthaus Bayerwald **Verkehrsanbindung:** **Bahn:** Tegernsee, weiter per **Bus:** nach Bayerwald; **Auto:** B 307. **Einkehr:** Tegernseer Hütte (Mai bis Oktober).

digkeit halber sei noch auf die harmlose **Westumgehung des Roßsteingipfels** über die Roßsteinalm (1478 m) hingewiesen, die beim Sonnberg-Hochleger einsetzt und als unproblematische Alternative zum Bayerwald-Steig die Tegernseer Hütte über die Nordseite ansteuert. Vorsichtige Gelegenheitsbergwanderer wissen derle Sicherheitsangebot zu schätzen v. a. dann, wenn der Weg feucht ist. Für den Abstieg kann man sich neu entscheiden. Wer den steilen Abstieg scheut, kann die eben erwähnte Roßstein-Westumgehung wählen. Außerdem könnte man von der Tegernseer Hütte nordwärts zur **Buchsteinhütte**, nordöstlich zur **Schwarzentennalm** und von hier durchs Schwarzenbachtal südöstlich zur Achenseestraße (B 307) absteigen und von der Haltestelle **Winterstube** mit dem Bus zurück nach **Bayerwald.**

*Die Felsgipfel von Roß- und Buchstein werden erst beim Sonnberg-Hochleger sichtbar.*

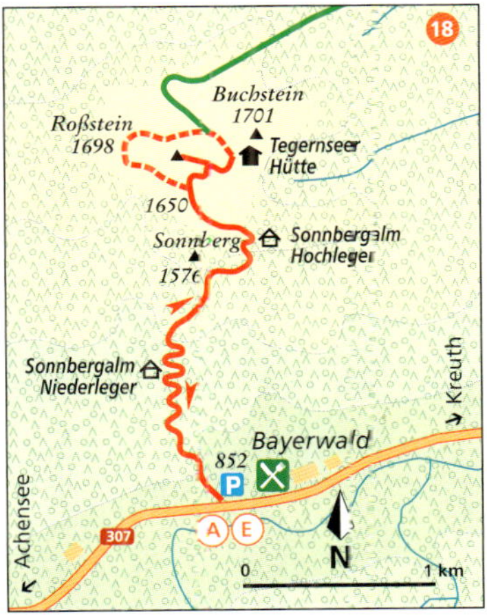

# 19 Kühner Felssteig und prachtvoller Gipfelblick

Wildbad Kreuth – Siebenhütten – Wolfsschlucht – Schildenstein

Karte: E 5/6

Das einstige Wildbad Kreuth südlich des → **Tegernsees** ist nicht nur als Tagungszentrum parteipolitischer Prominenz, sondern auch als Ausgangspunkt reizvoller Bergwanderungen ein Begriff. Die Tour durch die Wolfsschlucht wartet mit einem halsbrecherisch steilen Felssteig auf.

## Wegverlauf:

Die Schildenstein-Tour beginnt auf dem Großparkplatz neben der B 307 bei der Abzweigung nach **Wildbad Kreuth** (793 m). Zuerst geht's über die Weißach, dann rechts in Richtung **Siebenhütten** und auf einem Spazierweg zur schlicht-zünftigen Almeinkehr, bei der

gleich zum Auftakt eine Brotzeitrast möglich wäre. Hinter Siebenhütten (837 m) folgt man bei der Wegteilung dem Pfeil zum Schildenstein und steigt in einigen Serpentinen zu einer Almwiese empor, die man überquert. Am Südrand der Weidefläche geht es leicht bergab zum Wildbett der **Felsweißach** und entsprechend einiger Punktmarkierungen zum düsteren Talschluß der **Großen Wolfsschlucht** (963 m) vor den Blauberg-Nordabstürzen. Hier scheint die Welt zu Ende zu sein.

Dennoch führt hinter den Gumpen ein Serpentinenpfad den steilen Hang hinauf, der zwischendrin mit exponierten Wegstellen und Felspassagen aufwartet und dementsprechend bergsteigerische Grundkenntnisse sowie Trittsicherheit und Schwindelfreiheit erfordert. Nach dem heikleren Intermezzo steht man oben auf der Scharte zwischen Halserspitze und Schildenstein. Links hinüber ginge es zur Halserspitze. Der Schildensteinweg führt hingegen nach rechts und über ein Almgelände zum Gipfelaufbau des **Schildensteins**, der über den Südhang genommen wird.

*Das einst vielbesuchte Wildbad Kreuth ist heute eine politische Tagungsstätte.*

Nachdem die Aussicht von der 1613 m hohen Paradekanzel ausgekostet ist, macht man sich an den Abstieg, für den man entweder (als geübter Bergwanderer) wieder den Anstiegsweg oder aber auch im Sinne einer Rundwanderung eine ungefährliche Alternativroute westlich des Hinwegs benutzen kann. Dazu wird am Fuß des Gipfelstocks rechts zur **Königsalm** (1114 m, unterhalb des Wegs) und zur **Geißalm** (1100 m) abgestiegen. Anschließend wird der **Gernberg** links umgangen, und man kehrt im Rechtsbogen auf waldschattigem Weg wieder zur Weißach und zum Parkplatz unterhalb von Wildbad Kreuth zurück.

**Tourencharakter:** Eindrucksvolle Gipfelaussicht; der Steilanstieg zur Blaubergscharte erfordert Trittsicherheit und Schwindelfreiheit. **Beste Jahreszeit:** Am schönsten im Herbst. **Höhendifferenz:** 820 m **Reine Gehzeit:** 5 Std. **Ausgangs- und Endpunkt:** Wildbad Kreuth, Wanderparkplatz an der B 307. **Verkehrsanbindung: Bahn:** Über Holzkirchen nach Tegernsee, weiter per Bus nach Kreuth; **Auto:** Vom Tegernsee Richtung Achenpaß. **Einkehr:** Siebenhüttenalm (Pfingsten bis Kirchweih).

# 20 Bilderbuchidylle zwischen Schliersee und Tegernsee

Rund um den Schliersee – Gindelalm – Neureuth – Tegernsee

Karte: E/F 5

Neben dem gemütlichen 7-km-Spaziergang um den idyllischen Schliersee erfreut sich der bewaldete Gindelalm-Neureuth-Höhenzug zwischen → **Schliersee** und → **Tegernsee** bei Wanderern eines lebhaften Zuspruchs, zumal auf dem langgestreckten Rücken gleich zwei einladende Berggasthäuser stehen.

*Die Rundwanderung um den Schliersee ist auch im Winter ein reizvolles Unterfangen.*

## Wegverlauf – a) Schliersee-Rundweg:

Der mit »K 1« gekennzeichnete Schliersee-Rundweg beginnt im Ort **Schliersee** beim Kurzentrum und führt zunächst am Ostufer des Sees nach **Fischhausen** am Südrand des Schliersees. Hier geht es rechts in Richtung Westerberg und zum ruhigen Westufer. Links, dann rechts der Bahn kommt man nach **Freudenberg** am Nordwestufer und anschließend auf bezeichnetem Weg wieder zum Ausgangspunkt zurück.

## b) Gindelalm – Neureuth:

Diese Bergwanderung beginnt ebenfalls beim Kurzentrum in **Schliersee**, wo man zunächst auf der oben genannten Schlußetappe des Seerundwegs, allerdings in  Gegenrichtung, entsprechend der Mar-

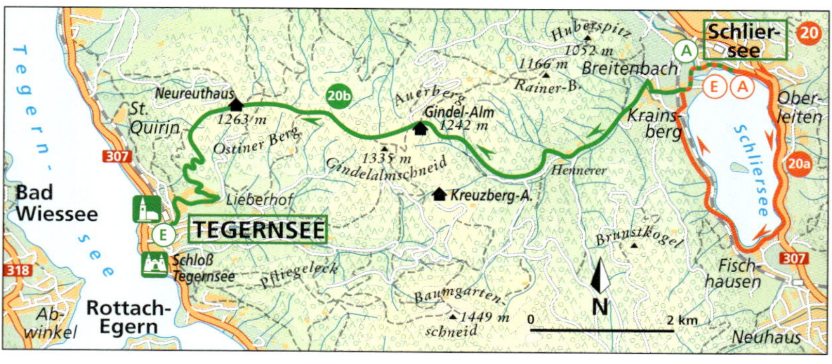

*Das Gasthaus auf der Neureuth bei Tegernsee ist stets ein gefragtes Wanderziel.*

kierung »W9« nach **Breitenbach** und über **Krainsberg** zum **Hennerer** spaziert. Anschließend steigt man in überwiegend nordwestlicher Richtung zur **Gindelalm** (1242m) hinauf, wo man nach der Brotzeitpause wieder auf gleichem Weg nach Schliersee zurückkehren kann.

Abwechslungsreicher ist es jedoch, wenn man von der Gindelalm westwärts auf dem waldreichen Höhenweg zum **Neureuthaus** (1242 m) weiterwandert, dort eine zweite Rast einlegt und die bezaubernde Aussicht auf die Tegernseer Vorgebirgsidylle eine Weile genießt. Anschließend steigt man über den **Lieberhof** zum Bahnhof in **Tegernsee** ab, von wo man mit dem Bus wieder nach Schliersee zurückfahren kann. Wer sich lästige Wartezeiten ersparen möchte, wird die Busfahrt allerdings der Höhenwanderung voranstellen und beispielsweise am späteren Vormittag am Tegernseer Bahnhof sein Auto abstellen, dann per Linienbus nach Schliersee fahren und hinterher froh sein, wenn er ohne Verzug wieder in sein Fahrzeug steigen kann.

**Tourencharakter:** a) Rund um den Schliersee: geruhsamer Spaziergang in freundlicher Vorgebirgslanschaft; b) Gindelalm – Neureuth – Tegernsee: reizvolle Höhenwanderung mit gemütlichen Einkehrmöglichkeiten. **Beste Jahreszeit:** a) ganzjährig, b) am schönsten in der herbstlichen Farbenpracht. **Weglänge:** a) 7km. **Reine Gehzeiten:** a) 2 Std., b) jeweils ca. 4 Std. **Höhendifferenz:** b) 400 m. **Ausgangspunkt:** Schliersee, Kurzentrum. **Endpunkt:** a) Schliersee, Kurzentrum, b) Schliersee, Kurzentrum bzw. Tegernsee, Bahnhof. **Verkehrsanbindung:** Bahn: Bhf. Schliersee, Bhf. Tegernsee; Bus: Tegernsee – Schliersee; Auto: Salzburger Autobahn, Ausfahrt Holzkirchen – B 318 Tegernsee, oder Ausfahrt Miesbach – B 472 und 307 Schliersee. **Einkehr:** Gindelalm (Anfang Juni bis Kirchweih), Neureuthaus (November bis 2. Weihnachtsfeiertag geschlossen).

# 21 Altbewährte Familiengipfel beim Spitzingsee

Spitzingsee – Firstalmen – Brecherspitze – Bodenschneid

Karte: F 5

Dank seiner Höhenlage ist das Spitzingseegebiet südlich des Schliersees im Winter ein vielgefragtes Wedler-Dorado. Im Sommer hingegen hält sich der Rummel zumindest um die Vorgebirgsgipfel westlich des Spitzingsees in Grenzen. Die Anstiege zu den Almen und den benachbarten Gipfeln profitieren zudem vom hochgelegenen Ausgangspunkt beim **Spitzingsattel** (1127 m).

## Wegverlauf:

Der erste Teil des Anstiegs erfolgt sowohl bei der Bodenschneid als auch bei der Brecherspitze auf dem Trautweinweg, der vom Spitzingsattel westwärts zur Oberen Firstalm (1369 m) hinaufzieht. An der **Oberen Firstalm** teilen sich die Routen.

### a) Bodenschneid:

Wer zur Bodenschneid will, folgt hier entsprechend dem Wegweiser dem westwärts verlaufenden Pfad, umgeht zuerst nordseitig den Krettenburg-Rücken und nimmt bei der nachfolgenden Wegteilung den links gerichteten Steig (rechts geht es zum Bodenschneidhaus). Man kommt zum steilen Gipfelhang und über einige Serpentinen zum Gipfelkamm, auf dem man rechts wenig später beim höchsten Punkt der **Bodenschneid** (1669 m) eintrifft.

*Beim Spitzingsee beginnt auch die Wanderung ins stimmungsvolle Tal der Roten Valepp.*

## b) Brecherspitze:

Für diesen Anstieg nimmt man bei der vorgenannten Wegteilung neben der **Oberen Firstalm** den nordöstlich gerichteten Steig, der zunächst über steile und im Sommer ausgebrannte Wiesenhänge zum Vorgipfel oder Wintergipfel der **Brecherspitze** hinaufzieht, von dem ein schmaler Gratsteig (Trittsicherheit und Schwindelfreiheit erforderlich) zum Hauptgipfel (1683 m) des elegant gezeichneten, pyramidenförmigen Schlierseer Hausbergs führt. Wie auf der Bodenschneid erwartet uns auch auf der separat postierten Brecherspitze ein überraschend weiter und umfassender Gipfelausblick.

## Variante:

Für geruhsame Bergwanderer ohne Gipfelambitionen gibt es natürlich noch eine dritte Routenvariante. So kann man nach einer ausführlichen Brotzeitrast im Bereich der **Oberen Firstalm** zur **Unteren Firstalm** (1320 m) absteigen, wo es am Faschingssonntag mit der traditionellen »Skimaschkera« besonders hoch hergeht. Abschließend bummelt man auf einem Sträßchen entgegengesetzt zur Anstiegsrichtung wieder zum Ausgangspunkt zurück.

**Tourencharakter:** Wenig anstrengende Bergwanderungen; Bodenschneid: ungefährlich; Brecherspitze: etwas kritisch nur beim Übergang vom Vor- zum Hauptgipfel. **Beste Jahreszeit:** Spätsommer bis Spätherbst. **Reine Gehzeiten:** Jeweils 3–3½ Std. **Höhendifferenzen:** a) Bodenschneid 540 m, b) Brecherspitze 560 m. **Ausgangs- und Endpunkt:** Jeweils Spitzingsattel. **Verkehrsanbindung:** **Bahn:** über Holzkirchen nach Fischhausen-Neuhaus, weiter per Bus zum Spitzingsee; **Auto:** Salzburger Autobahn, Ausfahrt Miesbach, B 307 Schliersee, nach Neuhaus Abzweigung zum Spitzingsee. **Einkehr:** Obere und Untere Firstalm.

# 22 Quer durch den Ebersberger Forst

Markt Schwaben – Forstinning – Ebersberger Forst – Ebersberg

Karte: F 1/2

Der Ebersberger Forst ist für den Wanderer ein fast unerschöpfliches Revier. Hier sei die 23 km lange Tour beschrieben, die von Markt Schwaben in südöstlicher Richtung quer durch den gesamten Forst nach → **Ebersberg** führt. Der besondere Vorzug dieser Route ist die S-Bahn-Verbindung von München zum Ausgangspunkt und zum Zielort, die alle Verkehrsprobleme löst.

*Auf der langen Wanderung durch den Ebersberger Forst kommt eine Einkehr sehr gelegen.*

## Wegverlauf:

Vom S-Bahnhof in **Markt Schwaben** geht's zuerst auf der Bahnhofstraße links, dann rechts zur Herzog-Ludwig-Straße, auf dieser links in Richtung Kirche, davor rechts über den Marktplatz, darauffolgend auf der Graf-von-Sempt-Straße links und zum östlichen Siedlungsrand. Anschließend verläuft die Route folgendermaßen: Auf einem schnurgeraden Feldweg ostwärts bis zu einem Wäldchen, davor rechts und an einem freistehenden Wohnhaus rechts vorbei, dann schräg links zur **Kressiermühle**, rechts um den Gebäudekomplex herum, bei einem Wegkreuz auf einen hier einsetzenden, südostwärts führenden schmalen Wiesensteig, der malerisch durch ausgedehnte Felder zieht und später einen Weiher passiert. Anschließend auf eine breite Verkehrsachse zu, davor links zu einer Brücke, auf dieser rechts über die Autostraße und auf einer Teerstraße nach **Forstinning**. Hier auf der Graf-von-Sempt-Straße ins Zentrum und zur Münchner Straße, auf dieser rechts bis zur links abbiegenden Sonnengasse,

**Tourencharakter:** Ausgiebige Wanderung durch freie Felder und weite Wälder. **Beste Jahreszeit:** Ganzjährig. **Weglänge:** 23 km. **Reine Gehzeit:** 6–7 Std. **Höhendifferenz:** 110 m. **Ausgangspunkt:** Markt Schwaben, S-Bahnhof. **Endpunkt:** Ebersberg, S-Bahnhof. **Verkehrsanbindung:** **Bahn:** S6 Markt Schwaben, S5 Ebersberg – München; **Auto:** von München: B 12 Markt Schwaben, B 304 Ebersberg. **Einkehr:** Forsthaus St. Hubertus.

auf ihr zum südöstlichen Forstinninger Ortsrand und über freies Feld auf Feld- und Wiesenwegen zum Nordrand des **Ebersberger Forsts**. Hier geht's zunächst rechts auf kaum erkennbarem Fußpfad am Waldrand entlang, dann schräg links zu einer breiteren Forststraße, auf dieser links in Richtung Ebersberg/Sauschütt und dann auf dem Rotsäulerl-Geräumt noch einmal schräg links weiter. Nach 3 km kreuzt das Kapellen-Geräumt. Auf diesem wandert man nach rechts 1 km bis zum Bürtsch-Geräumt und auf diesem, jetzt wieder nach links, 3 km zur **Sauschütt**. Der Kapellenweg führt südwestlich in 2 ½ km zur Fahrstraße Ebersberg – Forstinning, die man schräg links

Blich vom Aussichtsturm im Ebersberger Forst.

überquert. Man wandert auf dem Kapellen-Geräumt südwärts bis zur schräg rechts abzweigenden Verbindungsroute zum bewirtschafteten **Forsthaus Hubertus**.

Nach der Einkehr geht es auf der Anzinger Straße südostwärts nach **Ebersberg**, ins Zentrum zum Marktplatz, dann an der Kirche vorbei und auf der Bahnhofstraße schließlich zur S-Bahn-Station, von wo aus man wieder über München nach Markt Schwaben zurückkehren kann. Wer sich als Nicht-Münchner lästige Wartezeiten nach der Tour ersparen möchte, parkt sein Auto am Ebersberger Bahnhof und stellt die S-Bahn-Fahrt der langen Wanderung voran.

# Mittelalterlicher Höhenflug und klösterlicher Kunstsinn

23

Wasserburg am Inn –
Innufer – Kloster Attel

Karte: G 2

Neben dem Spaziergang zur Schönen Aussicht nimmt die abwechslungsreiche 16-km- Rundwanderung zum Kloster Attel im Wasserburger Routenangebot eine Sonderstellung ein. Sie führt nämlich in der ersten Weghälfte ständig am Inn entlang, so daß man die Flußlandschaft in allen Facetten genießen kann.

## Wegverlauf:

Die Wanderung beginnt in → **Wasserburg** beim Großparkplatz am Gries am südöstlichen Altstadt-Innufer. Zuerst geht's auf der Innpromenade westwärts zum Brucktor, hier rechts ins Altstadtzentrum, dann auf der Schmidzeile links und vor der Burg auf einem Treppenabgang links zum **Innufer**. Anschließend wandert man auf dem Dammweg in südlicher Richtung und auf der westlichen Innseite flußaufwärts. Der reizende Fußweg passiert zunächst ein Flußkraftwerk, zieht dann längere Zeit am Schilfufer dahin, trennt sich zwischendurch etwas vom Fluß, durchquert ein Wäldchen und eine Altwasseridylle. Schließlich erreicht er das **Fischerstüberl** unterhalb von **Kloster Attel**, wo nach der Verpflegungsrast die Rückrunde beginnt. Dazu geht

*Die mittelalterliche Wasserburger Innzeile gehört zu den schönsten deutschen Stadtansichten.*

man von der Gaststätte ein paar Schritte rechts vor bis zur B 17-Unterführung und unmittelbar davor rechts auf einem Treppensteig zum **Kloster Attel** hinauf. Nach dem Besuch der Barockkirche, die von reinen Laienkünstlern errichtet und prunkvoll ausgestattet wurde, wandert man entlang der Klostermauer bis zu einer Querstraße und auf dieser entsprechend der Markierung »26« nach links. In Richtung Reitmehring nähert man sich der B 15. Kurz davor zweigt rechts ein Teerweg ab, der durch schönes Hügelland nach **Kornberg** führt. Stets der Markierung »26« folgend kommt man über **Au** und **Reisach** nach **Gern** und auf einem Wiesenweg nach **Gabersee**. Hier spaziert man hinter dem Klinikbereich kurz neben der B 304 nach rechts in Richtung Wasserburg. Dann geht's links über die Bundesstraße und schließlich auf der Köbingbergstraße rechts wieder nach **Wasserburg** zurück.

**Tourencharakter:** Lange, stimmungsvolle Wanderung. **Beste Jahreszeit:** Frühjahr und Herbst; im Sommer ggf. zu heiß. **Weglänge:** 16 km. **Reine Gehzeit:** 4–5 Std. **Höhendifferenz:** 50 m. **Ausgangs- und Endpunkt:** Wasserburg a. Inn, Altstadt. **Verkehrsanbindung:** **Bahn:** Über Ebersberg oder Rosenheim nach Wasserburg a. Inn; **Auto:** Von München auf der B 304. **Einkehr:** Wasserburg a. Inn, Attel.

# Altgediente »Sommerfrischen« mit klösterlich-fürstlichem Glanz

24

Chiemsee – Prien – Bernau – Gstadt – Fraueninsel – Herrenchiemsee

Karte: H 3/4

Das Westufer des → **Chiemsees** mit den vorgelagerten Inseln → **Herren-** und → **Frauenchiemsee** ist mit Wanderwegen gut ersch ossen. Dreh- und Angelpunkt ist der Priener Vorort Stock, wo nicht nur die nachfolgend kurz vorgestellten Seeuferwege nördlich und südlich von → **Prien** ansetzen, sondern auch die Sch ffe zur Herren- und Fraueninsel ablegen.

## Wegverlauf – a) Prien/Stock – Felden:

Der 6,5 km lange Spaziergang beginnt in **Stock**. Vom Parkplatz bei der Schiffsanlegenstelle geht's als erstes auf der Harrasstraße südwärts bis zur Siedlung **Harras**, dann links in Richtung Campingplatz, anschließend über den Mühlbach und im Linksbogen um den Südwestzipfel des Chiemsees herum nach **Felden.**

## b) Prien/Stock – Gstadt:

Wie die vorgenannte, südlich gerichtete Route beginnt diese 13-km-Wanderung von Prien nach Gstadt am Chiemsee-Nordufer beim Parkplatz in **Stock**. Hier spaziert man nördlich der Schiffsanlegestelle zunächst nordostwärts zum **Bad** und links daran vorbei. Dann wird die Prien überschritten, bei **Schafwaschen** kurz eine Fahrstraße benutzt und hinter **Aiterbach**, zweimal rechts haltend, wieder der Uferweg aufgesucht. Dieser überquert als nächstes die **Sassauer Landzunge** und entfernt sich dabei für kurze Zeit vom Wasser, verläuft aber über **Kailbacher Bucht**, **Urfahrner Zunge** und **Mühlner Bucht** ohne Abkürzungen dicht am Ufer. Schließlich trifft man in **Gstadt** ein, das ebenso wie Felden an d e Chiemsee-Schifffahrt angebunden ist.

*Trotz seiner Größe ist der Chiemsee mit seinen weitgehend noch unverbauten Ufern von eher idyllischem Charakter.*

## c) Herreninsel:

Der 7 km lange Rundweg um die Herreninsel beginnt beim Schiffssteg am Nordostufer und bei den Relikten des einst bedeutenden Klosters Herrenchiemsee. Der Weg folgt in der längsten Version dem Uhrzeiger und umkreist die gewaltige Schloßanlage Ludwigs II. Natürlich gibt es auch Abkürzungen, weil in diesem Fall das Wan-

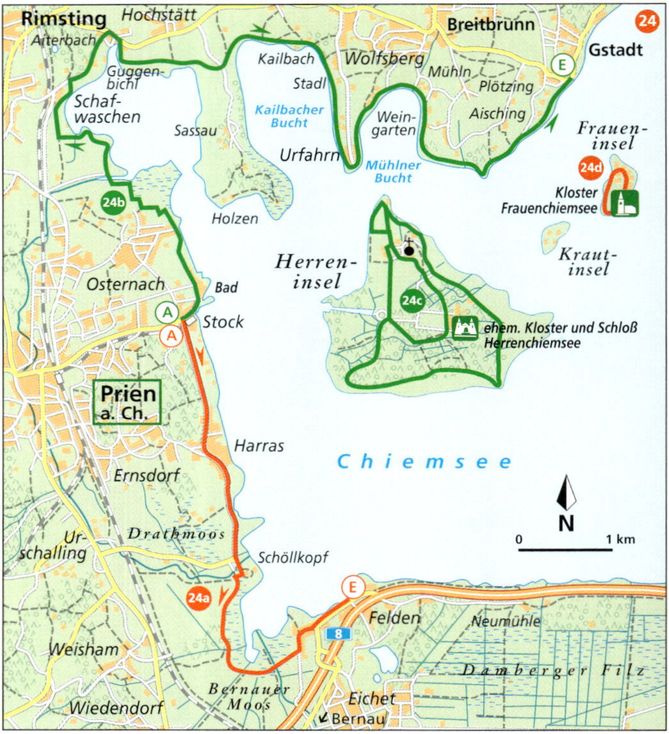


dern höchstens als erholsamer Nebeneffekt zur Schloßbesichtigung zusätzlich ins Programm aufgenommen wird. Dementsprechend schnell legt sich auch der Touristentrubel, wenn man sich von den Schloßprozessionen löst und auf den Rundwanderweg begibt.

**Tourencharakter:** Kurze und ausgedehntere Spaziergänge; malerische Landschaft, bedeutende Kunst und königliche Prachtentfaltung am Weg. **Beste Jahreszeit:** Frühjahr bis Herbst. **Weglängen:** a) 6½ km, b) 13 km, c) 7 km, d) 1½ km. **Reine Gehzeiten:** a) 1½ Std., b) 3½ Std., c) 1½–2 Std., d) ½ Std. **Ausgangs- und Endpunkte:** a) und b) Prien-Stock, c) Schiffsanlegestelle Herreninsel, d) Schiffsanlegestelle Fraueninsel. **Verkehrsanbindung:** **Bahn:** Bhf. Prien an der Strecke München – Salzburg; **Auto:** Salzburger Autobahn, Ausfahrt Bernau; **Schiff:** Prien-Stock – Herreninsel – Fraueninsel. **Einkehr:** Mehrere Möglichkeiten am Weg.

## d) Fraueninsel:

Ganze 1½ km lang ist der gemütliche Spaziergang um die idyllische Fischersiedlung und altehrwürdige Abtei mit der sehenswerten Kirche. Mit einer Kaffee- und Kunstpause läßt er sich allerdings etwas in die Länge strecken.

# Aussichtskanzel im Vorfeld des Kaisergebirges

25

Bayrischzell – Sudelfeld – Tatzelwurm – Brünnstein

Karte: G 5

Der Brünnstein zwischen → **Bayrischzell** und Oberaudorf ist dank seiner separaten Lage ein exquisiter Aussichtsgipfel. Zudem lockt vom Brünnsteinhaus zum Gipfel noch der 1898 eingerichtete Dr.-Julius-Mayr-Klettersteig, der die Tour für Felserfahrene um ein zusätzliches Vergnügen bereichert.

*Gleich zu Beginn der Brünnstein-Tour setzt der Tatzelwurm-Wasserfall spektakuläre Akzente.*

## Wegverlauf:

Ein vielbenutzter Brünnstein-Anstieg beginnt beim **Gasthaus Zum feurigen Tatzelwurm**, das von Bayrischzell auf der Sudelfeldstraße bzw. B 307 oder von Brannenburg bzw. von Oberaudorf aus zu erreichen ist. Beim Gasthaus (764 m) wird dem Wegweiser zum **Wasserfall** gefolgt, zunächst das Naturspektakel der herabstürzenden Wasser passiert und anschließend von einem Großparkplatz in Richtung Brünnstein weitermarschiert. Südostwärts steigt man nun über die **Schoißeralm** und auf Waldwegen zum solide bewirtschafteten **Brünnsteinhaus** (1360 m) auf. Hier teilt sich die Schar der Gipfelaspiranten in Kraxler und geruhsamere, weniger abenteuerlustige Bergwanderer. Wer sich die »Direttissima« des **Klettersteigs** zutraut, begibt sich von der Bergwirtschaft in wenigen Minuten auf einem Waldsteig zum Felsabbruch des Gipfelstocks, durchschreitet eine 25 m hohe, kaum

**Tourencharakter:** Unschwierige Bergwanderung, Klettervariante zum Gipfel anspruchsvoll. **Beste Jahreszeit:** Besonders schön im fortgeschrittenen Herbst. **Reine Gehzeit:** 4½–5 Std. **Höhendifferenz:** 850 m. **Ausgangs- und Endpunkt:** Gasthaus Tatzelwurm bei Bayrischzell. **Verkehrsanbindung:** **Bahn:** nach Bayrischzell, weiter per Bus zum Tatzelwurm; **Auto:** Bayrischzell – B 307 oder von der Inntalautobahn über Oberaudorf zum Tatzelwurm. **Einkehr:** Brünnsteinhaus (ganzjährig).

mannsbreite Felsspalte und steht nach weiteren 30 Min. kurzweiliger Kraxelei auf dem höchsten Punkt. Wer hingegen den Nervenkitzel und das luftige Vergnügen ausschlägt, erklimmt auf der **Westumgehung** den **Brünnsteingipfel**, die keinerlei Gefahren mit sich bringt und auch für die Kletterer als Abstiegsvariante empfohlen werden kann. Der Rückweg vom **Brünnsteinhaus** zum **Gasthaus zum freurigen Tatzelwurm** entspricht dem Hinweg.

## Varianten:

Wenngleich der Verfasser der Tatzelwurm-Route den Vorzug gibt, seien noch weitere Varianten genannt. So kann man auch von **Mühlau/Dörfl** südwestlich von Oberaudorf über die **Rechenau** oder von der **Rosengassenhütte** südöstlich von Bayrischzell (Anfahrt über B 307, Abzweigung 1 km vor dem Gasthaus zum feurigen Tatzelwurm) über die **Seeon-** und **Himmelmoosalm** zum **Brünnsteinhaus** hinaufwandern.

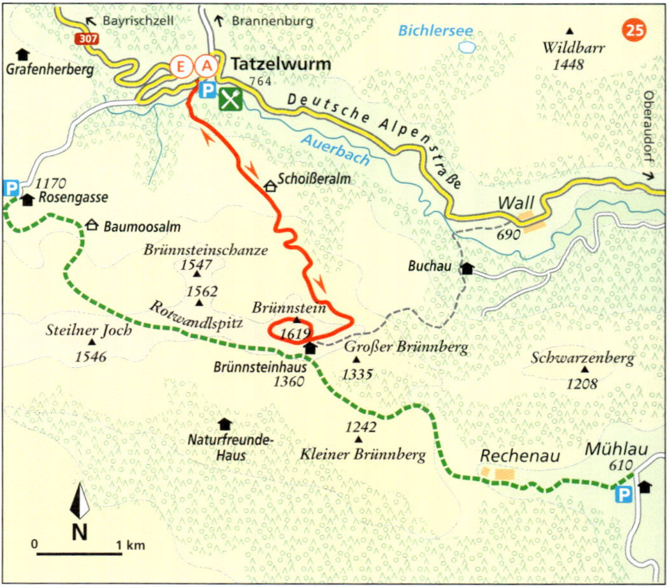

# Auf hoher Aussichtsrampe überm Priental

Hohenaschau – Hochries – Brandelberg – Spitzstein – Sachrang

Karte: H 4/5

26

Die zweitägige Höhenwanderung führt über den gesamten Kamm zwischen Hochries und Spitzstein. Am schönsten ist es dort oben an klaren Herbsttagen, wenn das warm leuchtende Kolorit der Natur und die prachtvollen Ausblicke den Zauber dieser Gegend besonders eindrucksvoll demonstrieren.

*Der Spitzstein steht am Ende einer prächtigen Kammwanderung, die bei Hohenaschau beginnt.*

## Wegverlauf:

Ausgangspunkt ist der Parkplatz unterhalb von **Schloß** → **Hohenaschau**. Der Weg führt zuerst westwärts über die **Prien** und dann im Waldschatten zur **Hofalm** (970 m) hinauf. Anschließend wandert man in südwestlicher Richtung am **Riesenberg** vorbei zur **Riesenhütte** (1345 m) am Fuß des **Spielberggipfels** und schließlich zum **Hochriesgipfel und -Berghaus** (1569 m), in dem übernachtet wird.

Am nächsten Tag geht's nordöstlich bis zur **Wegteilung** vor dem **Spielberg** zurück, dann rechts und über die **Abergalm** auf den Nord-Süd-Kamm, auf dem man mit begeisternden Ausblicken in ständigem Auf und Ab über die Stationen **Predigtstuhl** (1492 m), **Klausenberg** (1548 m) und **Klausenhütte**, **Zinnenberg** (1565 m) und **Feichtenalm** (1430 m) zum **Brandelberg** (1515 m) und zum nordseitigen Felsabbruch des **Spitzsteins** gelangt. Durch diesen führte einst eine anspruchsvolle »Direttissima« zum Gipfel, die mittlerweile jedoch wegen Felssturzgefahr

**Tourencharakter:** Ausgedehnte 2tägige Gratwanderung, Bergwandererfahrung und griffiges Schuhwerk erforderlich. **Beste Jahreszeit:** Am schönsten im Herbst. **Reine Gehzeit:** 10–11 Std. **Höhendifferenzen:** Anstieg 1000 m, Abstieg 860 m. **Ausgangspunkt:** Hohenaschau. **Endpunkt:** Sachrang. **Verkehrsanbindung:** Bahn: über Rosenheim nach Aschau, zurück von Sachrang per Bus; Auto: Salzburger Autobahn, Ausfahrt Frasdorf – Aschau. **Unterkunft:** Hochrieshaus, ggf. Spitzsteinhaus (jeweils ganzjährig bewirtschaftet) **Einkehr:** Hofalm, Riesenhütte, Hochrieshaus, Klausenhütte, Spitzsteinhaus.

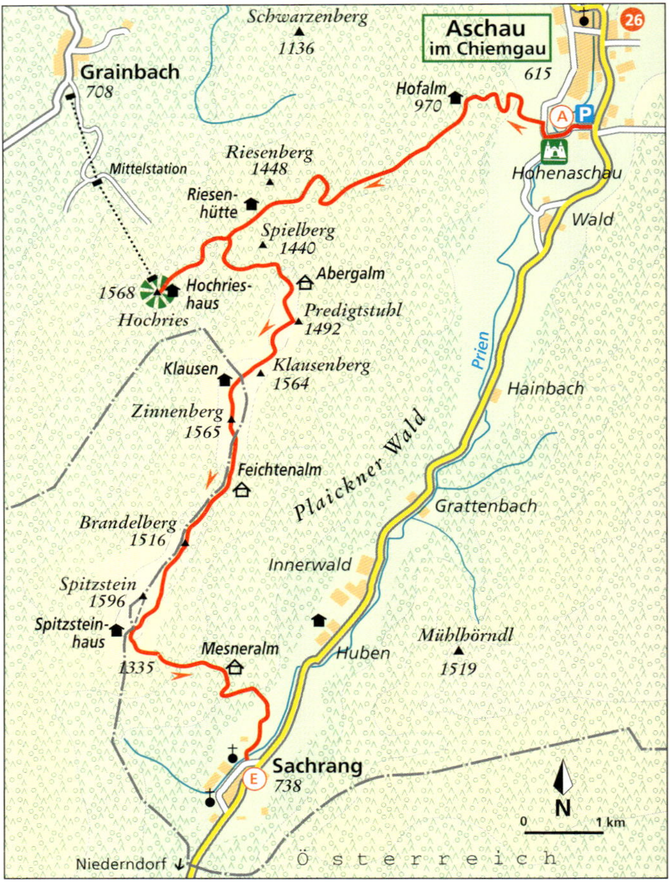


gesperrt ist. Auch als Könner wandert man daher östlich am Gipfelstock vorbei und mit Höhenverlust zum **Spitzsteinhaus** (1335 m) südlich des Gipfels hinab, von dem man über die harmlose, im Sommer aber heiße Südschulter ebenso zum höchsten Punkt des **Spitzsteins** (1596 m) aufsteigen kann.

Nach Gipfelrast und Galaausblick geht's schließlich wieder zum **Spitzsteinhaus** hinab und auf dem Weg Nr. 7 an der **Mesneralm** vorbei nach → **Sachrang** hinunter. Hier kann man noch die Kirche und die **Ölbergkapelle** besuchen, bevor man mit dem Bus wieder nach **Hohenaschau** zurückfährt.

# Beschauliche Alm- und Waldwege zum Reit im Winkler Hausberg

27

Reit im Winkl – Straubinger Haus – Fellhorn

Karte: 15

Die fulminante Rundsicht vom Hausberg Reit im Winkls reicht von den Berchtesgadener Bergen über die Loferer Steinberge bis zu den weißen Gipfeln der Hohen Tauern. Der Gipfel des Fellhorns und das Straubinger Haus liegen auf österreichischem Boden, der Zugang erfolgt jedoch bevorzugt von der bayerischen Seite.

## Wegverlauf:

Ausgangspunkt ist der Weiler **Blindau** (714 m) südlich von **Reit im Winkl**, wo man hinter den letzten Häusern das Auto auf einem Parkplatz abstellen kann. Von hier aus geht's in südöstlicher Richtung zunächst über den **Steinbach** und anschließend auf einer befestigten, im Winter als Rodelbahn benutzten Forststraße im Waldschatten steil zur **Gschwendalm** (954 m) hinauf, die völlig frei steht und schöne Tiefblicke auf den Reit im Winkler Talboden eröffnet. Als nächstes wird der Bereich der **Unteren Hemmersuppenalm** (1140 m) passiert und das Alpengasthaus **Hindenburghütte** (1261 m) erreicht, wo es manche geruhsamere Spaziergänger bereits genug sein lassen und nach der Brotzeitpause kehrtmachen.

*Das Straubinger Haus beim Fellhorn ist für die Besucher des Reit im Winkler Hausbergs ein idealer Stützpunkt.*

Für die Gipfelaspiranten bieten sich im Anschluß an die Hindenburghütte indessen zwei Wegvarianten an, die sich gegebenenfalls zu einem Rundweg verbinden lassen. So kann man, bei der **Wegteilung** südlich der Hindenburghütte rechts haltend, in südlicher Richtung auf einem stellenweise etwas sumpfigen Wiesenweg zur **Eggenalm** und weiter zum **Straubinger Haus** (1600 m) wandern. Oder aber man geht, bei der vorgenannten Wegteilung links, südostwärts zu den Hütten der **Oberen Hemmersuppenalm** (1218 m) und von hier südwestwärts zur **Eggenalm** und gelangt zuletzt auf dem erstge-

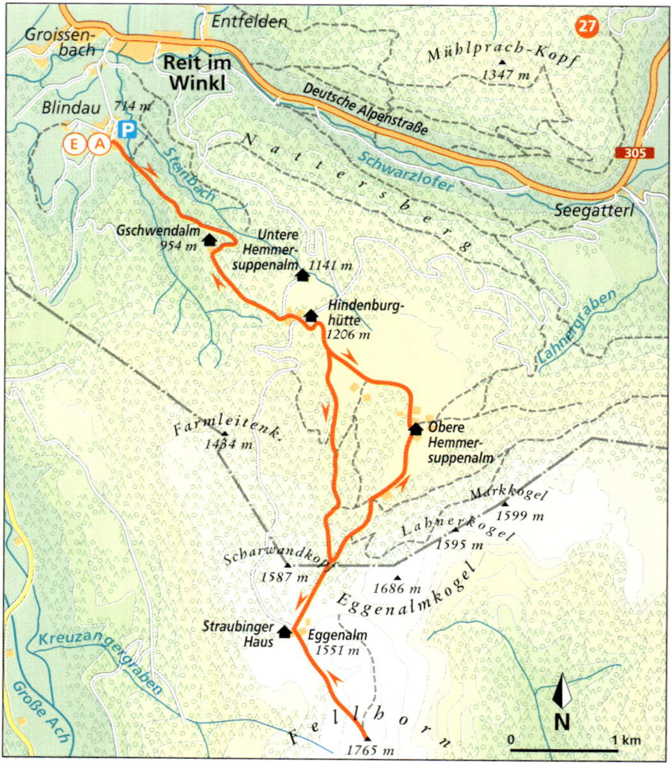


nannten Wiesenweg ebenfalls zum **Straubinger Haus**. Beim stattlichen Berghaus sind die hauptsächlichen Anstiegsmühen überstanden. Die letzte Etappe bis zum **Fellhorngipfel** 1765 m) ist im übersichtlichen Gelände leicht auszumachen und nach einer weiteren ½ Std. geschafft.

Für den Rückweg kann man zwischen den beiden oben genannten Alternativen wählen, wobei der Verfasser als Rundwegabfolge für den Anstieg den Wiesensumpfweg und für den Rückweg den etwas längeren, aber landschaftlich in dieser Richtung reizvolleren Weg über die Obere Hemmersuppenalm empfiehlt.

**Tourencharakter:** Gefahrlose Bergwanderung in idyllischer Landschaft, großartige Gipfelaussicht. **Beste Jahreszeit:** Frühjahr bis Spätherbst. **Reine Gehzeit:** 6 Std. **Höhendifferenz:** 1080 m. **Ausgangs- und Endpunkt:** Reit im Winkl/Blindau. **Verkehrsanbindung: Auto:** Salzburger Autobahn, Ausfahrt Bernau – B 305. **Einkehr:** Hindenburghaus, Straubinger Haus.

# Wildromantische Bachtäler und anspruchsvolle Gipfeltour

Ruhpolding – Hinterkraxenbachtal – Fischbachtal – Sonntagshorn Karte: J 5

28

Die südlich von → **Ruhpolding** bei Laubau einsetzenden Hinterkraxenbach- und Fischbachtäler sind ein beliebtes Wandergebiet. Sie eröffnen für ausdauernde und felserfahrene Alpinisten zudem die Möglichkeit einer großartigen Rundtour, die den höchsten Gipfel der Chiemgauer Berge, das Sonntagshorn, mit einbezieht.

## Wegverlauf – a) Hinterkraxenbachtal:

Vom Großparkplatz bei **Laubau** (703 m) geht's zunächst auf einer Forststraße südwärts, dann links abzweigend in Richtung Schwarzachenalm und anschließend rechts in Richtung Sonntagshorn. Man kommt zur **Schwarzachenalm** (755 m), wo man rechts haltend dem Wiesenweg zum Sonntagshorn und zu den Kraxenbächen folgt. Der idyllische Steig in Richtung Hinterkraxenbach bleibt dicht am Bach, nimmt einen kurzen Anstieg, zieht hoch überm Hinteren Kraxenbachgrund dahin und erreicht schließlich die **Hinterkraxenbachklause** (920 m), die als frühes Beispiel eines Blockbau-Stauwerks von kulturhistorischer Bedeutung ist. Hier kann man kehrtmachen oder aber auf einem stellenweise etwas exponierten Steig noch zur

*Die Ruhpoldinger Pfarrkirche wird von Kunstfreunden auch wegen einer wertvollen romanischen Schnitzmadonna gerne besucht.*

*Die wald- und seenreiche Bergwelt zwischen Ruhpolding und Reit im Winkl bietet zahlreiche Wanderalternativen.*

**Tourencharakter:** Abwechslungsreiche Talwanderungen mit spektakulären Naturschauspielen (Staubfall) am Weg; Rundtour übers Sonntagshorn: anspruchsvolle, teilweise schwierige Felstour für erfahrene Bergsteiger. **Beste Jahreszeit:** a)/b) Frühjahr bis Herbst, c) Juni bis Oktober. **Weglängen:** a) Hinterkraxenbachklause und zurück 11 km, Hintere Kraxenbachalm und zurück 15 km, b) Heutaler Hof und zurück16 km. **Reine Gehzeiten:** a) 3½–4 Std. bzw. 5–6 Std., b) 4–4½ Std., c) ca. 9 Std. **Höhendifferenzen:** a) Hinterkraxenbachklause 220 m, Kraxenbachalm 310 m, b) 270 m, c) Sonntagshorn 1300 m. **Ausgangs- und Endpunkt:** Ruhpolding/Laubau. **Verkehrsanbindung:** **Bahn:** Über Traunstein nach Ruhpolding, weiter per Bus in die Laubau; **Auto:** Salzburger Autobahn, Ausfahrt Ruhpolding. **Unterkunft:** ggf. Alpengasthof Heutal (Österreich). **Einkehr:** Alpengasthof Heutal.

**Hinteren Kraxenbachalm** (1225 m) hinaufsteigen. Die Wegfortsetzung zum Sonntagshorn ist wie gesagt ein eigenes Kapitel und nur etwas für Könner.

### b) Fischbachtal – Heutal:

Der Ausgangspunkt bei **Laubau** (703 m) und der erste Wegkilometer entsprechen der vorgenannten Kraxenbachtour. Dann aber wird nach rechts der Wegtafel zum Staubbachfall und Heutal gefolgt, auf einem waldschattigen Sträßchen taleinwärts gebummelt und die **Fischbachalm** (746 m) passiert. Der Weg wechselt zwischendrin vom rechten zum linken Fischbachufer, überwindet einen 100-m-Anstieg und führt anschließend hoch überm Fischbachgrund dahin. In zunehmend wildromantischer Umgebung kommt man zur österreichischen Grenze und zum **Staubfall**, der sich fast 200 m in die Tiefe stürzt. Dann geht's weiter in Richtung Heutal und zum nächsten Naturschauspiel dem **Fischbachfall**. Bald darauf wird die Wiesenidylle des Heutals mit dem stattlichen **Alpengasthof Heutal** (968 m) erreicht, wo man Brotzeit macht, bevor man auf gleichem Weg wieder zurückkehrt.

### c) Sonntagshorn:

Die insgesamt 9stündige Rundtour über das 1961 m hohe Sonntagshorn wird auch von versierten Routiniers vorzugsweise in der Reihenfolge Anstieg **Kraxenbach** – **Ostgrat** – **Gipfel** – Abstieg **Heutal** – **Fischbachtal** durchgeführt. Und zwar deshalb, weil selbst der Ostgrat-Gipfelzugang im Felsgelände nicht auf die leichte Schulter zu nehmen und erfahrungsgemäß im Anstieg sicherer zu bewältigen ist als im Abstieg. Die harmlosen Wiesenhänge ins Heutal hinab sind dann völlig unproblematisch.

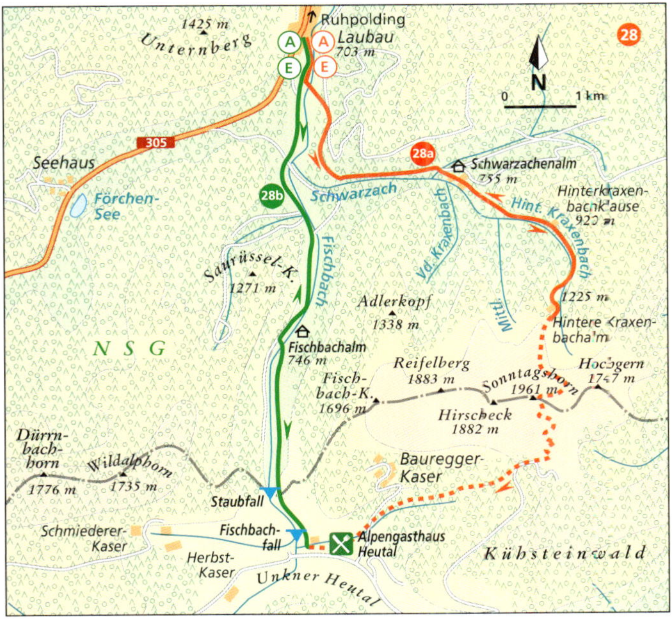

# 29 Wanderklassiker in der Berchtesgadener Ramsau

**Ramsau – Wimbachklamm – Wimbachtal – Märchenwald – Hintersee**

Karte: K 5

Wer den Namen **Ramsau** hört, denkt zunächst an das Bilderbuchmotiv der Ramsauer Kirche. Die Liebhaber des Berchtesgadener Landes verbinden damit aber auch Vorstellungen von schönen Touren, wie die erholsame Wanderung durch die Wimbachklamm ins Wimbachtal und den beschaulichen Spaziergang durch den geheimnisvollen Zauberwald zum Hintersee. Beide Wanderungen beginnen bei der Wimbachbrücke (Parkplatz und Bushaltestelle) an der Straße von → **Berchtesgaden** in die Ramsau.

## Wegverlauf – a) Wimbachklamm – Wimbachtal:

Von der **Wimbachbrücke** (624 m) geht es in Richtung **Wimbachklamm** zunächst zum Klammeingang und dann auf Treppen durch das rauschende Spektakel. Anschließend wandert man auf einem gemütlichen Weg zum **Wimbachschloß** (938 m), einem ehemaligen

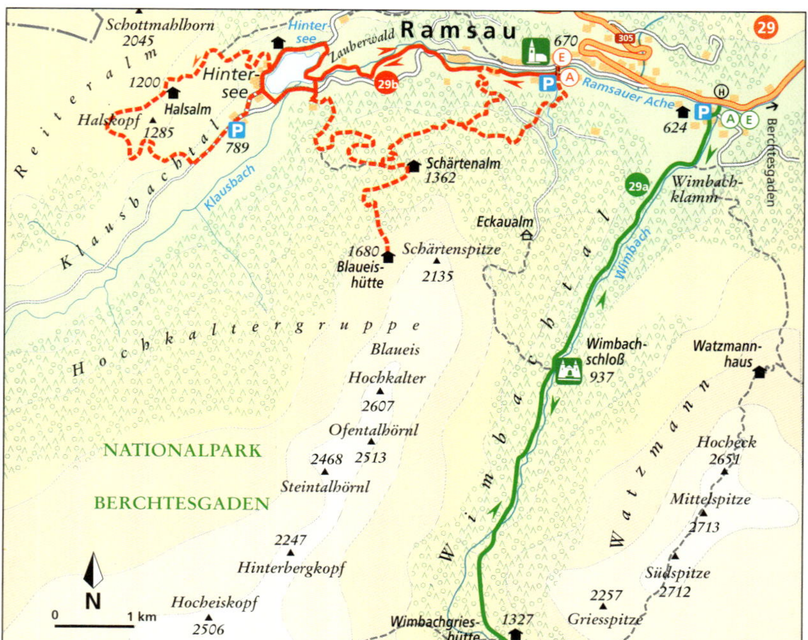

fürstpröpstlichen Jagdschloß und heutigen netten Gasthaus, bei dem geruhsame Spaziergänger bereits wieder den Rückweg antreten. Ansonsten wird man im Wimbachgries inmitten einer prachtvollen Gebirgslandschaft noch bis zur **Wimbachgrieshütte** (1327 m) weitermarschieren und auf diese Weise wenigstens ein dreivierteltägiges Programm auf sein Wanderkonto bringen.

**Tourencharakter:** a) Wimbachtal: wenig anstrengende, eindrucksvolle Talwanderung; b) Hintersee: stimmungsvolle Wanderung mit romantischem Intermezzo. **Beste Jahreszeit:** Frühjahr bis Herbst; auch im Winter erlebnisreich. **Weglängen:** a) Wimbachschloß und zurück 9 km, Wimbachgrieshütte und zurück 17 km, b) Hintersee und zurück 12 km. Hintersee-Rundweg 2½ km. **Reine Gehzeiten:** a) 2½ Std. bzw. 5 Std., b) 3 Std., mit See-Rundweg 45 Min. mehr. **Höhendifferenzen:** a) 330 m bzw. 720 m, b) 170 m. **Ausgangs- und Endpunkte:** Ramsau/Wimbachbrücke. **Verkehrsanbindung:** **Bahn:** Über Freilassing nach Berchtesgaden, per Bus in die Ramsau; **Auto:** Salzburger Autobahn, Ausfahrt Bad Reichenhall – B 20 – Berchtesgaden. **Einkehr:** Wimbachschloß, Wimbachgrieshütte, Hintersee.

## b) Zauberwald – Hintersee:

Die Wanderung beginnt in Ramsau und führt zunächst entsprechend der Markierung »RA« links der Ramsauer Ache in die westliche Richtung. Der Anstieg wird kaum empfunden, weil sich 180 m Höhendifferenz zwischen Ramsau und Hintersee auf 6 km Wegstrecke verteilen. Der Weg passiert das bereits angesprochene Ramsauer Parademotiv mit der malerisch plazierten Kirche, führt später rechts über die Hinterseer Autozufahrt und in den **Zauberwald**, der als übermooste, walddüstere Felssturzlandschaft fast geheimnisvoll berührt. Nach dieser eindrucksvollen Vorzeithinterlassenschaft folgt der nächste Naturhöhepunkt in Gestalt des wildromantischen **Hintersees** (789 m), dessen lohnende Umrundung weitere 2½ km bedeutet. So oder so geht's schließlich auf gleichem Weg nach **Ramsau** zurück – wenn man nicht mit den Aufstiegen vom Hintersee zur Halsalm oder zur Schärtenalm und Blaueishütte Zusätzliches vorhat.

*Der Hintersee in der Ramsau ist nur einer von vielen Berchtesgadener Glanzpunkten.*

# 30 Bilderbuchlandschaft überm Königssee

Königssee – Gotzenalm – Feuerpalfen – Salletalm

Karte: K 6

→ **Königssee** und → **Watzmann** sind das Herz des 21 000 ha großen Berchtesgadener Nationalparks und das Zentrum des Tourismus rund um → **Berchtegaden**. Von **St. Bartholomä** am Königssee-Westufer kann man einen insgesamt 2½stündigen Spaziergangs zur alten Kapelle **St. Johann und Paul** und zur **»Eiskapelle«** unternehmen, einem vom Lawinenschnee aus der gigantischen **Watzmann-Ostwand** genährten Firn-/Eisfeld mit spektakulärem Gletschertor. Nicht weniger beeindruckt das Almgelände der **Gotzenalm** überm östlichen Seeufer.

## Wegverlauf:

Eine beliebte Rundwanderung beginnt bei der Schiffsanlegestelle **Kessel** (605 m) am **Königssee**-Nordostufer. Vom Anlegesteg geht's zuerst auf dem sonnigen, dann waldschattigen Reitweg König Max' II. stramm bergan und in südlicher, dann nördöstlicher und südöstlicher Richtung zu den **Gotzentalalmen** (1108 m) empor. Hier schwenkt die Route in die südliche Richtung und bringt uns mit einigen Steilserpentinen, dann maßvoller ansteigend zur **Seeaualm** (1450 m). Nach weiteren 45 Min. trifft man auf den Wiesenböden der **Gotzenalm** (1685 m) ein, womit an sich das Anstiegspensum geschafft wäre, wenn man nicht noch den Abstecher übers **Warteck** (1741 m) zum einzigartigen Aussichtspunkt **Feuerpalfen** anhängt, wo die prachtvolle Nahsicht auf die vis-à-vis aufgetürmte **Watzmann-Ostwand** alle Zusatzmühen vergessen läßt.

Für den Abstieg empfiehlt sich die Route zur **Salletalm** am Südosten-

*Der Feuerpalfen bietet einen großartigen Tiefblick auf St. Bartholomä.*

de des Königssees, wo ebenfalls das Schiff anlegt. Dazu wandert man von der **Gotzenalm** kurz südwärts und steigt anschließend in östlicher und dann wieder südlicher Richtung auf dem Reitweg zur **Regenalm** ab. Hier rechts und westwärts zwischen **Gotzenwand** und **Kleinem Regenbergl**, schließlich auf dem 966-Holzbohlenstufen-Kaunersteig zum Königssee-Ostufer hinunter und oberhalb des Ufers links zur Schiffshaltestelle beim **Gasthaus Salletalm** per Schiff zurück zum Ort Königssee.

**Tourencharakter:** Außergewöhnlich eindrucksvolle Wanderung; Bergwandererfahrung und griffiges Schuhwerk erforderlich. **Beste Jahreszeit:** Frühjahr bis Herbst. **Reine Gehzeit:** 6–6½ Std. **Höhendifferenz:** 1190 m. **Ausgangspunkt:** Königssee/Schiffsanlegestelle Kessel. **Endpunkt:** Königssee/Schiffsanlegestelle Salletalm. **Verkehrsanbindung:** **Bahn:** Über Freilassing nach Berchtesgaden, weiter per Bus zum Königssee; **Auto:** Salzburger Autobahn, Ausfahrt Bad Reichenhall – B 20 – Berchtesgaden – Königssee **Einkehr:** Gotzenalm (Pfingsten bis Anfang Oktober), Salletalm (Juni bis Oktober).

# REGISTER

Gerade Zahlen sind Textverweise; *kursive Zahlen* verweisen auf Abildungen.



WANDERN & ERLEBEN

DEUTSCHLAND
ÖSTERREICH
Kempten
Wangen
Isny
Lindenberg
Oberstaufen
Immenstadt
Sonthofen
Oberstdorf
Pfronten
Füssen
Reutte
Bregenz
Buchenberg
Durach
Waltenhofen
Bolsternang
Eglofs
Weitnau
Röthenbach
Simmerberg
Scheidegg
Weiler
Stoffels
Wertach
Rettenberg
Nesselwang
Seeg
Roßhaupten
Lechbruck
Steingaden
Stötten
Halblech
Rieden
Eisenberg
Schwangau
Hohen-
schwangau
Gem.
Mittelberg
Hub
Blaichach
Burgberg
Unterjoch
Steinach
Hindelang
Zöblen
Grän
Tannheim
Hinterstein
Altstätten
Fischen
Ober-
maiselstein
Balderschwang
Hittisau
Krumbach
Steibis
Wiede-
mannsdorf
Riezern
Mittelberg
Schnepfau
Argenau
Birgsau
Spielmannsau
Elbigenalp
Häselgehr
Elmen
Vorder-
hornbach
Forchach
Weißenbach
Bichlbach
Lermoos
Ehrwald
Nassereith
Untere Argen
Obere Argen
Jugetach
Iller
Lech
Lechstausee
Lechsee
Forggen-
see
Bannwald-
see
Hopfen-
see
Weißen-
see
Alpsee
Plansee
Heiterwanger
See
Rottach-
see
Boden-
see
Bregenzer Ach
Weißach
Subersach
Thaler Höhe 1166
Stuiben 1749
Rindalphorn 1822
1746 Siplingerkopf
Sorg-
schrofen 1635
2012 Krähe
2039 Säuling
2163 Geierkopf
2246 Gaishorn
2592 Hochvogel
Fellhorn 2039
Hoher Ifen 2232
2236 Widderstein
Krottenkopf 2656
Thaneller 2343
2225 Bleispitze
Seelakopf 2368
2553 Namloser Wetterspitze
N
5 km
Lindau
Bodensee
Hörbranz
Pfänder 1064
Bregenz
Lustenau
Dornbirn
Karren 961
Hohenems
Hohe Kugel 1645
Fraxern
1082 Brüggele-
kopf
Hittisau
Andelsbuch
Damülser Mittagsspitze 2095
Rhein
0 5 km

# ALLGÄU

Bernhard Irlinger

SCONTO

## ZEICHENERKLÄRUNG ZU DEN TOURENKARTEN

| | | | |
|---|---|---|---|
| A4 9 | Autobahn | | Aussicht |
| 40 | Hauptstraße | | Einkehr/Hütte |
| | Landstraße | | Kirche/Kloster |
| | Nebenstraße | | Turm |
| | Fahrweg | | Museum |
| | Fußpfad | | Prähistorische Fundstelle |
| | Bahnlinie mit Bahnhof | | Denkmal |
| A E | Tourenführung mit Anfangs- und Endpunkt | | Höhle/Grotte |
| | Tourenvariante | | Schloß/Burg/Ruine |
| E 5 | Fernwanderweg | | Camping |
| Konstanz | Sehenswerter Ort/Stadt | | Markanter Baum |
| | Bergbahn - Sessellift/Skilift | | Mühle |
| | Gipfel - Pass | | Landschaftlicher Höhepunkt |
| | Quelle - Wasserfall | | Sehenswert |
| P | Parkmöglichkeit | H | Busverbindung/ Haltestelle |

## HINWEISE ZUR BENUTZUNG

Das Buch ist in vier Hauptkapitel unterteilt: Die **»Einführung«** stimmt den Leser auf das Allgäu als attraktives Reiseziel ein. Das Kapitel **»Reise-Informationen von A bis Z«** enthält nützliche Infos für jeden Allgäu-Urlauber. In alphabetischer Reihenfolge werden im Abschnitt **»Sehenswürdigkeiten von A bis Z«** interessante Städte, Berge, Schluchten und Regionen beschrieben. Schließlich stellt der Autor im Kapitel **»Die schönsten Wanderungen«** 30 ausgewählte Touren vor. Jeder Route ist eine Streckenskizze sowie ein Infokasten (Tourencharakter, Verkehrsanbindung, Unterkunft, Einkehrmöglichkeit u.v.m.) beigefügt.
Ein leicht verständliches Verweissystem stellt sinnvolle Bezüge zwischen den Kapiteln her. Darüber hinaus sind zu allen Sehenswürdigkeiten und Wanderungen Koordinaten angegeben, mit denen man den Ort oder die Tour ganz leicht auf der beigelegten **großen Faltkarte** finden kann. Diese herausnehmbare Reisekarte – ein besonderes Extra – gibt dem Allgäu-Urlauber jederzeit die Möglichkeit, seine ganze Urlaubsregion und ihre Ausflugsziele im Überblick zu betrachten.

# INHALT

## Die schönsten Wanderungen 60

*Seite 8/9 ▸ Im Guggersee spiegelt sich der Allgäuer Hauptkamm.*

# EINFÜHRUNG

# BERGE, WIESEN UND SEEN

*Rechte Seite: Der markante, aus Hauptdolomit aufgebaute Hochrappenkopf (oben), die typische Bänderung des Flyschgesteins (Mitte) und die Nagelfluhfelsen am Siplingerkopf (unten).*

Zwischen dem Bodensee im Westen und dem Lech im Osten liegt eine der abwechslungsreichsten und beliebtesten Ferienregionen in Deutschland, das Allgäu. Das Gebiet besitzt keine klar definierten Grenzen und greift weit in das Alpenvorland aus. Die für den Wanderer attraktivsten Gebiete mit den in diesem Führer beschriebenen Touren liegen in den beiden Landkreisen Oberallgäu und Ostallgäu. Altehrwürdige Städte, malerische Dörfer und romantische Schlösser gilt es hier zu entdecken, und geschichtsträchtige Burgruinen und sehenswerte Landkirchen laden zu einem Besuch ein. All dies ist eingebettet in eine abwechslungsreiche Landschaft, wie man sie in den Alpen nur selten findet. Wanderern und Bergsteigern bietet sich eine Vielzahl unterschiedlichster Tourenziele für jeden Geschmack, jedes Alter und jede Jahreszeit.

Das Gebirge steigt nicht wie in Oberbayern unvermittelt aus dem Vorland auf, sondern gibt einem die Möglichkeit einer langsamen Annäherung. Vor dem Alpenbogen spannt sich ein Saum sanfter Hügel, zwischen denen blau leuchtende Seen eingebettet sind. Während sich im Hochgebirge noch hartnäckig der Winter hält, wandert man hier schon durch frühjahrsbunte Wiesen zu Kirchen und Burgen. Nach Süden schließt sich eine erste Staffel höherer Berge an, deren Gipfel noch unter der 2000-Meter-Marke bleiben. Hier begeistert der Blick auf das seengesprenkelte Alpenvorland, und die Gipfel des Allgäuer Hochgebirges wecken neue Wünsche. So führt ein dritter Schritt zu den großen Gipfelzielen und Höhenwegen im

*Zwischen Auerberg und Allgäuer Alpen spannt sich das Alpenvorland.*

Herzen des Gebirges. Dem versierten Bergsteiger öffnet sich dort eine breite Palette lohnenswerter Touren. Grenzenlose Ausblicke von stolzen Gipfeln lassen alle Mühen vergessen und locken immer wieder in das Bergparadies Allgäu.

## Ein Gebirge entsteht

Nur selten trifft man in den Alpen auf eine derartige landschaftliche Vielfalt wie in den Allgäuer Alpen. Das mag die Erklärung der komplizierten erdgeschichtlichen Vorgänge erschweren, bewirkt allerdings, daß auf jeder Wanderung im Allgäu neue landschaftliche Eindrücke zu gewinnen sind.

Vor ca. 200 Millionen Jahren, in der Trias genannten Zeit, bedeckte ein flaches Meer das heutige Mitteleuropa. Tropische Temperaturen ließen das sehr salzhaltige Meerwasser verdunsten und die Dolomitgesteine entstehen, die heute den Allgäuer Hauptkamm aufbauen. Ständiger Wechsel zwischen Hebungen und Senkungen sorgte in den folgenden Jahrmillionen für die Bildung verschiedenartiger Gesteine. Im tiefen Wasser des Jurameeres wurden feine Sedimente abgelagert. Die daraus entstandenen mergligen Gesteine sind reich an Tonen, und auch die berühmten Allgäuer Grasberge bestehen aus diesen fruchtbaren Schichten. Idealtypisch ist die Höfats mit ihren steilen, von einer Vielzahl seltener Pflanzen bedeckten Flanken.

In der Kreidezeit vor ca. 100 Millionen Jahren kam es in einem flacheren Meer zur Bildung kalkreicher Absatzgesteine. Die damals entstandenen Schrattenkalke sind leicht löslich und bilden heute stark verkarstete Bergmassive wie das Gottesackerplateau. Vor 50 Millionen Jahren begann im Tertiär die Hebung der Alpen. Vor dem aufstrebenden Gebirge bildete sich ein Tiefseegraben, in dem wieder feine, merglige Ablagerungen entstanden. Von den steilen Seitenhängen rutschten immer wieder verschiedenartige Sedimente ab und sorgten für eine verwirrende Gesteinsvermengung. Das unter diesen Verhältnissen entstandene Gestein nennt man Flysch. Es bildet sanft geformte Berge mit fruchtbaren Grasflanken, für die das Fellhorn als Beispiel dient.

Im Jüngeren Tertiär lagerten die aus dem aufsteigenden Gebirge kommenden Flüsse im Vorland Geröll ab, das mit feinerem Bodensatz zu einem festen Gestein verbacken wurde. Dieses Konglomerat wurde anschließend am Alpenrand mit in die Auffaltung des Gebirges einbezogen und bildet heute die Nagelfluhberge am Nordrand der Allgäuer Alpen. Den Namen Nagelfluh erhielt es durch die Gerölle, die die Gesteinsoberfläche wie Nagelköpfe bedecken.
Vor ca. 2 Millionen Jahren begann die Eiszeit, die das Bild der Landschaft entscheidend überformte. Mächtige Gletscher schürften die Täler aus und frästen weite Paßlandschaften in den Gebirgskamm. Kleinere Gletscher gruben die oftmals bis heute mit Seen gefüllten Kare in die Bergflanken und formten die Berge zu stolzen Felshörnern. Die breiten Täler wurden ausgehoben, und im Vorland schmiegen sich heute tiefblaue Seen in die von den Gletschern ausgeschürften Wannen. Erst vor 10 000 Jahren endete die letzte Phase der Eiszeit, und bald begann der Mensch, die Landschaft durch Rodungen in seinem Sinne zu verändern.

## Edelweiß und Steinbock

Ein Puzzle aus Wäldern und Weiden bestimmt das Landschaftsbild im Allgäu. Neben den Wirtschaftswäldern, in denen die Fichtenbestände dominieren, findet man vor allem an den Bergflanken artenreiche Mischwälder. Hier leuchtet im Herbst das bunte Laub von Buchen und Bergahorn, und an manchen Stellen treten vermehrt Birken und Lärchen in Erscheinung. Über dem Kleinwalsertal kann man beispielsweise am Ifenmassiv die

*Abendstimmung am Alpsee bei Immenstadt.*

*Edelweiß, Silberdistel und Stengelloser Enzian (von links nach rechts), drei Vertreter der artenreichen Allgäuer Flora.*

seltenen Zirben entdecken, und vor allem in den Nagelfluhbergen trifft man auf uralte Eiben. Einen deutlichen Hinweis auf das Gestein, aus dem die Berge aufgebaut sind, erhält man durch die Sträucher in den höhergelegenen Bergregionen. Die im Allgäu Drusen genannten Grünerlen bevorzugen Standorte mit kieselhaltigem Untergrund, wie man sie zum Beispiel an den Flyschbergen findet. Auf kalkhaltigem Gestein wachsen die jedem Bergsteiger vertrauten Latschen.

Dank des vielfältigen Untergrunds findet man im Allgäu auf engem Raum eine einzigartige Fülle unterschiedlicher Blumen. Im Frühjahr überziehen Krokusse mit ihrem Blütenteppich die frisch erwachten Wiesen, und die filigranen Blüten der Soldanellen bezaubern den Wanderer. Auf sonnigen Felshängen leuchten die gelben Blüten der Aurikel. Bald reckt nun auch der stengellose Enzian seinen blauen Kelch dem Licht entgegen. Im Frühsommer findet man an schattigen Waldrändern die großen Lilienblüten des Türkenbundes und die weit verbreitete Akelei. In höheren Lagen blühen jetzt in schuttgefüllten Karen der Eisenhut, die verschiedenen Formen der Alpenrose und auf den Bergwiesen der gelbe Enzian, aus dessen Wurzeln der berühmte Schnaps gebrannt wird. Mit etwas Glück läßt sich auch die schönste der heimischen Orchideen, der Frauenschuh, und der weiße Blütenstern des Edelweiß entdecken. Im Herbst, bevor der Winter Einzug hält, sorgen auf den jetzt kargen Bergmatten die Blüten der Silberdistel für Abwechslung. Die angesprochenen Blumen sind lediglich die augenfälligsten in der unübersehbaren Pflanzenfülle im Allgäu. Um diesen Reichtum auch den folgenden Generationen zu bewahren, ist es für jeden Wanderer eine Selbstverständlichkeit, keine der Blumen zu pflücken.

Neben der Pflanzenwelt lädt auch die Fauna im Allgäu zu schönen Entdeckungen ein. Die teils großen Bestände an Rotwild und die damit einhergehenden Verbißschäden sorgen zwar immer wieder für Zwist zwischen den Waldbauern und der Jägerschaft. Für den Wanderer ist es aber jedesmal wieder ein Erlebnis, an Herbstabenden dem urtümlichen Röhren der Hirsche zu lauschen. In den Bergregionen begeistern die Kletterkünste der Gemsen, deren Bestand sich nach der Dezimierung durch die Gemsräude wieder erholt hat. Mit ein wenig Glück kann man im Gebiet zwischen Kleinwalsertal und Stillachtal einen Steinbock entdecken. Diese stolzen Tiere wurden 1964 wieder angesiedelt und haben sich seither erfreulich vermehrt. Nicht nur die Lieblinge der Kinder sind die verspielten Murmeltiere, die auf hochgelegenen Almböden in großen Kolonien leben. Ständige Besucher bei der Gipfelrast sind die Bergdohlen, die um ihren Anteil an der Brotzeit betteln. Immer wieder sieht man verschiedene Greifvogelarten wie Bussard und Falken ihre Kreise am Himmel ziehen. Besonderes Glück braucht man allerdings, um einen Adler zu beobachten. Maximal drei Paare brüten rund um Stillach- und Kleinwalsertal. Ebenso schwer sind Auerhahn und Birkhuhn zu entdecken, die nur in abgeschiedenen Gebieten leben. Zum Abschluß sei noch auf ein mehr im Verborgenen lebendes Tier hingewiesen. Die Kreuzotter ist harmloser, als ihr Ruf vermuten läßt. Da sie bei der geringsten Störung flieht, muß man sich schon sehr unauffällig verhalten, um eines dieser streng geschützten Reptilien beobachten zu können.

*Lichtspiele am Fuße der Allgäuer Berge bei Halblech.*

## Der Mensch im Gebirge

Schon in der Stein- und Bronzezeit schweiften die Menschen bis zum Rand des abschreckenden Gebirges. Im ersten vorchristlichen Jahrtausend waren es dann die Kelten, die sich als erste sicher nachgewiesene Siedler im Allgäu niederließen. Im Jahr 15 v. Chr. besetzten die Römer das Gebiet des heutigen Allgäus und gründeten die Provinz Rätien. 47 n. Chr. bauten sie die Via Claudia Augusta, die Rom mit der Provinzhauptstadt Augusta Vindelicorum, dem heutigen Augsburg, verband. Sie führte von Italien über den Reschenpaß und am Lech entlang durch das heutige Füssen. Die verkehrsmäßige Erschließung des Allgäus hatte begonnen.

Ab dem 3. Jahrhundert drangen die Alemannen immer wieder in das Allgäu ein, das sie schließlich nach und nach besiedelten. Sie rodeten die Urwälder und begründeten die Viehwirtschaft. Bald gerieten die Alemannen unter den Einfluß der Franken, die ab dem 7. Jahrhundert die Christianisierung vorantrieben.

*In Kempten wurden Teile der römischen Stadtanlage rekonstruiert.*

Im 11. Jahrhundert entwickelte sich unter der Führung der Staufer ein Schwäbisches Herzogtum, zu dem auch das Allgäu gehört. Im 13. Jahrhundert zerfiel das Herzogtum, und das Allgäu wurde zu einem Flickenteppich verschiedener Herrschaftsgebiete, die von adligen oder kirchlichen Herren regiert wurden. Das Ende des Mittelalters war eine wirtschaftlich zwiespältige Zeit. Einerseits sorgten der Salzhandel und der Erzabbau im Allgäu für vermehrten Wohlstand, der im Aufblühen der gotischen Kunst seinen Ausdruck fand. Andererseits unterlagen die Bauern einem von den Grundherren ins Unerträgliche gesteigerten Abgabendruck. Nach vorangegangenen Unruhen gipfelte der Unmut der Bauernschaft 1525 im Bauernkrieg. Nach anfänglichen Erfolgen mußten sich die Bauern den Truppen des Schwäbischen Bundes geschlagen geben. Weite Teile des Allgäus waren verwüstet.

Nach einer kurzen Erholungsphase verarmte im Dreißigjährigen Krieg das Land vollends. Schwedenüberfälle und die grassierende Pest ließen ein zerstörtes und entvölkertes Allgäu zurück. Nur ganz langsam konnte sich das Land wieder erholen. Im 18. Jahrhundert sorgte der seit dem Mittelalter betriebene Flachsanbau und die damit verbundene Leinenweberei für ein wenig Wohl-

*Nur wenige Schmieden haben im Allgäu bis heute überlebt.*

stand. Zwischen 1803 und 1805 fand der nicht von allen Allgäuern begrüßte Anschluß an Bayern statt. Doch unter der bayerischen Verwaltung fand das Land die nötige Ruhe, um seine wirtschaftlichen Verhältnisse zu ordnen.

*Die Funkenfeuer gehören zu den ansehnlichsten Bräuchen im Allgäu.*

Im 19. Jahrhundert bekam das Allgäu zwei entscheidende Impulse, die das Wirtschaftsleben bis heute maßgeblich beeinflussen. Zum einen verbreitete Karl Hirnbein das Wissen um die Verarbeitung von Milch zu haltbarem und gut verkäuflichem Käse. Die Viehwirtschaft, die bis dahin hauptsächlich zur Fleischversorgung gedient hatte, wurde auf die bedeutend lukrativere Milchwirtschaft umgestellt. Zum anderen begann mit dem Bau der ersten Eisenbahnen und der zunehmenden Vorliebe der Reisenden für romantische Naturlandschaften der Tourismus, der heutzutage alljährlich hunderttausende von Besuchern in die Allgäuer Bergwelt lockt.

## Viehscheid und Fastnacht

Die alemannische Wurzel der Bewohner und die über Jahrhunderte bäuerlich geprägte Wirtschaft sind bis heute die entscheidenden Einflüsse, die die Menschen und das Brauchtum im Allgäu prägen. Die Mundart geht auf die Alemannen zurück, die das Land von den Römern übernahmen. Sie unterscheidet sich zwar vom Schwäbischen, die nahe Verwandtschaft ist aber unüberhörbar. Typisch für einige Orte ist die alemannische Fastnacht mit ihren bizarren Figuren. Die einstmals eigenständige Allgäuer Tracht wurde im 19. Jahrhundert von der alpenländischen Tracht mit Dirndl und Lederhose verdrängt. An vielen Orten werden heute die alten Formen wiederbelebt, und die Frauen tragen erneut die filigranen, goldbestickten Radhauben.

Sprache und Tracht im Kleinwalsertal unterscheiden sich vom Allgäu. Die Wurzeln der Walser reichen, wie der Name schon verrät, ins Schweizer Wallis zurück. Im Mittelalter besiedelte dieser alemannische Volksstamm hochgelegene Täler im zentralen Alpenbereich. Ihre nördlichsten Höfe errichteten sie im Kleinwalsertal, in dem bis heute eine Mundart gesprochen wird, die die nahe Verwandtschaft mit anderen Walserorten wie dem Vorarlberger Lech oder dem Graubündener Davos verrät. Die augenfälligsten Besonderheiten der Tracht sind die wertvollen Otterfellmützen der Frauen und die über der Brust gebundenen Schürzen und Röcke.

*Die reich geschmückte Kranzkuh führt bei der Viehscheid die Herde an.*

Viele der schönsten Bräuche im Allgäu stehen mit der Landwirtschaft in Verbindung. Bekannt ist die Viehscheid, die von Ort zu Ort an unterschiedlichen Terminen Mitte September stattfindet. An diesem Tag werden die Kühe von der Alpe in das Tal zurückgeführt. Das schönste Tier marschiert als geschmückte Kranzkuh der mit wertvollen Glocken ausstaffierten Herde voraus. Ebenfalls zum bäuerlichen Brauchtum gehören vielerorts Wallfahrten mit Reiterprozessionen. Sie finden zu Ehren verschiedener Heiliger statt, die als Schutzpatrone der Tiere gelten. Besondere Erwähnung verdienen zwei Feste im Oberallgäu, deren Wurzeln bis in vorchristliche Zeiten zurückreichen sollen. In Sonthofen wird alle drei Jahre (nächster Termin 1999) das »Eggaspiel« aufgeführt, das den Kampf des Menschen mit der Natur darstellt. Alle fünf Jahre (nächster Termin im Jahr 2000) findet in Oberstdorf der »Wildemännletanz« statt, ein uralter Kulttanz. Möglicherweise ebenfalls vorchristliche Wurzeln besitzt das Klausentreiben, das man am 6. Dezember im oberen Illertal zwischen Sonthofen und Oberstdorf beobachten kann.

*Alphornbläser bei der Trachtenwallfahrt in Nesselwang.*

# REISE-INFORMATIONEN

*Seite 18/19: Die Altstadt von Füssen spiegelt sich im Lech.*

## ALPENRUNDFLÜGE

Im Tourengebiet kann man an folgenden Orten zu Alpenrundflügen mit dem Flugzeug starten:
**Burgberg-Agathazell**, Tel. (0 83 21) 8 18 28;
**Füssen**, Tel. (0 83 63) 16 39 oder 67 23;
**Kempten-Durach**, Tel. (08 31) 6 59 29.

## ALPINE BERATUNGSSTELLEN

**Füssen (Alpenverein):** Donnerstag von 16–19 Uhr, Tel. (0 83 62) 94 01 87;
**Hindelang:** Tel. (0 83 24) 8 92 20;
**Kleinwalsertal:** Tel. (0 83 29) 58 60;
**Oberstdorf:** Tel. (0 83 22) 70 02 00.

## ALPINER WETTERBERICHT

**Wetterbericht von Euromet-Alpin:** für die Ostalpen Tel. (01 90) 11 60 18, für die Bayerischen Alpen (01 90) 11 60 19.
**Alpenvereinswetterbericht:** Tel. (0 89) 29 50 70.
**Wetterstation Oberstdorf:** Bergwetter und Vorhersage, Tel. (0 83 22) 12 21.

Die Fernsehsender **Bayern 3** und **SWR** senden morgens Live-Bilder vom Fellhorn bei Oberstdorf, die die aktuelle Wettersituation im Allgäu zeigen.

## ANREISE MIT DEM AUTO

*Rücksichtsvolles Miteinander auf den Allgäuer Straßen.*

Aus Richtung **München** kommend folgt man der A 96 Richtung Lindau. Will man in das östliche Allgäu, verläßt man am besten in Landsberg die Autobahn und fährt auf der B 17 (Romantische Straße) über Schongau nach Füssen. In Richtung Oberallgäu wechselt man bei Buchloe von der A 96 auf die B 12 und folgt ihr zur Anschlußstelle

Kempten an der A 7. Nun nach Süden zum Autobahn-Dreieck Allgäu und von dort entweder Richtung Nesselwang oder Richtung Immenstadt und Oberstdorf.

Aus Richtung **Norden** kommend folgt man der A 7, die von Würzburg über Ulm zum Autobahn-

WANDERN & ERLEBEN

Dreieck Allgäu führt. Dort entweder weiter Richtung Nesselwang und Ostallgäu oder Richtung Immenstadt und Oberstdorf.
Vom **Bodensee** kommend fährt man entweder von Lindau auf der B 12 zum Autobahn-Dreieck Allgäu und weiter über Nesselwang in das östliche Allgäu oder auf der B 308 (Deutsche Alpenstraße) nach Immenstadt und von dort auf der B 19 Richtung Oberstdorf.

## ▶ ANREISE MIT DER BAHN

Zahlreiche Zugverbindungen führen über Ulm, Augsburg oder München in das Allgäu.
**Fahrplanauskunft (→ Öffentliche Verkehrsmittel):** In allen größeren Orten unter der einheitlichen Telefonnummer 19419.
**Radfahrer-Hotline:** Informationen zum Radtransport in der Bahn unter der Telefonnummer (0180) 3194194.

## ▶ AUSKUNFT

**Tourismusverband Allgäu/Bayerisch Schwaben:** Die zentrale Informationsstelle und Prospektstelle für das gesamte Wandergebiet, Tel. (0821) 33335.
Weitere Informationen für das Tourengebiet sind erhältlich beim **Landratsamt Oberallgäu**, Tel. (08321) 6120 und beim **Tourismusverband Ostallgäu**, Tel. (08342) 911313.
Für Unterkunftsverzeichnisse, Buchungen und Veranstaltungshinweise wendet man sich an die örtlichen Verkehrsbüros, die bei den jeweiligen Wanderungen aufgeführt sind.

## ▶ AUSRÜSTUNG

Für alle Wanderungen im Allgäu sind feste Wander- oder Bergschuhe unerläßlich. Am wohlsten fühlt sich der Körper in spezieller Bergbekleidung, die den Schweiß nicht aufsaugt, sondern ableitet. Moderne, wind- und wasserabweisende Oberbekleidung sollte bei jeder Tour dabeisein, um für einen eventuellen Wetterumschwung gerüstet zu sein.
Ausreichende Verpflegung und ein großzügig bemessener Getränkevorrat versüßen nicht nur die Pause, sondern können im Notfall überlebenswichtig sein. Eine kleine Apotheke, Sonnenschutzmittel und eine Taschenlampe für Notfälle finden in jedem Rucksack Platz. Wanderstöcke entlasten nicht nur die Knie, sondern geben im hochalpinen Gelände auf Geröll und Altschnee zusätzliche Sicherheit.

Besitzt man ein Mobiltelefon, kann im Notfall auch im Hochgebirge dank neu installierter Empfänger unter der Nummer 112, die auch ohne Netzkarte zu erreichen ist, oftmals schnell Hilfe herbeigeholt werden. Auf keinen Fall sollte man durch die vermeintlich größere Sicherheit, die ein Mobiltelefon verspricht, zusätzliche Risiken auf sich nehmen.

## BERGFÜHRER

In allen größeren Orten stehen Bergführer zur Verfügung. Für nähere Auskünfte wendet man sich an die örtlichen Fremdenverkehrsbüros.

## BERGSTEIGERSCHULEN

In Burgberg, Füssen, Kleinwalsertal, Oberstdorf, Pfronten und Schwangau. Auskünfte erhält man bei den örtlichen Fremdenverkehrsbüros.

*Am Hindelanger Klettersteig ist Schwindelfreiheit gefragt.*

## CAMPING

Ein Verzeichnis aller Campingplätze im Tourengebiet enthält der Prospekt »Camping in Allgäu/Bayerisch Schwaben«, der beim Fremdenverkehrsverband Allgäu/Bayerisch Schwaben angefordert werden kann.

Einige schön gelegene und gut ausgestattete Plätze seien gesondert erwähnt.

Die Topadresse im Allgäu ist der Campingplatz am Hopfensee westlich von Füssen, der allerdings keine Zelte aufnimmt:

**Camping Hopfensee**, Tel. (08362) 917710.

Empfohlen seien außerdem (von Ost nach West aufgeführt):

**Campingplatz Bannwaldsee** nordwestlich von Schwangau, Tel. (08362) 81001;

**Camping Brunnen** am Forggensee bei Schwangau, Tel. (08362) 8273;

**Internationales Grüntensee-Camping** nordöstlich von Wertach, Tel. (08365) 375;

**Camping Öschlesee** bei Sulzberg südlich Kempten, Tel. (08376) 93040;
**Insel-Camping** am Niedersonthofener See bei Waltenhofen, Tel. (08379) 881;
**Campingplatz an der Iller** bei Sonthofen, Tel. (08321) 2350;
**Camping Vorderboden** im hinteren Kleinwalsertal zwischen Mittelberg und Baad, Tel. (08329) 6138 oder 5696.

## EINKÄUFE UND SOUVENIRS

Das wohl beliebteste Mitbringsel aus dem Allgäu ist frischer Käse, den man preiswert und in unterschiedlichen Sorten in einer der vielen Käsereien erwerben kann.

Die traditionelle »Hindelanger Keramik« kann man in verschiedenen Geschäften oder direkt beim Produzenten in Altstädten bei Sonthofen kaufen.

*Käse und Webteppiche zählen zu den beliebtesten Mitbringseln aus dem Allgäu.*

In alten Hammerschmieden hergestellte Pfannen kann man im Hindelanger Ortsteil Bad Oberdorf erstehen.

Fleckerlteppiche, die althergebrachten, aus Woll- und Stoffresten hergestellten »Allgäuer Teppiche«, findet man in fast allen Allgäuer Orten.

## ESSEN UND TRINKEN

Mehl, Eier und Milch bilden die Grundlage der bäuerlich geprägten Allgäuer Küche. Aus diesen Rohmaterialien entstehen in unzähligen Variationen die bekannten Mehlspeisen wie Maultaschen, Spätzle, Schupfnudeln und Knöpfle.

*Deftige Kasspatzen gehören zur traditionellen Allgäuer Küche.*

Dazu werden Wild, Rindfleisch oder Lamm gereicht oder ein Fisch aus einem der klaren Seen und Flüsse. Nicht wegzudenken ist bei vielen Allgäuer Gerichten natürlich der Käse. Zu den deftigen Speisen schmeckt ein Bier aus einer der vielen kleinen Brauereien, und zur Verdauung hilft ein Enzian oder Obstler aus Allgäuer Produktion. Einige empfehlenswerte Allgäuer Gasthöfe findet man unter dem Stichwort → **Restaurants**.

## FERNWANDERWEGE IM TOURENGEBIET

**Europäischer Fernwanderweg 5:** Oberstdorf–Meran;
**Maximiliansweg:** Lindau–Berchtesgaden;
**Großer Walserweg:** Zermatt–Kleinwalsertal;
**König-Ludwig-Weg:** Starnberg–Füssen;
**Ostallgäuer Höhenweg:** Nesselwang–Halblech;
**Lech-Höhenweg:** Landsberg–Füssen;
**Prälatenweg:** Marktoberdorf–Kochel.

*Das Hohe Schloß wacht über der Altstadt von Füssen. Hier enden der König-Ludwig-Weg und der Lech-Höhenweg.*

## INTERNET-ADRESSEN

Informationen zum Allgäu findet man im Internet unter der Adresse **http://www.allgaeu.de**. Eine Anzahl von Fremdenverkehrsorten haben eigene Homepages eingerichtet wie zum Beispiel Oberstdorf, die unter **http://www.oberstdorf.de** aufzurufen ist.

## JUGENDHERBERGEN

Als preiswerte Unterkunftsmöglichkeiten, von denen aus das Tourengebiet schnell zu erreichen ist, stehen drei Jugendherbergen zur Verfügung.

**Jugendherberge Füssen** (nahe der Altstadt, ca. 10 Minuten Fußmarsch vom Bahnhof), Mariahilfstraße 5, 87629 Füssen, Tel. (0 83 62) 77 54;

**Jugendherberge Kempten** (am südöstlichen Stadtrand, ca. 30 Minuten Fußmarsch vom Bahnhof), Saarlandstraße 1, 87437 Kempten, Tel. (08 31) 7 36 63;

**Jugendherberge Oberstdorf** (im westlich über Oberstdorf gelegenen Dörfchen Kornau; Busverbindung vom Bahnhof Oberstdorf auf der B 19 in das Kleinwalsertal, Haltestelle Reute), Haus Nr. 8, 87561 Oberstdorf-Kornau, Tel. (0 83 22) 22 25 oder 25 10.

**Weitere Auskünfte erteilt:** DJH-Landesverband Bayern, Mauerkircherstr. 5, 81679 München, Tel. (089) 92209 80.

## ▶ KARTEN

**Wanderungen 1 bis 9 und Wanderung 13:** Karte des Bayerischen Landesvermessungsamtes 1:50000, Blatt Füssen;
**Wanderung 9 und die Wanderungen 11 bis 29:** Karte des Bayerischen Landesvermessungsamtes 1:50000, Blatt Allgäuer Alpen;
**Wanderung 10, 11, 27, 29 und 30:** Karte des Bayerischen Landesvermessungsamtes 1:50000, Blatt Kempten.

## ▶ NOTFALL

Die Leitstelle des alpinen Rettungsdienstes erreicht man im Allgäu unter der Nummer 19222, auf österreichischer Seite gilt die Nummer 144.
Als alpines Notfallsignal gilt ein optisches oder akustisches Zeichen, das sechsmal in der Minute wiederholt wird. Nach jeweils einer Minute Pause wird das Signal erneut gegeben. Wurde das Notfallsignal erkannt, wird mit dreimaligem Zeichen in der Minute geantwortet.
Um im Notfall schnell gefunden zu werden, sollte man unbedingt an geeigneter Stelle (z.B. bei der Familie, Freunden oder Vermietern) das angestrebte Tourenziel und den Rückkehrtermin hinterlassen. Bei Übernachtungen auf Hütten kann man das Ziel im Hüttenbuch eintragen.

## ▶ OBERALLGÄUER RUNDWANDERWEG

Der beschilderte, ca. 200 Kilometer lange Rundwanderweg durch das Oberallgäu beginnt in Altusried und führt über Missen, Steibis, Balderschwang, Oberstdorf, Hindelang und Wertach zurück zum Ausgangspunkt. Pauschalangebote mit Gepäcktransport und Übernachtungen bietet das Verkehrsamt in Altusried, Tel. (08373) 7021.

## ▶ ÖFFENTLICHE VERKEHRSMITTEL

Das Allgäu besitzt ein gut ausgebautes öffentliches Verkehrsnetz. Alle Ausgangspunkte der beschriebenen Wanderungen sind mit Bahn und Bussen zu erreichen.
Die **Fahrplanauskunft der Bahn** (→ **Anreise mit der Bahn**) ist in größeren Orten unter der einheitlichen Rufnummer 19419 zu erreichen.
**Fahrplanauskünfte für Busverbindungen** im Allgäu erteilen:

Regionalverkehr Schwaben-Allgäu, Tel. (0 83 22) 9 67 70;
Linienverkehr »Komm mit«, Tel. (0 83 21) 90 77.

## ▶ REISE UND WANDERZEIT

Wer im Allgäu wandern will, der findet bei entsprechender Tourenwahl vom Frühjahr bis in den Spätherbst wundervolle Ziele. Selbst im Winter, wenn er so schneearm ist wie in den letzten Jahren, lassen sich an schönen Tagen herrliche Wanderungen unternehmen. Im

Januar kann man dann zum Beispiel von Süden zur Burgruine Falkenstein hinaufsteigen (→ **Wanderung 7**) und den Blick in das tief verschneite Hochgebirge genießen. In den Frühjahrsmonaten April und Mai wandert man an den Vorgebirgshöhen wie dem Auerberg (→ **Wanderung 1**) und dem Stoffelberg (→ **Wanderung 30**) durch bunte Wiesen und genießt die warmen Strahlen der Sonne. Für die Randgipfel der Allgäuer Alpen wie zum Beispiel Grünten (→ **Wanderung 11**), Siplingerkopf (→ **Wanderung 25**) oder Immenstädter Horn (→ **Wanderung 27**) eignen sich vor allem die Monate Juni, Oktober und je nach Schneelage der November, wenn im Hochgebirge noch oder schon wieder zu viel Schnee liegt. Für Wanderungen in

*Frühjahr und Spätherbst sind die schönsten Wanderzeiten in den Allgäuer Vorbergen.*

den Allgäuer Hochalpen, die über die 2000-Meter-Grenze hinausgehen, kommt die Zeit von Ende Juni bis Ende Oktober in Frage. Am schönsten sind für die Hochtouren die Herbstmonate mit ihren klaren Tagen, die weite Ausblicke erlauben. Bei mehrtägigen Unternehmungen sollte man jedoch bedenken, daß die Berghütten Mitte Oktober schließen.

## ▶ RESTAURANTS

*Traditionelle Gastlichkeit findet man auch in der Altstadt von Füssen.*

Nachfolgend sind einige Gasthöfe aufgeführt, die Allgäuer Spezialitäten (→ **Essen und Trinken**) bieten oder dank ihrer besonderen Lage eine Erwähnung verdienen.

**Füssen:** Gasthof »Zum Schwanen«, Brotmarkt 4, Tel. (0 83 62) 61 74; das Haus mit eigener Metzgerei bietet traditionelle Gerichte.

**Hindelang-Gailenberg:** »Gailenberger Stuben«, Tel. (0 83 24) 25 33; der Gasthof ist in einem alten Bauernhof oberhalb von Hindelang untergebracht und bietet Allgäuer Küche und eine herrliche Aussicht.

**Immenstadt:** »Deutsches Haus«, Färberstraße 10, Tel. (0 83 23) 89 94; das Gasthaus ist in einem alten Gebäude untergebracht und lockt mit Gerichten aus der Region.

**Kleinwalsertal-Riezlern:** »Walser Stuba«, Eggstraße 2, Tel. (0 83 29) 5 34 60 oder 6 54 80; das Haus bietet neben traditioneller Walserküche auch Vollwertkost.

**Oberstaufen:** Hotel »Zum Löwen«, Kirchplatz 8, Tel. (0 83 86) 49 40; im Hotel findet man ein Restaurant mit traditioneller Küche und ein Gourmet-Restaurant.

**Oberstdorf:** Gasthaus »Sieben Schwaben«, Pfarrstraße 9, Tel. (0 83 22) 38 70; das Haus bietet alte Allgäuer Gerichte.

**Oberstdorf-Gerstruben:** Gasthof Gerstruben, Tel. (0 83 22) 44 24; das herrlich gelegene Bergdorf Gerstruben ist zu Fuß ab Oberstdorf in 1,5 Stunden zu erreichen.

**Oberstdorf-Rohrmoos:** Berggasthof Rohrmoos, Tel. (0 83 22) 44 17; der Gasthof im westlich von Oberstdorf gelegenen Rohrmoos ist von Tiefenbach aus über eine Mautstraße zu erreichen; Wildspezialitäten auf Vorbestellung.

**Pfronten:** Gasthaus »Krone«, Tiroler Str. 29, Tel. (0 83 63) 60 76; in denkmalgeschütztem Gebäude untergebracht, bietet das Gasthaus heimische Speisen und im angeschlossenen Gourmet-Restaurant »St. Magnus« exquisite Gerichte.

»Kutschers Einkehr«, Allgäuer Straße 37, Tel. (0 83 63) 82 29; das Restaurant bietet Allgäuer Küche.

**Sonthofen:** Brauereigasthof »Hirsch«, Grüntenstraße 7, Tel. (0 83 21) 20 31; neben Allgäuer Küche bietet der Gasthof eine Brauereiführung.

## ▶ TELEFON

Das ganze Tourengebiet einschließlich des zu Österreich gehörenden Kleinwalsertales ist unter deutscher Vorwahl zu erreichen. Nur bei den Wanderungen 4, 8 und 9 liegen der Ausgangspunkt bzw. zwei Berghütten im Bereich der österreichischen Landesvorwahl 0043.

## ▶ UNTERKUNFT

Unterkunftsverzeichnisse sind bei den zu jeder Wanderung angegebenen örtlichen Fremdenverkehrsämtern zu erhalten. Nachstehend sind einige erwähnenswerte Hotels und Gasthöfe im Tourengebiet aufgelistet.

**Blaichach-Gunzesried:** »Allgäuer Berghof«, Alpe Egg, Tel. (08321) 8060; das Familien- und Sporthotel liegt abgeschieden in 1200 Meter Höhe über dem Gunzesrieder Tal.

**Eisenberg-Zell:** »Burghotel Bären«, Tel. (08363) 5011; altes, teils im Stil einer Burg umgestaltetes Dorfgasthaus.

**Hindelang-Bad Oberdorf:** »Prinz-Luitpold-Bad«, Tel. (08324) 8901; luxuriöses, im 19. Jahrhundert erbautes Grandhotel mit Bäderabteilung.

**Hindelang-Oberjoch:** Hotel »Lanig«, Tel. (08324) 7080; das komfortable Hotel bietet ausgezeichnete Allgäuer Küche, Kochkurse und Radsportwochen.

**Hindelang-Unterjoch:** »Alpengasthof Krone«, Sorgschrofenstraße 2, Tel. (08324) 982010; das freundliche Familienhotel besitzt einige Haflinger.

**Hohenschwangau:** »Schloßhotel Lisl-Jägerhaus«, Neuschwansteinstraße 1, Tel. (08362) 8870; das Haus ist im Stil des späten 19. Jahrhunderts ausgestattet.

**Kleinwalsertal-Hirschegg:** »Romantik-Pension Sonnenberg«, Am Berg 26, Tel. (08329) 5433; stilvoll in einem jahrhundertealten Walserhaus eingerichtetes Hotel in aussichtsreicher Lage.

**Obermaiselstein-Niederdorf:** Hotel »Berwanger«, Tel. (08326) 1855; schön gelegenes, familiäres und gemütliches Haus mit ländlichem Ambiente.

**Oberstaufen-Willis:** Hotel »Bergkristall«, Willis 8, Tel. (08386) 9110; in altem Bauernhof untergebrachtes Hotel mit angeschlossenem Wildpark.

**Oberstdorf-Einödsbach:** Gasthof Einödsbach, Tel. (08322) 98454;

*Seite 30/31: Die herrlich gelegene Kirche St. Koloman bei Schwangau.*

einfaches Haus im herrlich am Fuße der Mädelegabel gelegenen Bergweiler Einödsbach.

**Oberstdorf-Spielmannsau:** Gasthof Spielmannsau, Tel. (0 83 22) 30 15; eine einfache Unterkunft im weltabgeschiedenen Trettachtal südlich von Oberstdorf; Zubringer-Taxi ab Oberstdorf.

**Pfronten:** »Alpengasthof Krone«, Tiroler Straße 29, Tel. (0 83 63) 60 76; komfortables Hotel in einem 1770 erbauten Haus.

**Pfronten-Falkenstein:** »Burghotel«, Tel. (0 83 63) 3 09; das 100 Jahre alte Haus an der Burg Falkenstein bietet eine herrliche Aussicht.

Hotel »Schloßanger-Alp«, Tel. (0 83 63) 60 86; das Haus liegt herrlich abgeschieden am Fuß der Burg Falkenstein und wird von derselben Familie betrieben wie das »Burghotel«.

**Thalkirchdorf (zwischen Alpsee und Oberstaufen):** Hotel »Traube«, Kirchdorfer Straße 12, Tel. (0 83 25) 92 00; komfortables Hotel in denkmalgeschütztem Gasthaus.

## URLAUB AUF DEM BAUERNHOF

Urlaub auf dem Bauernhof ist vor allem im Allgäu sehr beliebt, und man sollte rechtzeitig seine Unterkunft buchen. Auskünfte erteilen für das Tourengebiet die Fremdenverkehrsämter und örtlichen Informationsbüros. Einen Gesamtkatalog erhält man beim Bayerischen Bauernverband in München, Tel. (0 89) 53 43 12.

## VIEHSCHEID

Mitte September findet an von Ort zu Ort unterschiedlichen Tagen der Viehscheid genannte Alpabtrieb statt. Genaue Termine erfragt man bei den örtlichen Fremdenverkehrsämtern.

*Die herbstliche Viehscheid zählt zu den Attraktionen des Allgäus.*

# SEHENSWÜRDIGKEITEN

## AUERBERG

*Höhe: 1055 m* *Karte: K1*
*Wanderung 1*

**Lage:** Der Auerberg erhebt sich ca. 20 Kilometer nördlich von → **Füssen** über dem sanft gewellten Alpenvorland. Sein Gipfel bietet faszinierende Ausblicke zu den Allgäuer und oberbayerischen Bergen. Vom am Ostfuß des Berges gelegenen Bernbeuren führt eine Straße zum Gipfel des Auerberges, auf dem man eine Wirtschaft und die Georgskirche findet.

*Sanft wellt sich das Alpenvorland am Fuße des Auerbergs.*

**Geschichte:** Von Verona führte in römischer Zeit die Via Claudia Augusta über den Reschenpaß und am Rand des Lechtales entlang in die Provinzhauptstadt Augsburg. Im ersten nachchristlichen Jahrhundert bauten die Römer den nahen Gipfel des Auerberges zu einer Siedlung aus. Soldaten wurden hier stationiert und vielfältige handwerkliche Produkte hergestellt. Wegen des ungünstigen Klimas, der mühsamen Verkehrsanbindung, oder weil nach der Befriedung des Alpenvorlandes die schützende Lage nicht mehr gefragt war, wurde die Siedlung nach wenigen Jahrzehnten von den Römern wieder aufgegeben. Im Mittelalter wurde auf dem Gipfel eine Kirche erbaut. Alljährlich ist sie das Ziel einer am Sonntag nach dem 23. April gefeierten Wallfahrt mit »Georgiritt«, bei dem der Ritter Georg, Georgi-Ritter, römische Reiter und auch Engel auftreten.

**Sehenswertes:** Vor allem am Südrand der Gipfelhochfläche sind Teile des mächtigen **römischen Schutzwalls** erhalten geblieben, mit dem die Römer nach der Eroberung des nördlichen Alpenvorlandes ab 14 n. Chr. den Berg befestigten. Die gotische, an einen romanischen Turm angebaute **Georgskirche** wurde im Jahre 1497 fertiggestellt. Im Inneren findet man einige hervorragende Kunstwerke. Über dem Sakristeieingang steht eine spätgotische Madonna, die der berühmte Allgäuer Bildhauer Jörg Lederer um das Jahr 1520 schuf. Die Rosenkranzmadonna im Chorbogen entstand Mitte des 17. Jahrhunderts und eine gotische Figuren-

*Die Georgsfigur schmückt die Kirche auf dem Auerberg.*

gruppe mit dem heiligen Georg Ende des 14. Jahrhunderts. Bemerkenswert sind außerdem eine kraftvolle, lebensgroße Plastik des heiligen Georg als Drachentöter aus der zweiten Hälfte des 17. Jahrhunderts und die Altäre aus dem 17. und 18. Jahrhundert.

## ▶ BALDERSCHWANG

*Höhe: 1044 m* | *Karte: D5*
*Einwohnerzahl: 238* | *Wanderung 25*

**Lage:** In einem sonnenreichen Hochtal am Südfuß des Siplingerkopfes liegt Balderschwang, die höchstgelegene Gemeinde Bayerns. Der nur mühsam erreichbare Talboden diente über Jahrhunderte lediglich als Alpe, ehe im 18. Jahrhundert die ersten ganzjährig bewohnten Bauernhöfe entstanden. Doch die Entwicklung des zu Deutschland gehörigen Dorfes war durch einen entscheidenden Umstand behindert. Die einzige Zufahrtsstraße lief über österreichisches Gebiet. Erst 1961 wurde die Riedbergpaßstraße gebaut, die Balderschwang mit dem im Illertal gelegenen Fischen verbindet. Seither hat sich das kleine Bergdorf zu einer respektablen Fremdenverkehrsgemeinde entwickelt.

**Sehenswertes:** Am Aufstiegsweg zum Siplingerkopf steht die **»Eibe von Balderschwang«**, die auf ein Alter von 2000–4000 Jahre geschätzt wird und somit zu den ältesten Bäumen Europas gehört.

## ▶ BREITACHKLAMM

*Höhe: ca. 900 m* | *Karte: F6*
*Wanderung 22 und 23*

**Lage:** Die Breitachklamm liegt am Eingang in das → **Kleinwalsertal** nahe der Staatsgrenze zwischen Deutschland und Österreich. Zwei Wege ermöglichen den Zugang in die Klamm. An der in das Kleinwalsertal führenden Straße beginnt an der Walserschanze ein Steig, der zum südlichen Eingang in die Schlucht hinabführt. Südlich von Tiefenbach führt eine Straße zum nördlichen Eingang in die Breitachklamm.

**Geschichte:** Früher glaubten die Einheimischen, daß in der dunklen, Zwing genannten Klamm böse Geister wohnen. Erst der energische Einsatz des Tiefenbacher Pfarrers Johann Schiebel brachte eine Wende. Er erkundete die Klamm und hielt einen Wegbau, der den Tourismus ankurbeln sollte, für möglich. 1904 gründeten Oberstdorfer Bürger den »Breitachklamm Verein«, der bis heute die 1905 fertig-

Auf dem Weg durch die wildromantische Breitachklamm.

gestellte Weganlage durch die Klamm betreibt. 1961 sollte eine Hochwassermauer die Breitach in der Schlucht aufstauen. Der Widerstand von Naturschützern und Einheimischen verhinderte glücklicherweise diesen Naturfrevel. So kann man auch heute noch das Naturschauspiel Breitachklamm genießen.

**Sehenswertes:** Die **Breitachklamm** gehört zu den beeindruckendsten Naturdenkmälern in weitem Umkreis. Zwischen glatten, überhängenden Felsen tobt der wasserreiche Fluß am Grund der Klamm. An der Oberkante lassen die Felswände an einigen Stellen nur noch einen wenige Meter breiten Spalt offen, durch den kaum Licht in die Schlucht dringt. Der Steg, der teils hoch über dem Klammgrund und teils nahe dem gischtenden Wasser entlangführt, scheint an die Wände geklebt. Vor allem im Frühjahr, wenn die Breitach reichlich Wasser führt, ist der Lärm ohrenbetäubend. In der Mitte der Breitachklamm überspannt der Zwingsteg die Schlucht und vermittelt einen atemberaubenden Tiefblick zum Klammweg mit den ameisenkleinen Wanderern.

## ▶ BURGBERG

*Höhe: 752 m* — *Karte: F 3/4*
*Einwohnerzahl: 3390* — *Wanderung 11*

**Lage:** Nördlich von → **Sonthofen** liegt am Rand des Illertales der Ort Burgberg, der gern als Ausgangspunkt für die Besteigung des **Grünten** gewählt wird. Auf den uralten Erzbergbau am Grünten weist ein ausgeschilderter **Erzlehrpfad** hin.

**Sehenswertes:** Das große Deckenfresko in der **Rokoko-Pfarrkirche** stellt die Schlacht auf dem Lechfeld dar. Am südlichen Ortsrand liegt die im Mittelalter auf einem Nagelfluhfelsen erbaute **Ruine Burgberg**.

## ▶ EINÖDSBACH → Stillachtal

## ▶ EISENBERG

*Höhe: 850 m* — *Karte: I 2*
*Einwohnerzahl: 1150* — *Wanderung 6*

**Lage:** Die aus mehreren Dörfern bestehende Gemeinde Eisenberg liegt nördlich von → **Pfronten**.

**Sehenswertes:** Auf dem aussichtsreichen Schloßberg findet man die Ruinen der **Burgen Eisenberg** und **Hohen-Freyberg**. Eisenberg ist die ältere der beiden Burgen, die über das Ostallgäuer Alpenvorland wachen. Sie wurde im 12. Jahrhundert als Mittelpunkt der gleichnamigen Herrschaft erbaut. Die Burg ging 1390 in den Besitz der Familie von Freyberg über. Bedingt durch eine Erbteilung entstand Anfang des 15. Jahrhunderts auf einer Nachbarkuppe die Burg Hohen-Freyberg, die bis in das 17. Jahrhundert weiter ausgebaut wurde. Während des Dreißigjährigen Krieges wurden im Jahre 1646 beide Burgen von der österreichischen Besatzung in Brand gesetzt, um den anrückenden Schweden keinen Stützpunkt zu überlassen. Die zwei, sich im Aufbau ähnelnden Burgen sind beide von einem äußeren Mauerring umschlossen, der die Hauptburg mit den Wohn- und Vorratsräumen vor direktem Beschuß schützte. Die Wasserversorgung gewährleistete jeweils eine Zisterne. Vor allem die im Kern gotische Burg Hohen-Freyberg zählt zu den am besten erhaltenen mittelalterlichen Wehrbauten im Allgäu.

Im Ortsteil **Zell** zeigt ein **Burgenmuseum** die bei den Instandhaltungsarbeiten und Grabungen gemachten Funde (geöffnet an Wochenenden und Feiertagen von 13–16 Uhr).

*Das gut erhaltene Mauerwerk der Burg Eisenberg erinnert an die Ritterzeit.*

Im Ortsteil Speiden liegt die im 17. Jahrhundert erbaute **Wallfahrtskirche Maria Hilf**. Der Kirchenraum mit seinem reichen Stuck, den Altären und den Fresken wurde im Laufe des 18. Jahrhunderts ausgestattet. Das Mariengnadenbild im Hochaltar stammt aus dem 14. Jahrhundert.

## ▶ FALKENSTEIN (BURGRUINE)

*Höhe: 1268 m* — *Karte: 13, Wanderung 7*

**Lage:** Östlich von → **Pfronten** steht auf einem steil aufragenden Felskamm die Burgruine Falkenstein in einer Höhe von 1268 Metern und ist damit die höchstgelegene Burgruine in Deutschland.

**Geschichte:** Burg Falkenstein wurde ab dem 11. Jahrhundert erbaut und bewachte die wichtige Straße durch das breite Vilstal, die Venedig mit dem Bodenseegebiet und Ulm verband. Vom 11. bis in das 14. Jahrhundert war die Burg von Vasallen des Augsburger Hochstifts besetzt. Anfang des 15. Jahrhunderts hausten auf Falkenstein Raub-

*Hoch über Pfronten ragt die Burgruine Falkenstein auf.*

ritter, bis Kaufleute ihrem Treiben ein Ende bereiteten und die Burg von Landsknechten niederbrennen ließen. Sie wurde anschließend wieder aufgebaut, doch im Jahre 1646 wurde sie im Dreißigjährigen Krieg wie die nahen Burgen → **Eisenberg** und **Hohen-Freyberg** in Brand gesetzt, um den anrückenden Schweden keinen Stützpunkt zu überlassen.

Ein neues Kapitel für Burg Falkenstein begann, als Bayerns Märchenkönig Ludwig II. diesen romantischen Platz entdeckte und im Jahre 1884 die Ruine erwarb. Hier wollte er eine Traumburg errichten lassen, die selbst das nahe Schloß → **Neuschwanstein** an Größe und Reichtum übertreffen sollte. Ein breiter Weg wurde angelegt, auf dem sich der König in hellen Vollmondnächten zur Ruine kutschieren ließ, und mit den ersten Vorarbeiten wurde begonnen. Doch der Verwirklichung seines Vorhabens kam die Entmachtung von Ludwig II. zuvor. Nach seinem mysteriösen Tod im Starnberger See wurden die angelaufenen Arbeiten eingestellt. 1898 schlug ein gewaltiger Blitz in die nun wieder ruhige Ruine und zerstörte sie bis auf wenige Reste.

**Sehenswertes:** Von der Burg sind nur noch die Mauern des mittelalterlichen Palas erhalten geblieben. Vor allem der herrliche Ausblick auf die Berge, Täler und Seen am Rand der Alpen, der schon König Ludwig II. in seinen Bann zog, fasziniert die Besucher. Unterhalb der Burg findet man am Fuß der senkrechten Falkenstein-Südwand die **Mariengrotte** mit der großen, 1889 aufgestellten Marienstatue. Auf halbem Weg zwischen Grotte und Burg lockt die Burgwirtschaft zu einer Einkehr.

## ▶ FELLHORN

*Höhe: 2037 m* — *Karte: F 6*, *Wanderung 21*

**Lage:** Das Fellhorn liegt südlich von → **Oberstdorf** und trennt das → **Stillachtal** vom → **Kleinwalsertal**. Über den Gipfel verläuft die Grenze zwischen Deutschland und Österreich. Von **Faistenoy** im Stillachtal führt die **Fellhornbahn** bis zur nahe dem Fellhorngipfel gelegenen Bergstation in eine Höhe von 1967 Metern.

**Sehenswertes:** Das Fellhorn bietet nicht nur eine herrliche Aussicht auf die Allgäuer Gipfelwelt, sondern ist besonders für seinen **Blumenreichtum** bekannt. Vor allem im Juni und Juli findet man eine Fülle farbenprächtiger, teils seltener Alpenpflanzen. Grund für den Artenreichtum ist der geologische Aufbau des Berges. Das Fellhorn ist der höchste Flyschberg im Allgäu. Flysch nennt man ein fein körniges, kalkarmes Gestein, das im Tertiär in tiefen Bereichen des damaligen Meeres abgelagert wurde. Nach der Hebung bildete es sanft geformte Berge, deren Flanken zu nährstoffreichen Böden verwittern. Auf diesen heute von Bergwiesen überzogenen Hängen fanden viele Pflanzen ideale Lebensbedingungen. Der Kundige kann außerdem im Flyschgestein viele verschiedene **Versteinerungen** finden.

## ▶ FÜSSEN

*Höhe: 808 m* *Karte: J3*
*Einwohnerzahl: 14 000* *Wanderung 5*

**Lage:** Am Austritt des Lechs aus den Alpen liegt am Rand des seengesprenkelten Vorlandes die alte Stadt Füssen.

**Geschichte:** 47 n. Chr. wurde von den Römern die Via Claudia Augusta erbaut, die über den Reschenpaß und am Lech entlang nach Augsburg führte. Die heutige Reichenstraße in Füssen zeichnet exakt den Verlauf der alten Römerstraße nach. Wohl bald entstand eine erste Siedlung, und im 3. Jahrhundert wurde nach den ersten Alemanneneinfällen auf dem heutigen Schloßberg eine Befestigung errichtet. Der Name der römischen Garnison, Foetibus, klingt noch im heutigen Stadtnamen nach.

Im 8. Jahrhundert gründete der St. Gallener Mönch Magnus, der Schwabenheilige St. Mang, eine erste Mönchszelle. Aus ihr entstand im 9. Jahrhundert das Benediktinerkloster, um das herum die Stadt Füssen wuchs. Unter der Herrschaft der Augsburger Bischöfe wurde Füssen 1286 zur Stadt erhoben und zu einem wichtigen Handelsplatz an der Reichsstraße, die über das Mittelalter hinaus dem Verlauf der alten Römerstraße folgte.

Berühmt war Füssen vom 16. bis in das 18. Jahrhundert als europäisches Zentrum der Lautenmacher. Dunkle Zeiten brachen für Füssen im Dreißigjährigen Krieg an, als die Stadt 1632 und 1642 von schwedi-

*Die Füssener Lautenmacher waren einst weltberühmt.*

schen Truppen verwüstet wurde. Aufbauarbeit mußten die Bürger auch nach dem Brand von 1703 leisten, der große Teile der Stadt verwüstete. Die seit dem Mittelalter andauernde Herrschaft der Augsburger Bischöfe über Füssen endete 1803, als nach der Säkularisation die Stadt zu Bayern kam.

*Fassadenmalerei an der Spitalkirche (rechts) und Fresken in der Kirche St. Mang (unten).*

**Sehenswertes:** In der Altstadt sind neben einer Reihe alter **Bürgerhäuser** aus dem 15. und 16. Jahrhundert Teile der um 1500 erbauten **Stadtmauer** mit mehreren Rundtürmen und Stadttoren erhalten.

Über der Stadt thront das **Hohe Schloß**. Eine im 13. Jahrhundert erbaute Burg wurde um 1500 zu dem bis heute unverändert erhalten gebliebenen Schloß umgestaltet. Malerisch gruppieren sich die mit Architekturfresken bemalten Gebäude um einen weiten Innenhof. Im Inneren befindet sich der Rittersaal mit der von Jörg Lederer geschnitzten Kassettendecke. Die barocke Ausstattung des Fürstenflügels und der Schloßkapelle entstand im 17. Jahrhundert. Der Nordflügel des Schlosses beherbergt eine Filiale der Bayerischen Staatsgemäldesammlung, die Kunstwerke der Spätgotik zeigt.

Keimzelle von Füssen ist das zwischen Schloßberg und Lech gelegene **Kloster St. Mang**. Die barocke Klosterkirche, heute **Stadtpfarrkirche**, wurde Anfang des 18. Jahrhunderts nach italienischem Vorbild auf den Grundmauern eines Vorgängerbaus errichtet. Das Kirchenschiff ist mit wertvollen barocken Stukkaturen, Fresken und Altären ausgestattet. In der reich ausgeschmückten Magnuskapelle werden die Reliquien des heiligen Magnus aufbewahrt, und in der Annakapelle besticht eine Anfang des 17. Jahrhunderts geschaffene Totentanzdarstellung. Vor dem Hochaltar findet man den Zugang zum beeindruckendsten Teil der Kirche, der aus dem 9. Jahrhundert stammenden Magnuskrypta. An der Wand findet man Freskenreste, die im 10. Jahrhundert entstanden sind.

In der um 1700 erbauten **Klosteranlage** bestechen der herrliche barocke Festsaal, das sogenannte Papstzimmer und die mit großem Deckenfresko verzierte Bibliothek. Im ehemaligen Kloster ist heute das sehenswerte Museum der Stadt Füssen untergebracht, das in verschiedenen Abteilungen unter anderem auf den ehemals bedeutenden Füssener Instrumentenbau eingeht.

*In Füssen hat der Geigenbau Tradition.*

Im Stadtgebiet findet man weitere sehenswerte Barockkirchen, darunter die **Franziskanerkirche** am Blutanger mit prächtiger Rokoko-Ausstattung, die **Krippenkirche St. Nikolaus** in der Reichenstraße mit einem Stuckmarmoraltar von Dominikus Zimmermann, die **Spitalkirche** mit reich bemalter Rokoko-Fassade nahe der Lechbrücke und jenseits des Lechs am Beginn des Kalvarienberges die **Frauenkirche am Berg** mit Wessobrunner Stuck und einem spätgotischen Relief im Hochaltar.

**Ausflüge:** Leicht zu erreichen ist der wasserreiche → **Lechfall**, der am südlichen Stadtrand in einer engen Schlucht tosend zu Tal stürzt. Weitere attraktive Ziele sind die Königsschlösser → **Hohenschwangau** und → **Neuschwanstein** sowie der **Forggensee** und eine Anzahl weiterer Seen in der nächsten Umgebung.

## ▶ GERSTRUBEN

| | |
|---|---|
| *Höhe: 1150 m* | *Karte: F 6* |
| *Einwohner: Eine Familie* | *Wanderung 16, 17* |

**Lage:** Gerstruben liegt südlich von → **Oberstdorf** über dem → **Trettachtal** auf einer aussichtsreichen Wiesentafel, die von den wilden Felsspitzen der → **Höfats** überragt wird.

**Geschichte:** Gegründet wurde das 1360 erstmals urkundlich erwähnte Bergdorf Gerstruben von Bauern aus dem Lechtal. Dorthin blieben über die Jahrhunderte engere Beziehungen bestehen als hinab in das nahe Oberstdorf. 1860 lebten noch elf Familien auf diesem weltvergessenen Fleckchen Erde, doch Ende des 19. Jahrhunderts wurde der Ort verlassen.

*Am Fuße der Höfats liegt das Bergdorf Gerstruben.*

**Sehenswertes:** Die vier nicht mehr bewirtschafteten, aber perfekt instand gehaltenen Bauernhöfe mit typischen Schindeldächern und Holzwänden wurden im 17. und 18. Jahrhundert erbaut. Die kleine **Marienkapelle** stammt ebenfalls aus dem 17. Jahrhundert. Nahe der

Höfe steht am Dietersbach eine Säge aus dem 18. Jahrhundert. Der gesamte Ort steht unter Denkmalschutz. Unterhalb des Ortes hat der Dietersbach eine wildromantische, **Hölltobel** genannte Schlucht in den Fels geschnitten.

## ▶ GOTTESACKERPLATEAU

*Höhe: ca. 1600–2000 m* | *Karte: D/E6*
*Wanderung 23*

**Lage:** Das Gottesackerplateau erhebt sich im Westen über der grünen Landschaft des → **Kleinwalsertales**. Über die Hochebene, die im Süden von den Steilabfällen des Ifen und im Norden von den Oberen Gottesackerwänden begrenzt wird, verläuft die Grenze zwischen Deutschland und Österreich. Die Ifenbahn verkürzt vom Kleinwalsertal aus den Zugang zum Plateau.

*Eine karstige Felslandschaft prägt das Gottesackerplateau.*

**Sehenswertes:** Auf einer Fläche von 9 Quadratkilometern dehnt sich die eigenwillige **Karstlandschaft** des Gottesackerplateaus aus. Regen- und Schmelzwasser lösen die kreidezeitlichen Kalke und schaffen die verspielten Formen der Erosion. Fein ziselierte Rillen und Karren mit messerscharfen Kanten überziehen die Gesteinsoberfläche. Dunkel gähnende Schächte und Dolinen verschlucken das Wasser, das im Untergrund in unerforschten Gängen abfließt. Bei Sonnenschein reflektiert der helle Fels das Licht und spendet einer überraschend großen Zahl farbenfroher **Bergblumen**, die sich in den Felsspalten verstecken, die nötige Wärme. Doch bei schlechtem Wetter verwischen auf den weiten Flächen alle Konturen, und jene Friedhofsstille kehrt ein, der die Hochebene ihren Namen verdankt. Bei solchen Wetterbedingungen sollte das Gottesackerplateau für alle Wanderer tabu sein, denn allzu schnell verliert man jegliche Orientierung.

## ▶ GRÜNTEN → Burgberg

## ▶ HALBLECH

*Höhe: 810 m* | *Karte: L2*
*Einwohnerzahl: 3500* | *Wanderung 2*

**Lage:** Die aus mehreren Dörfern bestehende Gemeinde Halblech liegt nordöstlich von → **Schwangau** an der **Romantischen Straße**.

**Sehenswertes:** Die 1716 geweihte **Pfarrkirche St. Michael** im Ortsteil **Bayerniederhofen** besticht durch die wertvolle barocke Ausstattung. Der feine Stuck, die Fresken, die Altäre, das Chorgestühl und die Kanzel fügen sich zu einem harmonischen Ganzen. Beachtenswert ist eine gotische Anna-Selbdritt-Figur am linken Choreingang. Am dritten Montag im September findet alljährlich der **Alpabtrieb** im Ortsteil **Buching** mit anschließendem **Viehmarkt** statt.

*Die bekannte Viehscheid im Halblecher Ortsteil Buching lockt alljährlich tausende von Besucher an.*

**Ausflüge:** Von Halblech ist es nicht weit zum **Forggensee** und zum **Bannwaldsee** sowie zur nahe Steingaden gelegenen **Wieskirche**. Durch das Halblechtal kommt man in die **Ammergauer Alpen**, dem größten Naturschutzgebiet in Deutschland.

## ▶ HINDELANG

| | |
|---|---|
| *Höhe: 820 m* | *Karte: G4* |
| *Einwohnerzahl: 5000* | *Wanderung 12, 13, 14* |

**Lage:** Hindelang liegt östlich von → **Sonthofen** an der zum Oberjoch führenden Straße und ist der Mittelpunkt des Ostrachtales.

**Geschichte:** 250 n. Chr. bauten die Römer aus militärstrategischen Gründen die durchgehend gepflasterte Via Decia, die von Tirol aus über das Oberjoch zum Bodensee lief. Womöglich entstand schon in dieser Zeit am Fuß des Oberjochs im Hindelanger Gemeindegebiet eine Versorgungsstation. Gesichert ist, daß sich hier im 9. Jahrhundert ein Alemanne niederließ. Er gründete das Geschlecht der Hundinlanc, auf das sich der Ortsname von Hindelang zurückführen läßt.

Im Mittelalter brachten zwei Wirtschaftszweige Wohlstand in den Ort im Ostrachtal. Zum einen wurde, der Linie der römischen Via Decia folgend, die Salzstraße gebaut. Das am Fuß des Oberjochs gelegene Hindelang wurde zum wichtigen Lager- und Umschlagplatz. Zusätzlichen Reichtum brachten der Erzabbau im Ostrachtal und die Einnahmen aus der damit verbundenen Metallverarbeitung. Im 15. Jahrhundert lag hier eine der bedeutendsten Waffenschmieden im Deutschen Reich.

Im 19. Jahrhundert liegen die Wurzeln des Fremdenverkehrs, der heute das Wirtschaftsleben weitgehend bestimmt. Hervorzuheben ist, daß sich besonders Hindelang mit seinem Projekt »Hindelang –

Natur und Kultur« dem umweltverträglichen Tourismus verschrieben hat. So erhielt der Ort 1996 einen **Europapreis** für zukunftsträchtigen Tourismus und wurde als **»Umweltfreundlicher Fremdenverkehrsort in Deutschland«** ausgezeichnet.

**Sehenswertes:** Im Zentrum von Hindelang steht die 1864 neu errichtete **katholische Pfarrkirche**, in der neben einigen barocken Bildwerken zwei spätgotische Bischofsfiguren von Jörg Lederer zu sehen sind.

*In der Kirche im Hindelanger Ortsteil Bad Oberdorf findet man herausragende Kunstwerke.*

Das wuchtige, 1660 erbaute **Rathaus** diente ursprünglich den Augsburger Bischöfen als Jagdschloß. An die Zeiten des Salzhandels erinnert der Salzfahrerbrunnen, an die Erzverarbeitung eine 500 Jahre alte **Hammerschmiede**.

Den kulturellen Höhepunkt der Gemeinde findet man in der 1938 vollendeten Kirche im nahen Schwefelkurort **Bad Oberdorf**. Wertvolle spätgotische Kunstwerke, die ursprünglich in der alten Pfarrkirche von Hindelang aufgestellt waren, erinnern hier an den Wohlstand des 15. und 16. Jahrhunderts. Der 1519 geschaffene **Hindelanger Altar**, der die Krönung Marias darstellt, gilt als Hauptwerk des berühmten Allgäuer Künstlers Jörg Lederer. Auf der Rückseite des Altars befindet sich eine Darstellung des Jüngsten Gerichts, das ein unbekannter Meister schuf. Im Kirchenschiff findet man weitere bedeutende spätgotische Kunstwerke, darunter zwei Reliefs, die ursprünglich zum Altar gehörten, zwei Altarflügel vom Ende des 15. Jahrhunderts, das um 1500 entstandene Holzkruzifix am Chorbogen und eine Anzahl weiterer Schnitzwerke. Besondere Beachtung verdient außerdem das in einer Seitenkapelle untergebrachte Madonnenbild, das 1493 von Hans Holbein dem Älteren gemalt wurde.

**Ausflüge:** Am Ortsrand von Hindelang führt ein **geologischer Lehrpfad** den Besucher in die Erdgeschichte zurück. Er verläuft durch den unteren Teil des malerischen **Hirschbachtobels** (→ **Wanderung 12**). Im Osten zieht der **Wildbachtobel** zum Oberjoch hinauf, auf dem der Interessierte einen **Moorlehrpfad** begehen kann. Das vom Ortsteil Hinterstein nach Süden ziehende **Ostrachtal** lockt zu ausgedehnten Spaziergängen und Bergtouren. Eine Buslinie von Hinterstein zum 1068 Meter hoch gelegenen Giebelhaus ermöglicht einen leichten Zugang in das Tal.

## ▶ HÖFATS

*Höhe: 2259 m* — *Karte: G 6* — *Wanderung 16*

**Lage:** Südöstlich von → **Oberstdorf** erhebt sich die eigenwilligste Berggruppe der Allgäuer Alpen, die Höfats. Der vielgipflige Berg trennt das **Oytal** vom Dietersbachtal mit dem malerischen Bergdorf → **Gerstruben**.

**Sehenswertes:** Die Höfats, deren vielgipflige Felskämme wie grüne Flammen in den Himmel züngeln, gilt als das **Wahrzeichen der Allgäuer Bergwelt**. Obwohl die Höfats nicht zu den höchsten Bergen im Allgäu zählt, zieht sie mit ihren steilen Grasflanken und scharf geschnittenen Graten immer wieder die Blicke der Wanderer auf sich. Eine Besteigung bleibt allerdings wegen ihrer brüchigen und von Gras überzogenen Felsflanken dem versierten Kletterer vorbehalten. Die große Zahl der Bergunfälle an diesem Berg soll als Warnung genügen. Neben der faszinierenden Form lockt die Höfats vor allem mit ihrem Blumenreichtum. Neben dem großen Bestand an Edelweiß findet man hier einige Pflanzenarten, die man sonst in den Nördlichen Kalkalpen vergeblich sucht. Das gesamte Massiv steht unter Naturschutz, und die strengen Schutzbestimmungen überwacht die Bergwacht von einer eigens für diesen Zweck eingerichteten Biwakschachtel aus. Den Reichtum an **botanischen Seltenheiten** verdankt die Höfats den quarzhaltigen Gesteinen, die den Berg aufbauen. Die schönsten Blicke auf die Höfatsgruppe hat man vom Weg, der von der **Nebelhornbahn** über das **Laufbacher Eck** in das **Oytal** führt.

## ▶ HOHENSCHWANGAU (SCHLOSS)

*Höhe: 870 m* — *Karte: K 3* — *Wanderung 3, 4, 5*

**Lage:** Östlich von → **Füssen** liegt auf einem schmalen Bergkamm, der im Süden vom Alpsee und im Norden vom Schwansee begrenzt wird, das Schloß Hohenschwangau. Ein Taleinschnitt trennt es vom nahen Schloß → **Neuschwanstein**.

**Geschichte:** Seit dem 11. Jahrhundert stand auf dem Bergkamm eine Burg der Herren von → **Schwangau**. Nach ihrem Verfall kaufte eine Augsburger Patrizierfamilie die Burg und ließ sie Mitte des 16. Jahrhunderts im Stil der Renaissance neu errichten. Wenige Jahre später ging das Schloß in den Besitz der Wittelsbacher über. 1809 wurde es

während der napoleonischen Kriege von aufständischen Tirolern verwüstet. Die Ruine wechselte mehrmals den Besitzer, ehe sie im Jahre 1829 vom bayerischen Kronprinzen Max, dem späteren König Max II. Joseph und Vater von Ludwig II., entdeckt wurde. 1832 erwarb er die Ruine und ließ sie in den Folgejahren zu seinem privaten Sommersitz ausbauen. Hier verbrachte Bayerns Märchenkönig Ludwig II. einen Großteil seiner Jugend und holte sich wohl die Anregungen für den Bau seiner Ritterburg Neuschwanstein, die er auf einem nahen Felsen errichten ließ.

*Gegenüber Schloß Neuschwanstein liegt das Königsschloß Hohenschwangau.*

**Sehenswertes:** Das Gemäuer des Renaissance-Schlosses baute der Baumeister Domenico Quaglio nach englischen Vorbildern im neugotischen Stil um. Die prunkvollen Räume wurden mit großflächigen Bildern ausgemalt, die dem Stil der Zeit entsprechend Szenen aus der deutschen Geschichte und aus germanischen Sagen darstellen. Die Einrichtung des Schlosses blieb bis heute nahezu unverändert erhalten. So ist im Hohenstaufenzimmer ein Klavier zu sehen, auf dem Richard Wagner seinem Förderer Ludwig II. vorspielte. Vom Schloßpark mit seinem plätschernden Brunnen genießt man einen herrlichen Blick auf den von mächtigen Bergen umstellten Alpsee.

## IMMENSTADT

| | |
|---|---|
| *Höhe: 728 m* | *Karte: E/F 3* |
| *Einwohnerzahl: 14 000* | *Wanderung 27* |

**Lage:** Immenstadt liegt im Tal der Konstanzer Ach zwischen der Iller und dem Großen Alpsee.

**Geschichte:** 1269 ist der Ort unter dem Namen Ymmendorf zum ersten Mal auf einer Urkunde verzeichnet. 1360 erhielt Immenstadt von Kaiser Karl IV. die Stadtrechte und wurde mit einer starken Mauer befestigt. Die Salzstraße von Tirol zum Bodensee verlief durch Immenstadt und brachte im späten Mittelalter beträchtlichen Reichtum. Der Dreißigjährige Krieg, Überschwemmungen und Brände trafen in der Folgezeit die Stadt und sorgten für schwere wirtschaftliche Probleme.

Im 18. Jahrhundert entwickelte sich Immenstadt zu einem Zentrum der Leinenweberei, die für einen neuen Wohlstand sorgte. Heute bestimmt neben Industrie und Handwerk der Fremdenverkehr das Wirtschaftsleben in Immenstadt.

**Sehenswertes:** Die **Pfarrkirche** wurde größtenteils Anfang des 20. Jahrhunderts erbaut. Im Inneren finden sich jedoch neben einer barocken Ausstattung wertvolle spätgotische Schnitzwerke. Die schöne Madonnenfigur entstand Ende des 15. Jahrhunderts, die Statuen von St. Rochus und St. Sebastian Anfang des 16. Jahrhunderts. Im Stadtkern sind nach der Brandkatastrophe von 1844 nur noch wenige alte Gebäude erhalten. Am zentralen **Marienplatz** steht das Rathaus von 1640, das 1648 fertiggestellte Amtshaus, der Alte Hof der Grafen von Montfort und das um 1600 erbaute Stadtschloß mit ehemaligem Rittersaal. Am Klosterplatz findet man das interessante **Heimatmuseum**. Am südlichen Stadtrand liegt die 1619 erbaute **Friedhofskapelle** mit klassizistischem Altar und den bekannten Bildern, die der Immenstädter Künstler Ludwig Glötzle Anfang des 19. Jahrhunderts malte. Am Friedhof beginnt auch die Wanderung in den wilden **Steigbachtobel**.

*Weihnachtsstimmung am Marienplatz in Immenstadt.*

**Ausflüge:** Westlich von Immenstadt liegen der Kleine und der **Große Alpsee**, die ideale Wassersportbedingungen bieten. Am Westrand des Großen Alpsees liegt **Bühl**. In der **Pfarrkirche St. Stephan** ist ein Modell des Heiligen Grabes mit großer Christusfigur von Interesse. Die barocke **Loretokapelle** von 1666, Ziel einer vielbesuchten Wallfahrt, wurde 1716 durch die **Annakapelle** erweitert. Die beiden Kapellen bieten eine reiche Barock-Ausstattung.

## ▶ KEMPTEN

*Höhe: 650–900 m* | *Karte: F/G 1*
*Einwohnerzahl: 62 000* | *Wanderung 30*

**Lage:** Kempten ist der Hauptort und wichtigste Verkehrsknotenpunkt des Allgäus. Die Stadt liegt im hügeligen Alpenvorland ca. 15 Kilometer nördlich der Allgäuer Alpen am Ufer der Iller.

**Geschichte:** Kempten gilt als **eine der ältesten Städte** Deutschlands. Der griechische Geograph Strabo verzeichnete hier eine keltische Siedlung, die den Namen Kambodounon trug. Ab ca. 15 n. Chr. entwickelte sich auf dem rechten Illerufer die römische Stadt Cambodunum, die bald zu den bedeutendsten Römerstädten in der Provinz

*Die St. Lorenz Basilika prunkt am gepflegten Hofgarten in Kempten.*

Rätien zählte und bis in das 4. Jahrhundert bestand. Mitte des 8. Jahrhunderts gründete Audogar in Kempten **das erste Allgäuer Benediktinerkloster**, das durch umfangreiche Schenkungen schnell Macht und Reichtum erlangte. Mitte des 10. Jahrhunderts wurde das Kloster während der Ungarneinfälle zerstört und auf dem Hügel außerhalb der Siedlung neu erbaut. Die Grundlage der späteren Trennung Kemptens in eine kirchliche Stiftsstadt und eine weltliche Reichsstadt und der daraus resultierenden Rivalitäten war gelegt. 1289 wurde das weltliche Kempten in den Rang einer Reichsstadt erhoben. 1525 erwarb die Stadt im sogenannten »Großen Kauf« die letzten hoheitlichen Rechte, die die Fürstabtei in der Reichsstadt noch besaß. Zwei Jahre später trat die Reichsstadt zum protestantischen Glauben über. Im Dreißigjährigen Krieg vernichteten die Schweden auf die Bitte der Reichsstadt hin das Kloster und die Stiftsstadt. Im folgenden Jahr revanchierte sich die katholische Seite, als sie auf Drängen des Kemptener Fürstabtes die Reichsstadt zerstörte. 1803 fiel Kempten an das Kurfürstentum Bayern, und 1818 wurden Reichsstadt und Stiftsstadt vereint. Im 19. und 20. Jahrhundert entwickelte sich Kempten zum **wirtschaftlichen und kulturellen Mittelpunkt** des Allgäus.

*Der prachtvoll ausgestattete Thronsaal in der Kemptener Residenz.*

**Sehenswertes:** Die **Burghalde** ist die Keimzelle der Stadt Kempten. Hier lag das römische Kastell und im Mittelalter die Klostervogtei, die 1379 von den Kemptener Bürgern zerstört wurde. Erhalten blieb ein spätgotischer Burgturm und ein Brunnenschacht aus römischer Zeit. Am Fuße der Burghalde liegt das Gebiet der ehemals freien Reichsstadt Kempten. In den Straßenzügen findet man eine Fülle alter **Bürgerhäuser**, die vom 15. bis in das 18. Jahrhundert erbaut wurden. Das malerische **Rathaus** stammt aus dem 15. Jahrhundert und wurde im Lauf der Jahrhunderte reich ausgestattet. Der **Rathausbrunnen** mit der Statue eines römischen Feldherren wurde 1601 geschaffen. Die evangelische

WANDERN & ERLEBEN

**Pfarrkirche St. Mang** steht wohl an Stelle der ersten Klosterkirche aus dem 8. Jahrhundert. Im gotischen, barock umgestalteten Gotteshaus findet man neben einem wertvollen Schnitzaltar gotische Fresken und einen verzierten Stein aus dem 8. Jahrhundert. In der 1971 erbauten katholischen **Pfarrkirche Christi Himmelfahrt** begeistert ein herrlicher spätgotischer Flügelaltar. In der gotischen **Keckkapelle** in der Kaufbeurer Straße überraschen spätgotische Fresken, Bilder und Plastiken. Mittelpunkt der ehemaligen Stiftsstadt ist die barocke **Fürstäbtliche Residenz**, die in der zweiten Hälfte des 17. Jahrhunderts erbaut wurde. Die Prunkzimmer und Säle in dem prächtig ausgestatteten Gebäude gruppieren sich um zwei Innenhöfe. Überragt wird die Residenz von der mächtigen Kuppel und den Türmen der ehemaligen Stiftskirche, der heutigen katholischen **Stadtpfarrkirche St. Lorenz**. Die ausladende Barockbasilika entstand Mitte des 17. Jahrhunderts. Im Inneren der Kirche begeistert neben dem frühbarocken Stuck und Fresken die prunkvolle Barockausstattung mit wertvollen Altären, Figuren und Grabmälern. Ebenfalls der Bautätigkeit der Fürstäbte ist das imposante barocke **Kornhaus** zu verdanken, in dem heute das **Allgäuer Heimatmuseum** untergebracht ist, und die **Orangerie** von 1780. Das 1802 von der Familie Zumstein erbaute klassizistische **Zumsteinhaus** beherbergt jetzt die **Römersammlung** mit Funden aus dem Stadtgebiet und eine **Sammlung zur Geologie und Biologie** des Allgäus. Im Stadtteil Lindenberg sind im **Archäologischen Park Cambodunum** teils renovierte Bereiche des römischen Tempelbezirks, Abschnitte des römischen Forums, der Thermen und einer Basilika zu sehen, die nördlich der Alpen einzigartig sind.

*Der wertvolle Schnitzaltar befindet sich in der Kirche St. Mang in Kempten.*

## ▶ KLEINWALSERTAL

*Höhe: 1050–1250 m* — *Karte: E6/7*
*Einwohnerzahl: 5200* — *Wanderung 22, 23*

**Lage:** In einem herrlichen Hochtal, das von weit über die 2000-Meter-Marke reichenden Bergen überragt wird, liegt südwestlich von → **Oberstdorf** das Kleinwalsertal mit seinen Orten Riezlern, Hirschegg, Mittelberg und Baad. Obwohl das Tal verkehrstechnisch nur von

Deutschland aus erschlossen ist, gehört es hoheitsrechtlich zum österreichischen Bundesland Vorarlberg.

**Geschichte:** Um das Jahr 1300 stiegen vom Hochtannberg kommend die Walser in das Tal ab, das später ihren Namen tragen sollte. Die Walser waren ein ursprünglich im Schweizer Wallis beheimateter alemannischer Volksstamm. Dort entwickelten sie ihre Kenntnisse in alpiner Landwirtschaft, die sie im Mittelalter zu gefragten Spezialisten machten. Landesherren aus dem gesamten zentralen Alpenbereich lockten sie mit besonderen Rechten und geringen Abgaben. Die Walser sollten die brachliegenden Hochtäler urbar machen und an vielen Orten das Säumerwesen über die Pässe beleben.

Bis Mitte des 15. Jahrhunderts besaß das Kleinwalsertal eine eigenständige Verwaltung. 1451 wurde das Tal von Tirol erobert und fiel 1453 an Österreich, bei dem es mit kurzen Unterbrechungen bis heute verblieb.

Seit dem Zollanschlußvertrag von 1891 ist das Tal wirtschaftlich und zollrechtlich an Deutschland angeschlossen. Diese Tatsache hat nichts daran geändert, daß bis heute eine gemeinsame Sprache, Brauchtum und Kultur die Kleinwalsertaler mit den Walsern in den hochgelegenen Siedlungen in Vorarlberg, der Schweiz und Italien verbindet.

**Sehenswertes:** Von Oberstdorf kommend betritt man das Kleinwalsertal an der **Walserschanze**. Der Name erinnert an die Verteidigungsanlage, die die Kleinwalsertaler im Dreißigjährigen Krieg errichteten. Hier schlugen sie die gefürchteten Schweden und bewahrten ihr Tal vor der Verwüstung. Nahe der Walserschanze beginnt ein Weg in die sehenswerte → **Breitachklamm**. Talein findet man in der **Maria-Hilf-Kapelle** im Weiler **Unterwestegg** einen hübschen gotischen Flügelaltar. Der unterste Ort im Tal ist **Riezlern** mit dem Rathaus der Talgemeinde. Das **Walsermuseum** mit seinen Sammlungen zu Geschichte, Kultur und Brauchtum im Kleinwalsertal ist hier besonders zu empfehlen. In **Mittelberg** lockt die spitztürmige Pfarrkirche, die im 14. Jahrhundert erbaut wurde. Das Innere schmücken Fresken aus dem 14. Jahrhundert und gotische Schnitzwerke. Typisch und sehenswert sind im Kleinwalsertal vor allem die alten **Walserhöfe**. Da die Walser in Streusiedlungen lebten, sind die Höfe malerisch über das gesamte Tal verteilt.

## ▶ LECHFALL → Füssen

## ▶ MITTELBERG → Kleinwalsertal

## ▶ NEBELHORN

*Höhe: 2224 m* | *Karte: G5*
*Wanderung 15, 16*

**Lage:** Das Nebelhorn erhebt sich östlich von → **Oberstdorf** und überragt das Illertal um 1400 Meter. Am südöstlichen Ortsrand von Oberstdorf liegt die Talstation der **Nebelhornbahn**. Die Großkabinenbahn bringt die Fahrgäste in teilweise schwindelerregender Höhe zur 1932 Meter hoch gelegenen **Bergstation Höfatsblick**. Hier kann man in die **Gipfelbahn** umsteigen und sich ohne Mühe zum 2224 Meter hohen Gipfel hinauftragen lassen.

*Vom Nebelhornmassiv geht der Blick zur markanten Höfatsgruppe.*

**Sehenswertes:** Der aus Dolomitgestein aufgebaute Nebelhorngipfel gilt als **eine der hervorragendsten Aussichtswarten im Allgäu**. Ein Großteil der Allgäuer Berge ist vom Nebelhorn aus zu sehen. An klaren Tagen reicht die Sicht darüber hinaus im Osten bis zum Karwendel, im Süden bis zu den Ötztaler Alpen und im Westen bis weit in die Schweizer Bergwelt. Die Nebelhornbahn ist Ausgangspunkt für einige bemerkenswerte Bergtouren. Direkt an der Gipfelstation beginnt der Hindelanger Klettersteig (→ **Wanderung 15**), der über einen gezackten Felskamm zum **Großen Daumen** führt. An der Bergstation Höfatsblick beginnt der einfachere Weg über das Koblat genannte Kar zum Großen Daumen (→ **Wanderung 15**). Ebenfalls von der Bergstation Höfatsblick führen Wege zum malerisch gelegenen **Seealpsee**, der mit 42 Metern der tiefste der Allgäuer Bergseen ist, und über das Laufbacher Eck in das **Oytal** (→ **Wanderung 16**).

## ▶ NEUSCHWANSTEIN

*Höhe: 964 m* | *Karte: K3*
*Wanderung 3, 4, 5*

**Lage:** Neuschwanstein liegt östlich von → **Füssen** auf einem steil in die **Pöllatschlucht** abbrechenden Felsen.

**Geschichte:** König Ludwig II. verbrachte einen Großteil seiner Jugend auf dem nahen Schloß → **Hohenschwangau**. Angeregt durch die dortigen Bilder aus der deutschen Geschichte und Sagenwelt und durch die Opern von Richard Wagner wuchs in ihm der Plan, eine mittelalterliche Gralsburg zu bauen. Als idealen Standort für sein Märchenschloß wählte er einen steilen Felsen über der wildromantischen Pöllatschlucht aus. Hier waren die spärlichen Reste einer mittelalterlichen Burg zu finden, die er 1868, vier Jahre nach seiner Thronbesteigung, wiederaufbauen wollte. Doch diesen Plan ließ er schnell fallen und die Ruine abtragen. 1869 begann er mit dem Bau von Schloß Neu-Hohenschwangau, das seiner romantischen Vorstellung in idealer Weise entsprechen sollte. Bis zu seiner Absetzung und seinem Tod im Jahre 1886 arbeiteten die Handwerker an diesem Gesamtkunstwerk, das bis auf den Bergfried und die Kapelle größtenteils fertiggestellt wurde. Erst ab 1890 bürgerte sich für das Schloß, das heute zu den größten Touristenmagneten in Deutschland gehört, der Name Neuschwanstein ein.

**Sehenswertes:** Nicht einzelne Kunstwerke, sondern das märchenhafte Gesamtbild des in wildromantischer Landschaft errichteten Schlosses begeistern bis heute alljährlich Millionen von Besuchern. Doch lohnt auch ein Blick in die Innenräume, die größtenteils nach den Motiven aus Wagneropern und dem deutschen Mittelalter ausgestaltet sind. Prunkstück ist der Sängersaal, der der Sängerhalle aus Tannhäuser nachempfunden ist. Eine Ausnahme stellt der im byzantinischen Stil mit christlichen Darstellungen ausgeschmückte Thronsaal dar.

*Hoch über dem Alpenvorland ragt Schloß Neuschwanstein auf.*

**Abstecher:** Etwas oberhalb von Neuschwanstein überspannt in einer Höhe von 90 Metern die **Marienbrücke** die Pöllatschlucht. Von der 1866 erbauten Brücke hat man einen herrlichen Blick auf das Schloß.

## OBERMAISELSTEIN

*Höhe: 859 m* | *Karte: F5*
*Einwohnerzahl: 880* | *Wanderung 24*

**Lage:** Westlich oberhalb von Fischen liegt an der Riedbergstraße das Dorf Obermaiselstein.

**Sehenswertes:** Südlich des Ortes öffnet sich der Schlund der **Sturmannshöhle**, einer Schauhöhle, durch die ein rauschender Höhlenbach fließt. Nördlich liegt das Dorf **Bolsterlang**, in dessen Kapelle fünf herrliche spätgotische Schreinfiguren zu sehen sind.

## OBERSTAUFEN

*Höhe: 791 m* | *Karte: D3*
*Einwohnerzahl: 7200* | *Wanderung 28*

**Lage:** Westlich von → **Immenstadt** liegt auf den Sonnenhängen über dem Tal der Weißach der Kurort Oberstaufen.

**Geschichte:** Der Ort, dessen Name auf eine Burg der Staufer zurückgeht, wurde im 9. Jahrhundert erstmals urkundlich erwähnt. Im 15. Jahrhundert bekam das abseits der großen Verkehrsströme gelegene Oberstaufen die Marktrechte. Während des Dreißigjährigen Kriegs hatte der Ort im Jahre 1632 unter einer schweren Pestepidemie zu leiden. In den folgenden Jahrhunderten verrichteten zwei Brände den Ort, ehe mit dem Bau der Eisenbahnlinie Immenstadt–Lindau im Jahre 1853 der Fremdenverkehr Einzug hielt und für wirtschaftlichen Aufschwung sorgte. 1918 wurde Oberstaufen Luftkurort und nach dem Zweiten Weltkrieg der einzig staatlich anerkannte **Schrothkurort** (Schrothkur: eine nach dem österreichischen Naturheilkundler J. Schroth benannte Abmagerungskur mit wasserarmer Diät) Deutschlands.

*Einer der spätgotischen Altäre in der Stephanskirche in Genhofen.*

**Sehenswertes:** Im Ortskern sind einige Häuser aus dem 17. und 18. Jahrhundert erhalten geblieben. In der **Pfarrkirche** findet man eine barocke Kreuzigungsgruppe mit einer über fünf Meter hohen Christusfigur. Sehenswert ist außerdem das nahe der Pfarrkirche gelegene **Heimatmuseum**, in dem unter anderem eine Bergkäserei untergebracht ist. Der **Umzug am Fasnetziestag**, dem Faschingsdienstag, erinnert an die Pestepidemie im Jahre 1632, die 700 Oberstaufenern das Leben kostete.

*Das Bauernhausmuseum in Knechtenhofen bei Oberstaufen.*

**Ausflüge:** Im vier Kilometer östlich von Oberstaufen gelegenen **Knechtenhofen** befindet sich ein **Bauernhausmuseum**. Wenige Kilometer nördlich von Oberstaufen findet man zwei einzigartige Gotteshäuser. Die Ende des 15. Jahrhunderts erbaute Kirche **St. Stephan** in **Genhofen** wurde zwischen 1567 und 1605 mit einmaligen bäuerlichen Fresken in Rot- und Schwarztönen ausgemalt. Sehenswert sind außerdem der spätgotische Hochaltar, die beiden spätgotischen Seitenaltäre und ein um 1500 geschaffenes Kreuz über der Emporenbrüstung. Die Sakristeitür von 1566 ist mit Hufeisen übersät, Votivgaben für den Kirchenpatron und Pferdeheiligen St. Stephan.

Im Inneren der im 14. und 15. Jahrhundert erbauten Kapelle **St. Bartholomäus** in **Zell** findet man mehrere bedeutende spätgotische Kunstwerke. Die Skulpturen des Hochaltars schuf ein unbekannter Meister, die Bilder der Memminger Maler Hans Strigel der Ältere. Derselbe Künstler bemalte um 1450 den Chor mit eindrucksvollen Fresken. Die feinen Seitenaltäre entstanden um das Jahr 1500, die Sakramentsnische um 1450.

Südlich von **Steibis** beginnt am Gasthaus Hirsch ein halbstündiger Spaziergang zu den **Buchenegger Wasserfällen** im Tal der Weißach. Ebenfalls südlich von Steibis liegt in einem Bergtal die Talstation der **Hochgratbahn**, die zur aussichtsreichen, in 1704 Meter Höhe gelegenen Bergstation am Westrücken des Hochgrats hinaufschwebt.

## ▶ OBERSTDORF

| | |
|---|---|
| *Höhe: 813 m* | *Karte: F 5* |
| *Einwohnerzahl: 11 000* | *Wanderung 15–21* |

**Lage:** Oberstdorf liegt in einer weiten, vom Allgäuer Hochgebirge überragten Talmulde, in der sich wenig nördlich Breitach, Stillach und Trettach zur Iller vereinigen.

**Geschichte:** Wohl im 6. Jahrhundert ließen sich im Talschluß der Iller alemannische Siedler nieder, machten das Land urbar und gründeten das »Oberste Dorf«. Im 10. Jahrhundert erhielt das Dorf eine eigene Pfarrei und Ende des 15. Jahrhunderts die Marktrechte. Über Jahrhunderte hatten die Oberstdorfer nicht nur unter dem harten Gebirgsklima, sondern auch unter Krieg, Pestepidemie und Bränden zu leiden. Erst ab dem 19. Jahrhundert brachte der Tourismus zunehmenden Wohlstand, und heute zählt Oberstdorf zu den meistbesuchten Fremdenverkehrsorten in Deutschland.

**Sehenswertes:** Nach dem Großen Brand im Jahre 1865 sind in Oberstdorf nur noch wenige historische Gebäude erhalten. Neben dem alten **Rathaus** und dem **Jagdhaus von Prinzregent Luitpold** findet man noch einige schindelgedeckte, in Blockbauweise errichtete Höfe. Die nach dem Brand von 1865 wieder aufgebaute **Pfarrkirche** birgt einige hervorragende spätgotische Schnitzwerke, darunter die »Schöne Oberstdorferin« genannte Muttergottes, und eine Anna mit Jesuskind aus der Mitte des 14. Jahrhunderts. Die Nordfassade der südlich der Pfarrkirche gelegenen **Seelenkapelle** ist mit sehenswerten Renaissance-Fresken bemalt.

Am südlichen Ortsrand liegen an der Straße Richtung → **Stillachtal** die **Loreto-Wallfahrtskapellen**. Die kleinste und älteste ist die Ende des 15. Jahrhunderts erbaute Appachkapelle. Sie wurde im 16. Jahrhundert mit Fresken ausgemalt und birgt neben einer großen barocken Christusfigur zwei spätgotische Heiligenstatuen. Als die Appachkapelle für die vielen Wallfahrer zu klein wurde, baute man 1658 die Kapelle Maria Loretto. In ihren Barock-Altar wurde das alte, ursprünglich in der Appachkapelle beheimatete Gnadenbild der Muttergottes integriert. In der 1685 fertiggestellten Josephkapelle verdient vor allem ein barocker Palmesel Aufmerksamkeit.

Einen Besuch wert ist schließlich noch das **Heimatmuseum**, das in einem Bauernhaus aus dem 17. Jahrhundert untergebracht ist. Neben volkskundlichen Sammlungen zeigt es unter anderem Gemälde berühmter Oberstdorfer Maler und eine Schuhsammlung. Am südöstlichen Ortsrand liegt die Talstation der Nebelhornbahn (→ **Nebelhorn**).

*Das malerische Oberstdorf liegt am Fuße des Allgäuer Hochgebirges.*

**Ausflüge:** An der Talstation der Nebelhornbahn beginnt der Aufstieg zum Wasserfall im wildromantischen **Faltenbachtobel**. Im Südosten liegt das **Oytal**. Es bietet herrliche Blicke zur → **Höfats**, und im Talschluß lockt der gischtende Stuibenwasserfall (→ **Wanderung 16**). Südlich von Oberstdorf schneiden das → **Trettachtal** und das **Stillachtal**

*Während der alljährlichen Vier-Schanzen-Tournee blickt die ganze Welt nach Oberstdorf.*

tief in die Allgäuer Bergwelt und bieten herrliche Ausflugsziele.

Ein letzter Abstecher führt uns von Oberstdorf nach Westen. Erstes Ziel ist **Tiefenbach** mit seinem im 15. Jahrhundert erbauten Gotteshaus. Im Kirchenschiff findet man ein schönes spätgotisches Fresko. Südwestlich von Tiefenbach beginnt der Weg in die lange → **Breitachklamm**. Von Tiefenbach führt eine Mautstraße durch das weltabgeschiedene Tal der Starzlach zum Weiler **Rohrmoos**. Dort findet man die unscheinbare, 1568 errichtete Annakapelle, die als die älteste Holzkapelle in Bayern gilt. Das Innere wurde verputzt und Ende des 16. Jahrhunderts mit herrlichen, vollständig erhaltenen Fresken ausgemalt. Sehenswert ist auch der mit interessanten Bildern versehene Flügelaltar von 1568.

## ▶ PFRONTEN

*Höhe: 850 m* — *Karte: 13*
*Einwohnerzahl: 8100* — *Wanderung 7, 8*

**Lage:** Die aus 13 Ortsteilen bestehende Gemeinde Pfronten liegt westlich von → **Füssen** am Alpenrand in einem weiten Talkessel.

**Geschichte:** Der Name der Gemeinde geht auf das römische Lager Castrum Ad Frontes zurück. Das später von Alemannen besiedelte Tal gehörte ab 1290 zum Augsburger Hochstift, dessen Vasallen auf der Burg → **Falkenstein** saßen. Im Jahre 1459 wurde den Bauern durch das »Pfrontner Göttliche Recht« eine weitgehende, für die damalige Zeit ungewöhnliche Selbständigkeit zugesichert. Dank seiner ausgezeichneten Lage zwischen Alpenvorland und Hochgebirge entwickelte sich Pfronten ab dem 19. Jahrhundert zu einem der bekanntesten und beliebtesten Fremdenverkehrszentren im Allgäu.

**Sehenswertes:** Im Ortsteil **Berg** steht die Pfarrkirche St. Nikolaus mit ihrem hoch aufragenden Barockturm. Im Inneren ist sie mit eindrucksvollen Fresken von 1780 ausgemalt. Sehenswert sind eine im barocken Stil verzierte Kanzel und zwei spätgotische Schnitzwerke. Die Leonhardskirche in **Heitlern** gefällt durch feinen Stuck, heitere Fresken und den Hochaltar im Barock-Stil.

In der barocken Martinskirche in **Pfronten-Kappel** findet man zwei spätgotische Figuren. Im Ortsteil **Rehbichel** liegt die Annakapelle, die eine spätgotische Madonna und einen schönen, Ende des 15. Jahrhunderts geschaffenen Schreinaltar beherbergt.

**Ausflüge:** Am Ortsrand von **Pfronten-Steinach** liegt die Talstation der **Breitenbergbahn**, die einen leichten Zugang zum herrlichen Wanderrevier rund um Breitenberg und Aggenstein vermittelt. Von der Talstation der Breitenbergbahn führt ein Weg in die eindrucksvolle **Reichenbachklamm** (→ **Wanderung 8**).

Im Osten von Pfronten liegt auf steilem Fels die → **Burgruine Falkenstein**, die höchstgelegene Burgruine in Deutschland.

## ▶ RIEZLERN → Kleinwalsertal

## ▶ SCHWANGAU

| | |
|---|---|
| *Höhe: 796 m* | *Karte: K3* |
| *Einwohnerzahl: 3800* | *Wanderung 3, 4, 5* |

**Lage:** Am Fuß der Alpen liegt zwischen dem Forggensee und den Königsschlössern → **Neuschwanstein** und → **Hohenschwangau** der Kurort Schwangau.

**Sehenswertes:** Am südlichen Ortsrand liegen die Schlösser **Hohenschwangau** und **Neuschwanstein**. In den Wiesen östlich von Schwangau steht die herrlich gelegene **Wallfahrtskirche St. Coloman**. 1673 wurde das Gotteshaus erbaut und mit feinem Stuck und prächtigem Barockaltar ausgestattet. In der Kirche findet man drei vorzügliche spätgotische Schnitzfiguren, die aus dem Vorgängerbau übernommen wurden. Am zweiten Sonntag im Oktober findet alljährlich zu Ehren des Kirchenpatrons der Colomansritt statt. An der Talstation der **Tegelbergbahn** kann

*Vor über 300 Jahren wurde die Wallfahrtskirche St. Coloman in den Wiesen vor Schwangau erbaut.*

*Das ganze Jahr über lohnt sich eine Fahrt mit der Tegelbergbahn.*

man die Reste eines **römischen Gutshofes** besichtigen. Landschaftliche Höhepunkte bieten die **Pöllatschlucht** am Fuß von Schloß Neuschwanstein und der **Alpsee** unterhalb Schloß Hohenschwangau.

## SONTHOFEN

*Höhe: 743 m* | *Karte: F4*
*Einwohnerzahl: 22 000* | *Wanderung 11, 26*

**Lage:** An der Mündung der Ostrach in die Iller liegt Sonthofen, die südlichste Stadt Deutschlands.

**Geschichte:** Kelten und später Römer, deren Militärstraße Via Decia seit dem 3. Jahrhundert durch das Ostrachtal lief, siedelten im heutigen Stadtgebiet. Im 7. Jahrhundert ließen sich Alemannen nieder, und im 9. Jahrhundert findet der Ort eine erste urkundliche Erwähnung. Zu diesem Zeitpunkt entstand auch eine Urpfarrei, die bis in das späte Mittelalter das Tannheimer Tal und das Ostrachtal betreute. 1429 erhielt Sonthofen das Marktrecht und kam durch seine Lage an der Salzstraße und der Verarbeitung des am → **Grünten** geförderten Erzes zu Wohlstand. 1525 begann in Sonthofen der blutige Allgäuer Bauernkrieg, und im Dreißigjährigen Krieg wurde der Ort mehrmals von den Schweden geplündert. 1945 traf Sonthofen ein schwerer alliierter Bombenangriff und verwüstete viele historische Gebäude. 1963 wurde Sonthofen nach langer und wechselvoller Geschichte zur Stadt erhoben.

*Silberdisteln säumen den Aufstiegsweg zum Grünten.*

**Sehenswertes:** In der nach dem Zweiten Weltkrieg wieder aufgebauten barocken **Pfarrkirche St. Michael** bestechen die herrlichen, 1748 geschaffenen Figuren der Kirchenväter am Hochaltar. Sehenswert sind daneben zwei feine spätgotische Schnitzreliefs. In der **Friedhofskapelle St. Sebastian und Afra** findet man zwei spätgotische Altarflügelbilder. Unbedingt einen Besuch wert ist das **Heimathaus** in der Sonnenstraße. Gezeigt werden geologische, geschichtliche und volkskundliche Sammlungen und eine sehenswerte Kunstsammlung.

**Ausflüge:** Nördlich von Sonthofen beginnt im Weiler Winkel die Wanderung in die → **Starzlachklamm**. Im nordöstlichen Ortsteil **Berghofen** lockt die kleine Kirche mit einem herrlichen Schreinaltar von 1438, dessen Bilder von Hans Striel dem Älteren gemalt wurden und dessen prächtige Schnitzwerke von einem Ulmer Meister stammen. Nahe Berghofen steht am Hang die Ruine der Mitte des 14. Jahrhunderts erbauten **Burg Fluhenstein**, die zu den besterhaltenen Burgruinen im Allgäu zählt. Südlich von Sonthofen liegt **Altstädten**. Die Pfarrkirche ist mit wertvollen barocken Kunstwerken ausgestattet und überrascht mit einem feinen spätgotischen Relief. Östlich über Altstädten lockt der malerische **Leybachtobel** zu einem Besuch. Fährt man von Altstädten zwei Kilometer weiter nach Süden, kann man in der Martinskapelle in **Hinang** feine spätgotische Figuren des Memminger Schnitzers Ivo Strigel bewundern. Vom Dorf führt eine kurze Wanderung zu den oberhalb gelegenen **Hinanger Wasserfällen**. Ein letzter Ausflug führt uns von Sonthofen nach Westen in das malerische **Gunzesrieder Tal**. Von der Gunzesrieder Säge aus kann man den **Ostertaltobel** erkunden, eine Nagelfluhschlucht mit mehreren Wasserfällen.

## ▶ STARZLACHKLAMM

*Höhe: ca. 800 m*

*Karte: F/G 4*
*Wanderung 11*

**Lage:** Zwischen → **Grünten** im Norden, **Wertacher Hörnle** im Osten und **Tiefenbacher Eck** im Süden liegt ein weites, waldreiches Tal, das von der Starzlach entwässert wird. Im Westen durchschneidet das Flüßchen nahe dem zu → **Sonthofen** gehörenden Weiler Winkel in einer Klamm tertiäre Gesteinsschichten, um wenig später in die Ostrach zu münden.

**Sehenswertes:** Vom Wanderparkplatz in Winkel führt ein Weg zur nahen Klamm, durch die ein teils schmaler, steiniger Weg gelegt wurde. Stege und ein kurzer Tunnel erschließen die enge Schlucht mit ihren malerischen Wasserfällen und Strudeltöpfen. Unter Geologen ist die Schlucht aufgrund ihrer zahlreichen **Versteinerungen** bekannt. Teile der Felsen sind aus großen Einzellern, sogenannten Nummuliten, auf-

*Am Eingang in die wildromantische Starzlachklamm.*

gebaut. Im Tertiär bevölkerten diese Tiere, deren Versteinerungen im Volksmund Pfennigsteine genannt werden, jenes warme Meer, in dem die hiesigen Ablagerungsgesteine entstanden. Zur gleichen Zeit lebte die Krabbenart, deren versteinertes Gehäuse an der Starzlach zum ersten Mal gefunden wurde. Nach dem Fundort erhielt dieses Tier, das im Sonthofener Heimathaus (→ **Sonthofen**) ausgestellt ist, den Namen »Cancer sonthofensis«.

## ▶ STILLACHTAL

*Höhe: 800–1150 m* | *Karte: F 6/7*
*Wanderung 19, 20, 21*

**Lage:** Südlich von → **Oberstdorf** leitet das von steilen Gipfeln eingerahmte Stillachtal zu den Bergriesen des Allgäuer Hauptkammes. Von Oberstdorf verkehrt eine Buslinie bis Birgsau.

**Sehenswertes:** Über dem nördlichen Taleingang liegt von bewaldeten Hügeln umringt der malerische **Freibergsee**, der im Sommer zu einem herrlichen aussichtsreichen Bad lockt. Südlich des Sees überragt der schwindelerregende Sprungturm der **Heini-Klopfer-Skiflugschanze** von Oberstdorf den Wald. Ein Sessellift und ein Schrägaufzug bringen Besucher auf den Turm, der eine herrliche Aussicht auf die Bergwelt rund um Oberstdorf bietet. Weiter talein endet an der Talstation der **Fellhornbahn** (→ **Fellhorn**) die für den allgemeinen Verkehr freigegebene Straße. Über die Talwiesen, von denen der Blick ungehindert zu den Allgäuer Bergriesen um die **Mädelegabel** geht, erreicht man den Weiler **Birgsau**. Zu Fuß oder mit Kutschwagen kann man den Weg in das 1142 Meter hoch gelegene **Einödsbach** fortsetzen, die südlichste Siedlung Deutschlands. Hier bietet sich eines der malerischsten Bilder im Allgäu. Neben dem Gasthaus steht eine bezaubernd schlichte Kapelle. Von dort geht der Blick, vorbei an einem holzbraunen, im 16. Jahrhundert erbauten Bauernhof, zu den Felswänden von Trettachspitze, Mädelegabel und Hochfrottspitze.

*Bergbauernhof in Einödsbach am Fuße der Mädelegabel.*

## ▶ TRETTACHTAL

*Höhe: 800–1150 m* | *Karte: F 6/7*
*Wanderung 17, 18*

**Lage:** Von → **Oberstdorf** zieht parallel zum westlich gelegenen → **Stillachtal** das einsamere Trettachtal in das Allgäuer Hochgebirge. Kleinbusverbindung zum Gasthof in Spielmannsau (→ **Wanderung 17**) und Kutschfahrten nach → **Gerstruben** und Spielmannsau.

**Sehenswertes:** Südlich von **Oberstdorf** zweigt bei Gruben das **Oytal** ab. Bei Gottenried liegt der kleine, romantische **Christlessee**, der von Wassern aus dem Untergrund gespeist wird. In der Nähe beginnt ein steiler Weg, der am tief eingeschnittenen Hölltobel entlang bergwärts führt. Dieser Weg endet in **Gerstruben**, der schönsten Bergsiedlung im Allgäu. Im hinteren Trettachtal liegt **Spielmannsau**, das einstmals ebenfalls vom Lechtal her besiedelt wurde. Der Gasthof in Spielmannsau ist Ausgangspunkt für eine Reihe herrlicher Bergtouren.

*Seite 60/61: Die letzten Schritte zum Gipfelkreuz des Branderschrofen.*

## ▶ VORDERBURG

*Höhe: 860 m* | *Karte: G 2*
*Einwohnerzahl: Ortsteil von Rettenberg* | *Wanderung 10*

**Lage:** Am Nordfuß des → **Grünten** liegt auf einer aussichtsreichen, nach Süden geneigten Wiesentafel das Dorf Vorderburg. Zusammen mit weiteren 30 Ortschaften und Weilern bildet es die Gemeinde **Rettenberg**, die sich auf einer Fläche von 60 Quadratkilometern ausdehnt.

**Sehenswertes:** In Vorderburg ist die Kirche **St. Blasius** einen Besuch wert. Im gotischen Chor blieb ein sehenswertes Fresko erhalten. Ein Denkmal setzte sich in der Kirche die Rettenberger Künstlerfamilie Weiß, deren Angehörige im 18. Jahrhundert das Bild im Hochaltar und die Deckenfresken schufen. Über dem Dorf findet man die **Ruine Vorderburg**. Lediglich einige Mauerreste sind von der um 1100 erbauten Burg erhalten. Ihr ursprünglicher Name lautete Burg Rettenberg, da sie bis Mitte des 14. Jahrhundert Stammsitz der Freiherren von Rettenberg war. Von hier konnte der Verkehr auf der wichtigen Salzstraße überwacht werden, die am nördlichen Fuß des Burgberges durch das Rottachtal lief. Nach dem Aussterben des Rittergeschlechts der Rettenberger gehörte die Burg zum Augsburger Bischofsstuhl, bis sie 1562 durch einen Brand zerstört wurde.

Auf halbem Weg zwischen Vorderburg und Kranzegg lohnt ein kurzer Zwischenstop im Weiler **Emmereis**. Dort überrascht die im 11. Jahrhundert erbaute Kapelle mit einigen bemerkenswerten romanischen Fresken.

# 1 Von Stötten auf den Auerberg

Stötten – Römerweg – Auerberg – Römische Wälle – Römerweg – Stötten Karte: J/K 1

Von Stötten aus führt eine landschaftlich reizvolle Wanderung auf den geschichtsträchtigen → **Auerberg**. Vor allem im Frühjahr und im Spätherbst bietet dieser Voralpenberg herrliche Ausblicke zum verschneiten Alpenbogen.

*Der Drachentöter St. Georg in der Kirche auf dem Auerberg.*

## Wegverlauf:

Wir beginnen unsere Wanderung an der **Kirche** im Ortszentrum von **Stötten**. Wir gehen die Straße am Gasthof Sonne vorbei aufwärts und halten uns an der folgenden Kreuzung links (Wegweiser: Auerberg, Römerweg). Nach wenigen Metern wandern wir auf schmaler Straße geradeaus (Wegweiser: Auerberg über Römerweg). Neben einer Hinweistafel zur Geschichte des Auerberges wieder geradeaus und über eine weiche Wiese sanft aufwärts. Wir überqueren einen Feldweg und steigen durch frühlingsbunte Wiesen bergan. Wir wechseln geradewegs auf einen Feldweg und folgen ihm zu einem Bauernhof. Hier wenden wir uns auf dem Teersträßchen nach rechts und wandern über einen Bach zum Westrücken des Auerberges. Bei erster Gelegenheit biegen wir links auf eine schmale Teerstraße (Wegweiser: Auerberg) und wechseln nach wenigen Metern geradewegs auf einen Feldweg. An der ersten Weggabelung gehen wir rechts sanft aufwärts auf eine **Antenne** zu und biegen vor einer Holzhütte links auf einen Wanderweg ein (Wegweiser: Römerweg, Auerberg). Im Wald steigen wir über den Westrücken des Auerberges aufwärts. Bald ziehen auf der Südseite Wiesen bis zum Bergkamm herauf und öffnen uns den Blick auf die imposante Alpenkette. An einer Bank erläutert uns eine Panoramatafel die Aussicht, die von den Ammergauer Alpen bis zum → **Grünten** reicht.

Immer nahe dem Bergrücken leitet uns der wundervoll weiche Waldweg über eine Kuppe in eine Senke. Von hier kurz auf breitem Weg bergauf (Wegweiser: Auerberg). Der Weg wird bald wieder schmaler

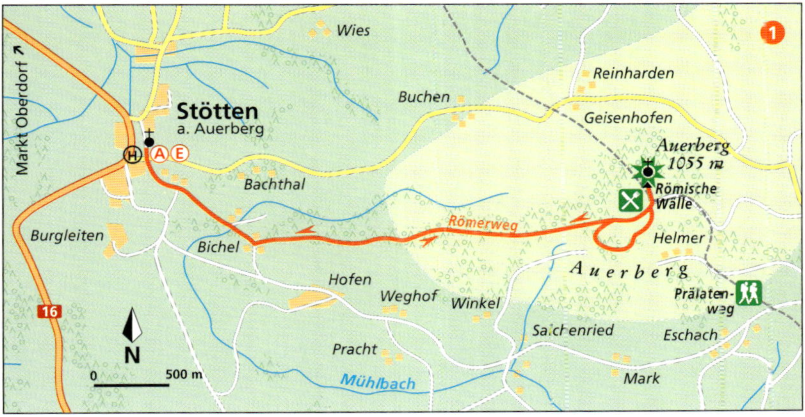


und führt zu einer Weggabelung am Rand einer Wiese. Nach der Runde über den Auerberg werden wir an dieser Stelle wieder auf den Abstiegsweg treffen. Wir nehmen den linken Weg (Wegweiser: Auerberg) und wandern über eine Wiese auf den **Gasthof Auerberg** zu. Bald schaut auch die Kirche vom Gipfel auf uns herab.

Nach einem Zaun gehen wir geradeaus über die Wiesen zu einem breiten Weg hinauf, der uns links in den Wiesensattel vor dem Auerberg bringt. Noch vor dem nahen **Gasthof** steigen wir links hinauf zur **Kirche** auf den höchsten Punkt des Auerberges (1055 m). Im Inneren der Georgskirche findet man einige hervorragende Kunstwerke. Neben einer lebensgroßen Georgsfigur und weiteren Schnitzwerken begeistert vor allem die herrliche spätgotische Madonna über dem Eingang zur Sakristei. Eine enge Treppe hilft uns zur Aussichtsplattform, die in schwindelerregender Höhe zwischen Turm und Kirchdach gespannt ist. Grenzenlos scheint an klaren Tagen der Blick hin zu den Alpen und über das grüne Alpenvorland zu sein.

Von der Kirche wandern wir jetzt wieder zurück in den Wiesensattel und biegen dort vom Sträßchen rechts in den breiten Wanderweg. Nun nicht rechts auf den Wiesenweg, den wir heraufgekommen sind, sondern

**Tourencharakter:** Einfache Vorgebirgswanderung, die problemlos mit Kindern unternommen werden kann. **Beste Jahreszeit:** Vom Frühjahr bis in den Spätherbst. **Reine Gehzeit:** 3 Std. **Höhendifferenz:** 340 m. **Ausgangs-/Endpunkt:** Das Ortszentrum von Stötten. Stötten liegt 7 Kilometer südöstlich von Markt Oberdorf an der B 16. **Verkehrsanbindung:** Bushaltestelle in Stötten an der Linie Füssen–Markt Oberdorf. **Einkehr:** Im Gasthof auf dem Auerberg. **Unterkunft:** In Stötten und in den Dörfern rund um den Auerberg. **Auskunft:** Verkehrsverein Bernbeuren, Tel. (0 88 60) 210.

geradeaus (Wegweiser: Bernbeuren, Jägersteig, Römerrunde) zu den mächtigen **Wällen der römischen Siedlung** (→ **Auerberg**). Sie sicherten einst die römische Siedlung auf dem Auerberg, die nach wenigen Jahrzehnten wieder aufgegeben wurde. Weiter geht es nicht links auf den Jägersteig, sondern auf dem breiten Weg geradeaus durch die Wallanlage. Der Feldweg führt uns durch die Wiesen, auf denen einstmals die römische Siedlung stand, abwärts zum Waldrand. Wo das Sandsträßchen nach links in die Wiesen umbiegt, gehen wir wenige Meter nach rechts zu einem **Kreuz**. An dieser Stelle beginnt ein schmaler Steig, der uns gelb markiert durch den Wald abwärts führt. Wir erreichen eine Wiese und treffen dort auf eine Wegspur. Wir gehen kurz rechts hoch in den Wald und treffen dort an einer Wegkreuzung auf unseren Aufstiegsweg. Links führt er uns über den Westrücken, der uns nochmals herrliche Ausblicke auf das Alpenvorland bietet, wieder hinab nach **Stötten**.

*Umringt von bunten Wiesen: Die Kirche und das Gasthaus auf dem Auerberg.*

# Im Herzen der Ammergauer Alpen

**2**

Kenzenhütte – Kenzensattel – Gumpenkar – Krähe – Geiselsteinsattel – Wankerfleck

Karte: L 3

Die Kenzenhütte liegt im Herzen des größten Naturschutzgebietes in Deutschland, das 27 000 Hektar der Ammergauer Alpen umfaßt. Lediglich wenige Schritte sind es von der Hütte zu einer der unzähligen Naturschönheiten, die dieses Gebiet für den Wanderer bereithält. Ein schmales Weglein führt zum nahen **Kenzen-Wasserfall**, der über dunkle Felswände herabrauscht. Im schattigen Tobel am Fuße des Wasserfalls läßt sich herrlich frühstücken, ehe man die Wanderung in Angriff nimmt.

## Wegverlauf:

Unser Aufstiegsweg beginnt ebenfalls an der **Kenzenhütte** und führt uns geradewegs auf einem breiten Forstweg aufwärts (Wegweiser: Hochplatte). Wir folgen ihm nur kurz und biegen wenige Meter nach einem Linksknick rechter Hand in einen schmalen Steig (Wegweiser: Hochplatte, Krähe, Geiselstein). Nach wenigen Schritten halten wir uns an der Weggabelung wieder rechts (Wegweiser: Kenzenkopf, Geiselstein) und queren oberhalb des Wasserfalls in einen kleinen Talboden am Fuße der Hochplatte.

*Von der Krähe geht der Blick zu den Bergen der Allgäuer Alpen.*

Das steinige Weglein führt uns über zwei schmale Bäche (Wegweiser: Geiselstein) und schlängelt sich dann durch ein breites Wiesental, die sogenannte Gasse, aufwärts. Zwischen den Wänden der Hochplatte und jenen des Kenzenkopfes, durch die extreme Kletterrouten führen, steigen wir zum **Kenzensattel** (1650 m) hinauf, der von markanten Felsnadeln überragt wird. Hier öffnet sich der Blick zum Geiselstein, dessen helle Kalkwände das Licht der Morgensonne einfangen. Der Weg leitet uns vom Sattel kurz abwärts und quert dann in fast gleichbleibender Höhe zum **Gumpenkar** hinüber.

Am Rand des Kars erreichen wir eine Weggabelung. Wer nicht zur Krähe will, kann rechts direkt zum Geiselsteinsattel wandern und verringert die Gehzeit um zwei Stunden (**Kurzvariante**; Wegweiser: Geiselstein).

Wir gehen jedoch geradeaus (Wegweiser: Fensterl-Hochplatte, Blöckenau) und folgen dem schmalen Steig, der sich zwischen lat-

schenbewachsenen Felsblöcken durch den Karboden windet. Nach einem kurzen Anstieg erreichen wir eine weitere Wegkreuzung. Über uns ist am Bergkamm das »Fensterl« zu erkennen, das als Felstor den Bergkamm durchbricht. Der Anstieg über die Plattenschüssel zum Fensterl und über den Gipfelgrat zur Hochplatte ist nicht zu unterschätzen und bleibt dem versierten Bergsteiger vorbehalten.
Wir wenden uns hier nach rechts (Wegweiser: Gumpenkar, Geiselstein, Gabelschrofen) und wandern zwischen blauem Eisenhut und Alpenrosen im Bogen durch das Kar. Über uns leuchtet auf der Krähe das Gipfelkreuz, von dem die düstere, senkrechte Nordwand in das Kar abbricht. Bald erreichen wir eine Wegkreuzung, von der wir nach links hinauf steigen (Wegweiser: Gabelschrofensattel, Blöckenau). Der Weg quert durch Wiesenhänge aufwärts und bringt uns zur Schutthalde am Fuße von Gabelschrofen und Krähe. Über sie steigen wir teils mühsam in den **Gabelschrofensattel** hinauf, in dem sich der Blick nach Osten zum Säuling und zu den Tannheimer Felsbergen öffnet.
Wenige Meter vor dem Sattel biegt links der rot-weiß-rot markierte Steig ab (Wegweiser: Krähe, Hochplatte), der uns den Anstieg zum Gipfel der Krähe vermittelt. Er quert zu einer Felsrinne, in der wir einen eingeklemmten Felsblock überklettern müssen. Nach dieser kurzen, ungefährlichen Kraxelei im nicht allzu steilen Gelände erreichen wir den Gipfelkamm. Links leitet uns der Steig durch harmlose Grashänge zum nahen Kreuz auf dem Gipfel der **Krähe** (2012 m), die uns mit phantastischen Nah- und Fernblicken belohnt.
Für den Abstieg wählen wir den schon bekannten Weg hinab in das Gumpenkar. Dort halten wir uns an der ersten Wegkreuzung links (Wegweiser: Geiselstein) und steigen am Rand des Kars leicht aufwärts. Bald ragt nahe vor uns das herrliche Felshorn des Geiselsteins auf. Ein kurzer Abstieg bringt uns zu einer Wegkreuzung. Von rechts kommt der Steig, der als Kurzvariante von der Kenzenhütte zum Geiselstein führt. Ein letzter, kurzer Anstieg bringt uns am Fuße der sonnenüberfluteten Südwand des Geiselsteins, in der die Kletterer turnen, zum **Geiselsteinsattel**. Nicht zu Unrecht wird der formvollendete Gipfel des Geiselsteins auch Matterhorn der Ammergauer Alpen genannt. Eine Besteigung der allseits mit steilen Wänden abbrechenden Bergspitze bleibt allerdings den Kletterern vorbehalten.
Ein letztes Mal geht der Blick zurück zur wuchtigen Hochplatte, ehe wir jenseits durch den Bergwald absteigen (Wegweiser: Wankerfleck). Der Weg pendelt in unzähligen Kehren abwärts zu einer Weg-

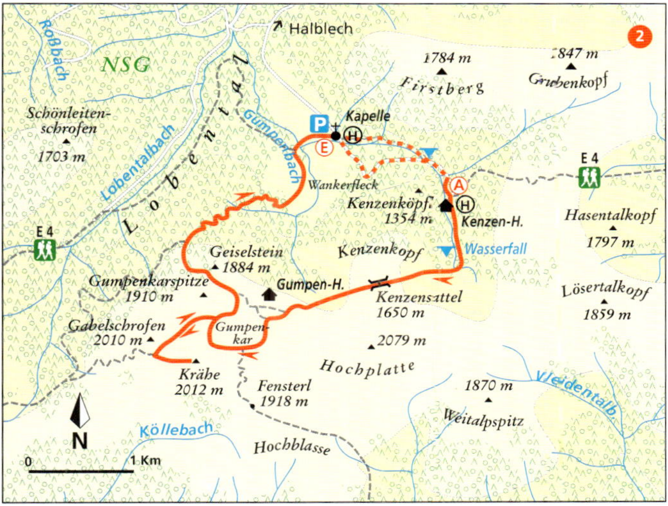


kreuzung. Wir folgen dem besseren Weg nach rechts und queren zur Nordseite des Geiselsteins. Ein steiler Wiesenhang verlangt vor allem mit Kindern etwas Vorsicht. Bald türmt sich über uns die steile Nordwand des Geiselsteins, durch die mehrere extreme Kletterrouten führen. Wir steigen in Serpentinen durch einen breiten Hang ab, auf dem alte Bergahorne in herbstlichen Farbtönen aufleuchten. Weiter unten leitet uns der teils feuchte Steig durch den Bergwald abwärts.

Am Rand des Wankerflecks treffen wir auf einen breiten Wirtschaftsweg, dem wir nach links folgen. Wir wandern am **Gumpenbach** entlang und biegen in die zweite Sandstraße, die rechts abgeht (Wegweiser: Wank-Kapelle, Kenzenhütte). Eine Brücke hilft über den Bach, und in wenigen Minuten wandern wir dann über die Alpwiesen zur Kapelle auf dem **Wankerfleck**. Von hier bringt uns der Bus zurück nach → **Halblech**.

**Tourencharakter:** Aussichtsreiche Hochgebirgswanderung auf steinigen Pfaden für trittsichere Wanderer. **Beste Jahreszeit:** Juni bis Oktober. **Reine Gehzeit:** 5 Std. **Höhendifferenz:** Aufstieg 920 m, Abstieg 1050 m. **Ausgangspunkt:** Die Kenzenhütte (1285 m) am Nordfuß der Hochplatte. Ab Parkplatz Kenzenhütte am südlichen Ortsrand von Halblech fahren Kleinbusse zur 11 Kilometer entfernten Kenzenhütte. Abfahrt während der Woche ab 8 Uhr, am Wochenende ab 7 Uhr stündlich bis 11 Uhr, bei Bedarf auch öfter. **Endpunkt:** Haltestelle auf dem Wankerfleck; letzte Rückfahrt um 17.30 Uhr. **Verkehrsanbindung:** Halblech liegt an der Buslinie Füssen–Steingaden. **Einkehr:** In der Kenzenhütte. **Unterkunft:** In Halblech und den Nachbarorten; Kenzenhütte, Tel. (08368) 390. **Auskunft:** Verkehrsamt Halblech, Tel. (08368) 890 und 285; Busverbindung Kenzenhütte, Busunternehmen Schwarz, Tel. (08368) 550.

# 3 Vom Tegelberg nach Neuschwanstein

Tegelbergbahn-Bergstation – Branderschrofen – Tegelbergbahn-Bergstation – Neuschwanstein – Tegelbergbahn-Talstation Karte: K3

*Der schwierige Gipfelanstieg zum Branderschrofen sollte nicht unterschätzt werden.*

1832 erwarb Kronprinz Max, der spätere Bayernkönig Max II., die Ruine → **Hohenschwangau** und baute sie im Stil der Neugotik zu seiner herrschaftlichen Privatwohnung aus. Als passionierter Jäger ließ er nun vor allem die einsamen Ammergauer Alpen als königliches Jagdrevier mit breiten Reitwegen erschließen. 1852 erbaute er auf dem Tegelberg das königliche Jagdhaus, das heutige Tegelberghaus. Gerne hat sich sein Sohn Ludwig II. gemeinsam mit seiner Mutter Maria hier aufgehalten. Vielleicht erträumte er sich auf dem Tegelberg das Schloß → **Neuschwanstein**

## Wegverlauf:

Vor der **Bergstation der Tegelbergbahn** (1710 m) beginnt ein breiter Wanderweg, der nach links ansteigt. An der nahen Weggabelung halten wir uns links und folgen dem breiten Weg aufwärts. Bald ist eine aussichtsreiche Wiese erreicht, an der die meisten der Seilbahnbenützer zurückbleiben. Der Weg schlängelt sich weiter aufwärts bis zu einem schwach ausgeprägten **Vorgipfel**. Hier warnt ein Schild mit der Aufschrift **»Stop – Nur für Geübte«** vor dem Weiterweg, das allerdings nicht von allen beachtet wird, für die es aufgestellt wurde.

Der Steig, der ab hier an einigen Stellen mit Drahtseilen gesichert ist, wird nun schmal und quert in die steile Südflanke. Ein kurzer Anstieg bringt uns auf die luftige Gratschneide hinauf. Der Fels ist stark abgeschmiert, und bei Nässe ist ab hier Vorsicht geboten. Wir steigen jetzt links des Kamms zum felsigen Gipfelaufbau, den wir in leichter Kletterei überwinden. Vom großen Metallkreuz auf dem Gipfel des **Branderschrofen** (1880 m) genießen wir die herrlichen Ausblicke in die Bergwelt ringsum und berauschende Tiefblicke auf das mit blauschimmernden Seen und Dörfern gesprenkelte Vorland bei → **Füssen**.

Vom Gipfel steigen wir wieder hinab zur **Bergstation der Tegelbergbahn**. Von dort wandern wir, links am **Tegelberg-Haus** vorbei, auf einem breiten Weg abwärts (Wegweiser: Marienbrücke, Hohenschwangau). Bis hinunter zum Schloß Neuschwanstein läuft unser

*Immer wieder geht der Blick hinab auf Schloß Neuschwanstein.*

Weg gemeinsam mit dem **Europäischen Fernwanderweg E4**. Der breite Weg knickt nach kurzer Strecke nach rechts und führt uns unter der Seilbahn hindurch abwärts. Kurz nach einer Lifttrasse erreichen wir eine Weggabelung. Rechts führt der Normalabstieg hinab zur Talstation. Wir halten uns jedoch links (Wegweiser: Marienbrücke, Hohenschwangau).

Kurze Zeit später biegt rechts der Direktabstieg durch die »Gelbe Wand« ab, der nur trittsicheren und schwindelfreien Bergsteigern angeraten werden kann. Wir gehen hier geradeaus weiter und wandern ein zweites Mal unter der Seilbahn hindurch. Teils eben, teils abwärts, quert der Weg nun durch den steilen, waldreichen Nordhang des Tegelbergkopfes. Vorbei an einigen Felstürmen unterhalb des Weges erreichen wir den westlich vom Tegelbergkopf steil abfallenden Bergkamm. Ein kurzer Abstecher auf ein Gratköpfchen ermög-

*Über Felskaskaden rauscht die Pöllat zu Tal.*

licht uns einen phantastischen Tiefblick auf die Königsschlösser Neuschwanstein und Hohenschwangau, eingerahmt von grünen Wäldern und tiefblauen Seen. Im Süden steht der imposante Säuling über dem breiten, von Bergkämmen begrenzten Waldtal der Bleckenau.

Der gute Weg wechselt auf die sonnige Südseite des Berges und führt uns nahe des Westkammes bergab. An einer Stelle, an der der Steig eine steile Flanke quert, gibt ein vorsorglich installiertes Stahlseil zusätzliche Sicherheit. Danach windet sich unser Weg in Serpentinen zwischen latschenbewachsenen Felstürmen abwärts. Immer wieder eröffnen sich Blicke hinab zum Märchenschloß Neuschwanstein, das nach und nach immer näher rückt und weitere Details erkennen läßt. Bald wird das Gelände zahmer, und der Weg schlängelt sich durch Buchenwald abwärts.

Noch einmal erreichen wir einen phantastischen Aussichtspunkt, von dem wir nach Neuschwanstein hinabsehen, ehe der Weg im Tal der Pöllat nach rechts knickt. Unvermittelt stehen wir vor der **Marienbrücke**, die in schwindelerregender Höhe den Eingang zur Pöllatschlucht überspannt. Unter uns tosen die Wasser der Pöllat, und vor uns spielt das Licht der Nachmittagssonne an den Türmen und Zinnen des nahen Schlosses Neuschwanstein. Hinter der Brücke erreichen wir eine Wegkreuzung, an der wir rechts zum → **Schloß Neuschwanstein** hinabgehen (Wegweiser: Pöllatschlucht, Tegelbergbahn).

Kurz vor dem Schloß biegen wir rechts auf einen Treppenweg ab (Wegweiser: Pöllatschlucht, Tegelbergbahn),

**Tourencharakter:** Abstecher zum Branderschrofen nur für schwindelfreie, trittsichere Bergsteiger; Abstieg nach Neuschwanstein auf steinigem Steig für Bergwanderer mit gutem Schuhwerk. **Beste Jahreszeit:** Vom Frühsommer bis in den Spätherbst. **Reine Gehzeit:** Abstecher zum Branderschrofen 40 Min., Abstieg zur Talstation 2 1/2 Std. **Höhendifferenz:** Abstecher zum Branderschrofen 170 m, Abstieg zur Talstation 880 m. **Ausgangs/Endpunkt:** Bergstation der Tegelbergbahn (ganzjährig in Betrieb); ausgeschilderte Zufahrt von Schwangau an der B 17 zur Talstation (erste Bergfahrt zwischen 8.30 und 9 Uhr). **Verkehrsanbindung:** Bushaltestelle Talstation der Tegelbergbahn an der Linie Füssen–Steingaden. **Einkehr:** Im Tegelberghaus an der Seilbahn-Bergstation. **Unterkunft:** In Schwangau, Hohenschwangau und Füssen; im Tegelberghaus (1707 m) an der Seilbahn-Bergstation, Tel. (0 83 62) 89 80. **Auskunft:** Kurverwaltung Schwangau, Tel. (0 83 62) 8 19 80; Tegelbergbahn, Tel. (0 83 62) 8 10 18.

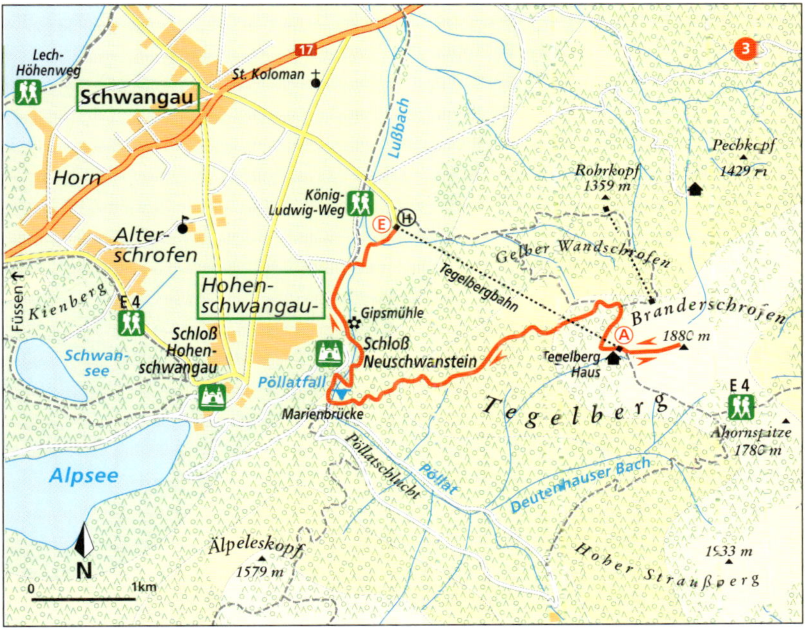


der uns zur Pöllat hinabführt. Rechts rauscht ein mächtiger **Wasserfall** durch die enge Schlucht, über dem sich der Bogen der Marienbrücke spannt. Unser Weg wendet sich im Tal nach links und bringt uns zum unteren Abschnitt der **Pöllatschlucht**. Die Felswände rücken zu einer engen Klamm zusammen, und ein Holzsteg vermittelt uns über dem tobenden Fluß den Weiterweg. Das Tal wird bald wieder weiter, und neben einer alten **Gipsmühle** erreichen wir eine Wegkreuzung.

Wir folgen dem breiten Weg nach rechts (Wegweiser: König-Ludwig-Weg), gehen an der nächsten Gabelung geradeaus (Wegweiser: Tegelbergbahn) und halten uns dann nach wenigen Metern rechts (Wegweiser: Tegelbergbahn). Wir wandern auf dem Dammweg 400 Meter am Flüßchen entlang bis zu einem schmalen Sträßchen. Auf ihm nach rechts (Wegweiser: Abkürzung zur Tegelbergbahn) und hinter der Brücke links auf den Wanderweg. Nach 300 Metern gehen wir an der Weggabelung rechts in die Wiesen hinauf, von denen wir noch einmal einen wundervollen Blick zurück zum Schloß Neuschwanstein haben. Bald wendet sich unser Weg nach links und bringt uns zur nahen **Talstation der Tegelbergbahn** (→ **Schwangau**).

# 4 Von Hohenschwangau zum Säuling

Hohenschwangau – Wildsulzhütte – Säuling – Säulinghaus – Wildsulzhütte – Hohenschwangau

Karte: K3/4

Unübersehbar baut sich über Schloß → **Neuschwanstein** der wuchtige Säuling auf, der dem Bergsteiger bezaubernde Tiefblicke auf die Schlösser und Seen am Alpenrand schenkt.

## Wegverlauf:

Vom großen **Parkplatz** in → **Hohenschwangau** führt zwischen einigen Gebäuden die Straße aufwärts, über die die Pferdekutschen ihre internationale Kundschaft nach Neuschwanstein hinaufkarren. Wir biegen, bevor die Straße ansteigt, zum Parkplatz auf der linken Seite ab. An seinem Ende finden wir einen Fußweg (Wegweiser: Pöllatschlucht, Tegelbergbahn). Nach wenigen Metern halten wir uns rechts (Wegweiser: Schloß Neuschwanstein, Marienbrücke) und folgen dem geteerten Fußweg, der uns in Serpentinen durch den Waldhang aufwärts führt, bis wir kurz vor König Ludwigs Traumschloß auf die Fahrstraße stoßen. Auf ihr nach links bis zum **Kutschenwendeplatz** vor dem Schloß Neuschwanstein.

*Südlich des Säuling öffnet sich das Tiroler Lechtal.*

*Der Gipfel des Säuling belohnt mit einem schönen Blick zu den Tannheimer Bergen.*

Wir biegen rechts in einen geteerten Wanderweg ein (Wegweiser: Tegelberg, Säuling), halten uns an einer Gabelung erneut rechts (Wegweiser: Weg 36) und gehen auf dem steilen Weg aufwärts. Hinter uns taucht nun wie eine Fata Morgana Schloß Neuschwanstein aus dem herbstlichen Morgennebel auf. An der nächsten Wegkreuzung halten wir uns links (Wegweiser: Marienbrücke, Tegelberg) und wandern am Abzweig zur Marienbrücke vorbei geradewegs aufwärts zur Bushaltestelle an einer Teerstraße.

An der Kreuzung gehen links zwei Straßen ab. Wir nehmen die rechte der beiden, die als unbefestigte Forststraße durch den Wald bergan führt (Wegweiser: Säuling, Pilgerschrofen). Durch die Fichtenäste schimmern die hellen Mauern von Schloß Neuschwanstein zu uns herauf, ehe uns die Forststraße in einer Kehre nach links leitet (Wegweiser: Säuling, Bleckenau). Wir wandern einige Minuten bergauf, bis wir scharf nach rechts auf eine weitere Forststraße abbiegen (Wegweiser: Säuling). Sie führt uns durch den bewaldeten Hang aufwärts. Bald können wir zur steilen Nordflanke des Säuling hinaufblicken, durch die uns der anspruchsvolle Gipfelweg leiten wird. Die Straße bringt uns in die kleine Karmulde des **Ochsenangers**, deren Wiesenboden von dunklen Wäldern und den hellen Kalkwänden überragt wird.

Hier zweigt rechts ein schmaler Steig ab, der im steilen Waldhang weit nach rechts ausholt. Dann quert er links haltend in das **Pilgerkar** hinüber, über dem die Kalkzinnen des Pilgerschrofen im Morgenlicht leuchten.

Im Pilgerkar halten wir uns an der Weggabelung neben der kleinen **Wildsulzhütte** links (Wegweiser: Säuling) und folgen dem schmalen

Steig, der uns steil nach oben führt. Bald quert der Weg in gleichbleibender Höhe durch den Nordhang des Säuling und gibt uns die Muße, den Blick zum Forggensee und in die Ammergauer Alpen zu genießen.

Nach dieser erholsamen Strecke erreichen wir die **Weggabelung**, an der der anstrengende Gipfelanstieg beginnt. Wir halten uns rechts (Wegweiser: Säuling) und steigen steil zum schrofigen Felsgürtel der Säuling-Nordflanke hinauf. Eine kurze **Eisenleiter** erleichtert uns den Einstieg. Geschickt windet sich der rot markierte Steig durch das Steilgelände nach oben. Der Weg ist an keiner Stelle ausgesetzt, doch mehrmals müssen die Hände zupacken. Trittsicherheit ist hier unbedingtes Gebot, um den Steig gefahrlos bewältigen zu können. Schloß Neuschwanstein liegt nun schon tief unter uns, und der Blick nach Norden lädt uns zu willkommenen Verschnaufpausen ein. Im oberen Bereich erleichtern uns einige Stahlseile den Anstieg, ehe wir auf die **Gemswiese** im Sattel westlich des Gipfels hinaustreten.

Warme Sonnenstrahlen erwarten uns nach dem schattigen Anstieg, und von den weichen Bergmatten geht der Blick weit nach Süden. Weit unter uns glitzert das Wasserband des Lechs, dessen Tal sich tief zwischen Allgäuer und Lechtaler Alpen eingeschnitten hat. Vom Sattel führt uns der kurze Schlußanstieg nach links über harmlose Matten aufwärts. Nach oben hin wird der Weg wieder steiler, doch bald stehen wir neben dem Kreuz auf dem West-Gipfel des **Säuling** (2039 m). Eine schönere Aussichtswarte läßt sich nur schwerlich finden. Tief unter uns liegen das Alpenvorland und die Königsschlösser. Die Bergnachbarn in den Ammergauer Alpen und jenseits des Lechs in den Tannheimer Bergen scheinen zum Greifen nahe, und den Horizont schmücken weit entfernte Fels- und Gletscherberge.

Nach langer Rast steigen wir wieder in den **Sattel** westlich des Gipfels hinab. Hier halten wir uns links (Wegweiser: Säulinghaus) und folgen dem Steig, der über die zunächst grasige, teils felsdurchsetzte Südflanke des Säuling bergab führt. Kurz vor dem Säulinghaus versperrt eine steile Felsstufe den Weg. Im Stile eines leichten Klettersteiges überwinden wir ent-

**Tourencharakter:** Im Gipfelbereich verlangen schmale, teils mit Drahtseilen gesicherte Steige Bergerfahrung und Trittsicherheit. **Beste Jahreszeit:** Von Juni bis Oktober. **Reine Gehzeit:** 6 Std. **Höhendifferenz:** 1300 m. **Ausgangs-/Endpunkt:** Der große Parkplatz in Hohenschwangau am Fuße von Schloß Neuschwanstein. **Verkehrsanbindung:** In Hohenschwangau Haltestelle der Buslinie Füssen–Steingaden. **Einkehr:** Im Säulinghaus. **Unterkunft:** In Hohenschwangau; im Säulinghaus (1693 m), Tel. (0043-5672) 29632. **Auskunft:** Kurverwaltung Schwangau, Tel. (08362) 81980.

lang hilfreicher Ketten und Seile diesen schwierigen Abschnitt und können danach ohne Probleme zum nahen **Säulinghaus** (1693 m) absteigen.

Wenige Meter vor der Hütte erreichen wir eine Wegkreuzung, an der wir nach rechts gehen (Wegweiser: Hohenschwangau). Über Schutthalden quert der Weg unter dem Felsgrat, der den Säuling mit dem Pilgerschrofen verbindet, nach Westen. Der Steig taucht bald in den schattigen Wald ein und dirigiert uns zwischen Felsblöcken und umgestürzten Bäume hindurch. Die Wegspur verliert sich an einigen Stellen, doch die gute rote Markierung läßt nie Zweifel aufkommen. Der Weg biegt an der Grenze zwischen Österreich und Deutschland um den Westkamm des felsigen Pilgerschrofen, der rechts über uns steht. Wir gehen am Wandfuß entlang, ehe uns ein letzter kurzer Anstieg auf den Bergkamm südlich des Pilgerschrofen hinaufbringt. Jenseits führt uns der Steig abwärts zur **Wildsulzhütte** im **Pilgerkar**. An dieser Stelle schließt sich der Kreis der Säuling-Überschreitung. Dem morgendlichen Aufstiegsweg folgend, wandern wir zurück zum **Parkplatz** in **Hohenschwangau**.

# 5 Von Füssen nach Hohenschwangau

Füssen – Lechfall – Alpenrosenweg – Schloß Hohenschwangau – Schwansee – Kalvarienberg – Füssen

Karte: J/K 3

Selten gehen Geschichte und landschaftliche Vielfalt eine gelungenere Verbindung ein als auf dem Weg von der altehrwürdigen Stadt → **Füssen** zu den Seen und Schlössern rund um → **Hohenschwangau**

## Wegverlauf:

Wir beginnen unsere Wanderung an der **Lechbrücke** am südlichen Rand der Altstadt von **Füssen**. Am Nordufer des Lechs führt uns unterhalb von St. Mang ein Fußweg in das nahe **Bad Faulenbach**. Im kleinen Ort biegen wir links in den Mühlenweg. Er knickt bald nach rechts um, und wir folgen geradewegs einer Treppe aufwärts. Wir verlassen den Ort in südlicher Richtung, halten uns an einer Straßengabelung links (Wegweiser: Lechfall) und folgen, vorbei an einer Hinweistafel zur römischen Via Claudia Augusta, dem Weg zum tosenden → **Lechfall**, in dessen Gischt das Sonnenlicht einen Regenbogen malt. Wir überqueren auf der schmalen Brücke den Fluß und steigen jenseits zur Bundesstraße hinauf.

*Markant erhebt sich der Säuling über dem Schwansee.*

Jenseits der B17 beginnt eine schmale Teerstraße, die an einem Biergarten vorbei aufwärts führt (Wegweiser: Alpenrosenweg, Hohenschwangau). Nach 200 Metern biegen wir an einer Weggabelung rechts in den von Alleebäumen beschatteten Weg (Wegweiser: Alpenrosenweg, Hohenschwangau), der uns sanft aufwärts zu einem geteerten Weg führt. Wir folgen ihm rechts hinauf. Er geht in einen Kiesweg über und bringt uns zu einer Kreuzung, an der wir rechts auf einen Wanderweg einbiegen (Wegweiser: Alpenrosenweg, Hohenschwangau). Nach 100 Metern halten wir uns wieder rechts und überqueren dann auf einem Bergsattel geradewegs eine breite Forststraße (Wegweiser: Alpenrosenweg nach Hohenschwangau). Auf schmalem Forstweg wandern wir über einen kleinen Hügel und überqueren im folgenden Sattel einen Wirtschaftsweg.

Kurz darauf knickt der **Alpenrosenweg** an der Nordflanke des Schwarzenberges nach links und führt uns als herrlich angelegter Steig hoch über dem Schwanensee durch den steilen Waldhang. Immer wieder lassen die Bäume Lücken, die uns den Blick hinab zum Schwansee, zum Schlößchen Bullachberg und zur herrlich gelege-

nen Kirche St. Coloman öffnen. Mühelos wandern wir in gleichbleibender Höhe zur Wegkreuzung im Bergsattel zwischen Alpsee und Schwanensee. Links führt der Fischersteig zum nahen Schwanensee hinab und ermöglicht für jene, die Schloß Hohenschwangau schon kennen, eine kürzere Alternativroute.

Wir gehen jedoch kurz geradeaus (Wegweiser: Schloß Hohenschwangau), halten uns nach wenigen Metern links (Wegweiser: Ruine Frauenstein, Schloß Hohenschwangau, Weg 47) und ersteigen auf schmalem Weg den Hügel, auf dessen Gipfel die Grundmauern der mittelalterlichen **Burg Frauenstein** liegen. Jenseits führt uns der Weg in Serpentinen bergab und bringt uns danach zu einem Teersträßchen, dem wir links zum nahen Schloß **Hohenschwangau** folgen. Durch das Tor wandern wir hinauf zum Schloßhof.

Nach einem Rundgang durch die südseitigen Gartenanlagen mit anschließender Schloßbesichtigung kehren wir zum **Schloßhof** zurück. Dort beginnt an einem Tor ein Treppenweg, der in östlicher Richtung bergab läuft. Unterhalb des Schloßgeländes biegen wir links in einen Weg (Wegweiser: Sommerweg), der uns durch Wald zum großen **Parkplatz** in **Hohenschwangau** hinabführt, über den der Wind das babylonische Sprachgewirr der Neuschwansteinbesucher weht. Wir gehen vom Postamt an der Straße entlang nach links.

Die Straße biegt bald nach rechts, und wir wandern geradewegs auf einem breiten Weg am Bach entlang, der am Fuße des felsigen Schloßberges entlangplätschert (Wegweiser: Schwansee, Füssen).

Kurz vor dem Schwansee treffen wir auf den Rundweg, dem wir links über den Bach folgen. An der folgenden Wegkreuzung halten wir uns rechts und wandern am Ufer des **Schwansees** entlang, bis wir am Ende einer mit bunten Frühjahrsblumen bewachsenen Moorwiese auf eine Sandstraße stoßen. Wir folgen ihr kurz nach rechts und genießen den Blick auf den glatten, von bunten Wäldern eingefaßten Seespiegel, über dem die Königsschlösser → **Neuschwanstein** und Hohenschwangau in der Nachmittagssonne leuchten.

*Das Schloß Hohenschwangau wird von einer märchenhaft schönen Gartenanlage eingefaßt.*

Nach wenigen Metern setzt links ein Wanderweg an (Wegweiser: Kalvarienberg), auf den wir einbiegen. Er führt uns in weit ausladenden Kehren durch den Südhang des Kienberges aufwärts. Unter einer Felswand schwenkt er nach links und quert den Hang nach Westen. An der Stelle, an der der breite Weg flach wird, wechseln wir rechts auf einen Steig (Wegweiser: Kalvarienberg), der uns zu einer Wegkreuzung auf dem Bergkamm bringt. Wir gehen auf dem schönen Waldsteiglein links hinauf (Wegweiser: Füssen) und halten uns an der Weggabelung kurz vor dem höchsten Punkt rechts. Schnell sind wir oben auf dem **Kalvarienberg** (953 m). In den übereinandergebauten Kapellen ist eine Darstellung von Jerusalem zu bewundern, und vom modernen Kruzifix auf dem Gipfel genießen wir den herrlichen Blick auf Berge, Seen, Schlösser und die Stadt Füssen.

Vom Gipfel steigen wir jenseits auf einem angenehmen Weg den Stationen des Kreuzweges folgend ab. Angelegt wurde der Kreuzweg zwischen 1837 und 1842 auf Veranlassung des damaligen Füssener Stadtpfarrers. Am Rand der Hirschwiese, unterhalb der neugotischen **Marienkapelle** und einer modernen Christusgruppe, überqueren wir geradewegs die Forststraße (Wegweiser: Füssen) und gehen auf schmalem Weg auf die unter uns liegende Altstadt von Füssen zu. An der Kreuzung neben einer kleinen Kapelle halten wir uns links und erreichen kurz darauf neben der **Kirche »Zu unserer Lieben Frau am Berg«** die B 17. An ihr entlang gehen wir nach rechts und erreichen danach über die **Lechbrücke** die nahe Altstadt von **Füssen**.

**Tourencharakter:** Einfache Wanderung durch die Vorberge zwischen Füssen und den Königsschlössern. **Beste Jahreszeit:** Vom Frühling bis in den Spätherbst. **Reine Gehzeit:** 3 Std. **Höhendifferenz:** 300 m. **Ausgangs-/Endpunkt:** Die Lechbrücke am Südrand der Füssener Altstadt. **Verkehrsanbindung:** Bahnanschluß in Füssen. **Einkehr:** Am Lechfall und in Hohenschwangau. **Unterkunft:** In Füssen oder Hohenschwangau. **Auskunft:** Kurverwaltung Füssen, Tel. (0 83 62) 70 77 und 70 78; Kurverwaltung Schwangau, Tel. (0 83 62) 8 19 80.

# Rundtour zu den Burgruinen

**6**

Zell – Schweinegger Weiher – Schwarzenbach – Lieben – Ruine Eisenberg – Ruine Hohen-Freyberg – Zell Karte: 12/3

Vor allem im Frühjahr, wenn die Wiesen ihr buntes Frühjahrskleid angelegt haben, vermag die Familientour zu den mächtigen Burgruinen → **Eisenberg** und Hohen-Freyberg (→ **Eisenberg**) zu begeistern.

**Wegverlauf:**

Wir beginnen unsere Wanderung im Ortszentrum von **Zell** und gehen auf der Dorfstraße, vorbei an der Kirche und dem **Burgenmuseum** → **Eisenberg**, geradewegs aus dem Ort. Nach 300 Metern liegt rechts der Straße ein **Wanderparkplatz**, an dem ein geteerter Wanderweg beginnt. Auf ihm (Wegweiser: Seeger-Schweinegg, Hohen-Freyberg, Eisenberg) steigen wir durch die Wiesen zum aussichtsreichen Bergsattel hinauf. Rechts führt jener Weg zu den Burgruinen hinauf, den wir später als Rückweg benützen. Wir gehen jedoch geradeaus auf einem breiteren Weg abwärts (Wegweiser: Seeger-Schweinegg) in ein Wiesental. Jetzt linkshaltend über die Wiese hinab auf einen Waldweg, der uns bald erneut auf eine Wiese führt.

*Blick zurück zur mächtigen Burgruine Eisenberg.*

Unter uns liegt nun inmitten feuchter Moorflächen der beschauliche **Schweinegger Weiher**, auf dem sich die Enten tummeln. Eine Wegspur leitet uns links abwärts in Richtung See und danach rechts über bunte Wiesen geradewegs zu einer einzelstehenden Hütte, hinter der wir auf einen Wirtschaftsweg treffen.

Auf ihm geht es nach links weiter zur nächsten Wegkreuzung und dort auf dem Feldweg nach rechts (Wegweiser: Seeger-Schweinegg). Er bringt uns durch ein wundervolles Landschaftspuzzle aus Hügelkuppen und sanft geschwungenen Tälern, aus bunten Wiesen und dunklen Wäldern, geradewegs zu den Bauernhöfen von **Schweinegg-Seeger**.

Wir stoßen auf eine schmale Teerstraße, auf der wir rechts durch eine Talmulde in den nahen Weiler **Schwarzenbach** wandern. Am Ortsende wechseln wir neben der kleinen Kapelle geradewegs auf einen Feldweg (Wegweiser: Lieben, Eisenberg). Mächtig stehen die Ruinen der beiden Burgen rechter Hand über dem sanft geschwungenen Wiesental, das wir geradewegs durchwandern. An der Wegkreuzung auf einem niedrigen Hügelchen gehen wir geradeaus und steigen durch Wiesen, die uns den Blick nach Osten über die Ammergauer Alpen zur Zugspitze freigeben, zum Weiler **Lieben** hinab. An der ersten Kreuzung wenden wir uns auf einer schmalen Teerstraße nach rechts (Wegweiser: Hohen-Freyberg, Eisenberg) und biegen nach 50 Metern rechts in einen Wirtschaftsweg ein (Wegweiser: Hohen-Freyberg, Eisenberg).

*Der Eingang zur mittelalterlichen Burg Eisenberg.*

Nach einem kurzen steileren Anstieg gehen wir an einer Weggabelung geradeaus über die Wiesen. Am Waldrand biegen wir links in einen schmalen, rotweiß markierten Steig ein (Wegweiser: Ruinen Freyberg und Eisenberg), der durch den steilen Waldhang links haltend bergauf führt. Er leitet uns auf den Ostrücken des Drachenköpfles und knickt dort nach rechts um. Wir wandern am Rücken entlang aufwärts und treffen nach einer kleinen Ebene auf einen breiteren Weg. Scharf nach links leitet ein kurzer Abstecher auf das Drachenköpfle. Wir folgen jedoch dem breiten Weg kurz rechts abwärts und wechseln dann wieder auf einen schmalen Steig, der uns zu einem Wiesensattel führt. Durch das Gatter gehen wir auf einen Feldweg und auf ihm geradewegs zur **Schloßberg-Alpe**. Traumhaft sind die Ausblicke nach Süden zum Kamm der Alpen, vor dem sich Schloß → **Neuschwanstein** zur Schau stellt.

Hinter den Gebäuden der Wirtschaft folgen wir einem Teerweg kurz rechts aufwärts und biegen vor dem Gatter links auf einen Wanderweg ein (Wegweiser: Burgruinen Hohen-Freyberg und Eisenberg). Nach wenigen Metern wandern wir auf dem breiteren Weg rechts aufwärts bis zu einer Wegkreuzung, die auf dem Bergkamm zwischen den beiden Burgruinen liegt. Wir wenden uns zuerst nach links (Wegweiser: Ruine Eisenberg) und steigen an der nächsten Weggabelung rechts zur mächtigen **Ruine Eisenberg** (1055 m)

hinauf. Gegenüber ragt auf dem Nachbarhügel unser nächstes Ziel, die Burgruine Hohen-Freyberg auf.

Von der **Burgruine Eisenberg** wandern wir wieder zurück zur Wegkreuzung und geradewegs in einen Wiesensattel hinab (Wegweiser: Ruine Hohen-Freyberg). Jenseits führt uns ein kurzer Anstieg zur nahen **Ruine Hohen-Freyberg** hinauf. Nach der Besichtigung der bröckelnden Mauern gehen wir wieder in den Wiesensattel hinab und finden dort rechts ein schmales Weglein (Wegweiser: Schweinegg, Zell), das uns am linken Rand der Wiesen und durch Wald zu einer Wegkreuzung hinabführt. Wir halten uns rechts und wandern auf einer Sandstraße, von der wir einen letzten Blick zur Ruine Hohen-Freyberg werfen können, am Rand der Wiese abwärts. An der Wegkreuzung im Sattel gehen wir auf dem schon vom Morgen her bekannten Weg links (Wegweiser: Zell) zum Wanderparkplatz hinab und von dort der Straße folgend links in das nahe **Zell**.

**Tourencharakter:** Einfache Wanderung zu eindrucksvollen Burgruinen, die auch für Kinder gut geeignet ist. **Beste Jahreszeit:** Vom Frühjahr bis in den Spätherbst. **Reine Gehzeit:** 2 3/4 Std. **Höhendifferenz:** 330 m. **Ausgangs-/Endpunkt:** Das Dörfchen Zell am Südfuß des Schloßberges; Zell liegt an der Straße von Pfronten nach Eisenberg bzw. Seeg; gute Parkmöglichkeit nordwestlich des Dorfes auf einem Wanderparkplatz (siehe Wegbeschreibung). **Verkehrsanbindung:** Busverbindung ab Bahnhof Pfronten und Füssen. **Einkehr:** In der Schloßbergalpe. **Unterkunft:** In Zell oder Eisenberg. **Auskunft:** Verkehrsamt Eisenberg, Tel. (0 83 64) 12 37.

# 7 Von Pfronten zur Burg Falkenstein

Bahnhof Pfronten-Steinach – Mariengrotte – Burgruine Falkenstein – Schloßanger-Alp – Bahnhof Pfronten-Steinach Karte: 13

Hoch über → **Pfronten** ragt auf steilem Fels die Burgruine → **Falkenstein** auf, die einstmals König Ludwig II. durch ein Traumschloß ersetzen wollte.

## Wegverlauf:

Vom **Parkplatz** gegenüber der **Talstation der Breitenbergbahn** in **Pfronten-Steinach** gehen wir kurz entlang der Bundesstraße Richtung Osten. Nach 200 Metern biegen wir links in den Zirmenweg (Wegweiser: Mariengrotte, Falkenstein, Weg 7), überqueren die Bahnlinie und treffen nach der Vilsbrücke auf einen Querweg. Auf dem breiten Kiesweg wenige Meter nach links und dann rechts in einen schmalen Wanderweg (Wegweiser: Südanstieg Falkenstein, Schloßanger-Alp). Nach kurzem Anstieg gehen wir am Wegkreuz geradeaus (Wegweiser: Falkenstein). Der erste steilere Anstieg liegt bald unter uns, und der hübsche Weg quert angenehm durch den steilen Südhang des Falkensteins nach Osten. Schnell nimmt die Steigung wieder zu und nach einigen Kehren zweigt links der schmale Steig zur Schloßanger-Alp ab.

*In der Falkenstein-Südwand versteckt sich die kleine Mariengrotte.*

Wir folgen jedoch dem Hauptweg nach rechts, der uns durch den Wald aufwärts leitet. Nach einigen Minuten leuchtet über den Bäumen die senkrechte, in hellen Farbtönen strahlende **Südwand des Falkensteins** auf. Noch gilt es einige Höhenmeter zu überwinden, ehe wir über freies Gelände den Wandfuß erreichen. Der Weg zieht kurz nach rechts und führt uns zu einer tief in den Fels eingeschnittenen Furche, die die überhängende Wand durchreißt. In ihr ragt die große, 1889 aufgestellte Madonna auf, der die Felsspalte den Namen **Mariengrotte** verdankt. Bänke verlocken nach dem steilen Anstieg zu einer aussichtsreichen Rast mit Blick auf die Berge jenseits des Vilstales.

Von der Grotte steigen wir auf dem linken, oberen Weg direkt zur **Burggaststätte Falkenstein** hinauf. Links an der Terrasse setzt der gut ausgebaute Weg an, der uns zur nahen **Burgruine Falkenstein** (1268 m) hinaufbringt. Die kräftigen Strahlen der Herbstsonne erwär-

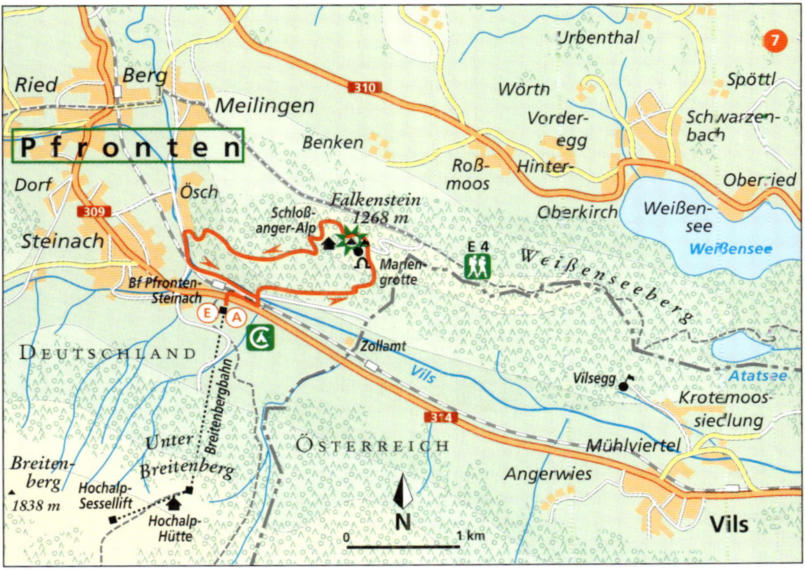


men die Südseite der Burg. Im Osten reicht der Blick über den Weißen- und den Forggensee und über das dunsterfüllte Vilstal tief in die Ammergauer Alpen. Im Süden setzen sich neben den nahen Bergkämmen von Aggenstein und Brentenjoch die Tannheimer Hochgipfel in Szene.

Von der Burgruine gehen wir wieder zur **Burgwirtschaft** zurück und finden links der Terrasse einen steinigen Steig, der uns in vielen Serpentinen durch den steilen Waldhang abwärts führt. Nach unten hin nimmt das Gefälle ab, und der Weg bringt uns zu den Wiesen der Schloßanger-Alp. Der Steig läuft am Waldrand nach rechts und führt uns zu einer Teerstraße. Wir folgen ihr nach links, gehen geradewegs über den Parkplatz und dann auf einem Feldweg links an der **Schloßanger-Alp** vorbei (Wegweiser: zum Manzengrat und Südabstieg nach Steinach). Unter der Burgruine Falkenstein, die

**Tourencharakter:** Eine einfache Familienwanderung mit einem steilen Anstieg zu Beginn. **Beste Jahreszeit:** Vom Frühjahr bis in den Spätherbst. **Reine Gehzeit:** 3 Std. **Höhendifferenz:** 430 m. **Ausgangs-/Endpunkt:** Der Bahnhof Pfronten-Steinach an der B 309 gegenüber der Breitenbergbahn-Talstation. **Verkehrsanbindung:** Die Wanderung beginnt am Bahnhof Pfronten-Steinach, zusätzlich Busverbindungen nach Füssen, Pfronten und Tannheim. **Einkehr:** Burggaststätte Falkenstein, Hotel Schloßanger-Alp und Gasthof Manzenstuben. **Unterkunft:** In Pfronten. **Auskunft:** Verkehrsamt Pfronten, Tel. (0 83 63) 6 98 88.

*Vom Falkenstein bietet sich ein schöner Ausblick auf das Seenland bei Füssen.*

links hoch über uns thront, wandern wir geradewegs über die Wiesen zum Waldrand. Hinter dem Zaun gabelt sich der Weg. Links führt der Direktabstieg zu unserem Ausgangspunkt zurück.

Wir halten uns jedoch rechts (Wegweiser: Manzengrat nach Steinach) und folgen dem schmalen Steiglein, das auf dem bewaldeten Bergkamm noch ein kurzes Stück sanft bergauf läuft. Der Waldweg verliert sich teilweise unter einer wundervoll weichen Nadeldecke, die guten roten Markierungen lassen trotzdem keine Zweifel aufkommen. Meist nahe des Abbruchs in das Vilstal, der uns immer wieder Ausblicke zu den gegenüberliegenden Bergen gewährt, wandern wir über den breiten Rücken nach Westen. Bald fällt der Bergkamm steiler ab und unser Steig windet sich in Serpentinen nach unten. Von einem Absatz wird der Blick hinab nach Pfronten frei. Unterhalb pendelt der zunehmend steinigere Weg in vielen Kehren hinab. Wir lassen den nach Meilingen ausgeschilderten Weg rechts liegen und folgen weiterhin dem Serpentinenweg abwärts. Nach wenigen Minuten treffen wir unterhalb des **Gasthofes Manzenstuben** auf eine schmale Teerstraße.

Gegenüber finden wir die Fortsetzung des Wanderweges, die uns in einem Bachtobel wieder zur Teerstraße führt: rechts abwärts zur nahen Wegkreuzung am Rande des Talbodens, kurz nach links und noch vor der Vilsbrücke wieder links auf einen Kiesweg (Wegweiser: unterer Manzenweg, Falkenstein Südaufstieg, Vils). Jetzt anfangs am Mühlbach, später an der breiten **Vils** entlang, bis wir nach einem Kilometer die Vilsbrücke erreichen. Rechts wandern wir über den Fluß zum nahen **Bahnhof Pfronten-Steinach** zurück.

# Aufs Felshorn des Aggensteins

8

Breitenbergbahn-Bergstation – Aggenstein – Bad Kissinger Hütte (Pfrontner Hütte) – Reichenbachklamm – Breitenbergbahn-Talstation Karte: 13/4

Von → **Pfronten** aus erschließt die Breitenbergbahn das herrliche Wanderrevier am Nordrand der Tannheimer Berge. Vor allem das wuchtige Felshorn des Aggensteins weckt hier die Sehnsüchte der Bergsteiger und -wanderer.

## Wegverlauf:

An der **Bergstation der Breitenbergbahn** bieten sich zwei Möglichkeiten für den Weiterweg. Entweder wir überwinden noch 200 Höhenmeter mit dem **Hochalp-Sessellift**. Oder wir folgen dem Wanderweg geradewegs an der **Hochalp-Hütte** vorbei, der nahe dem Sessellift aufwärts führt (Wegweiser: Ostlerhütte, Aggenstein). In beiden Fällen erreichen wir den Engerle genannten Wiesenrücken, der sich zwischen Breitenberg und Aggenstein spannt. Über ihn wandern wir links in südlicher Richtung abwärts auf das unnahbare Felshorn des Aggensteins zu (Wegweiser: Aggenstein), das mit senkrechten Nordwänden abbricht. Noch ist es uns ein Rätsel, wie der Steig diese abweisende Felsflanke überlisten will.

Schnell ist der Fuß des Aggensteins erreicht. Ein Serpentinenweg schlängelt sich durch einen steilen Wiesenhang nach oben. Wir erreichen eine Hangkante, über die wir auf die Nordwestseite des Aggensteins wechseln. Felsrunsen durchziehen nun das Gelände, und der schmale Weg, an dem an einigen Stellen Drahtseile und Ketten zusätzlichen Halt geben, verlangt Trittsicherheit. Über uns öffnet sich eine breite Rampe, der sogenannte »Lange Strich«, die die steile Nordflanke des Aggensteins durchzieht. Ein breiter Weg schlängelt sich unterhalb steiler Kletterwände in angenehmen Serpentinen über die Schuttflanke aufwärts, bis wir am Grat in das wärmende Sonnenlicht hinaustreten.

Phantastisch hat sich jetzt die Aussicht geweitet, und nahe vor uns steht der Gipfel

**Tourencharakter:** Im Gipfelbereich des Aggensteins fordert die Tour Trittsicherheit und Schwindelfreiheit. **Beste Jahreszeit:** Juni bis Oktober. **Reine Gehzeit:** 4 Std. **Höhendifferenz:** Aufstieg (ab Bergstation Breitenbergbahn) 500 m, Abstieg 1150 m. **Ausgangspunkt:** Die Bergstation der Breitenbergbahn. **Endpunkt:** Die Talstation östlich von Pfronten-Steinach an der B 309. **Verkehrsanbindung:** Gegenüber der Talstation der Bahnhof Pfronten-Steinach, zusätzlich Busverbindungen nach Füssen, Pfronten und Tannheim. **Einkehr:** In der Bad Kissinger Hütte (Pfrontner Hütte). **Unterkunft:** In Pfronten; in der Bad Kissinger Hütte (Pfrontner Hütte), Tel. (00 43 - 6 63) 9 25 70 03. **Auskunft:** Verkehrsamt Pfronten, Tel. (0 83 63) 6 98 88.

des Aggensteins. Wir queren kurz eine steile Grasflanke und erreichen eine Weggabelung. Links hinab wird uns der Abstieg zur Bad Kissinger Hütte führen. Zuvor klettern wir rechts durch die teils mit Ketten gesicherte Flanke zum Gipfelkreuz des **Aggensteins** (1985 m) hinauf. Grenzenlos scheint von hier die herbstlich klare Rundumsicht.

*Ein mächtiges Holzkreuz thront auf dem Gipfel des Aggensteins.*

Vom Gipfel steigen wir wieder zur nahen Kreuzung hinab und folgen dem Weg abwärts (Wegweiser: Pfrontner Hütte), der in Serpentinen durch die grasige Südflanke des Aggensteins hinabzieht. Bald wendet sich der Weg nach links und quert durch Grashänge abwärts. Unter uns taucht die **Bad Kissinger Hütte** (1788 m) auf, die sich über steilen Kalkfelsen auf dem schmalen Felskamm festkrallt. Die aussichtsreiche Terrasse des **ehemals Pfrontner Hütte** genannten Berghauses lädt zu einer Rast ein, ehe wir vorbei an einem schönen Holzkreuz weiter am Grat entlang absteigen. Kurze

Zeit später zweigt rechts der Weg nach Grän ab. Wir folgen hier jedoch geradeaus dem Kammweg (Wegweiser: Breitenberg, Pfronten) und biegen nach ca. 100 Metern links in einen Steig ein (Wegweiser: Breitenberg, Pfronten), der sich durch die schattige, felsige Nordflanke abwärts schlängelt. Der Weg ist besser zu begehen, als sein Name »Böser Tritt« vermuten läßt. Am Fuße der felsigen Steilflanke zieht der Steig kurz nach links und läuft dann abwärts zu einer Wegkreuzung vor der **Grenzerhütte**.

Links gelangt man zurück zur Bergstation der Breitenbergbahn. Wir halten uns aber rechts (Wegweiser: Reichenbachklamm, Pfronten) und folgen dem schmalen Weglein, das uns durch Wald und zwischen Steinblöcken hindurch abwärts führt. Wir treffen in der **Talmulde des Plattenbaches** auf die Schneise einer Skipiste, über die unser Weg zur Talstation eines Liftes hinabführt. Wir wechseln geradewegs auf einen Wirtschaftsweg, der uns schnell in den Wald leitet. Steil und steinig führt er zur Bergstation einer Materialseilbahn hinab.

An dieser Stelle beginnen zwei schmale Wanderwege, wobei der linke der einfachere, der rechte jedoch der landschaftlich eindrucksvollere ist. Wir nehmen den schmalen Steig rechts (Wegweiser: Reichenbachklamm, Pfronten), der uns in Serpentinen durch den Wald zum Rand der **Reichenbachklamm** hinableitet. Gut gesichert mit Geländer und Drahtseilen queren wir über der Schlucht nach links, und ein Brückchen hilft uns über einen schmalen Bergkamm. Immer wieder öffnen sich vom Weg, der in Serpentinen nach und nach in den Talgrund absteigt, eindrucksvolle Blicke in den oberen, wildesten Teil der Klamm.

Wir folgen nun dem Bach, der in kleinen Wasserfäller über die Felsblöcke rauscht, um sich dann wieder in einladend grünen Gumpen zu sammeln. Bald kommt von links der Steig herein, der oben an der

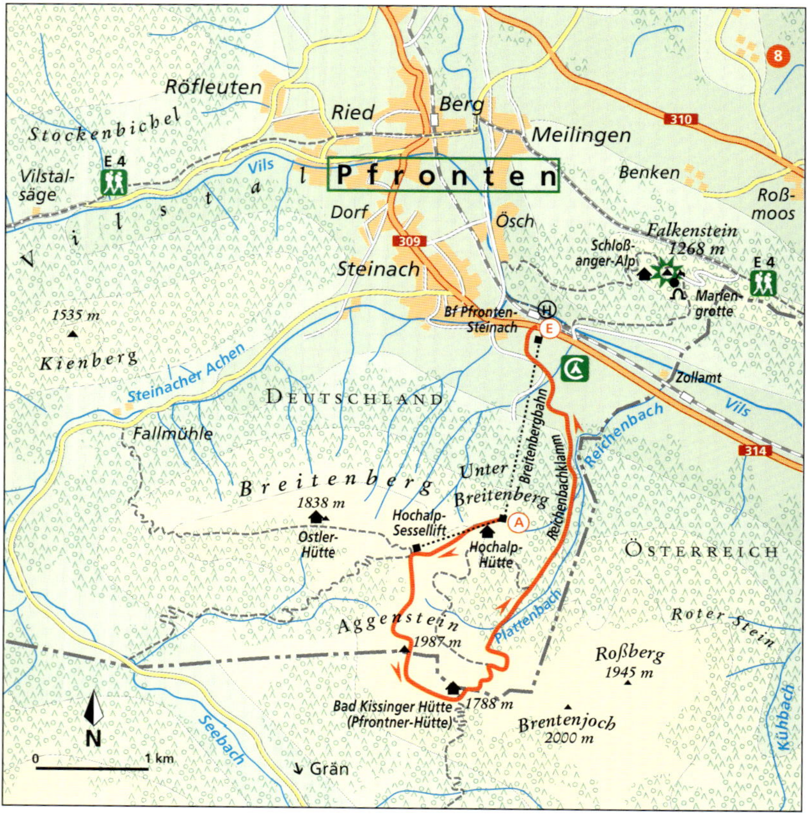


Materialseilbahn links abzweigt. Das Tal weitet sich nach und nach, und wir wechseln geradewegs auf einen Fahrweg. An der Gabelung vor der Talstation der Materialseilbahn nehmen wir das linke Sträßchen (Wegweiser: Breitenbergbahn, Steinach) und biegen nach wenigen Metern links auf einen Wiesenpfad ein.

Wir wandern geradewegs auf weicher, grüner Spur über die Weide zu einem Feldweg, dem wir nach links folgen. Wir bleiben auf dem Hauptweg und gehen nach einem kleinen Wäldchen an der Kreuzung links über die Brücke (Wegweiser: Breitenbergbahn, Steinach). Jetzt geradewegs auf der schmalen Teerstraße unter der Seilbahn hindurch und wenige Meter weiter auf einem Feldweg nach rechts (Wegweiser: Breitenbergbahn). Ein Wiesenpfad bringt uns zur nahen **Talstation der Breitenbergbahn** in Pfronten-Steinach (→ **Pfronten**)

# Von Zöblen auf den Schönkahler

**9**

Zöblen – Gasthof Zugspitzblick – Oberhalde – Pirschling – Schönkahler – Oberhalde – Gasthof Zugspitzblick – Zöblen Karte: H 3/4

Ein kurzer Abstecher führt uns vom Oberjoch in das Tannheimer Tal, das auch Außerfern genannt wird. Der Schönkahler, über dessen Gipfel die Grenze zwischen Deutschland und Österreich läuft, lockt uns hierher. Dieser Berg steht zwar im Schatten der nahen Gipfel der Allgäuer Hochalpen und der Tannheimer Berge. Von Süden führt jedoch ein herrlicher Anstieg über weiche Bergmatten und bietet gerade Familien eine unvergeßliche Gipfeltour. Ausgangspunkt ist Zöblen am Westrand des Tannheimer Tales, das sich in einer Höhenlage von 1100 Metern durch die Berge zieht. Schon die Römer legten die Via Decia durch den Talgrund, und im 16. Jahrhundert lief die Salzstraße von Hall in Tirol zum Bodensee durch das Außerfern und brachte Reichtum in die Dörfer. Im 19. Jahrhundert versiegte diese Erwerbsquelle, und viele Einheimische verdienten als Maurer oder Stukkateure ihren Lebensunterhalt. Heute ist es der Tourismus, der für den Wohlstand in diesem herrlichen Hochtal sorgt.

*Unterwegs zum Schönkahler führt uns der Weg vorbei an den aussichtsreichen Bergbauernwiesen oberhalb von Zöblen.*

## Wegverlauf:

Am westlichen Dorfrand von Zöblen zweigt von der B199 eine schmale Straße ab (Wegweiser: Gasthof Zugspitzblick), die aufwärts aus dem Ort führt. Das Sträßchen leitet uns links über den Steinbach in den freien, aussichtsreichen Wiesenhang. Von der oberen Kante schaut eine weiße Kapelle herab, neben der unser erstes Etappenziel liegt, der Gasthof Zugspitzblick. Nach den ersten beiden Straßenkehren erreichen wir die kleine Kapelle und die holzbraunen Höfe von Unterhalde. Im Osten fangen sich die Sonnenstrahlen an den senkrechten Felswänden der Tannheimer

**Tourencharakter:** Aussichtsreiche Bergwanderung, die problemlos mit Kindern unternommen werden kann. **Beste Jahreszeit:** Von Mai bis in den Spätherbst. **Reine Gehzeit:** Ab Zöblen 4 1/2 Std., ab Gasthaus Zugspitzblick 3 1/2 Std. **Höhendifferenz:** Ab Zöblen 650 m, ab Gasthof Zugspitzblick 450 m. **Ausgangs-/Endpunkt:** Zöblen im westlichen Tannheimer Tal. Am westlichen Dorfrand ausgeschilderte Zufahrtsstraße zum Gasthof Zugspitzblick, dort begrenzte Parkmöglichkeit. **Verkehrsanbindung:** In Zöblen Haltestelle an der Buslinie von Oberstdorf über Hindelang und Tannheim nach Reute. **Einkehr:** Im Gasthof Zugspitzblick. **Unterkunft:** Im Tannheimer Tal. **Auskunft:** Tourismusverband Tannheim, Tel. Ö-(0 56 75) 6 22 00.

Berge, und die gegenüberliegenden Gipfel des Allgäuer Hauptkammes werfen ihre kalten Herbstschatten in den weiten Talgrund. Einige weitere Kehren bringen uns anschließend durch den freien Wiesenhang hinauf zum **Gasthof Zugspitzblick**.

Am Parkplatz setzt eine Forststraße an, die sanft durch die Wiesen ansteigt. Nach 100 Metern halten wir uns an der Weggabelung rechts (Wegweiser: Schönkahler, Schattwald, Einstein, Weg 82). Der Blick geht über das Tannheimer Tal zu den Bergen rund um den Vilsalpsee, ehe uns die Kiesstraße in den Wald leitet. Nach wenigen Minuten erreichen wir eine Kreuzung, von der wir links aufwärts wandern (Wegweiser: Schönkahler, Schattwald, Einstein, Tannheim). Am Rand einer Alpweide, über der sich rechts die markante Pyramide des Einsteins erhebt, treffen wir auf eine weitere Forstwegkreuzung. Wir gehen geradeaus (Wegweiser: Schönkahler, Schattwald, Weg 82) und halten uns nach 100 Metern an der nächsten Kreuzung rechts (Wegweiser: Schönkahler, Weg 82).

Die Straße führt uns kurz aufwärts und quert dann fast eben nach Westen. Bald sehen wir nach Schattwald hinab und finden rechts eine Wegspur (Wegweiser: Schönkahler), die durch den Hang aufwärts führt. Der rot markierte Pfad schwenkt am Rand der Hochfläche nach rechts und leitet uns durch ein schütter bewaldetes Hochmoor, das die sanften Bergkuppen überzieht. Über die feuchtesten Stellen helfen uns einige Holzstege, und am höchsten Punkt schlüpfen wir neben einem Baum durch einen Zaun (Wegweiser: Schönkahler).

Kurze Zeit später liegt vor uns eine sumpfige Talmulde, in die wir kurz absteigen. Gegenüber ist der Weg schon deutlich auszumachen, der durch den Wiesenhang des Pirschling bergan zieht. Der Pfad ist teilweise mit roten Pflöcken markiert, und bald haben wir den einzig steileren Anstieg des heutigen Tages hinter uns gebracht. Auf dem **Pirschling** (1634m) öffnet sich der Blick in alle Richtungen. Vorbei am silbergrauen Gerippe eines abgestorbenen Waldes folgen wir am rechten Rand der Gipfelfläche dem Weg. Zum ersten Mal sehen wir unser Ziel vor uns, die behäbig breite Kuppe des Schönkahler, von dem wir durch einen weiten Wiesensattel getrennt sind.

*Stege helfen beim Anmarsch zum Pirschling über sumpfiges Gelände.*

Wir steigen kurz ab und wandern über die Weideflächen des **Sattels** geradewegs nach Norden. Bei Nebel ist in diesem konturlosen Gelände Vorsicht geboten, um den Weg nicht zu verfehlen. Ein harmloser Anstieg über weiche Bergmatten bringt uns schließlich zum Kreuz auf dem Gipfel des **Schönkahler** (1688m) hinauf. Steil bricht er nach Norden hin ab, und weit reicht der Blick in das seengesprenkelte Vorland. Im Osten setzen sich hinter den Felspyramiden von Einstein und Aggenstein die Tannheimer Berge mit ihren düsteren Nordwänden in Szene. Im Süden türmen sich die zahllosen Gipfel der Allgäuer Alpen, und im Südwesten leuchtet die hellgraue Kalkfläche des → **Gottesackerplateaus**. Nach der Gipfelrast kehren wir auf dem bekannten Weg zurück zum **Gasthof Zugspitzblick** und nach **Zöblen**.

# 10 Von Vorderburg zum Falkenstein

Vorderburg – Ruine Vorderburg – Hinterberg – Falkenstein – Hinterberg – Brackenberg – Vorderburg Karte: F/G 2/3

Nördlich des → **Grünten** streckt sich ein langgezogener Vorgebirgsrücken, der noch zu einer aussichtsreichen Familientour einlädt, wenn das Hochgebirge schon in Eis und Schnee erstarrt.

## Wegverlauf:

*Von der Vorderburg sind nur wenige Reste erhalten geblieben.*

Vom Parkplatz in **Großdorf** gehen wir unterhalb der Bäckerei Wörle auf der Hauptstraße wenige Meter nach rechts und biegen dann links in den Kapellenweg ein. Wir halten uns nach wenigen Metern rechts (Wegweiser: Ruine Vorderburg und Falkenstein) und an der Weggabelung nach der **Kapelle** links. Nun wandern wir zwischen den Höfen zu einer Querstraße hinauf, über der ein stattliches altes Haus

mit bemalter Fassade steht. Rechts an diesem Haus vorbei (Wegweiser: Ruine Vorderburg, Weg 14) leitet uns ein Feldweg aus dem Dorf. An der nächsten Weggabelung wandern wir geradeaus (Wegweiser: Ruine Vorderburg, Rottach, Weg 14) längs des ansteigenden Hauptwegs auf den bewaldeten Burghügel zu. Der Weg schwenkt nach rechts und führt uns unter Nagelfluhwänden durch Wald auf eine Wiese, von der der Blick hinab zum Rottachsee, nach → **Kempten** und wenig später nach Sulzberg mit der gleichnamigen Burgruine geht. Wir folgen dem Feldweg noch um die Hangkante und biegen vor einem Zaun links auf einen Wiesenweg, der zum Burghügel hinaufleitet (Wegweiser: Ruine Vorderburg, Weg 14). Wir erreichen am Waldrand einen schmalen Steig, der uns durch den steilen Hang problemlos zu den Mauerresten der **Ruine** → **Vorderburg** (1022 m) bringt.

Wir wandern links an der Ruine vorbei und steigen wenige Meter zum Bergkamm hinauf, der uns die weitere Richtung vorgibt (ab hier Wegweiser: Falkenstein, Weg 10). Von einem an die Felsabstürze gebauten Pavillon geht der Blick zum Niedersonthofener See und nach Osten zum Aggenstein. Ein schmaler Pfad führt uns anschließend durch abwechslungsreiches Wald- und Wiesengelände. Wir folgen permanent dem breiten Kamm, erreichen eine Wegkreuzung und

*Das stille, sanft gewellte Land nahe der Ruine Vorderburg lädt zum Wandern ein.*

steigen den Wegweisern zum Falkenstein folgend über eine Wiese geradewegs aufwärts. Oberhalb von Brackenberg leitet uns der Pfad am aussichtsreichen Wiesenrand entlang. An den schattigen Nordhängen des → **Grünten** vorbei lugt der Widderstein, und im Osten stoßen die Felshörner der Tannheimer Berge in den Himmel. Nach kurzer Wegstrecke wechseln wir auf einen Feldweg, den wir nach wenigen Metern wieder nach rechts verlassen.

Wir treffen auf eine Forststraße, die uns rechts unterhalb des mit Nagelfluhfelsen abbrechenden Kammes durch den Wald leitet. Nach etwa zehn Minuten erreichen wir ein Aufforstungsgelände, von dem uns ein Steig links über den Kamm auf eine Wiese führt. Ein schmaler Weg bringt uns anschließend über den weichen Wiesengrund zu einer Bank an einem **Aussichtsplatz**. Links haltend steigen wir von hier zum höchsten Kamm, von dem der Blick zu den nahen Nordabstürzen des Grünten geht. Eine Wegspur folgt dem etwas sumpfigen, mit Kiefern aufgeforsteten Bergkamm. Wir überqueren einen Weg, der rechts nach Rottach hinabführt. Nach wenigen Minuten erreichen wir einen Feldweg, der uns abwärts zu einer Wegkreuzung führt. Auf breitem Weg wandern wir links zu den nahen Höfen von **Hinterberg** hinab.

Rechts hinter dem ersten Bauernhof finden wir einen Feldweg (Wegweiser: Falken), der uns durch die Wiesen aufwärts leitet. An der ersten Weggabelung halten wir uns links und an der zweiten rechts. Nach wenigen Metern setzt links der schmale Steig an, der über einen bewaldeten Bergrücken aufwärts führt. Der Kamm wird schnell schmaler und fällt rechts in steilen Nagelfluhwänden ab. Bald bringt uns der teils felsdurchsetzte Weg fast ohne Steigung über den Grat zum Kreuz auf dem **Falkenstein** (1115 m). Auf den Karten ist die Bergkuppe mit dem Namen »Auf dem Falken« belegt, wir wollen ihn aber so nennen wie die Einheimischen. Trotz seiner bescheidenen Höhe überrascht der Falkenstein mit einer weitreichenden Aussicht. Im Westen streben links des Alpsees die Berge der Hörnergruppe empor, und im Süden leuchten über dem Dunst des Illertales die Allgäuer Hochgipfel mit Mädelegabel, Biberkopf und Widderstein.

Wer nicht mit dem eigenen Fahrzeug angereist ist, der kann nun vom Falkenstein in südlicher Richtung nach Rettenberg absteigen. Wir müssen zurück nach Vorderburg und wandern auf dem Weg, den wir gekommen sind, über **Hinterberg** und den langgezogenen Rücken nach Nordosten. Noch einmal können wir den Blick in die Allgäuer Bergwelt auskosten, bis uns der Weg auf die bewaldete Nordwestflanke des Bergkamms führt. Wir folgen dem Forstweg, der unterhalb der Nagelfluhwände entlangläuft. Er führt uns nach ca. zehn Minuten zu einer Wegkreuzung am Rand der Wiesen von Brackenberg. Auf dem Hinweg kamen wir von links über die Wiese.

Jetzt folgen wir jedoch geradewegs dem Feldweg (Wegweiser: Brackenberg), der uns zu den nahen Höfen von **Brackenberg** leitet. Der Weg

**Tourencharakter:** Eine einfache, aussichtsreiche Wanderung, die gut mit Kindern unternommen werden kann. **Beste Jahreszeit:** Vom Frühjahr bis in den Spätherbst. **Reine Gehzeit:** 3 1/2 Std. **Höhendifferenz:** 400 m. **Ausgangs-/Endpunkt:** Der Parkplatz, bzw. die Bushaltestelle im Vorderburger Ortsteil Großdorf. Vorderburg liegt nordöstlich von Rettenberg an der Straße nach Sulzberg. **Verkehrsanbindung:** In Großdorf Haltestelle an der Buslinie von Immenstadt nach Wertach und Oberjoch. **Einkehr:** An einem Bauernhof in Hinterberg. **Unterkunft:** In Vorderburg, Kranzegg und Rettenberg. **Auskunft:** Verkehrsamt Rettenberg, Tel. (0 83 27) 12 09.

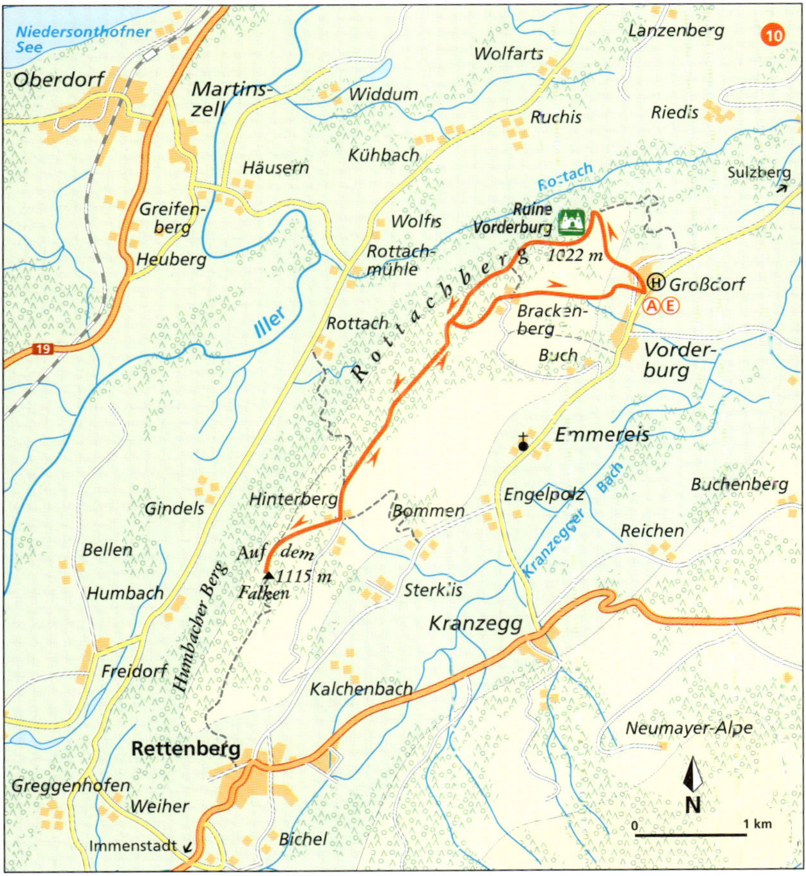


geht in ein Teersträßchen über, und nach kurzer Strecke gehen wir an der Straßenkreuzung geradeaus (Wegweiser: Ruine Vorderburg). Am letzten Hof nicht links aufwärts dem Wegweiser zur Ruine folgen, sondern geradeaus auf einen Feldweg, der durch aussichtsreiche Wiesen abwärts führt. Wir folgen den Wegweisern nach Vorderburg, die uns zu einer Wegkreuzung am Ortsrand von **Großdorf** führen. Wir gehen auf dem Teersträßchen rechts abwärts, an der nächsten Kreuzung wenige Meter nach links und danach rechts zur nahen Hauptstraße hinab. Rechts erreichen wir nach wenigen Metern den **Wanderparkplatz** in **Vorderburg-Großdorf** und die Bushaltestelle.

# 11 Der Grünten und die Starzlachklamm

Winkel – Grüntenhaus – Übelhorn – Schwand-Alpe – Gasthof Alpenblick – Starzlachklamm – Winkel Karte: F/G 3/4

Hoch über dem Illertal ragt am Rand der Alpen der → **Grünten** auf, der dank seiner isolierten Lage zu den vortrefflichsten Aussichtsbergen im Allgäu zählt.

**Wegverlauf:**

Vom Parkplatz im Sonthofener Ortsteil **Winkel** (→ **Sonthofen**) gehen wir kurz Richtung Starzlachklamm. Wir überqueren den Fluß und biegen nach wenigen Metern links in einen Wanderweg (Wegweiser: Alpenblick), der wieder talaus führt. Bald stoßen wir auf einen Kiesweg, der uns rechts durch den Wald sehr steil zu einer Wiese hinauf leitet. Wir folgen der Wegspur und wandern über aussichtsreiche Weiden bergan. An ihrem oberen Ende gehen wir neben einer Bank in den Wald und steigen über eine Kuppe zu einer Teerstraße, die wir wenig unterhalb des **Gasthofes Alpenblick** erreichen. Wir wandern auf ihr links hinab (Wegweiser: Burgberg), bis am Rande einer Wiese rechts eine breite Forststraße abzweigt (Wegweiser: Grünten, Grüntenhaus). Auf ihr steigen wir zunehmend steiler bergan. Von links kommen die Wanderwege von Burgberg herauf, und nach einigen Kehren überqueren wir den Bach, der vom Grünten herabplätschert.

Nach 70 Metern biegen wir rechts in einen grobschottrigen, anfangs steilen Weg ein (Wegweiser: Grünten, Burgberger Hörndle). In Kehren leitet uns der breite Weg unterhalb der steilen Abbrüche des Burgberger Hörndles, das auf der Karte den Namen Kreuzelspitze trägt, aufwärts. Bald wechseln wir geradewegs auf einen Steig (Wegweiser: Grüntenhaus). Nach wenigen Metern überqueren wir den Bach und steigen auf dem schönen Weg durch den Wald aufwärts. Wir queren ein weiteres Mal den Bach und folgen den Serpentinen, die uns zu den Alpweiden hinaufbringen. Am Zaun zweigt links der Steig zum Burgberger Hörndle ab, der dem geübten Bergsteiger vorbehalten bleibt. Wir ge-

**Tourencharakter:** Eine einfache, aber teils anstrengende Bergtour mit herrlichen Ausblicken. **Beste Jahreszeit:** Juni bis Oktober. **Reine Gehzeit:** 5 1/2 Std. **Höhendifferenz:** 1020 m. **Ausgangs-/Endpunkt:** Der Parkplatz am Eingang zur Starzlachklamm im Sonthofener Ortsteil Winkel. **Verkehrsanbindung:** Stadtbusse vom Bahnhof Sonthofen nach Winkel. **Einkehr:** Grüntenhaus, Schwand-Alpe und Gasthof Alpenblick. **Unterkunft:** In Sonthofen oder Burgberg; im Grüntenhaus. **Auskunft:** Gästeamt Sonthofen, Tel. (0 83 21) 61 52 - 91 oder 92; Verkehrsamt Burgberg, Tel. (0 83 21) 67 22 20.

hen geradeaus auf dem breiten Alpweg bergan, und bald ist unser nächstes Ziel erreicht, das **Grüntenhaus** (1535 m).

Direkt am Haus halten wir uns links (Wegweiser: Grünten) und queren durch die Alpwiesen zu einem bewaldeten Bergkamm. Auf ihm steigen wir rechts bis zum Gelände der

*Das Jägerdenkmal auf dem Übelhorn, dem höchsten Punkt des Grünten.*

**Sendestation** hinauf. An der Weggabelung halten wir uns links (Wegweiser: Jägerdenkmal) und wandern am 90 Meter hohen Sendemast vorbei und unter der Bergstation der nichtöffentlichen Seilbahn durch. Wir sehen jetzt das **Jägerdenkmal** auf dem **Übelhorn** (1738 m), dem höchsten Punkt des **Grünten**, vor uns. In wenigen Minuten erreichen wir das mächtige, 1924 eingeweihte Denkmal. Vom Gipfel, der seine Nachbarn deutlich überragt, hat man eine überwältigende Aussicht nach allen Seiten. Im Süden öffnet das Illertal den Blick in das Herz der Allgäuer Alpen, und im Norden liegt uns die grenzenlose Weite des Alpenvorlandes zu Füßen.

Vom Gipfel steigen wir in nordöstlicher Richtung auf einem lediglich anfangs etwas felsigen Kamm abwärts (Wegweiser: Rettenberg, Grüntenhütte, Kranzegg). Wir folgen dem Hauptweg wenige Minuten abwärts, bis wir zur nahen Bergstation der Grüntenlifte hinabsehen. An dieser Stelle wenden wir uns nach rechts und folgen einem Steig in einen Wiesensattel. Im Sattel knickt der Weg nach rechts und quert durch den Südhang des Grünten abwärts. Oberhalb bizarrer Felsnadeln wandern wir zur **Zweifelgehren-Alpe**, die sich auf einem schmalen Kamm oberhalb einer steilen Felswand befindet. Von der Alpe gehen wir in gleichbleibender Richtung abwärts (Wegweiser: Burgberg), und erreichen am Rand der Weide den Weg, der vom Grüntenhaus herabkommt. Auf ihm links hinab (Wegweiser: Alpe Obere Schwand) zur **Schwand-Alpe**, in der man den Sommer über einkehren kann. Der Weg leitet uns rechts an der Alphütte vorbei (Wegweiser: Burgberg). Durch Weiden wandern wir abwärts, und nach einem kurzen Waldstück erreichen wir an der **Alpe Kehr** eine Teerstraße. Sie bringt uns rechts in einer Viertelstunde zum **Gasthof Alpenblick**.

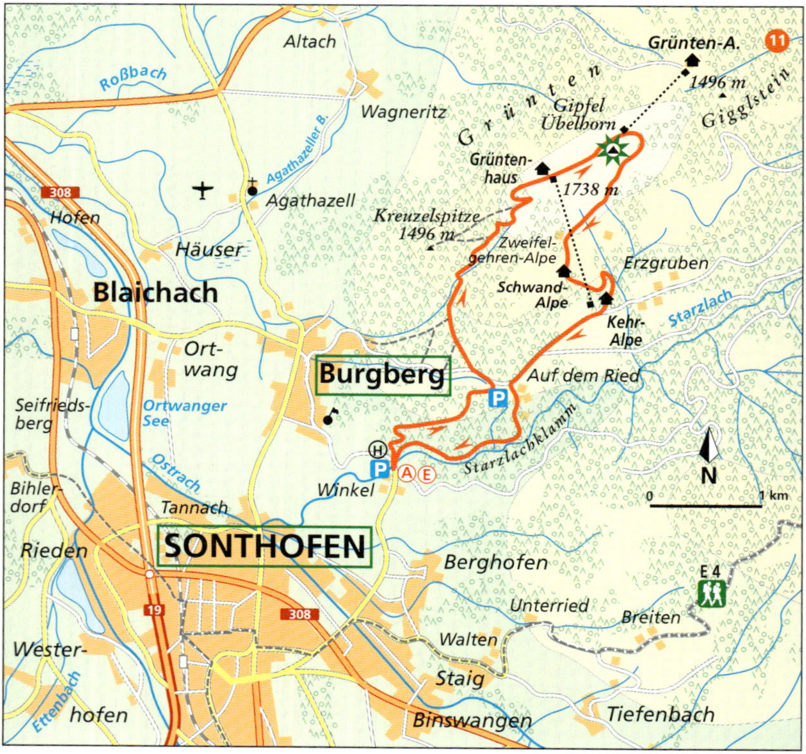


Wenige Meter vor dem Gasthof biegen wir links auf einen Feldweg ab (Wegweiser: Starzlachklamm, Winkel). Er schwenkt bald nach links, und wir wechseln geradeaus auf einen Wanderweg (Wegweiser: Starzlachklamm, Winkel), der uns über eine Wiese führt. Unter uns liegt das Tal der Starzlach. Der Weg läuft links unter den überhängenden Wänden eines Klettergartens bergab und leitet uns gut ausgebaut zwischen Felstürmen in den Talgrund hinab. Wir lassen einen ersten Steg links liegen und gehen geradewegs in die → **Starzlachklamm**. In einem düsteren Tunnel umgehen wir einen Wasserfall, ehe sich die Schlucht weitet. Ein Steg bringt uns vor der engsten Stelle an die linken Schluchtwände, in die der schmale Steig gesprengt ist. Bald wechseln wir wieder auf die rechte Seite und wandern auf glattem, steinigem Weg zum Kassenhäuschen am Ausgang der Klamm hinab. Ein Wanderweg führt uns oberhalb des Flüßchens zu einem Schottersträßchen, das uns talaus zum nahen Parkplatz in **Winkel** bringt.

# Von Hindelang zum Spieser

12

Hindelang – Kalvarienbergkapelle – Hirschbachtobel – Spieser – Kleiner Hirschberg – Hindelang

Karte: G 4

Über → **Hindelang** durchreißt der geologisch interessante Hirschbachtobel die sonnigen Südhänge und öffnet einen malerischen Weg zum aussichtsreichen Gipfel des Spieser.

## Wegverlauf:

Unterhalb der Kirche im Ortszentrum von **Hindelang** gehen wir auf der Marktstraße in östlicher Richtung zur Jochstraße. Auf ihr wenige Meter links aufwärts und dann links in die Rosengasse (Wegweiser: Kalvarienbergkapelle). Wir folgen ihr aufwärts, bis rechts neben einer Kreuzwegstation ein schmaler Teerweg abzweigt (Wegweiser: Kalvarienbergkapelle, Luitpoldhöhe). Auf ihm wandern wir aufwärts zur **Kalvarienbergkapelle**. Links der Kapelle beginnt eine Wegspur, die uns über weiche Wiesen zu einem Teersträßchen führt. Wir folgen der Straße nur wenige Meter links hinauf und biegen dann rechts in einen Wiesenweg ein (Wegweiser: Café Polite). Nach wenigen Minuten erreichen wir das **Café Polite**.

An der Wegkreuzung neben dem Café halten wir uns rechts (Wegweiser: Hirschbachtobel, Hirschberg, Spieser, Bad Oberdorf) und

*Tief unter dem Spieser schlängelt sich das dunsterfüllte Illertal.*

steigen bald in den Talgrund des **Hirschbachtobel** hinab. Wir nehmen an der Kreuzung hinter dem Brückchen den linken Weg (Wegweiser: Hirschberg, Spieser, Hirschalpe). Die Schautafeln des **»Geologischen Lehrpfades Hindelang«** erläutern die Entstehungsgeschichte der Landschaft und die verschiedenen Gesteine am Wegesrand. Durch eine wahre Urlandschaft steigen wir rechts des Baches, der über glatte Felsen und abgestürzte Bäume in grüne Becken rauscht, auf dem gut ausgebauten und zusätzlich mit Drahtseilen gesicherten Weg bergan.

Oberhalb des ersten Schluchtabschnittes weitet sich das Tal, und wir erreichen eine Wegkreuzung. Der geologische Lehrpfad, auf den wir erst später am Steinköpfle wieder treffen werden, führt links über den Steg. Wir wandern jedoch geradeaus am Bachbett entlang talauf (Wegweiser: Hirschalpe, Spieser, Hirschberg). Ein zweiter Steg bringt uns auf die linke Bachseite, und kurz oberhalb zweigt links der Kellerwandweg ab. Wir wandern allerdings auf dem schmalen Steig geradeaus in den beeindruckenden oberen Abschnitt der Schlucht. Ein Brückchen hilft uns wieder über den Bach, der über glattgewaschene Felsen sprudelt. Über uns schließt sich das Tal in einem weiten Rund aus grauen Felsen, das der weiße Gischtstreifen eines mächtigen Wasserfalls überzieht. Der Steig weicht jetzt in den rechten Talhang, und wir gewinnen schnell an Höhe. An steilen Stellen sorgen Drahtseile für zusätzliche Sicherheit, und bald liegt das felsige Amphitheater des Hirschbachtobels unter uns. Das Gelände wird wieder flacher, und durch Wald steigen wir zu einem herrlichen Aussichtsplatz empor. Im Süden ragt über dem Ostrachtal die Felspyramide des Hochvogels auf, und im Westen reicht der Blick bis zum bizarren

→ **Gottesackerplateau**

Wenige Meter oberhalb treffen wir auf eine Forststraße, der wir lediglich wenige Meter folgen. Dann zweigt links ein Wanderweg ab (Wegweiser: Hirschberg, Hirschalpe), der uns durch Wald zu einer Wegkreuzung am Rand einer Almwiese bringt. Ist man in Zeitnot, kann man geradeaus zum nahen Hirschberg wandern. Wir biegen jedoch rechts auf den Weg ein (Wegweiser: Hirschalpe, Spieser), der

**Tourencharakter:** Aussichtsreiche Rundwanderung, die vor allem im Hirschbachtobel Trittsicherheit verlangt. **Beste Jahreszeit:** Ende Mai bis Oktober. **Reine Gehzeit:** 5 Std. **Höhendifferenz:** 920 m. **Ausgangs-/Endpunkt:** Das Ortszentrum von Hindelang, das zwischen Sonthofen und Oberjoch an der B 308 liegt. **Verkehrsanbindung:** Gute Busverbindungen nach Sonthofen (Bahnhof) und in andere Allgäuer Orte. **Einkehr:** Im Café Polite. **Unterkunft:** In Hindelang. **Auskunft:**. Kurverwaltung Hindelang, Tel. (0 83 24) 89 20.

über einen aussichtsreichen Almwiesenrücken bergan führt. Links vor uns steht unser Ziel, der Spieser, aus dessen schütter bewaldeter Südflanke bizarre Felstürme ragen. Vor einer kreuzgeschmückten Kuppe treffen wir auf einen breiteren Weg, der uns rechts zur nahen **Hirschalpe** bringt.

An der Kreuzung neben der Alpe bieten sich zwei Weiterwege an. Links (Wegweiser: Spieser) kann man an einem Kreuz vorbei zur Südflanke des Spiesers steigen und dann von der Weggabelung rechts haltend über den bewaldeten Südwestrücken zum Gipfel. Wir gehen geradeaus bergauf (Wegweiser: Spieser über Steinpaßsattel) zum **Steinpaßsattel**, halten uns dort links (Wegweiser: Spieser) und wandern über aussichtsreiche Bergwiesen und den Ostrücken zum Gipfelkreuz auf dem **Spieser** (1651 m) hinauf. Schier grenzenlos scheint hier oben der Blick in alle Richtungen.

Vom Kreuz folgen wir dem steinigen Steig, der entlang des Westrückens bergab läuft. Er schwenkt bald nach rechts und führt uns durch die Nordflanke des Spiesers in einen breiten Wiesensattel hinab. Wir treffen auf einen Querweg, der uns rechtshaltend (Wegweiser: Tiefenbacher Eck, Hirschberg, Gailenberg) in die tiefste Einsattelung hinabführt. Ein Übertritt hilft über einen Zaun und anschließend ein Bohlenweg durch das sumpfige Gelände zu einer Weggabelung. Wir halten uns links (Wegweiser: Hirschberg, Hindelang, Gailenberg) und folgen dem Bohlenweg, der uns an verfalle-

nen Hütten vorbei in den Wald führt. Die roten Markierungen leiten uns in ein sumpfiges Tal, in dem verstreut viele kleine Heustadel stehen. Entlang der Markierungsstangen marschieren wir durch das nasse Gelände zu einer Alphütte am gegenüberliegenden Hang. Dort setzt ein breiter Weg an, der uns nach links auf einen Waldrücken führt. An der Wegkreuzung geradeaus (Wegweiser: Klank-Hütte, Hirschberg, Hindelang) und auf dem breiten Weg an der **Karl-Hüller-Hütte** vorbei abwärts. Das Alpsträßchen wird breiter und biegt an der **Klank-Hütte** nach rechts.

Wir gehen neben der Hütte geradeaus über den Wiesensattel (Wegweiser: Hirschberg) und folgen über Weiden und durch den Wald dem schmalen Steig, der uns auf den **Hirschberg** bringt. Wir überschreiten den höchsten Punkt und steigen zum großen Kreuz auf dem **Vorgipfel** (1479 m) hinab. Tief unter uns liegt nun Hindelang, und noch ein letztes Mal am heutigen Tage können wir die freie Sicht in die Allgäuer Bergwelt genießen.

*In Hindelang beginnt und endet die Wanderung zum Spieser.*

Direkt am Kreuz schwenkt unser schmaler, steiniger Steig nach rechts und läuft in unzähligen Kehren durch den steilen Waldhang abwärts. Im unteren Hangabschnitt erreichen wir nach einem dichten Waldstück eine Wegkreuzung. Wir folgen nicht dem breiteren Weg rechts hinab, sondern gehen geradewegs auf schmalem Steig abwärts. Kurze Zeit später erreichen wir die Weggabelung, von der der Kellerwandweg links in den Hirschbachtobel zurückführt. Wir halten uns jedoch rechts und steigen durch den Südhang des Steinköpfles zu einem breiten Querweg hinab. Hier treffen wir wieder auf den »Geologischen Lehrpfad Hindelang«.

Unterhalb der Forststraße setzt ein Weg an (Wegweiser: Gailenberg, Hindelang), der uns rechts haltend in ein Tal bringt. Vor dem Bach halten wir uns links und wandern an einigen Rückhaltebecken vorbei zur schmalen Teerstraße hinab. Auf ihr links zu den ersten Häusern von Hindelang. Nun wandern wir geradewegs auf der Gailenbergstraße abwärts, bis wir an ihrem Ende links zur Kirche im Ortszentrum von **Hindelang** gelangen.

# Von Unterjoch auf den Zinken

13

Unterjoch – Zehrerhöfe – Zinken – Zehrerhöfe – Unterjoch

Karte: H 3

Während am nahen Oberjoch noch die Skifahrer über die letzten Schneereste schwingen, läßt sich schon der steile, südseitige Anstieg auf den Zinken bewältigen, den dieser kleine Berg mit einer überraschend abwechslungsreichen Aussicht belohnt.

## Wegverlauf:

Vom Parkplatz am Nordrand von **Unterjoch** folgen wir der Hauptstraße über die Wertach bis zum Platz vor dem Alpengasthof Krone im **Ortszentrum**. Wir überqueren den Bach und wandern auf dem Steinebergweg an der barocken Kirche vorbei aufwärts. Am Ortsrand erreichen wir eine Straßengabelung und folgen links haltend weiterhin dem geteerten Steinebergweg (Wegweiser: Zehrerhöfe, Zinken). Er führt durch Wiesen an den Höfen von **Steineberg** vorbei und leitet uns danach in einem Linksbogen zu den **Zehrerhöfen** hinauf. Wir gehen bis zum höchstgelegenen Hof, links um ihn herum und finden einen Feldweg, der uns an einigen hohen Tannen vorbei zu einem **Bächlein** leitet.

*Das Felsentor unterhalb des Zinkengipfels.*

Dort zweigt rechts der Bergsteig ab, der uns zum Gipfel des Zinken führt. Wir steigen anfangs rechts, weiter oben links der Bachrunse durch den Hang aufwärts. Bald schwenkt der Steig nach rechts und quert meist angenehm ansteigend durch den Hang. Der Wald spendet wohltuenden Schatten, und einige Baumlücken gewähren uns einen ersten Vorgeschmack auf die berauschende Aussicht, die uns am Gipfel erwartet. Kurz unter dem hier noch breiten und behäbigen Südgrat des Zinken entläßt uns der Wald auf eine **Bergwiese**, durch die wir in steilen Serpentinen in wenigen Minuten zur

**Tourencharakter:** Einfacher, teils steiler Steig bis zum felsigen Gipfelaufbau; die letzten Meter zum Gipfel verlangen Trittsicherheit und Schwindelfreiheit. **Beste Jahreszeit:** Vom Frühjahr bis in den Spätherbst. **Reine Gehzeit:** 3 1/2 Std. **Höhendifferenz:** 600 m. **Ausgangs-/Endpunkt:** Das Ortszentrum von Unterjoch östlich der B 310. **Verkehrsanbindung:** In Unterjoch Haltestelle der Buslinie von Oberstdorf und Sonthofen nach Oy-Mittelberg. **Einkehr:** In Unterjoch. **Unterkunft:** In Unterjoch. **Auskunft:** Kurverwaltung Hindelang, Tel. (0 83 24) 89 20.

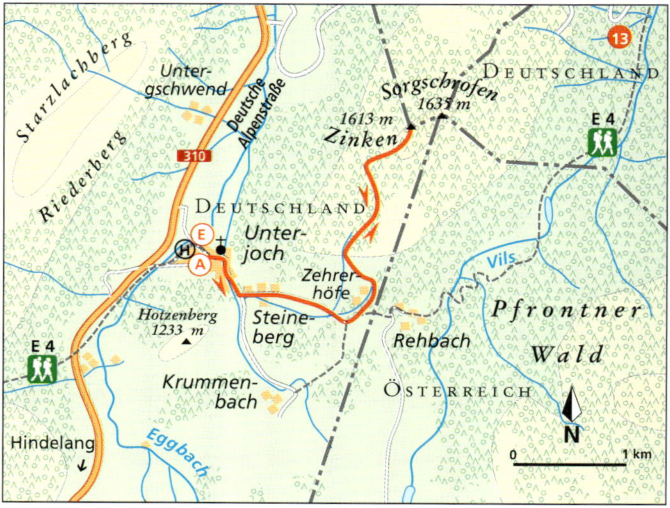


**Gratschneid** hinaufsteigen. Frei schweifen schon die Blicke zur steilen Felspyramide des Aggensteins und zu den mächtigen Hochgipfeln, die das Tannheimer Tal im Süden begrenzen.

Rechts führt uns von hier der schmale Pfad über Stock und Stein nahe der **Gratschneid** aufwärts. Der Kamm legt sich bald wieder zurück, und auf einem angenehmen Steiglein wandern wir im sanften Auf und Ab an imposanten Felszacken vorbei. Schnell liegt der unnahbare, mit einem Kreuz geschmückte Felsgipfel des Zinken vor uns. Der Weg weicht in die rechte Flanke aus und leitet uns zu einer niedrigen, gut gestuften Felswand, die wir erklettern müssen. Durch ein **Felsentor** wechseln wir auf die steil abfallende Nordseite des Berges. Links bringt uns eine kurze, durch ein Drahtseil gesicherte Kraxelei zum Kreuz auf dem Gipfel des **Zinken** (1613 m) hinauf.

Der klare Spätherbsttag belohnt uns mit einer Rundumsicht, die man einem relativ niedrigen Berg wie dem Zinken nicht zutraut. Ammergauer Alpen, Tannheimer Berge und die Zugspitze stehen im Osten, im Süden schauen Hochvogel und Urbeleskarspitze am Gaishorn vorbei, und im Südwesten reicht der Blick über Widderstein und → **Gottesackerplateau** bis zu den Schweizer Bergen. Im Norden bildet das dunkle Band der Schwäbischen und Fränkischen Alb den Abschluß des dunsterfüllten Tieflandes. Die milde Spätherbstsonne läßt uns lange schauen und verweilen, ehe wir auf demselben Weg, den wir heraufgekommen sind, wieder nach **Unterjoch** hinabsteigen.

# Der Hochvogel und der Jubiläumsweg

14

Hinterstein – Giebelhaus – Prinz-Luitpold-Haus – Hochvogel – Jubiläumsweg – Willers-Alpe – Hinterstein Karte: H 4–6

1898 wurde der großartige **Jubiläumsweg** angelegt, der konditionsstarken Bergsteigern eine aussichtsreiche Durchquerung der östlichen Allgäuer Hochalpen erschließt. Da der Jubiläumsweg bis zum Gaishorn durchgehend nahe der 2000-Meter-Grenze verläuft und kein Stützpunkt vorhanden ist, sollte man ihn nur bei beständigem Schönwetter angehen.

## Wegverlauf:

Am Morgen bringt uns der Bus von **Hinterstein** durch das Tal der Ostrach zum **Giebel-Haus**. Dort halten wir uns links (Wegweiser: Prinz-Luitpold-Haus, Hochvogel) und folgen der Teerstraße über den Fluß. Wenige Meter nach der zweiten Brücke wechseln wir rechts auf einen Steig (Wegweiser: Bärgündeletal, Prinz-Luitpold-Haus), mit dessen Hilfe wir eine weite Straßenkehre abkürzen können. Wir treffen wieder auf die Straße, der wir rechts hinauf folgen. Unter den steilen Grashängen des Giebels überqueren wir den Bärgündelesbach, der sich eine kleine Schlucht gegraben hat. Die Straße steigt nun steiler an und führt uns zu der Almwiese, auf der die Talstation der Materialseilbahn des Prinz-Luitpold-Hauses steht.

Noch vor der Seilbahn biegen wir am Rand der Wiese links in einen schmalen Wanderweg ein (Wegweiser: Prinz-Luitpold-Haus). Er führt uns nach wenigen Minuten zu einer schmalen Brücke, die uns über den kristallklaren Bach hilft. Der Steig windet sich in Kehren durch den Waldhang hoch und quert auf einem Brückchen zwischen den zwei Stufen eines rauschenden Wasserfalles einen Bergbach. Kurz darauf erreichen wir die bewirtschaftete **Untere Bärgündele-Alp**, von der wir einen herrlichen Blick zum steilen Felshorn des Schneck und zur breiten Nordflanke des Großen Wilden haben.

*Stahlseile sichern den Steig über die Kreuzspitze.*

Der Weg steigt von der Hütte nach rechts hinauf durch einen felsigen Steilgürtel zu den Alpweiden der **Oberen Bärgündele-Alp**. Dem Prinz-Luitpold-Haus, das wir über uns erblicken, sind wir schon recht nahe gekommen. Der Steig weicht links haltend einer zweiten Steilstufe aus und führt uns in eine Talmulde. Wir überqueren einen Bach und steigen durch den abschließenden Schutthang, der von den Wänden des Wiedemers herabzieht, in Serpentinen zum **Prinz-Luitpold-Haus** (1847 m) hinauf. Es steht am Rand einer Karmulde, die zwischen Fuchskarspitze und Wiedemerkopf eingezwängt ist. Im Hintergrund des Tales ragt die Kreuzspitze auf, die unser Ziel verdeckt. Nur das Gipfelkreuz des Hochvogels, das scheinbar auf dem Felsgrat der Kreuzspitze steht, ist zu sehen.

Der Hochvogel ist zwar nicht der höchste, sicherlich aber der formschönste Hochgipfel in den Allgäuer Alpen. Von allen Seiten besticht er durch die elegante, gleichmäßige Form seiner Gipfelpyramide. Da er seine Nachbarn deutlich überragt, ist er von weit her zu sehen und weckt immer wieder das Verlangen, ihn zu besteigen.

Der Anstieg von deutscher Seite aus beginnt am **Prinz-Luitpold-Haus**. An der Wegkreuzung neben der Hütte halten wir uns rechts (Wegweiser: Hochvogel) und wandern in gleichbleibender Höhe an der Westseite der Karmulde entlang, in die ein grünes Seeauge eingebettet ist. Bald steigt der Weg links eines Baches in angenehmen Serpentinen an. In steilem Gelände nahe der Quellfassung überqueren wir den Bach und gehen an seiner rechten Seite über glattgeschliffene Felsplatten aufwärts.

*Die Wände der Fuchskarspitze und der rechts anschließenden Kreuzspitze im letzten Abendlicht.*

Links über uns erkennen wir schon die Balkenscharte, die von einem kreuzgeschmückten Felsturm überragt wird. Vor einem Felsblock, unter dem eine Quelle hervorsprudelt, gabelt sich der Weg. Auf dem rechten, den wir als Rückweg ausgewählt haben, werden wir nachmittags von der Kreuzspitze herabkommen. Für den Aufstieg halten wir uns links (Wegweiser: Hochvogel über Kalter Winkel), durchqueren ein Schuttkar und steigen über den zunehmend steiler werdenden Serpentinenweg in die **Balkenscharte** hoch.

Hier folgen wir dem breiteren, nach rechts ziehenden Weg (Wegweiser: Hochvogel) und queren im Auf und Ab durch die felsige Nordflanke der Kreuzspitze. Ein kurzer Anstieg bringt uns zum **»Sättele«** hinauf, einer Scharte in einer von der Kreuzspitze abfallenden Felsrippe. Zum ersten Mal am heutigen Tag haben wir unser Ziel vor Augen, den Hochvogel, der mit dunklen Wänden aus den Schuttfächern im Kalten Winkel aufsteigt. Wenige Meter hinter dem »Sättele« halten wir uns an der Weggabelung rechts (Wegweiser: Hochvogel) und folgen dem Weg, der über die Schutthalden zum Firnfeld im **»Kalten Winkel«** ansteigt. Zum Abschluß mühen wir uns über das ca. 30 Grad geneigte Firnfeld in die **Kaltwinkelscharte** empor.

Dort wendet sich unser Weg nach links und steigt über plattige Felsen an. Nach einer niedrigen Felsstufe erreichen wir die sogenannte **»Schnur«**, ein waagrechtes Band, auf dem wir den turmartigen Aufbau der Hochvogel-Westschulter rechts umgehen. Das Band führt uns zur breiten Westflanke des Hochvogels. Über gestuften Fels leiten uns die roten Markierungen zur Schuttflanke, durch die wir in Serpentinen ansteigen. Dann gilt es noch einige niedrige Felsstufen zu überwinden, ehe wir auf dem Blockgrat zum nahen Gipfelkreuz auf dem **Hochvogel** (2592 m) gelangen. An klaren Herbsttagen reicht der Blick von

hier oben bis zu den Gletschergipfeln der Zentralalpen und zu den Schweizer Bergen. Tief unter uns liegt im Süden Hinterhornbach, über dem sich die langgestreckte Hornbachkette vom Krottenkopf zur Klimmspitze zieht. Dahinter trennt das Lechtal die Allgäuer Alpen von den einsamen Gipfeln der Lechtaler Alpen.

Wer nicht wieder über das Firnfeld im »Kalten Winkel« absteigen will, der kann ab der Kaltwinkelscharte den Kamm der Kreuzspitze überklettern. Dieser Weg bietet schönere Ausblicke, stellt aber in einigen leichten Klettersteigpassagen erhöhte Anforderungen an die Begeher.

Nach der Gipfelrast steigen wir auf dem Weg, den wir schon vom Aufstieg her kennen, wieder in die **Kaltwinkelscharte** ab. Jetzt nicht rechts in den »Kalten Winkel«, sondern geradewegs zur Felsflanke der Kreuzspitze. Hier beginnt der klettersteigartige, mit roten Punkten versehene Anstieg zur Kreuzspitze (Wegweiser: Kreuzspitze, Prinz-Luitpold-Haus). Wir folgen dem drahtseilgesicherten Steig, der im Zickzack durch die Wand führt. Kurz unter dem Gipfel der **Kreuzspitze** halten wir uns rechts und queren entlang der Seile durch eine geneigte Felsflanke zu einer engen Scharte im Nordgrat der Kreuzspitze. Jenseits helfen uns einige Seile über plattigen Fels abwärts. Der Steig knickt nach links und quert durch einen Felshang zu den Schuttfeldern hinüber. Auf deutlichem Weg steigen wir am linken Rand des Hochkars abwärts, bis wir wieder auf den morgendlichen Aufstiegsweg treffen. Auf ihm hinab zum nicht mehr allzu fernen **Prinz-Luitpold-Haus**, in dem uns ein wohlverdientes Abendessen erwartet. Am folgenden Tag steigen wir entweder wieder zum **Giebel-Haus** ab, oder wandern auf dem **Jubiläumsweg** zurück nach **Hinterstein**. Am Wegkreuz vor dem **Prinz-**

**Tourencharakter:** Aufstieg zum Hochvogel hochalpine Tour für trittsichere Bergsteiger; Vorsicht im Herbst bei vereistem Firnfeld im »Kalten Winkel«; ein leichter Klettersteig im Abstieg über die Kreuzspitze. Der Jubiläumsweg ist eine lange hochalpine Tour, die ebenfalls Trittsicherheit verlangt. **Beste Jahreszeit:** Ende Juni bis Mitte Oktober. **Reine Gehzeit:** Insgesamt 2 bis 3 Tage; Giebelhaus–Prinz-Luitpold-Haus 2 1/2 Std.; Prinz-Luitpold-Haus–Hochvogel 4 1/2 Std.; Abstieg über Jubiläumsweg 7 Std. **Höhendifferenz:** Giebelhaus–Prinz-Luitpold-Haus 780 m; Prinz-Luitpold-Haus-Hochvogel 750 m. Prinz-Luitpold-Haus–Jubiläumsweg–Hinterstein: Aufstieg 1120 m, Abstieg 2000 m. **Ausgangspunkt:** Das Giebelhaus im Ostrachtal, Busverbindung ab Parkplatz am Ortsende von Hinterstein; Fahrplanauskunft Tel. (0 83 24) 82 27 oder 22 77. **Endpunkt:** Hinterstein. **Verkehrsanbindung:** Busverbindung nach Hinterstein von Sonthofen und Hindelang. **Einkehr:** Giebelhaus, Untere Bärgündele-Alp, Prinz-Luitpold-Haus, Willersalpe. **Unterkunft:** In Hinterstein; im Prinz-Luitpold-Haus, Tel. (01 71) 6 23 34 17; auf der Willersalpe, Tel. (0 83 24) 27 18. **Auskunft:** Kurverwaltung Hindelang, Tel. (0 83 24) 89 20.

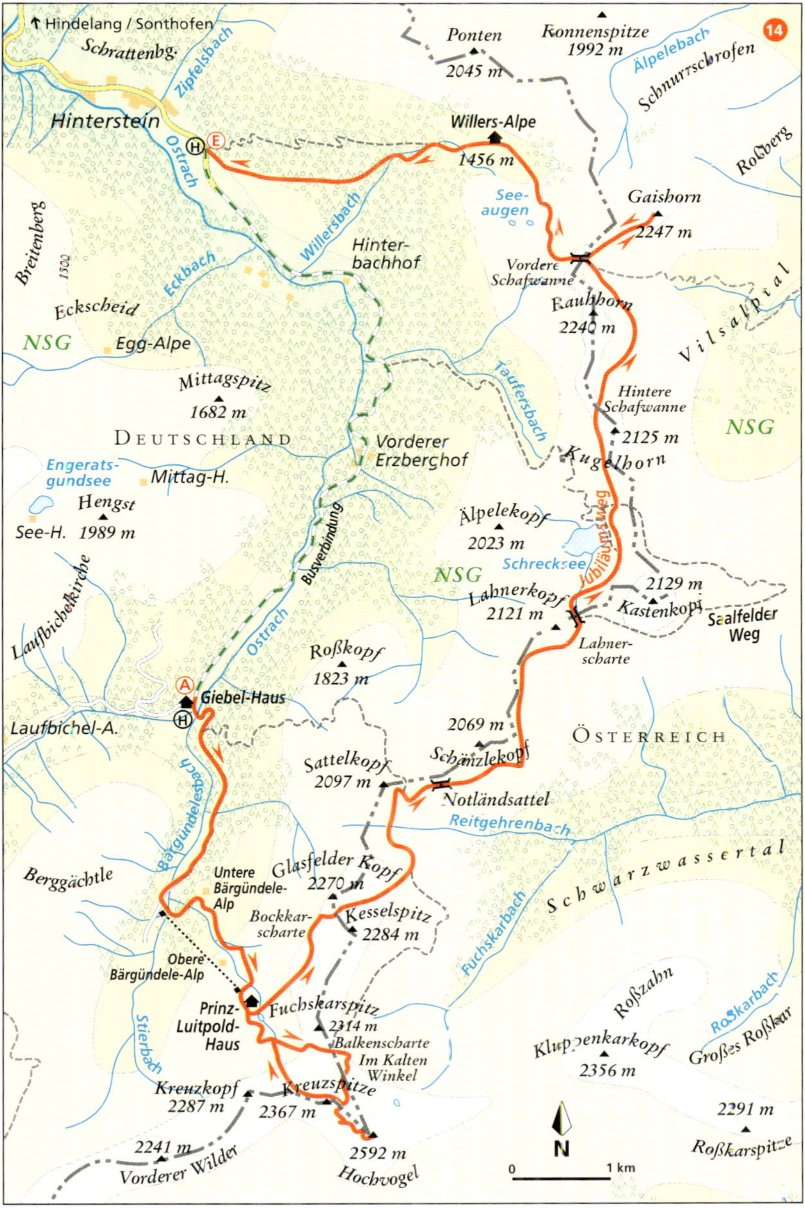
14
Hindelang / Sonthofen
Schrattenbg.
Zipfelsbach
Hinterstein
Ostrach
Ponten
2045 m
Ronnenspitze
1992 m
Älpelebach
Schnurrschrofen
Willers-Alpe
1456 m
Roßberg
Gaishorn
2247 m
See-
augen
Willersbach
Hinter-
bachhof
Vordere
Schafwanne
Rauhhorn
2240 m
Vilsalptal
Breitenberg
1500
Eckbach
Eckscheid
NSG
Egg-Alpe
Mittagspitz
1682 m
Taufersbach
Hintere
Schafwanne
2125 m
NSG
Deutschland
Vorderer
Erzbergchof
Kugelhorn
Engerats-
gundsee
Mittag-H.
Hengst
1989 m
See-H.
Älpelekopf
2023 m
Jubiläumsweg
Schrecksee
Busverbindung
NSG
2129 m
Lahnerkopf
2121 m
Kastenkopf
Saalfelder
Weg
Laufbichelkirche
Ostrach
Roßkopf
1823 m
Lahner-
scharte
Giebel-Haus
Laufbichel-A.
2069 m
Österreich
Schänzlekopf
Sattelkopf
2097 m
Notländsattel
Bärgündelesbach
Reitgehrenbach
Schwarzwassertal
Berggächtle
Untere
Bärgündele-
Alp
Glasfelder Kopf
2270 m
Bockkar-
scharte
Kesselspitz
2284 m
Fuchskarbach
Obere
Bärgündele-Alp
Prinz-
Luitpold-
Haus
Fuchskarspitz
2314 m
Balkenscharte
Im Kalten
Winkel
Roßzahn
Roßkarbach
Stierbach
Klup?enkarkopf
2356 m
Großes Roßkar
Kreuzkopf
2287 m
Kreuzspitze
2367 m
2592 m
Hochvogel
2291 m
Roßkarspitze
2241 m
Vorderer Wilder
N
0
1 km

**Luitpold-Haus** halten wir uns diesmal links (Wegweiser: Jubiläumsweg, Schrecksee, Landsberger Hütte) und wandern rechts an der Hütte vorbei abwärts. Der Weg führt bald durch das Hochtal »Im Täle« zwischen einem niedrigen Kamm zur Linken und den herrlich gefalteten, steilen Dolomitwänden der Fuchskarspitze bergan. Wir überwinden mehrere Absätze und gewinnen mit jedem Höhenmeter einen weiteren Ausblick. Im Südwesten besticht der steile Felskegel der Schneck, neben dem uns der Himmelecksattel einen Durchblick zur → **Höfats** gewährt. Ganz nahe ist der wild gezackte Felsgrat, den die Fuchskarspitze nach Norden zur Kesselspitze schickt. Über freie Wiesenhänge gelangen wir schließlich in die **Bockkarscharte**.

Jenseits blicken wir in das »Kessel« genannte Kar hinab, das zwischen den Wänden von Kesselspitze und Glasfelder Kopf eingelassen ist. An der linken Seite der unangenehm steilen Schuttflächen zieht die Wegspur bergab. Auf wieder gutem Steig verlassen wir links haltend das Kar und erreichen die Kreuzung, an der rechts der Weg zur Balkenscharte abzweigt. Wir gehen aber geradeaus und queren hoch über dem Schwarzwassertal durch die Ostflanke der Lärchwand. Im Osten bewacht die Felsburg der Leilachspitze den Taleingang, und im Süden taucht das wuchtige Felshorn des Hochvogels auf, das über dem Talschluß thront. Der Weg führt uns durch eine teils drahtseilgesicherte Schrofenflanke und durch die tief eingeschnittene Runse, die der Reitgehrenbach in die Ostflanke der Sattelköpfe gerissen hat. Kurz darauf erreichen wir auf den buckligen Bergwiesen des breiten **Notländsattels** eine Wegkreuzung.

Wir halten uns rechts (Wegweiser: Schrecksee, Jubiläumsweg) und folgen dem deutlichen Steig, der rechts des Bergkammes bleibt. In leichtem Auf und Ab führt er uns problemlos um den Schänzlekopf herum und quert unter der Gipfelflanke der Schänzlespitze nach Norden. An der steilen Südflanke des Lahnerkopfes erwartet uns dann ein unangenehmes Intermezzo. Schmal und abschüssig zieht der Steig durch einen steinschlaggefährdeten Geröllhang und bringt uns an den Fuß einer Felswand. Seile erleichtern das Vorwärtskommen, und bald ist eine latschenbewachsene Bergschulter erreicht, von der der Blick ein letztes Mal ungehindert über das Schwarzwassertal zur eleganten Pyramide des Hochvogels geht. Der jetzt wieder harmlose Weg zieht von hier sanft aufwärts zur nahen **Lahnerscharte**.

Rechts zweigt der Saalfelder Weg ab. Wir überqueren jedoch geradewegs den Sattel (Wegweiser: Jubiläumsweg, Schrecksee, Willers-

In einem weiten Kar liegt der malerische Schrecksee.

Alpe, Hinterstein) und steigen auf den tiefgrünen Schrecksee zu, der in einer weiten Alpmulde liegt. Der Weg wendet sich bald nach rechts und führt uns durch die Hänge südlich des Sees. Über dem Westende des Schrecksees zweigt links ein Weg ab, der durch das Tal des Taufersbaches zur Straße im Ostrachtal führt und bei Zeitnot oder Schlechtwettereinbruch einen sicheren Abstieg bietet.

Wir folgen jedoch geradewegs dem sanft ansteigenden Weg (Wegweiser: Jubiläumsweg, Willers-Alpe), der uns zu einer Wegkreuzung bringt. Links zweigt ein weiterer Weg zum Schrecksee ab und rechts ein Steig, der zur Landsberger Hütte führt. Wir gehen geradeaus (Jubiläumsweg, Rauhhorn, Gaishorn, Willers-Alpe) und steigen über zwei Serpentinen aufwärts. In gleichbleibender Höhe führt uns nun der aussichtsreiche Weg durch die steile Westflanke des Kugelhorns. Über einige breite Felsbänder, die mit Drahtseilen versehen sind, bringt uns der Steig in die Scharte der **»Hinteren Schafwanne«**. Der versierte Bergsteiger, der den II. Schwierigkeitsgrat beherrscht, kann von hier aus das vor uns liegende Rauhhorn überschreiten und trifft im Sattel der »Vorderen Schafwanne« wieder auf den Jubiläumsweg. Wir halten uns jedoch noch vor dem tiefsten Punkt des Sattels rechts und steigen über einige Serpentinen abwärts. Tief unter uns liegt der Vilsalpsee, hinter dem die hellen Kalkzinnen der Tannheimer Berge aufragen. Der Weg wendet sich schnell nach links und führt uns unter den Ostwänden des Rauhhorns entlang. Ein kurzer Abstieg bringt uns auf den Boden eines Kars. Zwischen großen Felsblöcken windet sich der Steig zu einer Weggabelung. Wir folgen dem links ansteigenden Weg (Wegweiser: Jubiläumsweg), der uns zu einer Wegkreu-

*Ein kurzer Abstecher führt vom Jubiläumsweg auf das Gaishorn.*

zung am Fuße eines steilwandigen Felshorns hinaufleitet. Hier geradeaus (Wegweiser: Gaishorn, Willers-Alpe) und über Serpentinen den steilen Hang aufwärts.

Bald zweigt rechts ein Weg ab, der die Besteigung des nahen **Gaishorns** (2247 m) erlaubt. 200 Höhenmeter müssen wir überwinden, bevor wir den Gipfel erreichen. Dafür entschädigt uns das Gaishorn, das seine Nachbarn überragt, mit einer uneingeschränkten Rundumsicht.

Auf demselben Weg, der uns zum Gipfel führte, steigen wir wieder zum Jubiläumsweg hinab. Lediglich wenige Meter trennen uns noch von der »**Vordere Schafwanne**« genannten Scharte.

In der Scharte halten wir uns links (Wegweiser: Rauhhorn) und biegen nach kurzer Wegstrecke vom Kamm nach rechts (Wegweiser: Willers-Alpe, Hinterstein). Der teils recht steile Steig führt in Serpentinen durch die felsdurchsetzte Flanke abwärts, an deren Fuß wir eine sanfte Wiesenmulde erreichen. Vorbei an kleinen Seeaugen erreichen wir wieder stärker abfallendes Gelände, durch das uns der gute Steig in den weiten Alpboden der **Willers-Alpe** (1456 m) hinabführt.

Wir wandern geradewegs an der Hütte vorbei und steigen bald auf breitem, steinigem Weg steil durch den Wald abwärts. Wir queren nach rechts über den **Willersbach** und erreichen kurz darauf eine Weggabelung. Wir halten uns links (Hinterstein-Parkplatz) und stoßen auf einen Fahrweg. Auf ihm wandern wir abwärts, bis er nach links umknickt. Hier geradeaus auf einen grün bewachsenen Weg, der uns geradewegs zum Parkplatz am Ortsrand von **Hinterstein** führt.

# Auf den Großen Daumen

15

Nebelhornbahn – Hindelanger Klettersteig (oder Koblatweg) – Großer Daumen – Koblatweg – Nebelhornbahn Karte: G 5

Von der Gipfelstation der Nebelhornbahn (2224 m, → **Nebelhorn**) überblicken wir nahezu den gesamten Grat, auf dem der 1978 fertiggestellte Hindelanger Klettersteig verläuft. Von hier wirkt der Kamm allerdings stark verkürzt, und man sollte keine falschen Schlüsse über die Länge der Tour ziehen.

## Wegverlauf:

Von der **Gipfelstation** folgen wir den Wegweisern zum Hindelanger Klettersteig kurz abwärts und überqueren die ersten beiden kleinen Grataufschwünge auf schmalem Weg. Am eigentlichen Einstieg zum Klettersteig bringt uns eine Leiter auf einen felsigen Gratzacken. Nach einer ausgesetzten Querung folgen wir ohne große Probleme der luftigen Grathöhe, von der wir einen herrlichen Blick nach Süden zu den Allgäuer Hochgipfeln haben. Markant wirft sich der Hochvogel in Positur, und über der → **Höfats** baut sich der Allgäuer Hauptkamm mit Krottenkopf, Trettachspitze und Mädelegabel auf. Im Norden branden die herbstlichen Talnebel an die Hänge des → **Grünten**. Im Auf und Ab erreichen wir den **Westlichen Wengenkopf** (2235 m), die höchste Erhebung im langen Gratverlauf bis zum Daumen.

Wer sich bis hierher von den Schwierigkeiten überfordert fühlte, der kann vom Gipfel rechts über die Südhänge zum Koblat absteigen. Nach einigen Gratzacken hilft uns eine lange Leiter abwärts. Der drahtseilgesicherte Klettersteig führt ausgesetzt links um einen Felsturm und bringt uns in eine Scharte. An dieser Stelle zweigt rechts ein Notabstieg zum Koblatweg ab (Wegweiser: Abstieg zum Koblat). Nach

**Tourencharakter:** Hindelanger Klettersteig: Hochalpiner Klettersteig, gefährlich bei Schlechtwettereinbruch und Vereisung; nur für absolut schwindelfreie und trittsichere Bergsteiger mit entsprechender Ausrüstung geeignet. Über den Koblatweg zum Großen Daumen: Häufig begangene alpine Wanderung auf steinigen Pfaden, die schöne Ausblicke bietet. **Beste Jahreszeit:** Juli bis Oktober. **Reine Gehzeit:** Über den Hindelanger Klettersteig 6 1/2 Std. Hin und zurück auf dem Koblatweg 5 Std. **Höhendifferenz:** Jeweils ca. 450 m. **Ausgangs-/Endpunkt:** Die Nebelhornbahn, deren ausgeschilderte Talstation am südöstlichen Ortsrand von Oberstdorf liegt; für den Hindelanger Klettersteig fährt man bis zur Gipfelstation (2224 m), der Koblatweg beginnt an der Bergstation (1932 m); Auskunft Nebelhornbahn, Tel. (0 83 22) 10 92. **Verkehrsanbindung:** Oberstdorf ist mit der Bahn und mit verschiedenen Buslinien hervorragend zu erreichen. **Einkehr:** Im Edmund-Probst-Haus neben der Bergstation der Nebelhornbahn. **Unterkunft:** In Oberstdorf; im Edmund-Probst-Haus, Tel. (0 83 22) 47 95. **Auskunft:** Kurbetriebe Oberstdorf, Tel. (0 83 22) 70 00.

der Scharte gilt es eine 16 Meter hohe Eisenleiter zu erklimmen. Immer nahe der Gratschneid, wie bisher an schwierigeren Stellen mit Drahtseilen gesichert, führt uns der Weg über den langgezogenen Gipfelgrat des **Östlichen Wengenkopfes** (2207 m). Bald erwartet uns ein langer, ausgesetzter Abstieg, vor dem sich die weniger sicheren Klettersteigaspiranten stauen. Entlang einer Felskante führen uns die Drahtseile auf die Steilflanke zu, die erst tief unten im Retterschwanger Tal ausläuft.

*Vom Hindelanger Klettersteig geht der Blick hinab zum Laufbichelsee.*

Nach einer tief eingeschnittenen Scharte (auch von hier, allerdings recht steiler, Notabstieg nach Süden) erreichen wir die sogenannten **Zwiebelstränge**, ein langgezogener Bergkamm, der sieben ausgeprägte Felszacken trägt. Glatte Felsplatten, die mit Hilfe von Eisentritten überwunden werden, schmale Gratschneiden und lange Leitern für luftige Auf- und Abstiege kennzeichnen in diesem Bereich den abwechslungsreichen Wegverlauf. Vom sechsten Gratkopf bringen uns zwei Leitern in einen geräumigen Sattel, von dem rechts ein Weglein einen problemlosen Notabstieg ermöglicht. Am letzten Zacken erwarten uns nochmals Leitern und Drahtseile, Kletterstellen und Gehgelände. Als letztes Hindernis gilt es noch einen ungesicherten Quergang am allerletzten Türmchen zu meistern, ehe wir die Bergwiesen erreichen. Diese Stelle soll wohl die Klettersteigaspiranten aussieben, die die Tour von dieser Seite aus angehen wollen. Wir sind jedenfalls froh, nach dem langen Auf und Ab auf den Weg zu treffen, der uns links durch seine grasige Südostflanke auf den Gipfel des **Großen Daumen** (2280 m) bringt. Der Kulminationspunkt des heutigen Tages ist erreicht. Herrlich sind die Blicke, die allseits ungehindert über die Allgäuer Täler und Berge gehen.

Vom Gipfel steigen wir wieder auf dem Weg ab, den wir zuvor heraufgekommen sind. An der Stelle, an der rechts der Hindelanger Klettersteig abzweigt, folgen wir dem Steig geradewegs abwärts. In Serpentinen führt er uns zum tiefblauen **Laufbichelsee** hinab. Hier

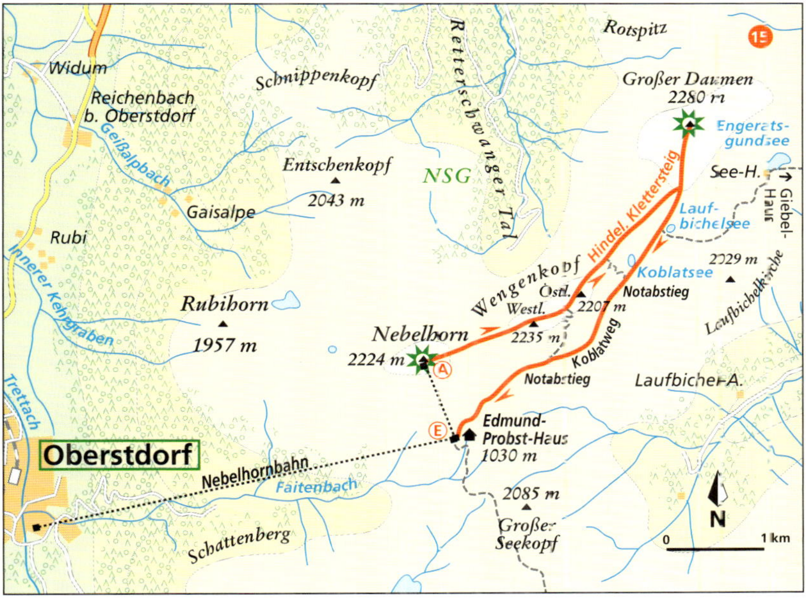


biegt links der Weg zum Giebelhaus ab. Wir halten uns jedoch rechts und wandern am Fuße der Felszacken entlang, über die der Hindelanger Klettersteig läuft. Über verkarstete Felsplatten führt der Weg am kleinen **Koblatsee** vorbei und quert anschließend ein kleines, blockgefülltes Kar.

Unterhalb des Östlichen Wengenkopfes folgt ein kurzer, anstrengender Anstieg über Geröll, ehe der schmale Steig durch eine felsdurchsetzte Latschenflanke quert. Der Weg führt uns bald durch harmlose Wiesen sanft bergauf zu einer Weggabelung. Wir nehmen den besseren, rot markierten Steig, der uns im Auf und Ab durch eine Felsflanke leitet. Wenig später erreichen wir eine Wegkreuzung in einem kleinen Sattel, an der wir geradeaus gehen (Wegweiser: Edmund-Probst-Haus; in Gegenrichtung Koblat, Daumen). Ein kurzer, steiler Abstieg bringt uns zur Bergstation eines Skilifts, an der wir geradewegs vorbeiwandern. Jetzt steigen wir noch wenige Meter auf einem breiten Weg zur nahen **Bergstation der Nebelhornbahn (Station Höfatsblick)** hinauf. In umgekehrter Richtung begangen, vermittelt der beschriebene, gut ausgeschilderte Abstiegsweg über das Koblat einen leichten, herrlich aussichtsreichen Hin- und Rückweg zum Großen Daumen.

# 16 Bergtour mit Höfatsblick

Nebelhornbahn – Laufbacher Eck – Himmelecksattel – Käser Alpe – Oytal – Oberstdorf

Karte: F/G 5/6

Der schmale Steig, der von der Nebelhornbahn über das Laufbacher Eck in das Oytal führt, bietet unbestritten eine der herrlichsten Panoramatouren im Allgäu. Immer im Blick bleibt die → **Höfats**, das vielgipflige Wahrzeichen der Allgäuer Bergwelt.

## Wegverlauf:

Vor der **Bergstation (Station Höfatsblick)** der **Nebelhornbahn** (→ **Nebelhorn**) gehen wir am **Edmund-Probst-Haus** (1932 m) vorbei und halten uns nach wenigen Metern links (Wegweiser: Oytal, Laufbacher Eck, Prinz-Luitpold-Haus). Wir folgen kurz dem Fahrweg abwärts und biegen dann links auf den Wanderweg ein (Wegweiser: Laufbacher Eck, Zeigersattel), der uns zum nahen **Zeigersattel** hinaufführt. Unter uns liegt in einer Karmulde das geheimnisvolle dunkelgrüne Auge des Seealpsees, über dem die vielgipflige Höfatsgruppe und die Berge im Herzen der Allgäuer Alpen aufragen.

An der Gabelung auf dem Sattel nehmen wir den Weg, der links durch die Grashänge sanft ansteigt (Wegweiser: Laufbacher Eck, Prinz-Luitpold-Haus). Der Steig wird bald schmal und quert durch die Westflanke des Großen Seekopfes. Ein Anstieg bringt uns nahe an den Gipfel des Kleinen Seekopfes, durch dessen teils steile Hänge wir in einen aussichtsreichen Sattel queren. Vor allem bei Nässe ist auf den teils erdigen Wegen Trittsicherheit nötig, und man sollte sich von der herrlichen Aussicht nicht ablenken lassen.

*Viehtritte modellieren das Alpgelände am Seealpsee.*

*Vom Himmeleckattel hat man den schönsten Blick zur Höfatsgruppe.*

Vor uns erhebt sich der Schochen, dessen Westhang wir nun queren. Wir erreichen den Südwestkamm des **Schochen**, über den der versierte Bergsteiger zum nahen Gipfelkreuz hinaufsteigen kann. Die herrliche Aussicht zum vielgestaltigen Bergrund, das das Oytal umschließt, und zu den übrigen Gipfeln des Allgäuer Hauptkammes, verleitet uns an dieser Stelle zu einer ersten Rast.

Der Weg biegt nach links und führt uns nahe der 2000-Meter-Marke durch die schrofig-steilen Südabstürze von Schochen und Lachenkopf auf den steilwandigen Schneck zu. Auch hier wird der Steig immer wieder schmal und verlangt von den Begehern Trittsicherheit. Kurz nach einer seilgesicherten Stelle erreichen wir einen Sattel. In Serpentinen zieht der Weg hinauf zum **Laufbacher Eck** (2178 m), von dem wir einen herrlichen Blick hinüber zum Prinz-Luitpold-Haus und der darüber aufragenden, ebenmäßigen Felspyramide des Hochvogels haben.

Jenseits führt uns der Weg im Zickzack abwärts und knickt schnell nach rechts. Der Abzweig zur nahen Bergwachthütte bleibt links liegen, und wir queren unter dem imposanten Felshorn des Schnecks durch den Hang abwärts. Vor uns ragt die Nordflanke des Großen Wilden mit dem in der Sonne glitzernden Firnfeld auf. Bald ist die

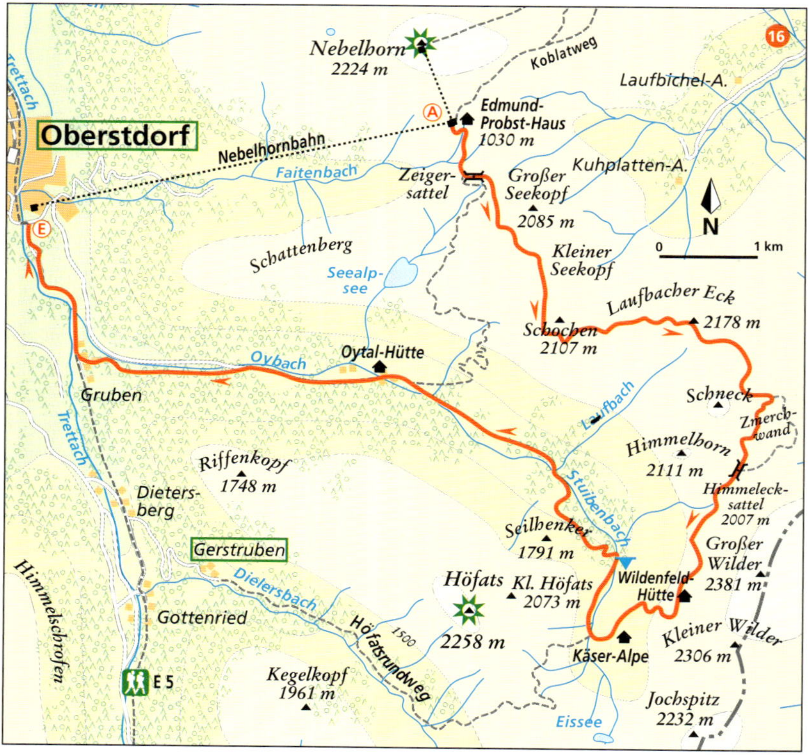


Wegkreuzung an der **Zmerchwand** erreicht, an der wir nicht geradeaus Richtung Prinz-Luitpold-Haus gehen, sondern uns rechts halten (Wegweiser: Himmeleck, Oytal).

Der Weg schlängelt sich aufwärts und quert danach einen steilen Grashang. Dutzende von Murmeltieren fressen sich unterhalb des Steiges Fettreserven für den langen Winter an und lassen sich von den Bergsteigern nicht stören. Ein kurzer Anstieg noch, und wir stehen im **Himmelecksattel** (2007 m). Links wird die Scharte von den kahlen Dolomithörnern der Wildengruppe überragt, die den Blick zum breitschultrigen Rauheck hinleiten. Vor uns bietet die mehrgipflige Höfats mit ihren Graten und Kanten ihre klassische Ansicht und stellt alle anderen Gipfel in den Schatten. Der Weg führt uns jenseits unter den Westabstürzen der Wildengruppe abwärts zur **Wildenfeld-Hütte**, an der wir an einem Brunnen unseren Durst stillen können. An der Wegkreuzung halten wir uns rechts und folgen dem Steig, der

Mehrere Wasserfälle rauschen im hinteren Oytal über die steilen Hänge.

auf den Talgrund zuläuft. Er wird bald steil und steinig und bringt uns zur bewirtschafteten **Käser-Alpe** hinab, die im weiten Talschluß am Fuß der Höfats liegt, deren steilen Felsgrate hoch über uns aufragen.

Wer noch genug Zeit und Kondition hat, der kann von hier den Weg zum Älpelesattel folgen und jenseits in das Dietersbachtal absteigen. Man bedenke jedoch, daß hinauf zum Älpelesattel nahezu 400 Höhenmeter zu überwinden sind, ehe man nach Gerstruben absteigen kann.

Wir halten uns deshalb rechts und wandern auf der Alpstraße talaus. Vor uns ragt das Himmelhorn in den blauen Nachmittagshimmel, über dessen Südwestgrat eine gefürchtete Kletterroute emporzieht. Die Straße überwindet in Kehren einen steilen Talabbruch und bringt uns zum **Stuibenfall**, der am Fuß der dunklen Felsabstürze des Seilhenkers tosend zu Tal rauscht. Sanfter läuft das Sträßchen abwärts, und kurz bevor wir den Talboden erreichen, kürzen wir auf einem Wanderweg geradewegs eine letzte Kehre ab. Eine Brücke hilft uns über den Bach, und wir folgen, vorbei an einer bewirtschafteten Alphütte, der Sandstraße, die uns zum **Oytal-Haus** führt.

Wir wechseln geradewegs auf die schmale Teerstraße und wandern über die Almböden talaus. Kurz nach der Brücke über den Oybach biegen wir links in einen Wanderweg ein (Wegweiser: Oberstdorf). Er führt uns durch das beschauliche Tal des Oybachs abwärts zur Trettach. Hier treffen wir auf eine breite Sandstraße, die rechts am Ufer flußabwärts läuft. Nach wenigen Minuten gehen wir auf einer Brücke links über den Fluß. Unterhalb des **Café Jägerstand** biegen wir rechts in einen Wanderweg ein, der uns am linken Trettachufer bis zu einer Teerstraße am Rand von → **Oberstdorf** führt. Von hier sind es lediglich wenige Meter zurück zur **Talstation der Nebelhornbahn**.

**Tourencharakter:** Eine lange Tagestour, die an einigen Stellen Trittsicherheit erfordert. **Beste Jahreszeit:** Von Ende Juni bis Oktober. **Reine Gehzeit:** 8 Std. **Höhendifferenz:** 600 m Anstieg und 1700 m Abstieg. **Ausgangspunkt:** Die Nebelhornbahn, deren ausgeschilderte Talstation am südöstlichen Ortsrand von Oberstdorf liegt; Auskunft Nebelhornbahn, Tel. (0 83 22) 10 92. **Endpunkt:** Oberstdorf. **Verkehrsanbindung:** Oberstdorf ist mit der Bahn und mit verschiedenen Buslinien hervorragend zu erreichen. **Einkehr:** Edmund-Probst-Haus, Käseralpe und Oytalhaus. **Unterkunft:** In Oberstdorf und im Edmund-Probst-Haus, Tel. (0 83 22) 47 95. **Auskunft:** Kurbetriebe Oberstdorf, Tel. (0 83 22) 70 00.

# 17 Auf den Großen Krottenkopf

Spielmannsau – Kemptner Hütte – Krottenkopf – Kemptner Hütte – Spielmannsau

Karte: F/G 6/7

Ganz auf österreichischem Boden steht der Große Krottenkopf, der mit 2657 Metern der höchste Berg der Allgäuer Alpen ist. Der bequemste Anstieg führt allerdings von deutscher Seite über die Kemptner Hütte zum Gipfel.

## Wegverlauf:

Vom **Gasthof Spielmannsau** (→ **Trettachtal**) wandern wir auf einer Kiesstraße über die grünen Wiesen, vorbei an der Kapelle und den Alphütten von Oberau, talein. Am Ende der Weiden führt uns das stärker ansteigende Sträßchen geradewegs zur **Talstation der Materialseilbahn**, die die Kemptner Hütte versorgt. Von hier folgen wir dem Steig, der die Talstation rechts umgeht und an der rauschenden Trettach entlang talein läuft. Bald kommt von links der Sperrbach herab, über den uns eine Metallbrücke hilft. Jenseits steigen wir in Kehren durch den steilen Grashang an. Beim Marterl **»Am Knie«** liegt der anstrengende Anstieg unter uns.

Der Steig führt uns sanft abwärts zum Sperrbach, den wir auf einer zweiten Brücke überqueren. In Serpentinen steigen wir auf der linken Seite des Tales bergan. Bald rücken die Talhänge nahe zusammen und der Weg führt uns in den oberen Abschnitt des **Sperrbachtobels**, über dem das markante Felshorn des Muttlerkopfes aufragt. Der ausgezeichnet angelegte Steig leitet uns durch die dunklen, wasserüberronnenen Abbrüche an der Nordseite der Schlucht. Unter uns gräbt sich der Bach durch die letzten schmutzigen Lawinenreste, und ge-

**Tourencharakter:** Hochalpine Bergtour auf den höchsten Gipfel der Allgäuer Alpen; der Gipfelanstieg auf den Großen Krottenkopf führt über teils wegloses, felsdurchsetztes Gelände. **Beste Jahreszeit:** Von Juli bis September. **Reine Gehzeit:** Insgesamt 1 bis 2 Tage; Spielmannsau–Kemptner Hütte 2 1/2 Std.; Kemptner Hütte–Großer Krottenkopf 3 Std., Abstieg zur Hütte 2 Std. **Höhendifferenz:** Von Spielmannsau zur Kemptner Hütte 850 m; von der Kemptner Hütte zum Großen Krottenkopf 900 m. **Ausgangs-/Endpunkt:** Spielmannsau, 8 Kilometer südlich Oberstdorf im Trettachtal gelegen. Zufahrt morgens ab Oberstdorf oder dem Parkplatz am Renksteg mit dem Kleinbus des Gasthofes Spielmannsau, Auskunft Tel. (08322) 3015. Zusätzlich Kutschenverkehr ab Oberstdorf. Zu Fuß ab Oberstdorf entlang der Trettach 2 Std.; vom Parkplatz am Renksteg, der an der Zufahrtsstraße zur Fellhornbahn liegt, 1 3/4 Std. **Verkehrsanbindung:** Oberstdorf ist mit der Bahn und mit verschiedenen Buslinien hervorragend zu erreichen. **Einkehr:** Gasthof Spielmannsau, Kemptner Hütte. **Unterkunft:** In Oberstdorf; Gasthof Spielmannsau, Tel. (08322) 3015; Kemptner Hütte, Fax (0161) 1826510, außerhalb der Saison Tel. (0831) 69556. **Auskunft:** Kurbetriebe Oberstdorf, Tel. (08322) 7000.

genüber erzählen die heftig gefalteten Gesteinspakete von den Kräften der Gebirgsbildung. Nach oben hin weitet sich das Tal, und der Weg führt uns rechts über den Bach. In Serpentinen steigen wir durch die Alpwiesen zur nahen **Kemptner Hütte** (1846 m) hinauf, über der die wilden Wände des Kratzers aufragen.

*Weltabgeschieden liegt der kleine Hermannskarsee am Fuße des Großen Krottenkopfes.*

Vor dem Unterkunftshaus beginnt der Weg (Wegweiser: Krottenkopf, Barth-Hütte, Heilbronner Weg), der uns durch die Almwiesen aufwärts führt. Zum ersten Mal sehen wir nun unser Ziel, den felsigen Gipfel des Großen Krottenkopfes, neben dem Muttlerkopf aufragen. Wir erreichen eine Weggabelung, an der wir uns links halten (Wegweiser: Krottenkopf, Muttlerkopf, Barth-Hütte). Durch die Alpwiesen, auf denen sich Dutzende von Murmeltieren tummeln, wandern wir zu einer weiteren Wegkreuzung hinauf. Wir nehmen den rechten Steig (Wegweiser: Krottenkopf, Muttlerkopf, Barth-Hütte), der uns in Serpentinen durch den steilen Hang zum **Östlichen Mädelejoch** hinaufführt.

Der Große Krottenkopf mit seinen steilen Dolomitwänden und -graten steht jetzt in voller Größe vor uns. An der Wegkreuzung bildet der links abzweigende Steig zum Muttlerkopf eine kürzere Alternativroute an. Wir folgen allerdings geradewegs dem Steig (Wegweiser: Krottenkopf, Barth-Hütte), der in engen Kehren kurz abwärts führt. Anschließend quert der Weg in weitem Bogen leicht ansteigend durch die Hänge des Roßgumpentales zu einer Wegkreuzung am Fuße der Krottenkopfscharte. Wir folgen dem linken Steig (Wegweiser: Krottenkopf, Barth-Hütte), der durch die Geröllhänge ansteigt. Eine unangenehme Felszone überwinden wir mit Hilfe einiger Eisenklammern, ehe wir die **Krottenkopfscharte** erreichen. Der Blick nach Westen zum Allgäuer Hauptkamm mit Trettachspitze und Mädelegabel und jenseits in das Hermannskar versüßt uns eine kurze Pause, ehe uns der schneidende Wind zum Gipfelaufstieg drängt.

In der Scharte zweigt links (Wegweiser: Krottenkopf) der deutliche Steig ab, der durch die Schutthänge in Serpentinen ansteigt. In halber

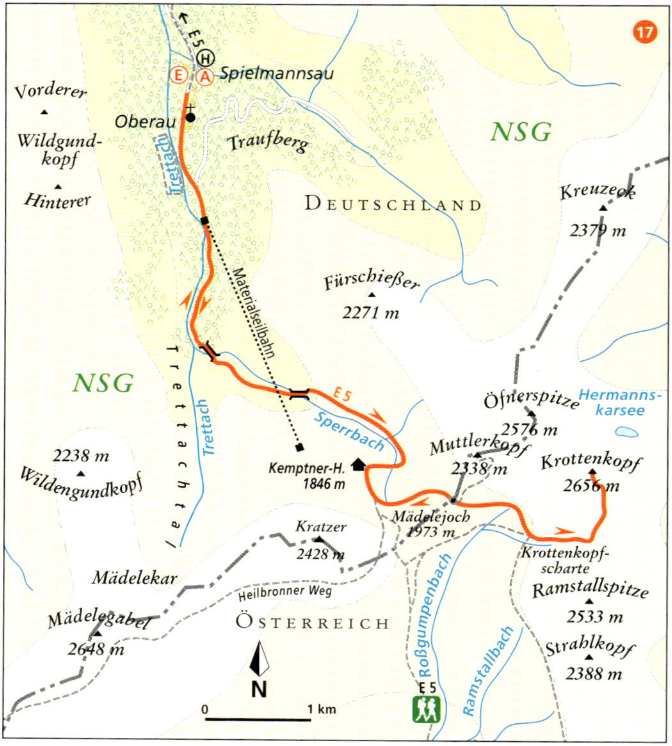


Höhe führen uns die roten Markierungen über Felsbänder ein Stück nach links. Deutliche Trittspuren und regelmäßige Markierungen leiten uns durch das felsige Gelände. Am Ende eines kleinen Wandabbruches können wir wieder rechts haltend ansteigen. Die Gipfelpyramide wird immer schmaler, und wir erreichen einen Grat, der uns nach wenigen Metern zum Gipfelkreuz auf dem **Großen Krottenkopf** (2656 m) führt.

Grenzenlos scheint vom Gipfel des höchsten Berges der Allgäuer Alpen die Sicht zu sein. Doch besonders eindrucksvoll ist für uns der Nahblick hinab zum kleinen, weltabgeschiedenen Hermannskarsee, über dem die elegante Marchspitze aufragt. Auf dem Weg, den wir heraufgestiegen sind, kehren wir nach der Gipfelrast zur **Kemptner Hütte** zurück. Von hier kann man entweder wieder nach **Spielmannsau** absteigen oder auf dem Heilbronner Weg (→ **Tour 18**) zur Rappenseehütte gelangen.

# Der Heilbronner Weg

18

Kemptner Hütte – Kratzerjoch – Schwarzmilzferner – Bockkarkopf – Großer Steinschartenkopf – Rappenseehütte Karte: F/G 7

Vor über 100 Jahren wurde der Heilbronner Weg eröffnet, die »Haute Route« der Allgäuer Alpen. In den nördlichen Kalkalpen gibt es nur wenige Gegenstücke zu diesem Weg, der zwischen Kemptner Hütte und Rappenseehütte auf einer Länge von 11 Kilometern jenseits der 2000-Meter-Grenze über den Allgäuer Hauptkamm führt. Herzstück dieser Traumtour ist der Abschnitt zwischen Bockkarscharte und Großer Steinscharte. Hier führt er, an allen schwierigen und ausgesetzten Stellen mit Drahtseilen gesichert, durch eine wilde Felslandschaft. Kulminationspunkt der Tour ist der 2615 Meter hohe Große Steinschartenkopf. Doch die Abstecher auf die Mädelegabel und auf das Hohe Licht stellen im Vergleich zum Heilbronner Weg keine erhöhten Anforderungen und sind bei rechtzeitigem Aufbruch problemlos zu bewerkstelligen.

Hartnäckig hält sich der Winter auf dem Schwarzmilzferner.

Als Ausgangspunkt für die Tour wählen wir die im Vergleich zur Rappenseehütte etwas tiefer gelegene Kemptner Hütte. Den Heilbronner Weg von dieser Seite aus anzugehen, bringt zwei Vorteile. Zum einen genießt man hier schon früh am Morgen die ersten Sonnenstrahlen, während man von der Rappenseehütte aus zu Beginn die schattenkalte Nordwestflanke des Hohen Lichts bezwingen muß. Zum anderen liegen von der Kemptner Hütte aus betrachtet die Notabstiege von der östlichen Bockkarscharte und der Socktalscharte am Beginn der größten Schwierigkeiten. Bei einem überraschenden Schlechtwettereinbruch kann man von dort schnell zum Waltenberger Haus absteigen.

Auf der Südseite des Kratzers öffnet sich der Blick zur Mädelegabel und zur Trettachspitze.

## Wegverlauf:

Von der **Kemptner Hütte** wandern wir durch die Almwiesen aufwärts bis zur Wegkreuzung. Wir halten uns rechts (Wegweiser: Heilbronner Weg, Mädelegabel, Rappenseehütte) und steigen steil am Fuß des Kratzers aufwärts zu einer Weggabelung. Wir folgen dem rechten Steig (Wegweiser: Heilbronner Weg, Mädelegabel), der uns auf die Südseite des Kratzers bringt. Jenseits des Roßgumpentales recken der Krottenkopf und seine Vasallen ihre markanten Profile in den Morgenhimmel, und jenseits des Lechtales streckt sich die einsame Gipfelkette der Lechtaler Alpen. Ohne große Anstiege wandern wir durch das Schuttkar an der Südseite des Kratzers und queren schließlich einen Wiesenhang. Vor uns fangen die Felsflanken von Hochfrottspitze, Mädelegabel und Trettachspitze die roten Strahlen der Morgensonne ein, und am **Kratzerjoch** liegt uns die wilde Trettachrinne zu Füßen. Von den dunklen Fleckenmergelschichten steigt der Weg nun zu den hellen Dolomitfelsen der Mädelegabel hinauf. Eine kurze, mit Drahtseilen und Klammern versehene Felspassage gilt es zu überwinden, ehe wir den **Schwarzmilzferner** erreichen.

*Die ersten Sonnenstrahlen erreichen die Gipfel über dem Rappensee.*

**Abstecher zur Mädelegabel:** Wir halten uns auf dem Firnfeld bald rechts, steigen zu einer Scharte hinauf und danach über den Ostgrat zum aussichtsreichen Gipfel der **Mädelegabel** (2645 m). Ca. eine halbe Stunde benötigen wir für den Aufstieg, der uns mit herrlichen Nah- und Fernblicken entschädigt. Vom Gipfel klettern wir auf dem Aufstiegsweg wieder zum **Schwarzmilzferner** hinab.

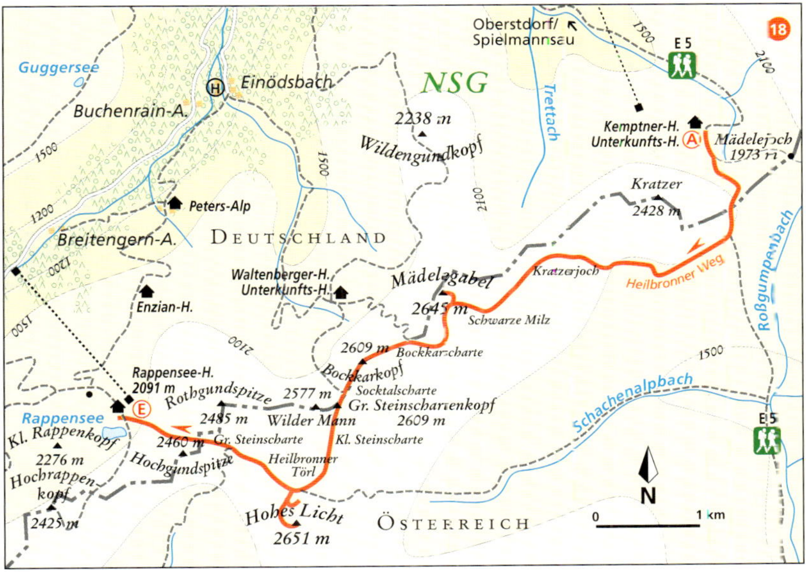


Wir folgen der deutlichen Spur über das Firnfeld nach Westen. Der Weg führt uns um die Südflanke der Hochfrottspitze herum in die **Östliche Bockkarscharte** (2523 m). Rechts führt ein steiler Steig durch das Vordere Bockkar in 30 Minuten zum Waltenberger Haus hinab, eine ideale Fluchtmöglichkeit bei einem Wetterumschwung. Wir sind heute allerdings an einem strahlenden Herbsttag unterwegs und steigen geradeaus in die nahe Westliche Bockkarscharte hinab. An dieser Stelle beginnt mit dem Anstieg auf das spitze Felshorn des Bockkarkopfes das Herzstück des Heilbronner Weges. In mit Drahtseilen und Geländern gut gesicherten Serpentinen steigen wir entlang des Grates zum Gipfel des **Bockkarkopfes** (2609 m) hinauf.

Wieder genießen wir einen herrlichen Blick auf die felsi-

**Tourencharakter:** Bis Bockkarscharte eine hochalpine Bergwanderung, ab der Bockkarscharte eine klettersteigartige Hochtour, die nur von erfahrenen, schwindelfreien Bergsteigern bei besten Wetterverhältnissen unternommen werden sollte. An der Bockkarscharte steile Abstiegsmöglichkeit zum Waltenberger Haus. **Beste Jahreszeit:** Von Juli bis Mitte Oktober. **Reine Gehzeit:** 6 1/2 Std., für die Abstecher zur Mädelegabel und zum Hohen Licht jeweils zusätzlich ca. 1 Std. **Höhendifferenz:** Aufstieg 1050 m, Abstieg 800 m. **Ausgangspunkt:** Die Kemptner Hütte, Zustieg siehe Tour 17. **Endpunkt:** Rappenseehütte. **Verkehrsanbindung:** Siehe Tour 17. **Einkehr:** In der Kemptner Hütte und in der Rappenseehütte. **Unterkunft:** Kemptner Hütte siehe Tour 17; Rappenseehütte, Tel. (0 83 21) 2 65 66. **Auskunft:** Kurbetriebe Oberstdorf, Tel. (0 83 22) 70 00.

gen Nachbarn und nach Süden bis zu den Ötztaler Alpen, zur Silvretta und zum markanten Patteriol in der Ferwallgruppe. Vom Gipfel steigen wir jenseits rechts des Grates drahtseilgesichert ab und anschließend steil in eine Scharte hinauf. Über glatte Felsplatten, in die der Steig gemeißelt ist, gehen wir hinab in die **Socktalscharte** (2446 m). Hier besteht rechts eine zweite Fluchtmöglichkeit durch das Hintere Bockkar zum Waltenberger Haus.

*Rund um die Rappenseehütte flimmern die Felsspitzen in der Abenddämmerung.*

Wir klettern von der Socktalscharte geradeaus durch felsiges Gelände aufwärts und folgen dem Steig, der links durch die Ostflanke des Wilden Mannes ansteigt. Wir erreichen den zerrissenen Felsgrat, über den wir auf das Hohe Licht zuwandern. Der **Große Steinschartenkopf**, mit 2615 Metern der höchste Punkt am Heilbronner Weg, wird überschritten. Eine Metallbrücke, eine Leiter und mit Drahtseilen versehene Felsplatten sorgen auf diesem Wegabschnitt für Abwechslung, ehe wir die **Kleine Steinscharte** (2541 m) erreichen. Wir halten uns rechts und queren über ein unangenehm hartes Schneefeld zum engen Felsspalt des **Heilbronner Törls**. Der Weg folgt nun einem Felsband abwärts, das die brüchige Nordwestflanke des Hohen Lichts durchzieht. Nach längerem Abstieg erreichen wir eine Weggabelung. Rechts hinab in Richtung Kar führt der Abstieg zur Rappenseehütte.

**Auf das Hohe Licht:** Wir wollen noch einen Abstecher auf das Hohe Licht unternehmen und steigen geradewegs aufwärts (Wegweiser: »H.L.« mit roter Farbe auf den Fels geschrieben). Der Steig quert auf Felsbändern hinauf zum breiten Westrücken, über den wir nach ca. 40 Minuten hinter dem Abzweig den Gipfel des **Hohen Lichts** (2651 m) erreichen. Ein letztes Mal am heutigen Tage genießen wir die umfassende Aussicht, ehe wir wieder zur Kreuzung am Heilbronner Weg absteigen.

Über Felsabsätze geht es nach rechts zu einer kurzen Schlucht, durch die wir entlang der Drahtseile hinabklettern. Bald ist der Wandfuß erreicht, und über steile Schuttfelder wandern wir hinab in das Wiesleskar. Ein angenehmer Weg führt uns fast eben durch den Karboden zur **Großen Steinscharte**, die uns zwischen Rothgundspitze und Hochgundspitze einen weiten Durchgang öffnet. Unter uns liegt unser Ziel, die **Rappenseehütte** (2091 m), die wir in 20 Minuten erreichen. Von der Hütte kann man einem der bei → **Tour 20** beschriebenen Wege folgen.

# Rund um das Rappenalptal

19

Birgsau – Einödsbach – Rappenseehütte – Hochrappenkopf – Schrofenpaß – Mindelheimer Hütte – Guggersee – Birgsau Karte: E/F 7

Wuchtige Dolomitberge, felsdurchsetzte Grasflanken und kleine Bergseen bilden die malerische Kulisse für die Wanderung im südlichsten Zipfel Deutschlands, die in mehreren Etappen rund um das Rappenalptal führt.

## Wegverlauf:

Wir beginnen unsere lange Rundtour in **Birgsau** an der Bushaltestelle vor der Wirtschaft. Ein Schottersträßchen führt uns an der Wendelinskapelle vorbei über den Wiesengrund talein. Wir treffen bald auf eine Teerstraße, die uns links durch die Waldhänge nach → **Einödsbach** (1142 m) bringt, dem südlichsten ganzjährig besiedelten Punkt Deutschlands.

Wir gehen geradeaus an der Wirtschaft vorbei und steigen zum Steg über den Bacherlochbach hinab (Wegweiser: Rappenseehütte). An der nächsten Weggabelung halten wir uns links und wandern auf der linken Seite des Rappenalptales zu einer weiteren Wegkreuzung. Jetzt steigen wir in Kehren zur **Petersalpe** hinauf, die links bleibt. Wir gehen geradeaus und folgen dem guten Weg, der in weiten Serpentinen durch den steilen, felsdurchsetzten Hang ansteigt. Er geht in den

*Bei Einödsbach öffnet sich der Blick auf die markante Mädelegabel.*

Wiesenrücken der Linkersalpe über, auf dem die **Enzianhütte** zu einer Einkehr lockt.

Steil baut sich vor uns die von tiefen Furchen durchzogene Nordwestflanke des Linkerskopfes auf, die unser Weg in südlicher Richtung quert. Unterhalb der Gamswände gehen wir unter der Materialseilbahn der Rappenseehütte hindurch und gelangen in Serpentinen zu einer Wegkreuzung in einem Sattel. Links (Wegweiser: Rappenseehütte) steigen wir am Rand des Abbruches in Serpentinen zur **Rappenseehütte** (2091 m) hinauf, die sich bis zum Schluß hinter einem niedrigen Bergrücken versteckt. Von der Hütte haben wir eine herrliche Sicht auf die Berge rund um den Rappensee und auf die Gipfel jenseits des Rappenalptales.

*Tief unter dem Hochrappenkopf liegen der Rappensee und die gleichnamige Hütte.*

Wir gehen rechts an der **Rappenseehütte** vorbei (Wegweiser: Hochrappenkopf, Biberkopf) und folgen der Wegspur, die zum **Rappensee** hinabführt. Deutlich ist der Steig auszumachen, der durch ein Geröllfeld ansteigt. Der rot markierte Anstieg erfordert zwar einige Mühen, ist aber harmlos. Er leitet uns nach rechts in die Fallinie der Scharte, die zwischen Rappenseekopf und Hochrappenkopf eingelassen ist. Im Zickzack steigen wir durch das nicht allzu steile Felsgelände in diese Scharte hinauf. An dieser Stelle erreichen wir eine Wegkreuzung. Wir halten uns rechts (Wegweiser: Hochrappenkopf) und folgen dem Weglein über einen Wiesenrücken bergan. Schnell zweigt links der Weg ab, der zum Biberkopf und nach Lechleiten führt. Wir behalten jedoch unsere Richtung bei und steigen zum nahen Gipfelkreuz des **Hochrappenkopfes** (2425 m) hinauf. Vom Gipfel brechen senkrechte Felswände zum Rappensee ab, der sich tief unter uns in eine grüne Wiesenmulde schmiegt. Die Aussicht von diesem nicht allzu schwer erreichbaren Berg steht derjenigen vom nahen Biberkopf nur wenig nach. Weit schweift der Blick über das → **Stillachtal** nach Norden, nach Westen zu den Schweizer Bergen, zu den Zentralalpen im Süden und zu Hohem Licht und Hochfrottspitze im Herzen des Allgäuer Hauptkamms. Nach der Gipfelrast gehen wir auf dem vom Aufstieg her bekannten Weg zur **Rappenseehütte** zurück.

Von der **Rappenseehütte** folgen wir dem nach Einödsbach ausgeschilderten Weg abwärts. Er führt uns in Serpentinen zu einer Bergschulter hinab. Dort gehen wir an der Wegkreuzung nach links (Mutzentobel, Schrofenpaß, Mindelheimer Hütte) und kommen zu einer Weggabelung. Wer nicht schwindelfrei ist und trotzdem zur Mindelheimer Hütte und zum Guggersee will, der muß geradeaus zur Schwarzen Hütte absteigen. Von dort führt ein Weg über 800 Höhenmeter hinauf zur Mindelheimer Hütte.

Wir halten uns hier links (Mutzentobel, Schrofenpaß, Mindelheimer Hütte) und überqueren den **Seebach**, der vom Rappensee herabrauscht. In gleichbleibender Höhe führt der Weg zur **Schafalpe**, nach der wir auf schmaler, erdiger Spur in den **Mutzentobel** hineinqueren. Einige Drahtseile geben auf diesem unangenehmen Wegabschnitt die nötige Sicherheit. Der Weg folgt kurz dem Bach und leitet uns anschließend durch eine felsdurchsetzte Grasflanke, in der ebenfalls Drahtseile angebracht sind, aus der Schlucht.

Der nun wieder gut zu begehende Weg führt uns danach am Fuß der Biberkopf-Nordflanke an der **Oberen Biber-Alpe** vorbei und steigt schließlich zur Schloßwand an. Nach einem kurzen Abstieg erreichen wir am Rand der Lechleitner-Alpe eine Wegkreuzung vor einigen Seeaugen, in denen sich ein paar Gipfel des Lechquellengebirges spiegeln. Wir nehmen den rechten Weg (Wegweiser: Schrofenpaß, Mindelheimer Hütte), der uns im Auf und Ab um den Grüner zum **Schrofenpaß** (1685 m) führt. Wir ignorieren die links abzweigenden Wege und gehen geradeaus zur steil abfallenden Felswand.

*Jenseits des Rappenalptales streckt sich der Allgäuer Hauptkamm von der Trettachspitze bis zum Biberkopf.*

Schwindelfreiheit und ein sicherer Tritt sind Voraussetzung für das folgende Wegstück. Ein anfangs breites Felsband, auf dem wir durch die Wand abwärts queren, verengt sich an einigen Stellen. Drahtseile und Trittschienen erleichtern den ausgesetzten Weg. Zum Abschluß sind noch einige unangenehme Sandhänge zu queren, ehe wir von einer Weggabelung geradeaus (Wegweiser: Mindelheimer Hütte) zum **Haldenwanger Bach** (1522 m) gehen. Wenige Meter nach dem Bach halten wir uns links (Wegweiser: Mindelheimer Hütte) und folgen dem Weg, der uns teils steil durch schattenlose Hänge zur **Mindelheimer Hütte** (2056 m) hinaufführt. Herrlich bauen sich gegenüber die Gipfel des Allgäuer Hauptkammes auf, und über den Schrofenpaß schweift der Blick zu den Bergen des Lechquellengebirges und der Lechtaler Alpen.

Von der Hütte folgen wir einem guten Steig abwärts (Wegweiser: Oberstdorf, Krumbacher Höhenweg) zur Wegkreuzung an der **Oberen Angerer-Hütte**. Rechts hinab läuft der Weg zur Schwarzen Hütte, den die nicht ganz schwindelfreien Bergsteiger aus Richtung Rappenseehütte gekommen sind. Wir halten uns an dieser Stelle links und queren die weiten Hänge am Fuß der wild gezackten Schafalpenköpfe in gleichbleibender Höhe zur **Taufersberg-Alpe**. Dort nehmen wir an der Weggabelung den rechten Steig (Wegweiser: Birgsau, Guggersee) der uns um einen Bergkamm in das Roßgund genannte Kar leitet. Bald müssen wir auf schmalem Weg einen steil abfallenden Grashang queren und erreichen die Alpwiesen der **Vorderen Taufersberg-Alpe**.

Wir wandern geradewegs an der Alphütte vorbei (Wegweiser: Birgsau über Guggersee) und folgen dem Taufersbergsteig zum kleinen **Guggersee**, der sich in einer Karmulde versteckt. Leise kräuselt der Wind die Wasserfläche, auf der sich die Allgäuer Paradeberge rund um die Mädelegabel spiegeln. Nur schwer kann man sich von diesem landschaftlichen Kleinod losreißen.

Vom Guggersee steigt der Weg kurz sanft an, ehe wir eine mit Schutt erfüllte Rinne erreichen. Ein schlechter, steiniger Weg leitet uns ab-

**Tourencharakter:** Ausgedehnte Tour auf steinigen Bergwegen, die festes Schuhwerk verlangen; der Übergang von der Rappenseehütte zur Mindelheimer Hütte erfordert Schwindelfreiheit und Trittsicherheit, kann aber durch den Abstieg zur Schwarzen Hütte umgangen werden. **Beste Jahreszeit:** Mitte Juni bis Mitte Oktober. **Reine Gehzeit:** Insgesamt 2 bis 3 Tage; Birgsau–Rappenseehütte 4 Std.; Besteigung des Hochrappenkopfes 1 3/4 Std.; Rappenseehütte–Mindelheimer Hütte 4 1/2 Std.; Mindelheimer Hütte–Birgsau 3 1/2 Std. **Höhendifferenz:** Birgsau–Rappenseehütte 1140 m Anstieg; Hochrappenkopf 340 m; von der Rappenseehütte rund um das Rappenalptal Aufstieg 700 m, Abstieg 1840 m. **Ausgangs-/Endpunkt:** Birgsau im Stillachtal südlich von Oberstdorf; Busverbindung von Oberstdorf über den Parkplatz der Fellhornbahn nach Birgsau. **Verkehrsanbindung:** Oberstdorf ist mit der Bahn und verschiedenen Buslinien hervorragend zu erreichen. **Einkehr:** Gasthof Einödsbach, Enzianhütte, Rappenseehütte, Mindelheimer Hütte. **Unterkunft:** In Oberstdorf; Gasthof Einödsbach, Tel. (08322) 98454; Enzianhütte, Tel. (0161) 1826514; Rappenseehütte, Tel. (08321) 26566; Mindelheimer Hütte, Fax (08378) 7238. **Auskunft:** Kurbetriebe Oberstdorf, Tel. (083 22) 70 00.

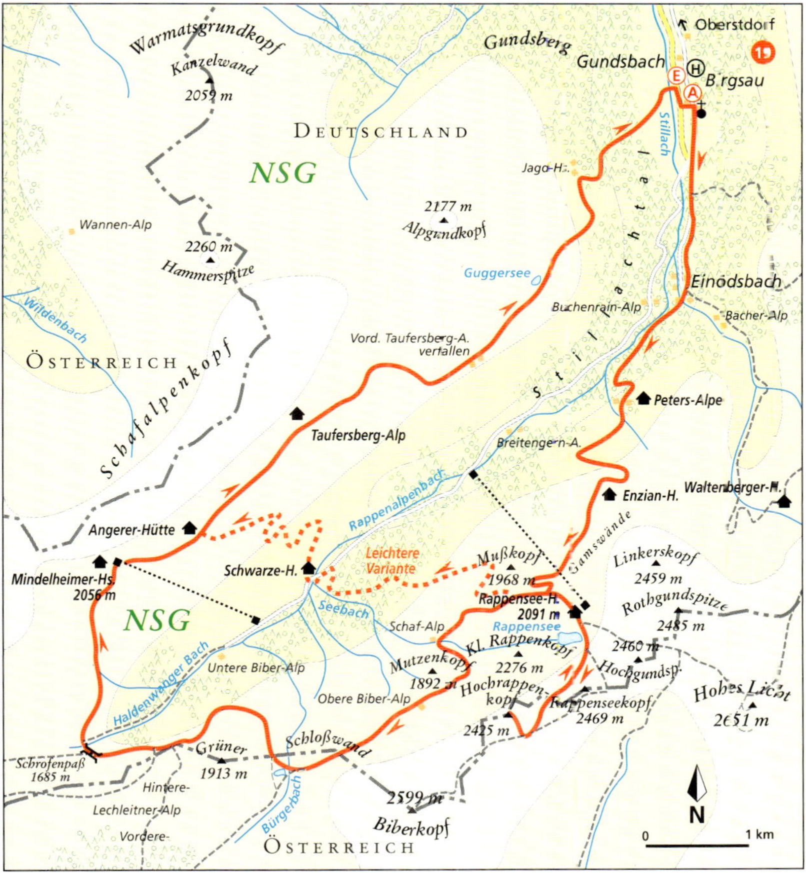


wärts auf das tief unter uns liegende Birgsau zu. Im Wald wird der Weg bald besser und quert nach links zu einer Jagdhütte. Noch vor der Hütte halten wir uns an der Wegkreuzung rechts und steigen am rechten Rand eines Grabens in Serpentinen abwärts. Weiter unten führt uns der Weg links in den jetzt breiteren Graben, durch den es weiterhin steil abwärts geht. Am Rand des Stillachtales wird der Weg endlich flacher, und durch Wald und über Weideflächen wandern wir zu einem Hofgebäude. Wir folgen der Zufahrtsstraße und überqueren rechtshaltend die Stillach. Auf der Teerstraße gehen wir kurz nach rechts und anschließend links zur Bushaltestelle an der Wirtschaft in **Birgsau**.

# 20 Von Birgsau auf den Wildengundkopf

Birgsau – Hintere Einödsberg-Alpe – Wildengundkopf – Mädelekar – Waltenberger Haus – Einödsbach – Birgsau Karte: F7

Schmale, einsame Wege erschließen dem Wanderer das wilde Bergland rund um das Mädelekar, das von den steilen Dolomitenwänden von Trettachspitze, Mädelegabel und Hochfrottspitze eingerahmt wird.

## Wegverlauf:

*Die Steilwände der Trettachspitze begrenzen das Mädelekar.*

An der Bushaltestelle vor dem Gasthof in **Birgsau** beginnt ein breiter Feldweg, der an der Wendelinskapelle vorbei über die Wiesen talein führt. Wir treffen auf die Fahrstraße nach → **Einödsbach**, der wir links hinauf folgen (Wegweiser: Einödsbach, Rappenseehütte). Ca. 150 Meter oberhalb zweier enger Kurven biegt kurz vor einer Brücke links ein lediglich zu Beginn breiter Weg ab, der uns den Anstieg zur Hinteren Einödsberg-Alpe vermittelt. Der deutliche, jedoch unmarkierte Steig schlängelt sich durch den Wald zu einem Wasserfall hinauf, der über eine felsige Steilstufe rauscht.

Der schmale Weg läuft kurz am **Bach** entlang und wendet sich danach nach links, um den steilen Waldhang in Serpentinen zu überlisten. Nach oben hin wird der Steig zunehmend steiler und anstrengender, ehe er nach einem kurzen Felsriegel ohne weitere Anstrengung wieder nach rechts zum Bach leitet. Wir überqueren ihn oberhalb des Wasserfalles und wandern zu den buckligen Alpwiesen hinauf. Auf schmaler, weicher Spur gehen wir geradewegs durch ein kleines Wiesental. Vorbei an einem kreuzgeschmückten Wiesenbuckel erreichen wir die nahen Hütten der **Hinteren Einödsberg-Alpe**, die in einen Wiesensattel eingelassen sind. Von hier öffnet sich der Blick auf die Berge über dem wilden Bacherlochtobel, durch den unser Abstieg führen wird, und hinein in das langgezogene Rappenalptal.

Unser Weiterweg biegt direkt an den Alphütten nach links. Auf der Wegspur über die Wiese zu einer nahen Weggabelung, an der wir den Steig nehmen, der in Serpentinen durch den steilen, schütter bewaldeten Hang nach oben führt. Wir verlassen den Wald und folgen permanent dem Steig, der auf einer deutlich ausgeprägten Hang-

*Auf den Wiesen von Einödsbach werden einige Lamas gehalten.*

kante geradeaus nach oben führt. Wir lassen uns nicht von den waagrecht querenden Spuren, die von den Schafen in den steilen Hang getreten wurden, vom richtigen Weg abbringen. Erst kurz unterhalb des Spätengundkopfes verlassen wir die Fallinie und queren nach links zum langgezogenen **Wiesengrat**, der vom Schmalhorn bis zum Fuß der Trettachspitze zieht. Über das tief eingeschnittene Tal der Trettach haben wir jetzt einen herrlichen Blick zur Allgäuer Gipfelparade zwischen → **Nebelhorn** und Krottenkopf mit der unverkennbaren → **Höfats** im Zentrum.

Am **Grat** wendet sich unser Weg nach rechts und umgeht den nahen Gipfel des **Spätengundkopfes** in seiner grasigen Ostflanke. Wir gewinnen wieder die breite Gratschneid und folgen ihr bis zu einem **Kreuz** knapp unterhalb des Wildengundkopfes. Beeindruckend ist der Blick auf das 1000 Meter tiefer liegende Einödsbach und zu den Felsgipfeln der Schafalpköpfe, über die der Mindelheimer Klettersteig läuft. Der Weg weicht nun in die Westflanke aus und umgeht den wenig ausgeprägten Gipfel. Ein kurzer Abstecher bringt uns links auf den nahen **Wildengundkopf** (2238 m), der uns phantastische Nah- und Fernblicke bietet. Über uns erhebt sich das elegante Felshorn der Trettachspitze, durch deren Wände sich die Kletterer den Weg zum Gipfel suchen. Tief unter uns liegt die weltabgeschiedene Einsamkeit der wilden Trettachrinne, in die sich kaum ein Sonnen-

strahl verirrt. Darüber baut sich die eigenwillige Nord-Westflanke des Kratzers auf, neben der die hellen Dolomitgipfel der Krottenspitzen und des höchsten Allgäuer Gipfels, des Großen Krottenkopfes, aufragen.

Vom Gipfel steigen wir wieder zum Weg und auf ihm in die Mulde, die unter den Nordabstürzen der Trettachspitze nach rechts hinabläuft. In ihr führt der Steig kurz abwärts und umgeht den Felssockel, auf dem der Nordwestgrat der Trettachspitze fußt. Ein kurzer Anstieg bringt uns in das weite **Mädelekar**, durch das unser klar vorgezeichnete Weg in gleichbleibender Höhe zieht. Über uns ragen die zerrissenen Wände von Mädelegabel und Hochfrottspitze auf, und mit jedem Schritt wächst in unserem Rücken die Trettachspitze steiler und eleganter in den Himmel. Nach einer niedrigen Gratschneide in der Mitte des Kars führt der Weg über einige Schneefelder, die jetzt im Spätherbst gefährlich aus- und unterhöhlt sind. Sie zwingen uns zu umständlichen Umgehungsmanövern im losen Schutt.

Bald ist das westliche Ende des Kares erreicht, und wir nehmen den unangenehmen Anstieg zum Waltenberg in Angriff. Schmal zieht der Steig durch die abschüssige Flanke und fordert unbedingte Trittsicherheit und etwas Schwindelfreiheit. Die letzten Meter erleichtert uns ein Stahlseil, ehe der Steig durch Grashänge in gleichbleibender Höhe zum nahen **Waltenberger Haus** (2081 m) hinüberzieht, das zu Füßen der Berge der Guten Hoffnung in aussichtsreicher Lage errichtet wurde. Auf der sonnenüberfluteten Terrasse läßt sich mit Blick auf die Bergumrahmung des Bacherloches herrlich rasten.

Neben der Unterkunftshütte halten wir uns an der Wegkreuzung rechts (Wegweiser: Einödsbach, Oberstdorf) und wandern in weiten Kehren abwärts. Der Weg leitet uns zum »**Wändele**«, einer wasserüberronnenen Steilflanke, durch die der teilweise in den Fels gesprengte Weg führt. Trittbretter und Seilsicherungen erleichtern den Abstieg, ehe uns einige Serpentinen nahe an die von Lawinen genährten Schneefelder am Grund des **Bacherloches** heranführen. Der Weg leitet uns in der rechten Flanke des Bacherloches talaus. Bei der **Bacher-Alpe** wechseln wir geradewegs auf einen Fahrweg. Lamas, die hier auf den Wiesen grasen, ergeben einen wahrlich eigenwilligen Kontrast zur Allgäuer Bergwelt. Kurz nach einem alten Bauernhof erreichen wir den Gasthof neben der alten Kapelle von → **Einödsbach**. Rechts bringt uns die Fahrstraße zurück zu unserem Ausgangspunkt nach **Birgsau**.

**Tourencharakter:** Bis zum Wildengundkopf einfacher, aber teils steiler Aufstieg; die Querung aus dem Mädelekar zum Waltenberger Haus verlangt Trittsicherheit und Schwindelfreiheit. **Beste Jahreszeit:** Juli bis Mitte Oktober. **Reine Gehzeit:** 8 Std. **Höhendifferenz:** 1400 m. **Ausgangs-/Endpunkt:** Birgsau im Stillachtal südlich von Oberstdorf; Busverbindung von Oberstdorf über den Parkplatz der Fellhornbahn nach Birgsau. **Verkehrsanbindung:** Oberstdorf ist mit der Bahn und verschiedenen Buslinien hervorragend zu erreichen. **Einkehr:** Waltenberger Haus; Gasthof Einödsbach. **Unterkunft:** In Oberstdorf; Waltenberger Haus, Post Einödsbach, 87561 Oberstdorf, Gasthof Einödsbach, Tel. (0 83 22) 9 84 54. **Auskunft:** Kurbetriebe Oberstdorf, Tel. (0 83 22) 70 00.

# 21 Über den Fellhornrücken

**Fellhornbahn-Bergstation – Schlappoltkopf – Söllereck – Hochleite – Schwand – Fellhornbahn-Talstation** Karte: F 6

Das aussichtsreiche → **Fellhorn** ist der höchste der Allgäuer Flyschberge und bezaubert jeden Wanderer mit der Vielfalt der Pflanzen, die an seinen Wiesenflanken wachsen.

*Rechte Seite: Über das Kleinwalsertal geht der Blick zum Widderstein, Hohen Ifen und Gottesackerplateau.*

## Wegverlauf:

Von der **Gipfelstation der Fellhornbahn** gehen wir wenige Meter zum Südkamm, über den wir auf breitem Weg in wenigen Minuten zum Gipfel des **Fellhorns** aufsteigen. Daß sich hier Dutzende von Bergsteigern und Halbschuhtouristen drängeln, tut der herrlichen Aussicht zu den Allgäuer Hochgipfeln keinen Abbruch. Trotzdem bleiben wir nicht lange und folgen dem Weg, der über den nordwärts verlaufenden, anfangs schmalen Bergkamm abwärts führt. Im Westen umrahmen die zu Fels erstarrten Wogen des → **Gottesackerplateaus** und der imposante Widderstein das tief unter uns liegende, wiesengrüne → **Kleinwalsertal**. Im Osten geht der Blick über den kleinen Schlappoltsee und das mitten in das Hochgebirge gekerbte → **Stillachtal** zu den dunklen, grasüberzogenen Zinnen der → **Höfats** und zum felsigen Dreigestirn Trettachspitze, Mädelegabel und Hochfrottspitze. Der bald breite Weg führt uns in leichtem Auf und Ab über den **Schlappoltkopf** (1968 m) zum **Söllerkopf**, dessen schwierig zu erreichende Bergspitze rechts des Weges bleibt.

*Der Schwalbenschwanzenzian ist eine der zahlreichen Pflanzenarten am Fellhorn.*

Rechts zweigt ein Weg ab, der über die Schlappoltalm zur Seilbahn zurückführt. Wer mit kleineren Kindern unterwegs ist, der sollte diesen Rückweg wählen, da unser Weiterweg über den Kamm bald steiler und steiniger wird. Wir folgen weiterhin geradeaus dem Weg, der am Bergkamm nach Norden führt. Der Steig wird jetzt schmaler und windet sich über kurze, felsige Steilstellen abwärts. Auf teils bewaldetem Rücken, der bald wieder breiter wird, erreichen wir das **Söllereck** (1706 m). An dieser Stelle gabelt sich der Weg. Rechts biegt der leichtere zur nahen Söller-Alpe ab, von der man anschließend auf breitem Alpweg nach Norden wandert.

Wir wandern jedoch im Gegensatz zum Großteil der übrigen Bergsteiger auf dem schönen, schmalen Steig geradeaus (Wegweiser: Alpiner Weg). Dieser stille Weg ist keinesfalls anspruchsvoller als der zuvor überwundene Abstieg vom Söllerkopf. Er folgt dem aussichts-

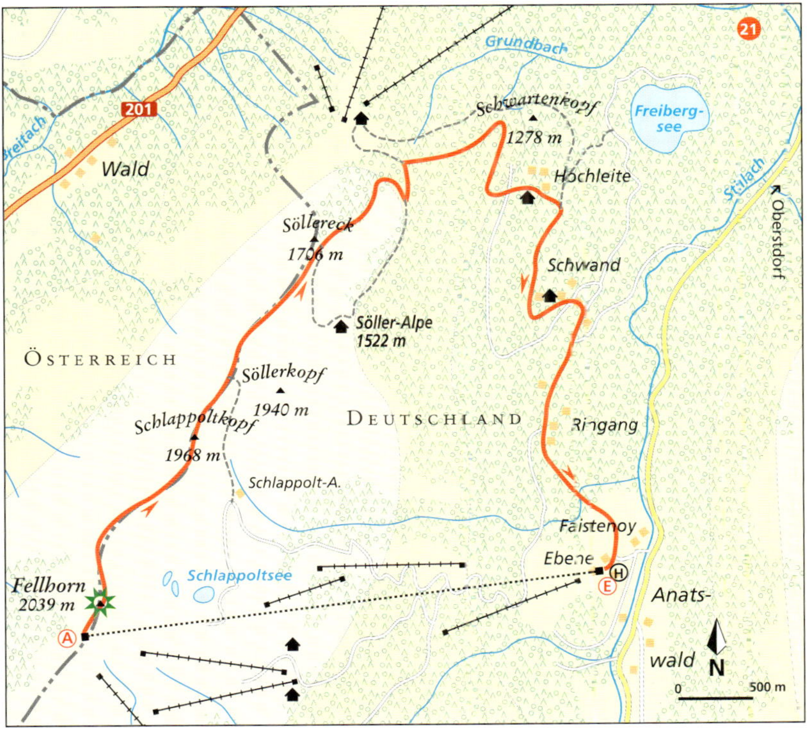
21
Grundbach
201
Breitach
Wald
Schwartenkopf
1278 m
Freiberg-
see
Höchleite
Stillach
Oberstdorf
Söllereck
1706 m
Schwand
Söller-Alpe
1522 m
Österreich
Söllerkopf
1940 m
Deutschland
Ringang
Schlappoltkopf
1968 m
Schlappolt-A.
Faistenoy
Ebene
Schlappoltsee
Fellhorn
2039 m
A
E
H
Anats-
wald
N
0
500 m

reichen Bergrücken und führt uns danach in vielen Serpentinen durch einen steilen Waldhang nach Norden hinab. Das Weglein biegt nach rechts und führt uns zum Alpweg, der von der Söller-Alpe herabkommt. Auf ihm wandern wir links ein kurzes Stück abwärts und finden rechts einen schmalen Wanderweg (Wegweiser: Hochleite, Freibergsee, Fellhornbahn-Talstation).

Auf dem wurzeligen Steig wandern wir zu einer Weggabelung hinab und biegen rechts auf den Bohlenweg, der uns durch sumpfiges Gelände leitet (Wegweiser: Hochleite). Nach ca. 150 Metern halten wir uns erneut rechts (Wegweiser: Hochleite). Ein schöner Waldweg bringt uns zu einer Forststraße, auf der wir links abwärts wandern. Sie knickt nach rechts, und wenige Minuten später biegen wir links auf einen schmalen Weg ein (Wegweiser: Hochleite, Fellhornbahn-Parkplatz). Wir überqueren geradewegs eine Kiesstraße (Wegweiser: Alpengasthof Hochleite, Schwand, Fellhornbahn-Talstation). Nach einer Brücke steigen wir einige Meter zu einem Feldweg auf und gehen auf ihm nach rechts (Wegweiser: Hochleite, Schwand) durch die Wiesen zum **Berggasthof Hochleite**.

An der Wegkreuzung neben dem Gasthof gehen wir geradeaus auf einen Wanderweg (Wegweiser: Schwand, Fellhornbahn-Parkplatz), der uns durch schattigen Wald abwärts führt. Nach einigen Almhütten wechseln wir geradewegs auf ein Wirtschaftssträßchen. Nach der nächsten Kreuzung überqueren wir geradeaus den nahen Bach und wandern zu einer schmalen Teerstraße hinab, die uns links abwärts nach **Schwand** führt.

An der Kreuzung biegen wir scharf rechts auf einen Feldweg (Wegweiser: Fellhornbahn, Birgsau) und wechseln kurz darauf geradewegs auf eine schmale Teerstraße, die uns durch die Wiesen von **Ringang** zu einer Straßengabelung bringt. Wir nehmen das unbefestigte Sträßchen, das eben nach links führt (Wegweiser: Fellhornbahn, Birgsau). Es leitet uns in leichtem Auf und Ab zurück zur **Talstation der Fellhornbahn**.

**Tourencharakter:** Eine Wanderung bergab über den aussichtsreichen Fellhornrücken; teilweise recht schmale Wege, die gutes Schuhwerk verlangen. **Beste Jahreszeit:** Juni bis Oktober. **Reine Gehzeit:** 4 Std. **Höhendifferenz:** 1100 m Abstieg. **Ausgangspunkt:** Die Bergstation der Fellhornbahn, Fahrplanauskunft Tel (08322) 3035; der Parkplatz an der Talstation liegt am Ende der öffentlichen Straße durch das Stillachtal südlich von Oberstdorf; Busverbindung von Oberstdorf. **Endpunkt:** Talstation der Fellhornbahn. **Verkehrsanbindung:** Oberstdorf ist mit der Bahn und verschiedenen Buslinien hervorragend zu erreichen. **Einkehr:** Fellhornbahn-Bergstation, Gasthof Hochleite, Gasthof in Schwand. **Unterkunft:** In Oberstdorf. **Auskunft:** Kurbetriebe Oberstdorf, Tel. (083 22) 70 00.

# Rund um den Widderstein

**22**

Baad – Bärgunttal – Hochalppaß – (Widderstein) – Gemstelpaß – Gemsteltal – Baad

Karte: D/E 7

Der markante Widderstein erhebt sich zwischen dem → **Kleinwalsertal** und dem Hochtannbergpaß in Vorarlberg. Dank seiner Höhe und seiner isolierten Lage bietet er herrliche Ausblicke bis weit in die Schweizer Bergwelt.

## Wegverlauf:

Wir beginnen die Wanderung am großen Parkplatz am unteren Ortsrand von **Baad**, dem obersten Ort im Kleinwalsertal. Ein breiter Alpweg führt uns hier über die Breitach (Wegweiser: Bärgunthütte, Hochalppaß) und läuft anschließend durch das Bärgunttal aufwärts. Anfangs links, dann rechts des Baches wandern wir zur **Bärgunthütte** hinauf, die auf einem Almboden zu Füßen des Widdersteins liegt. Wir halten uns neben der Hütte links, überqueren am Waldrand einen Bach und gehen an der nahen Wegkreuzung geradeaus (Wegweiser: Hochalppaß). Entlang eines Baches wandern wir nun bergan und umgehen weiter oben eine felsdurchsetzte Steilstufe an deren rechten Seite. Der Weg quert über den Bach und führt in Serpentinen durch eine zweite Steilstufe bergan.

*Wuchtig ragt der Große Widderstein über dem Bärgunttal auf.*

Wir erreichen eine weite Wiesenmulde und folgen dem teils erdigen Weg aufwärts, der bald nach links knickt. Nach kurzem Anstieg gabelt sich der Weg. Wir nehmen den linken Pfad (Wegweiser: Gemstelpaß, Widderstein), der uns über einen Wiesenrücken, vorbei an der **Bärgunthochalpe** bergan führt. Schnell stehen wir auf der grasigen Kuppe des **Seekopfes**, unter dem sich der einsame Hochalpsee in eine grüne Wiesenmulde schmiegt. Von hier wandern wir auf die Südabstürze des Widdersteins zu und erreichen eine Weggabelung. Der rechte Weg führt in gleichbleibender Höhe hinüber zur **Widdersteinhütte** (2015 m) und wird von denjenigen gewählt, die nicht den Widderstein besteigen. Von diesem Panoramaweg genießt man eine herrli-

**Tourencharakter:** Die Umrundung des Widdersteins ist eine einfache Bergtour auf steinigen Hochgebirgspfaden; der teils steinschlaggefährdete Anstieg zum Widderstein verlangt Trittsicherheit und Schwindelfreiheit. **Beste Jahreszeit:** Juli bis Oktober. **Reine Gehzeit:** Umrundung des Widdersteins 6 Std., für den Gipfelanstieg zusätzlich 2 1/2 Std. **Höhendifferenz:** Widdersteinumrundung 870 m; für den Gipfelanstieg zusätzlich 500 m. **Ausgangs-/Endpunkt:** Der Parkplatz in Baad, dem hintersten Ort im Kleinwalsertal. **Verkehrsanbindung:** Busse von Oberstdorf in das Kleinwalsertal. **Einkehr:** Bärgunthütte, Widdersteinhütte, Hintere Gemstelhütte. **Unterkunft:** Im Kleinwalsertal; Widdersteinhütte, Tel. Ö-(0663) 0513 59. **Auskunft:** Kleinwalsertal Tourismus, Tel. (08329) 51140.

che Aussicht zu den Bergen der Lechtaler Alpen und des Lechquellengebirges.

Wir wollen noch einen Abstecher zum Widderstein unternehmen und halten uns links. Nach ca. 15 Minuten erreichen wir den Beginn der felsigen Südschlucht, die die Südabstürze des Widdersteins durchzieht. Ein teils mit Eisenstiften versehener Steig führt uns durch die von steilen Wänden überragte Schlucht. Rote Markierungen leiten uns im Zickzack über gut gestuften Fels aufwärts. Besondere Vorsicht ist auf diesem Wegstück trotzdem geboten, denn Voraussteigende können leicht Steinschlag auslösen.

Der Steig führt uns in einen schutterfüllten Kessel, von dem wir zum Westgrat hinaufsteigen. Wir folgen dem Grat ein kurzes Stück aufwärts, weichen danach in die Südflanke aus und erreichen alsbald eine Scharte, von der wir zum nahen Gipfel des **Widdersteins** (2533 m) hinaufsteigen. Der Widderstein ist nicht nur einer der formschönsten Allgäuer Hochgipfel, sondern auch eine herrliche Aussichtswarte. An klaren Herbsttagen reicht die Sicht vom Großvenediger über die Ötztaler Alpen, den Ortler und die Silvretta bis zum weit hingestreckten Bodensee. Besonders eindrucksvoll ist auch der Nahblick hinab in das Kleinwalsertal.

Vom Gipfel steigen wir anschließend dem Aufstiegsweg folgend durch die Südflanke ab. An der Weggabelung am Wandfuß halten wir uns links und treffen auf den eben verlaufenden Querweg, der uns links zur nahen **Widdersteinhütte** bringt.

Von der Widdersteinhütte aus wandern wir in einem Bogen um eine Wiesenkuppe zum **Gemstelpaß** hinüber. Wir halten uns an der Wegkreuzung links (Wegweiser: Kleinwalsertal) und steigen durch das Ursprungstal des Gemstelbachs auf steinigem Weg in die Karmulde hinab, in der die **Obergemstel-Alpe** liegt. An der Wegkreuzung neben der Alphütte, die bei einem Gewittereinbruch einen Unterstand bietet, nehmen wir den linken Steig. Er führt uns an der linken Talseite abwärts zur wildromantischen **Gemstelklamm**. Der »Gesprengte

Weg« leitet uns an ihrem Rand zu einer letzten Steilstufe, durch die wir zur **Hintergemstelhütte** absteigen. Hier treffen wir auf einen breiten Alpweg, der uns durch das Gemsteltal führt. Nach den Höfen am Gemstelboden überqueren wir die Breitach und erreichen kurz darauf in **Bödmen** nahe einer Bushaltestelle die Hauptstraße. Links führt die Straße in das zwei Kilometer entfernte **Baad** zurück.

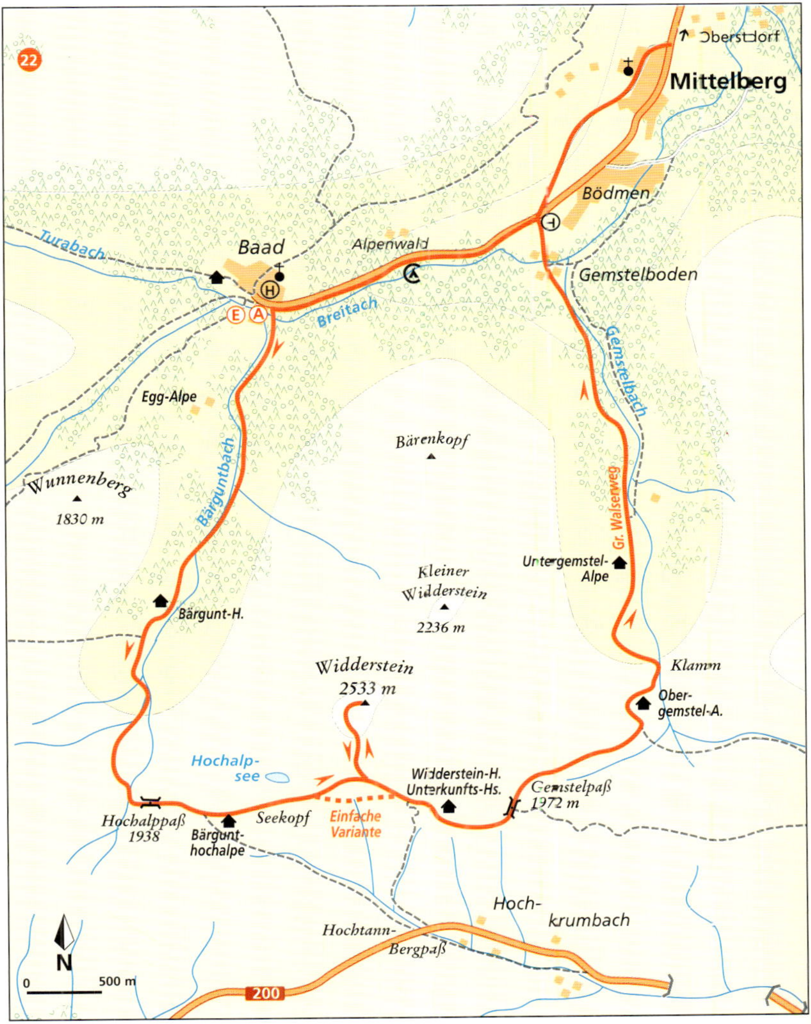

# 23 Hoher Ifen und Gottesackerplateau

Bergstation Ifenlift – Hoher Ifen – Gottesacker-Alpe – Schneiderküren-Alpe – Unterwald – Talstation Ifenlift Karte: D/E 6

Der Hohe Ifen mit seinen mauerartigen Wandabbrüchen und die bizarren Karstflächen des → **Gottesackerplateaus** bilden den eigenwilligsten Gebirgsstock in den Allgäuer Alpen.

## Wegverlauf:

An der **Bergstation** des Sesselliftes »Ifen 2000« (1586 m) gehen wir unter der Bahn durch (Wegweiser: Hoher Ifen, Hahnenköpfle, Gottesackerplateau) zur nahen **Ifenhütte**. Hier beginnt ein geteerter Wanderweg, der in Serpentinen durch die steilen Almwiesen nach oben führt. Wir erreichen eine Hangkante, an der der Teerbelag aussetzt und ein steiniger Steig beginnt. Vor uns zieht die **Ifenmulde** am Fuß der langgestreckten Ifenmauer, deren Wände in verschiedenen Farben leuchten, bergan. Unser Weg führt uns an der rechten Seite dieses Tälchens aufwärts. Wir erreichen eine Weggabelung, an der der rot markierte Weg zum Hohen Ifen links abzweigt (Wegweiser: Hoher Ifen). Wer nur über das Gottesackerplateau wandern möchte, der geht hier geradeaus und trifft an der Bergadler-Hütte wieder auf die beschriebene Tour.

Unser Weg bleibt noch rechts der Talmulde und bringt uns zu einer Wegverzweigung hinauf. Wir halten uns links und an der nächsten Gabelung nochmals links (Wegweiser: Hoher Ifen). Wir queren durch die Mulde zum steilen Geröllhang, der zu den Wänden der Ifenmauer hinaufzieht. Über anfangs groben Schotter folgen wir dem deutlichen Weg, der uns in teils steilen und anstrengenden Serpentinen zum Fuß der Wände hinaufführt. Dort biegt rechts der Weg ab, der uns später zum Gottesackerplateau bringen wird.

Wir steigen jedoch nach links in die gestufte Wand, durch die der Weg über teils seilgesicherte Bänder zu den Bergwiesen auf der Hochfläche führt. Nach Süden geht jetzt der Blick über das Schwarzwassertal zum Widderstein und zu den Gipfeln des Lechquellengebirges. Der Weg biegt nach rechts und leitet uns nahe dem Steilabbruch bergan. Eine von hellgrauen Felstürmen überragte Scharte gönnt uns einen Einblick in die schattigen Felswände des Hohen Ifen, an die die zu Fels erstarrten Wogen des Gottesackerplateaus branden. Durch Bergwiesen leitet uns der Steig aufwärts zu einer Wegkreuzung, an der links der Weg zur Schwarzwasserhütte abzweigt. Wir gehen geradeaus bergauf (Wegweiser: Hoher Ifen) und

*Steil türmen sich die Wände der Ifenmauer über dem Anstiegsweg auf.*

erreichen nach wenigen Minuten das Kreuz auf dem Gipfel des **Hohen Ifen** (2229 m). Steil brechen nach Norden die Wände zum Gottesackerplateau ab, über das der Blick nach Norden zu den Bergen der Hörnergruppe geht. Im Südwesten entdecken wir am Horizont die Gletschergipfel der Glarner Alpen und im Südosten wogen die Bergkämme im Herzen der Allgäuer Alpen.

Vom Gipfel steigen wir auf dem Weg, den wir heraufgekommen sind, wieder bis zur Wegkreuzung am Fuß der langgezogenen Ifenwände ab. An dieser Stelle folgen wir geradewegs dem gelb markierten Steig, der durch die Schutthänge abwärts quert. Nach einem kurzen Anstieg erreichen wir die Wegspur, die zum Hahnenköpfle hochläuft. Auf ihr kurz rechts hinab und dann links aufwärts bis vor die bewirtschaftete **Bergadler-Hütte** am oberen Ende des Schleppliftes.

Wir folgen an der Gabelung dem gelb markierten Weg

**Tourencharakter:** Der Aufstieg zum Hohen Ifen verlangt Trittsicherheit, die Überquerung des Gottesackerplateaus gutes Orientierungsvermögen; bei schlechter Sicht sollte man das Gottesackerplateau unbedingt meiden. **Beste Jahreszeit:** Juli bis Oktober. **Reine Gehzeit:** 5 Std. **Höhendifferenz:** Aufstieg 880 m; Abstieg 1190 m. **Ausgangspunkt:** Die Bergstation des Sesselliftes »Ifen 2000«, Fahrplanauskunft Tel. (0 83 29) 53 34; zur Talstation an der Auenhütte Zufahrtsstraße ab der Breitachbrücke am südlichen Ortsrand von Riezlern im Kleinwalsertal. **Endpunkt:** Talstation, Busverbindung ab Riezlern. **Verkehrsanbindung:** Busse von Oberstdorf in das Kleinwalsertal. **Einkehr:** In der Ifenhütte, der Bergadler-Hütte und in Unterwald. **Unterkunft:** Im Kleinwalsertal und in der Ifenhütte neben der Bergstation. **Auskunft:** Kleinwalsertal Tourismus, Tel. (0 83 29) 5 11 40.

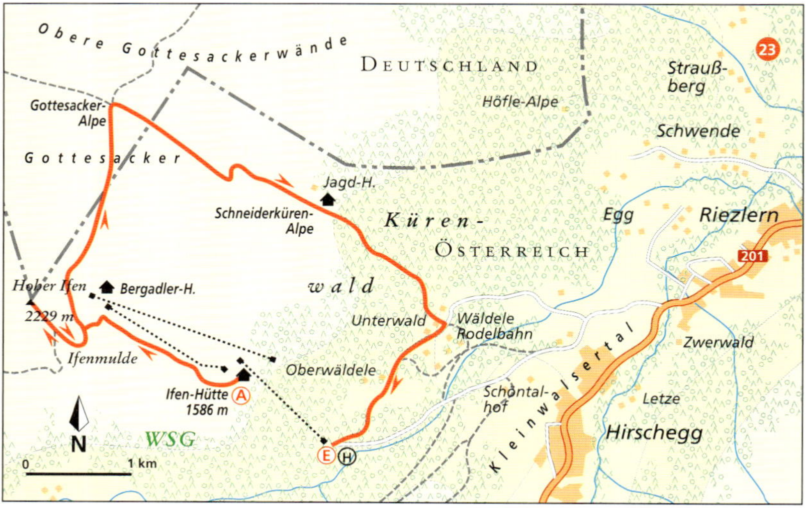


(Wegweiser: Gottesacker-Plateau), der links auf die Karrenfelder des **Gottesackerplateaus** führt. Bei genauerem Hinsehen entdeckt man in den Rissen und Spalten eine Vielzahl von Pflanzen – Überlebenskünstler, die in dieser unwirtlichen Umwelt ihr Auskommen finden. Wir wandern entlang der ausgezeichneten gelben Markierungen über ein erstes Karrenfeld und steigen schließlich über Metallklammern auf einen niedrigen Rücken. Über Kalkfelsen, Bergwiesen und durch Latschenfelder, vorbei an schmalen Spalten und tiefen Dolinen, führt uns der schmale Steig im Auf und Ab über das bizarre Plateau.

Kurz bevor der lange Anstieg zur Torkopfscharte an den Oberen Gottesackerwänden beginnt, erreichen wir auf den ebenen Wiesen neben der verfallenen **Gottesacker-Alpe** eine Wegkreuzung. Wir biegen in den Weg, der rechts abwärts läuft (Wegweiser: Kleinwalsertal). Er führt uns in eine schluchtartige zwischen bizarr verwitterten Kalkfelsen eingelassene Karstgasse. Wir wandern genau auf den Allgäuer Hauptkamm mit Krottenkopf, Mädelegabel, Hohem Licht und Biberkopf zu, der über das → **Fellhorn** und die Schafalpenköpfe zu uns herüberschaut. Die enge Gasse, die sich bald zu einem Tal weitet, gibt uns den Weg vor. Immer nahe dem Talgrund führt uns der hier rot markierte Steig zur Waldgrenze hinab. Kurze Zeit später erreichen wir die Jagdhütte auf der **Schneiderküren-Alpe**, an der sich herrlich rasten läßt.

Entlang heller Felswände zur Linken führt der wieder gelb bezeichnete Weg ein Stück steiler bergab. Er schlängelt sich bald angenehmer durch den Hochwald abwärts und überquert geradewegs eine erste Forststraße. Auf weichem Waldweg wandern wir durch Blaubeerfelder zu einer weiteren Forststraße, auf die wir links einschwenken. Wir folgen ihr abwärts, bis sie in den Wiesen von **Unterwald** auf eine Teerstraße stößt. Wir halten uns rechts (Wegweiser: Auenfeldhütte, Ifen) und gehen an der nächsten Kreuzung geradeaus. Auf der Straße wandern wir kurz aufwärts und an der Gabelung links (Wegweiser: Auenhütte) zu den Häusern von **Oberwald**. Hier finden wir rechts einen geteerten Fußweg (Wegweiser: Auenhütte), der steil aufwärts führt. Kurz nach dem Bergheim Wäldele wechseln wir geradewegs auf einen breiten Weg, der uns über eine bewaldete Kuppe zum Parkplatz an der **Talstation des Sesselliftes** bringt.

*Über die Karstflächen des Gottesackerplateaus reicht der Blick bis zu den Gipfeln des Allgäuer Hauptkamms.*

# 24 Vom Riedbergpaß auf den Besler

Riedbergpaß – Schönberg-Alpe – Besler – Obere Gund-Alpe – Herzberg-Alpe – Schönberg-Alpe – Riedbergpaß Karte: E 5

Im Süden über dem Riedbergpaß erheben sich die steilen Kalkwände des Besler. Trotz der kurzen Anstiegswege bietet der Gipfel eine herrliche Aussicht zum Allgäuer Hochgebirge.

## Wegverlauf:

Wir beginnen die Tour am Parkplatz auf dem **Riedbergpaß** (1406 m) und folgen der Straße abwärts in Richtung → **Balderschwang**. Nach ca. 500 Metern biegen wir links in ein schmales, lediglich auf den ersten Metern geteertes Sträßchen ein (Wegweiser: Schönberg-Alpe, Besler). Es führt uns abwärts zur **Schönberg-Alpe**, die in einem weit geschwungenen Bergsattel liegt. Wir gehen rechts an der Alphütte vorbei und folgen dem grasbewachsenen, breiten Weg aufwärts. Den Abzweig in das Lochbachtal lassen wir rechts liegen und folgen dem breiten Weg. Er geht an seinem Ende in einen schmalen Steig über, der sich durch die Wiesen emporschlängelt.

Unter den Wänden des Beslerkopfes knickt er nach links und führt uns an der schwächsten Stelle problemlos durch die Kalkfelsen. Wir erreichen eine zerklüftete Karstgasse, durch die der schmale Weg noch ein kurzes Stück aufwärts führt. Vor uns liegen jetzt die senkrecht abfallenden Nordwände des Besler. Durch einen steilen Wiesenhang queren wir zu einer Weggabelung am Fuß der dunklen Kalkfelsen. Geradeaus unter den Wänden entlang führt die leichte Abstiegsvariante vom Beslergipfel zur Herzberg-Alpe (Wegweiser: Königsweg).

Wir halten uns rechts (Wegweiser: Besler), überqueren den Bergkamm und steigen auf der Südseite wenige Meter zu einem breiten Querweg ab. Ihm folgen wir durch den steilen Waldhang nach links (Wegweiser: Besler). Nach wenigen Minuten führt uns der Steig links aufwärts und anschließend rechts haltend zum Gipfel des **Besler** (1679 m). Am Ostrand des kleinen Gipfelplateaus steht nahe senkrecht abfallender Wände das Gipfelkreuz. Frei geht von hier der Blick über die Täler der Iller und ihrer Quellflüsse zu den Bergriesen der Allgäuer Alpen.

Für den Abstieg bieten sich zwei Möglichkeiten an. Entweder man wandert auf dem schon vom Aufstieg bekannten Weg zurück bis zur Wegkreuzung unter den Nordwänden des Besler. Dort geht man geradeaus (Wegweiser: Königsweg) und folgt dem Weg, der am Fuß der

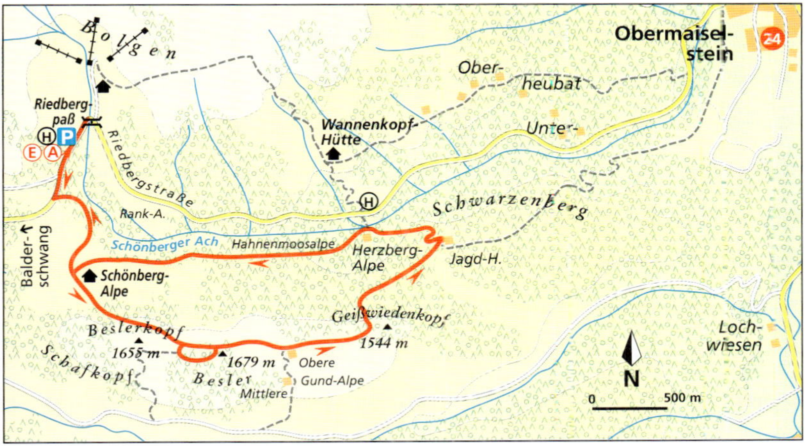


dunklen Felsmauer nach Osten zieht. Dem erfahrenen, klettergewandten und schwindelfreien Bergsteiger bleibt die zweite Variante vorbehalten. Vom Gipfelkreuz geht man wenige Meter abwärts und findet dann rechts den Beginn des teils mit Drahtseilen gesicherten Klettersteiges, der durch die niedrige, aber nahezu senkrechte Nordwand des Beslers bergab führt. Besondere Vorsicht sollte man hier bei Nässe walten lassen. Am Wandfuß treffen beide Routen wieder zusammen.

Wir steigen anschließend über den schmalen Grat ab, von dem wir einen beeindruckenden Rückblick auf die steile Felszinne des Besler haben. Bald wendet sich der Weg nach rechts und führt uns zur **Oberen Gund-Alpe** hinab. Wir halten uns links (Wegweiser: Obermaiselstein) und wandern auf einem aussichtsreichen Feldweg durch die Alpwiesen. Nicht weit vor dem Ende der Alpwiesen wechseln wir geradeaus auf einen schmalen Weg, der noch kurz rechts am Bergkamm entlangführt. Vor dem Geißwiedenkopf schwenkt er nach links und leitet uns über einen Sattel auf die Nordseite des Bergkammes. Am Waldrand durchqueren wir den Zaun und folgen dem steinigen Steig, der uns in weiten

**Tourencharakter:** Nach einem steilen Aufstieg zu Beginn eine einfache, aussichtsreiche Bergtour. **Beste Jahreszeit:** Von Juni bis Oktober. **Reine Gehzeit:** 3 ½ Std. **Höhendifferenz:** 600 m. **Ausgangs-/Endpunkt:** Der Parkplatz am Riedbergpaß, zu erreichen über die Riedbergpaßstraße, die Balderschwang mit dem Illertal verbindet. **Verkehrsanbindung:** Haltestelle Riedbergpaß an der Buslinie von Oberstdorf und Fischen nach Balderschwang. **Unterkunft:** In Balderschwang oder den Fremdenverkehrsorten im Illertal. **Auskunft:** Verkehrsamt Balderschwang, Tel. (0 83 28) 10 56.

Herbstnebel füllen das Illertal am Fuße des Besler.

Kehren abwärts führt. Der Weg wird schnell breiter und bringt uns zu einer Wegkreuzung vor einigen Jagdhütten. Wer mit dem Bus zum Riedbergpaß gefahren ist, der kann hier geradeaus dem Königsweg nach Obermaiselstein folgen.

Wir wollen jedoch zum Riedbergpaß zurückkehren und steigen links (Wegweiser: Herzberg-Alpe und Riedbergpaßstraße) auf bald steilem Weglein zur **Herzberg-Alpe** hinab. Dort treffen wir auf einen Wirtschaftsweg, auf dem wir links zur nahen Alphütte wandern. Überquert man die Schönberger Ach, erreicht man nach kurzem Aufstieg die Bushaltestelle Wannenkopfhütte an der Riedbergstraße.

Wir halten uns an der Kreuzung unterhalb der Alphütte links und folgen einem Wirtschaftsweg, der uns durch die Weiden talauf führt. Am Ende der Alpwiese geht der Weg geradewegs in einen feuchten Wanderweg über und leitet uns nahe des Flüßchens etwas steiler zu einer zweiten Weide hinauf. Bald liegt über uns die **Schönberg-Alpe**, zu der wir über die Wiesen hinaufsteigen. Neben der Alphütte treffen wir auf das vom Beginn der Tour bekannte Kiessträßchen, das uns rechts zur Riedbergstraße und zum **Riedbergpaß** zurückbringt.

# Von Balderschwang auf den Siplingerkopf

25

Balderschwang – Alpe Oberbalderschwang – Heidenkopf – Siplingerkopf – Obere Wilhelmine-Alpe – Balderschwang Karte: D/E 4/5

Von → **Balderschwang** streben sonnenüberflutete Südhänge, die schon im Frühsommer zu Wanderungen einladen, zum Gipfel des Siplingerkopfes.

## Wegverlauf:

Am Ortsrand von **Balderschwang** zweigt nahe dem Hof **»Bin schwarza Stürer«** eine geteerte Alpstraße bergwärts ab (Wegweiser: Siplingerkopf, Alpe Oberbalderschwang, Alte Eibe), die durch die Wiesen aufwärts führt. Schon nach wenigen Schritten können wir einen ersten Vorgeschmack der grandiosen Aussicht kosten, die sich uns vom Gipfelgrat bieten wird. Im Südosten lugt über die bewaldeten Vorberge das markante Horn der Trettachspitze und der Felsgipfel der Mädelegabel.

Nach wenigen Minuten weist uns ein Schild nach links zu einem Naturdenkmal der besonderen Art, der **»Eibe von Balderschwang«**. Der aus einem zentralen Stamm gewachsene Doppelbaum wird auf ein Alter von 2000 bis 4000 Jahre geschätzt und gilt als einer der ältesten Bäume in Europa.

Steil führt uns die Alpstraße anschließend zur **Oberen Socher-Alpe** hinauf. Über uns taucht der hellbraune Felsgrat auf, der den Heidenkopf mit dem Siplingerkopf verbindet. Die Straße holt in einem Bogen nach rechts aus und leitet uns anschließend zu einer Wegkreuzung. Rechts zweigt die unbefestigte Alpstraße ab, über die nach der Überschreitung des Siplingerkopfes unser Abstieg verläuft. Wir folgen jetzt dem Teersträßchen geradewegs aufwärts (Wegweiser: Siplinger Kopf) und erreichen nach wenigen Minuten die **Alpe Oberbalderschwang**. Herrlich hat sich der Blick nun schon geweitet, und ein großer Teil der vom ersten Herbstschnee bedeckten Allgäuer Alpen glitzert im Sonnenlicht.

Von der Alphütte schwingt sich das Sträßchen in Kehren sanft aufwärts durch die Alpwiesen und läuft danach flach in eine Talmulde. Dort biegen wir rechts auf einen schmalen Steig ab (Wegweiser: Siplingerkopf). Hinter dem nahen Zaun halten wir uns rechts und folgen der Spur an einer einzeln stehenden Fichte vorbei aufwärts. Wenig oberhalb erreichen wir eine Wegkreuzung, an der wir uns für eine der beiden Anstiegsmöglichkeiten entscheiden müssen. Wer seiner Trittsicherheit nicht ganz traut oder wer mit Kindern unterwegs ist, der steigt rechts (Wegweiser: Siplingerkopf) durch harmlose Hänge direkt zum Siplingerkopf hinauf. Für einen unbeschwerten Abstieg vom Gipfel wird wiederum dieser Weg empfohlen, da der beschriebene Abstiegsweg nach Osten ebenfalls Trittsicherheit verlangt.

Die etwas versierteren Bergsteiger halten sich hier links (Wegweiser: Heidenkopf, Siplingerkopf) und folgen der schmalen, aber gut auszumachenden Spur, die sich durch die felsdurchsetzten Bergwiesen aufwärts schlängelt. Wir erreichen eine Mulde, durch die wir links einer bizarren Nagelfluhwand aufsteigen. Die mit kalkhaltigem Sandstein verbackenen Geröllstücke, die wie Nagelköpfe aus dem Gestein ragen, haben der Nagelfluh den Namen gegeben. Der Weg führt uns zu einer Kreuzung auf dem Bergrücken. Nach Norden öffnet sich hier der Blick zum langgezogenen Bergkamm, der vom Hochgrat über das Rindalphorn zum Stuiben zieht.

Wir halten uns an der Wegkreuzung rechts (Wegweiser: Heidenkopf, Siplingerkopf) und queren unter einem markanten Felskopf links in den Hang. Nach wenigen Metern hilft uns ein Drahtseil über eine felsdurchsetzte Stelle auf den Gratrücken. Der Steig führt uns über einige harmlose Felstürme zum Fuß des kreuzgeschmückten **Heidenkopfes** (1685 m). Durch eine enge Felsgasse bringt er uns nach einem kurzen Anstieg auf den aussichtsreichen Gipfel. Vor uns liegt nun der Siplingerkopf, und der Weiterweg ist gut einzusehen.

*Ein felsdurchsetzter Grat zieht vom Heidenkopf zum Siplingerkopf.*

Nach einer Rast bringt uns ein kurzer Abstieg in eine bewaldete Scharte. Teils auf schmaler Gratschneid führt der gute Steig auf den Bergkopf, der uns noch vom Siplingerkopf trennt. Entlang dem im unteren Abschnitt felsdurchsetzten Grat steigen wir in eine von phantastischen Nagelfluhfelsen überragte Scharte ab. Deutlich ist von hier die kreuzgeschmückte Siplingernadel in der Nordflanke des Siplingerkopfes auszumachen. Jenseits folgen wir dem rot markierten Weg, der uns durch eine niedrige Wandstufe zum bewaldeten Bergkamm hinaufleitet. An dieser Stelle treffen wir auf den einfachen Direktanstieg zum Siplingerkopf, dem nicht ganz trittsichere Bergsteiger vom Abzweig zum Heidenkopf nach rechts folgten.

*Die »Eibe von Balderschwang« wird auf ein Alter von 2000–4000 Jahren geschätzt.*

Gemeinsam wird nun der Schlußanstieg in Angriff genommen, für den zwei Varianten zur Verfügung stehen. Man kann entweder dem teils felsdurchsetzten Grat folgen, der direkt zum Gipfel hinaufläuft. Oder man wählt den einfacheren Weg, der wenige Meter rechts des Grates nach oben führt. Durch eine von niedrigen Felswänden gesäumte Mulde erreicht man eine Scharte und steigt schließlich links wenige Meter zum kreuzgeschmückten Gipfel des **Siplingerkopfes** (1746 m) hinauf. Dort öffnet sich eine fast grenzenlose Rundumsicht. Vom Hochgrat wandert der Blick über den → **Grünten** und die in der Ferne leuchtenden Tannheimer Berge zum → **Nebelhorn**. Unverkennbar sticht der elegante Hochvogel in den Himmel, an den die lange Gipfelparade des Allgäuer Hauptkamms anschließt. Genau im Süden ragt über dem dunklen Band der Gottesackerwände der Hohe Ifen auf, neben dem sich die Vorarlberger und Schweizer Berge in der Unendlichkeit verlieren.

Nach der Gipfelrast steigen wir wenige Meter in die Scharte ab, die

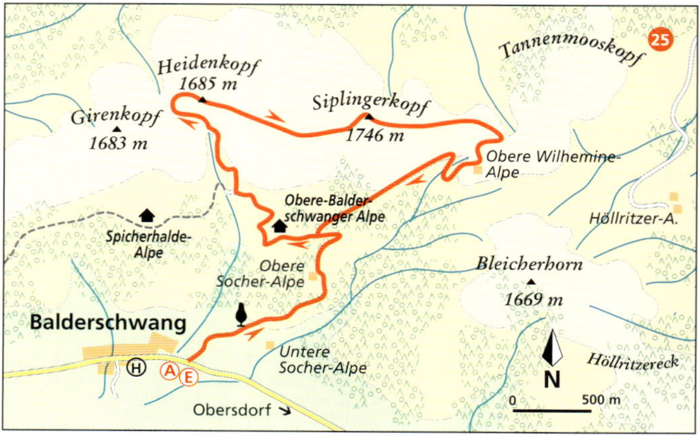


uns vom Vorgipfel trennt. Mit Kindern hält man sich rechts und folgt dem schon vom Aufstieg bekannten Weg nach Balderschwang hinab. Der schwierigere Abstieg, der die Überschreitung des Siplingerkopfes abschließt, führt links in gleichbleibender Höhe durch Grashänge (am Gipfel Wegweiser: Alpe Obere Wilhelmine, Balderschwang). Wir erreichen den Ostrücken des Siplingerkopfes und folgen ihm abwärts zu einer Steilrinne. In ihr steigen wir zwischen Felstürmen auf lehmigem Weglein abwärts und queren danach über den Gratrücken nach rechts. Eine Kette hilft in eine weitere Rinne, durch die wir schnell den Bergfuß erreichen. In gleichbleibender Höhe queren wir anschließend unterhalb des Kammes durch den Wiesenhang, ehe wir rechts zur nahen **Obere Wilhelmine-Alpe** absteigen. Noch einmal geht von hier der Blick zur abweisenden, felsdurchsetzten Ostflanke des Siplingerkopfes hinauf. Kaum zu glauben, daß durch sie dieser nicht allzu schwer zu begehende Steig führt. Von der Alpe wandern wir auf dem lediglich anfangs ruppigen Alpsträßchen abwärts und treffen bald auf die geteerte Straße, über die wir morgens aufgestiegen sind. Links hinab führt sie an der »Eibe von Balderschwang« vorbei zurück nach **Balderschwang**.

**Tourencharakter:** Der direkte Gipfelanstieg ist problemlos; die Überschreitung von Heidenkopf und Siplingerkopf erfordert Trittsicherheit. **Beste Jahreszeit:** Von Juni bis in den Spätherbst. **Reine Gehzeit:** 4 1/4 Std. **Höhendifferenz:** 750 m. **Ausgangs-/Endpunkt:** Abzweig des Alpweges von der Hauptstraße ca. 400 Meter östlich von Balderschwang nahe dem Hof »Bin schwarza Stürer«; Parkmöglichkeit am Straßenrand. **Verkehrsanbindung:** Buslinie von Oberstdorf und Fischen über den Riedbergpaß nach Balderschwang. **Unterkunft:** In Balderschwang. **Auskunft:** Verkehrsamt Balderschwang, Tel. (083 28) 10 56.

# Von der Gunzesrieder Säge auf den Stuiben

26

Gunzesrieder Säge – Wiesach – Sommerhaus-Alpe – Stuiben – Rothen-Alpe – Gunzesrieder Säge
Karte: E4

Vom stillen Gunzesrieder Tal führen steile Wege auf den Stuiben, einen der schönsten Aussichtsberge in der langen Gipfelreihe der Allgäuer Nagelfluhberge.

## Wegverlauf:

Vor den Häusern an der **Gunzesrieder Säge** (→ **Sonthofen**) liegt links der Straße ein großer Parkplatz, an dem wir unsere Bergtour beginnen. Vom Parkplatz folgen wir wenige Meter der Hauptstraße und biegen nach der Brücke rechts ab. Ein Brückchen leitet uns zum Café Rusch (Wegweiser: Wiesach, Steinberg). Wir wandern auf der schmalen Teerstraße rechts am Café vorbei und wechseln dann geradewegs auf einen Feldweg. Nach 50 Metern halten wir uns rechts (Wegweiser: Wiesach, Stuiben) und wandern zur nahen **Alpe Vorderschönbuch** hinauf. Vor dem Gebäude beginnt rechts ein schmaler Weg, der nach wenigen Metern das Zufahrtssträßchen quert (Wegweiser: Wiesach, Stuiben) und uns zum Waldrand hinaufführt. Der rot markierte Steig leitet uns zu den Weiden von **Wiesach** hinauf. Wir wandern am rechten Rand der Wiesen zu einer Wegkreuzung nahe der Kapelle.

An dieser Stelle gehen wir geradeaus (Wegweiser: Stuiben) aufwärts und biegen neben einer großen Alphütte rechts auf einen schmalen Weg. Er quert links haltend durch die Bergwiesen aufwärts. Im Wald wird der Weg breiter und führt uns zu den Weideflächen der **Sommerhaus-Alpe** hinauf. Wir steigen geradewegs aufwärts (Wegweiser: Stuiben, Gratgasse) und lassen den Abzweig zur Alphütte rechts liegen. Nach wenigen Metern schwenkt der Weg nach links. Nach einem kurzen Waldstück erreichen wir eine Bergweide, über die wir teils steil bergan steigen. Der Weg leitet uns bis unter den felsigen Grat und danach rechts durch die sogenannte Gratgasse zu einer Wegkreuzung in eine Scharte.

*Nagelfluhfelsen bauen den Gipfelkamm des Stuiben auf.*

Wir halten uns links (Wegweiser: Stuiben, Hochgrat) und steigen auf anfangs schmierigem Weg zwischen Felstürmen bergauf. Vor uns liegt jetzt der Gipfel des Stuiben, zu dem ein gezackter Felsgrat hinaufzieht. Teils auf der schmalen Gratschneid, teils in der schattigen Nordflanke, führt uns der Steig zum Gipfelaufschwung. Der Weg windet sich zwischen Felstürmen

aufwärts und leitet uns anschließend auf die sonnige Südseite des Felsgrates. Über gutgestufte Nagelfluhfelsen steigen wir entlang einiger Drahtseile zum überraschend flachen Gipfelplateau des **Stuiben** (1749 m) hinauf.

Von Westen ziehen grüne Bergwiesen zum Gipfel des Stuiben herauf, über die uns deutliche Wegspuren abwärts führen. Kurz vor dem Sattel, der uns vom Sedererstuiben trennt, erreichen wir eine Wegkreuzung und biegen scharf nach links (Wegweiser: Gunzesried). Der Steig holt nach links aus und leitet uns in Serpentinen über die Weideflächen zur **Rothen-Alpe** hinab. Kurz vor der Alphütte schwenkt der Weg nach links in den Wald und windet sich zwischen Nagelfluhwänden in Kehren durch den steilen Hang abwärts. Weiter unten schwenkt er nach links und führt uns zu einem von alten Ahornbäumen beschatteten Kreuz am Rand herrlicher Alpwiesen.

An der Kreuzung vor der großen Alphütte gehen wir geradewegs an der Hütte vorbei (Wegweiser: Säge) zum Waldrand hinab. Ein Waldweg führt uns in Serpentinen durch eine Steilstufe und zieht leicht fallend durch den Waldhang nach links. Vor einer Hütte schwenkt er nach rechts und bringt uns zum nahen Aubach hinab. Wir wandern kurz bachauf, ehe uns der Weg links über ein Brückchen zur schmalen Teerstraße leitet. Auf ihr gehen wir links zur einen Kilometer entfernten **Gunzesrieder Säge** zurück.

**Tourencharakter:** Aussichtsreiche Bergtour, die im Gipfelbereich Trittsicherheit erfordert. **Beste Jahreszeit:** Von Juni bis in den Spätherbst. **Reine Gehzeit:** 4 Std. **Höhendifferenz:** 820 m. **Ausgangs-/Endpunkt:** Der Parkplatz an der Gunzesrieder Säge im westlich von Sonthofen gelegenen Gunzesrieder Tal. **Verkehrsanbindung:** Busse ab Sonthofen über Blaichach zur Gunzesrieder Säge. **Unterkunft:** In Blaichach und im Gunzesrieder Tal. **Auskunft:** Gästeamt Blaichach, Tel. (0 83 21) 80 08 36.

# Rundtour über das Immenstädter Horn

27

Immenstadt – Kanzel – Immenstädter Horn – Kessel-Alpe – Rabennest-Alpe – Bühl am Alpsee – Immenstadt

Karte: E3

Hoch über dem Alpsee steht das Kreuz auf dem Immenstädter Horn, von dem sich ein wunderschöner Tiefblick auf die dunkelblaue Wasserfläche bietet.

## Wegverlauf:

Wir gehen links am Friedhof von → **Immenstadt** vorbei und nehmen an der Weggabelung die rechts ansteigende Teerstraße (Wegweiser: Hornweg nach Bühl, Horn). Nach ca. 150 Metern biegen wir rechts auf einen geteerten Weg (Wegweiser: Hornweg, Horn) und nach kurzer Strecke wiederum rechts in einen schmalen Wanderweg (Wegweiser: Hornweg, Horn). Nach wenigen Schritten halten wir uns an der Weggabelung links (Wegweiser: Horn) und steigen zwischen Nagelfluhfelsen durch den steilen Waldhang in engen Serpentinen aufwärts. Weiter oben legt sich der Hang etwas zurück, und der teils feuchte Weg führt uns zu einem herrlichen Aussichtspunkt. **Kanzel** (1166 m) wird diese Bergschulter genannt, über deren steil abfallende Nordflanke der Blick hinab zum Alpsee und nach Immenstadt geht.

Von der Kanzel führt uns das Weglein über den Bergrücken und unterhalb einer Felswand durch einen letzten Steilhang. Wir erreichen einen breiten Bergrücken, über den der Weg sanft zu einer Forststraße ansteigt. Wir folgen ihr nach rechts (Wegweiser: Immenstädter Horn), bis sie scharf nach rechts abknickt. Hier biegen wir links auf einen schmaleren Forstweg (Wegweiser: Immenstädter Horn) und nach wenigen Metern rechts auf einen Waldweg (Wegweiser: Immenstädter Horn). Der hübsche, wurzlige Weg führt uns ohne große Anstrengung nach rechts zur steil abfallenden Nordflanke des Immenstädter Horns. An dieser Stelle biegt er nach links und leitet uns über den bewaldeten, sanft ansteigenden Bergrücken zur kleinen Unterstandshütte auf der unbewaldeten Gipfelkuppe. Rechts erreichen wir nach wenigen Schritten das große Gipfelkreuz auf dem **Immenstädter Horn** (1489 m). Tief unter uns liegt der

*Raunreif überzieht die Bäume am Aussichtspunkt auf der Kanzel.*

blaue Seespiegel des Alpsees, hinter dem sich die Hügelketten des Alpenvorlandes im Dunst verlieren.

Vom Gipfelkreuz gehen wir zurück zur nahen Unterstandshütte. An der Wegkreuzung neben dem Hüttchen wandern wir geradeaus (Wegweiser: Alpe Kessel, Rieder, Bühl) auf die mit Silberdisteln bewachsenen Alpweiden. Unter uns liegt nun das mit herbstlichem Rauhreif überzogene Tal der Konstanzer Ach, über dem die dunklen Gipfel der Hörnergruppe aufragen. Über steile Bergmatten führt uns das aussichtsreiche Weglein abwärts an den Rand des Kessels, der zwischen Immenstädter Horn und Gschwender Horn eingelassen ist. Einige harmlose Felsflächen gilt es noch zu überwinden, ehe wir neben der **Kessel-Alpe** eine Wegkreuzung erreichen.

Rechts führt uns der Weg zum Steilabbruch am unteren Rand der Alpfläche. In herrlichen Kaskaden stürzt hier der Bach über die Nagelfluhwände zu einem kleinen Moor ab. Der Weg führt uns im Rechtsbogen um die Moorfläche und über einen Felsbuckel zum Bach zurück. Nach wenigen Metern stürzt der Bach nochmals in hohen Kaskaden in einen steilen Waldtobel. Der breite Weg läuft jetzt rechts durch den Waldhang abwärts zur großen **Rabennest-Alpe**. Wir wechseln geradewegs auf das Alpsträßchen und halten uns an der folgenden Wegkreuzung rechts (Wegweiser: Bühl, Alpsee). Vorbei an

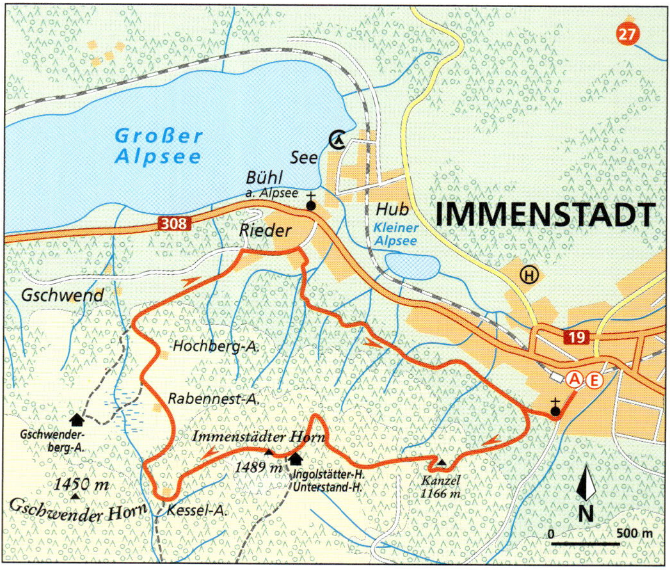

*Vom Gipfelkreuz auf dem Immenstädter Horn geht der Blick hinab zum Großen Alpsee.*

der **Hochbergalpe** bringt uns die Schotterstraße, vorbei an einem weiteren Wasserfall, geradewegs zum Bühler Ortsteil **Rieder** hinab.

Wir folgen der Teerstraße rechts durch den Ort. Sie fällt bald steiler ab und bringt uns zu einer Kreuzung am Ortsrand von **Bühl**. Wir biegen rechts in die Straße »Unterm Horn« (Wegweiser: Hornweg nach Immenstadt), halten uns nach 100 Metern links und wandern geradewegs auf einen Feldweg. Über Wiesen führt er uns zu einem Bach, vor dem rechts ein schmaler Wanderweg abzweigt (Wegweiser: Hornweg nach Immenstadt). Er führt uns durch urwüchsige Nagelfluhlandschaft kurz aufwärts und leitet uns schließlich im Auf und Ab durch die Nordhänge des Immenstädter Horns. Stege und Brücken helfen uns über tief eingeschnittene Tobel und moosbewachsene Felsen. Wir folgen permanent dem Weg, der in gleichbleibender Höhe den Hang durchzieht, ignorieren den links nach Engelfeld abzweigenden Weg und treffen oberhalb von Immenstadt auf unseren morgendlichen Aufstiegsweg. Geradewegs erreichen wir in wenigen Minuten unseren Ausgangspunkt am Friedhof von **Immenstadt**.

**Tourencharakter:** Eine einfache, aussichtsreiche Wanderung mit steilem Anstieg zu Beginn. **Beste Jahreszeit:** Von Juni bis in den Spätherbst. **Reine Gehzeit:** 4 3/4 Std. **Höhendifferenz:** 920 m. **Ausgangs-/Endpunkt:** Der südlich des Bahnhofs am Ortsrand von Immenstadt gelegene Friedhof. **Verkehrsanbindung:** Bahnanschluß in Immenstadt. **Einkehr:** Alpe Rabennest, in Bühl am Alpsee. **Unterkunft:** In Immenstadt und Bühl am Alpsee. **Auskunft:** Gästeamt Immenstadt, Tel. (0 83 23) 91 41 76.

# 28 Der Hochgrat und das Rindalphorn

Hochgratbahn-Bergstation – Hochgrat – Rindalphorn – Rind-Alpe – Älpele – Hochgratbahn-Talstation Karte: D/E 4

Am Hochgrat beginnt der lange, teils schwierige Weg über die Nagelfluhberge, der in → **Immenstadt** sein Ende findet. Wir ersteigen nur die beiden höchsten Gipfel, die keine allzu großen Anforderungen stellen.

**Wegverlauf:**

Wir verlassen die **Hochgratbahn-Bergstation** (1704 m) und gehen links um das Gebäude zu einer Weggabelung. Wir halten uns links (Wegweiser: Hochgrat, Gratwanderung Immenstadt) und steigen auf dem gut ausgebauten Weg über die Gratschneid aufwärts. Nach wenigen Minuten sind das Kreuz und die einladende Bank auf dem Gipfel des **Hochgrats** (1834 m) erreicht. Weit reicht von hier der Blick nach Norden in das Alpenvorland und nach Süden über die Nagelfluhberge in das Hochgebirge. Am Hochgratgipfel behalten wir unsere bisherige Richtung bei und steigen entlang der Gratschneid nach Osten ab. 200 Höhenmeter verlieren wir, bis wir die **Brunnenauscharte** erreichen. Links zweigt hier eine kürzere Alternativroute zurück zur Talstation der Hochgratbahn ab. Da dieser Steig im obersten Abschnitt eine Felsstufe überwindet, bleibt er dem trittsicheren Bergsteiger vorbehalten.

*Die letzten Meter vor dem markanten Gipfel des Rindalphorns.*

Wir gehen geradeaus und ignorieren auch den Weg, der rechts zur Scheidwang-Alpe hinabführt. Rechts der Gratschneid, auf der einige Nadelbäume den Unbilden des Gebirges trotzen, steigen wir durch Bergwiesen anfangs steil aufwärts. Auf einem Vorgipfel erreichen wir wieder die Gratschneid und sehen hinüber zum nahen Rindalphorn. Markant baut es sich aus steil gestellten, braunen Nagel-

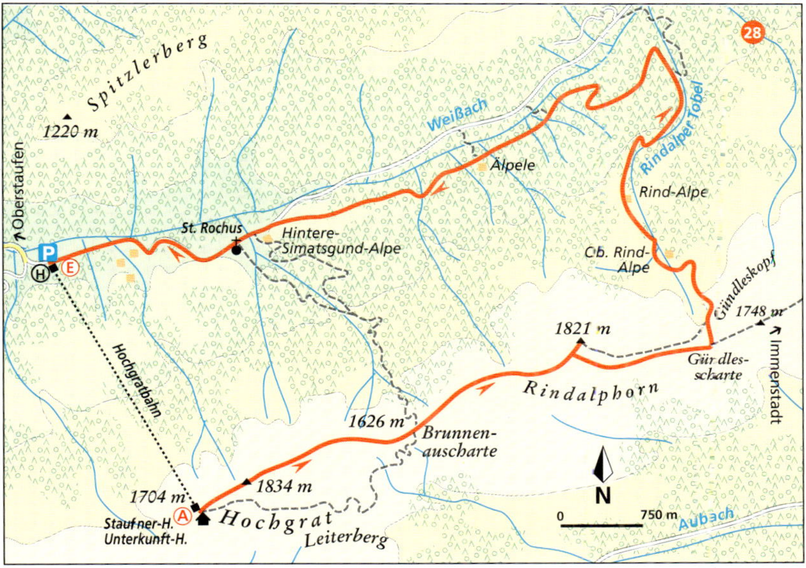


fluhplatten zu einem eindrucksvollen Felshorn auf. Nagelfluh wird das aus Geröll zusammengebackene Gestein genannt, das die rundgeschliffenen Felsbrocken auf der Gesteinsoberfläche wie Nagelköpfe aussehen läßt. Wir überschreiten den wenig ausgeprägten Vorgipfel, steigen in eine weite Scharte ab und wandern links haltend zu einer Wegkreuzung in einer Scharte. Geradeaus erreichen wir nach ca. 100 Metern den schmalen Gipfel des **Rindalphorns** (1821 m), der uns wieder eine herrliche Aussicht beschert.

Vom Gipfel steigen wir wieder zurück zur Wegkreuzung und folgen dem Weg, der links durch den Graben steil abwärts führt. Bald schwenkt der Weg nach links zum Grat, auf dem sturmzerzauste Bergfichten wachsen. Wir wandern in die weit geschwungene **Gündlesscharte** hinab, die wir in ganzer Länge durchqueren. An ihrem Ende beginnt der Aufstieg zum Gündleskopf. Wer ohne

**Tourencharakter:** Eine aussichtsreiche Bergtour, die am Hochgrat Trittsicherheit voraussetzt. **Beste Jahreszeit:** Juni bis Oktober. **Reine Gehzeit:** 5 1/2 Std. **Höhendifferenz:** Aufstieg 370 m; Abstieg 1440 m. **Ausgangs-/Endpunkt:** Die Bergstation der Hochgrat-Bahn, Fahrplanauskunft Tel. (0 83 86) 82 22 und 82 23; Zufahrtsstraße zur Talstation der Hochgratbahn von Oberstaufen über Steibis; Busverbindung ab Oberstaufen. **Verkehrsanbindung:** Bahnstation in Oberstaufen. **Unterkunft:** In Oberstaufen und Steibis; im Staufner Haus unterhalb der Hochgrat-Bergstation, Tel. (0 83 86) 82 55. **Auskunft:** Kurverwaltung Oberstaufen, Tel. (0 83 86) 9 30 00.

*Das Staufner Haus unterhalb der Bergstation der Hochgratbahn bietet Kost und Logis.*

eigenes Fahrzeug unterwegs ist, kann hier immer am Grat entlang bis zum Mittagberg über Immenstadt weiterwandern. Dieser teilweise felsdurchsetzte Weg sollte aber nicht unterschätzt werden.

Wir wollen jedoch zurück zur Hochgratbahn und halten uns deshalb an der Weggabelung links (Wegweiser: Talstation Hochgratbahn). Ein schmaler Steig schlängelt sich hinab in den Weidegrund der **Oberen Rind-Alpe**. Der Weg schwenkt nach links, quert einen Bach und führt uns bergab zur **Rind-Alpe**. Wir wechseln geradewegs auf einen Wirtschaftsweg und wandern an den Alphütten vorbei. An der Kreuzung nach der Alpe gehen wir geradeaus und folgen dem breiten Weg über die von herbstbunten Bergahornen gesäumten Alpwiesen. Der Hauptweg führt uns schnell in den Wald und leitet am Rand des rauschenden **Rindalper Tobels** abwärts zu einer Wegkreuzung.

Wir halten uns links (Wegweiser: Hochgratbahn, Steibis) und queren durch den Waldhang, von dem sich noch einmal ein beeindruckender Blick zum Rindalphorn und Hochgrat öffnet. Der Forstweg leitet bald in zwei Kehren abwärts zu einem alten Weg, der fast eben nach links durch den Waldhang zieht. Wir queren einige Bachläufe und wandern teils auf schmalem, weichem Waldweg zum **Älpele**, an dem wir geradewegs vorbeigehen. Bald führt uns der Weg durch einen malerischen Bachtobel, über dessen glattgeschliffene Felsen das Wasser in kleinen Kaskaden zu Tal rauscht.

Ein kurzer Anstieg bringt uns anschließend aus dem Wald zu einer Alpfläche. Der Weg wird breiter und leitet geradeaus über die Wiesen zur **Hinteren Simatsgundalpe**, vor der wir auf eine schmale Teerstraße treffen. Wir halten uns links, und kurz nach dem Hof trifft auch der von der Brunnenauscharte herabziehende Weg auf die Straße. Vorbei an der **Kapelle St. Rochus** folgen wir geradewegs der Straße und erreichen nach zehn Minuten die **Talstation der Hochgratbahn** (→ **Oberstaufen**)

# Zur Salmaser und zur Thaler Höhe

29

Wiedemannsdorf – Micheles-Alpe – Salmaser Höhe – Thaler Höhe – Eggers-Alpe – Wiedemannsdorf Karte: D3

Der sanft geformte Kamm der Salmaser Höhe, der das Tal der Konstanzer Ach im Norden begrenzt, lädt zu herrlichen Frühjahrs- und Spätherbstwanderungen ein.

## Wegverlauf:

Vom Parkplatz in **Wiedemannsdorf** gehen wir auf dem Burgangerweg bergan. Nach wenigen Metern biegt rechts der Weg ab, der uns am Ende der Wanderung den Rückweg zum Ausgangspunkt vermitteln wird. Wir folgen jedoch noch ein kurzes Stück geradewegs dem Sträßchen (Wegweiser: Salmaser Höhe, Weg 26) und biegen danach rechts in einen Kiesweg ein (Wegweiser: Salmaser Höhe, Micheles-Alpe). Vorbei an einem schönen alten Hof wandern wir aufwärts und genießen den Blick über das schattenerfüllte Tal der Konstanzer Ach, das am Morgen noch in herbstlichem Rauhreif erstarrt ist. In zwei weiten Kehren bringt uns das Schottersträßchen hinauf zur **Wannerles-Alpe** und taucht wenige Meter oberhalb in den dichten Hangwald ein.

Ein kurzes Stück läuft der Hauptweg fast eben am Rand einer schroff eingekerbten Waldschlucht entlang. Ein durch ein Tor abgesperrter Weg, der in den Bachtobel läuft, bleibt rechts liegen. Ein Stück oberhalb wandern wir an einer Wegkreuzung geradeaus aufwärts (Wegweiser: Salmaser Höhe, Micheles-Alpe). Der Weg schwenkt nach

*Im Spätherbst leuchten Silberdisteln auf den Gipfelwiesen der Salmaser Höhe.*

links und führt uns über die Wiesen zur nahen **Micheles-Alpe** hinauf. Wir gehen geradewegs unter der Alphütte vorbei und auf grünem Feldweg auf das Kreuz auf der Salmaser Höhe zu, deren Wiesenhänge vor uns aufragen. Unmittelbar hinter einem Bachlauf finden wir rechts einen schmalen, rot markierten Steig, der uns den Schlußanstieg vermittelt. Er quert durch die im oberen Teil mit unzähligen Silberdisteln gesprenkelten Wiesenhänge in einigen Passagen steil aufwärts. Wir wandern unterhalb des Kreuzes noch kurz weiter in westlicher Richtung aufwärts, ehe der Steig am Waldrand nach rechts umbiegt und uns zum nahen Gipfelkreuz auf der **Salmaser Höhe** (1254 m) führt. Der Blick reicht im Westen bis in die tief verschneite Schweizer Bergwelt. Ein Paraglider breitet auf der ebenen Gipfelwiese seinen bunten Schirm aus und schwebt lautlos in das Tal der Konstanzer Ach hinab.

Unser Weiterweg führt uns vom **Kreuz** über die Wiese an die **Nordseite der Gipfelhochfläche**, von der der Blick auf die sanftgewellten Bergweiden von Wiederhofen geht. Wir finden einen Wegweiser und folgen dem Pfad nach rechts (Wegweiser: Wiederhofen, Missen, Alpsee, Bühl), der uns über den Bergkamm nach Osten leitet. In sanftem Auf und Ab wandern wir durch Wald und an Nagelfluhfelsen vorbei. Bald erreichen wir wieder freies Wiesengelände, von dem der Blick frei über die Vorberge in das Alpenvorland schweift. Links zweigt ein Weg nach Wiederhofen ab. Wir folgen jedoch weiterhin geradewegs dem Bergkamm (Wegweiser: Thaler Höhe, Missen), der uns zu einer nahen, **kreuzgeschmückten Wiesenkuppe** leitet. Noch einmal können wir die Sicht zu den Nagelfluhbergen im Süden, den Schweizer Bergen im Westen und im Osten zu den Tannheimer Gipfeln, die am → **Grünten** vorbeilugen, genießen.

Wenige Meter weiter tauchen wir in den Wald ein. Der Weg schlängelt sich abwärts, und bald liegt die Thaler Höhe vor uns. Wir treffen auf eine schmale **Teerstraße**, die einen Bergsattel überquert. Jenseits setzt ein schmaler Weg an, der uns geradewegs einen kurzen Abstecher zur nahen **Thaler Höhe** (1166 m) ermöglicht. Am wenig ausgeprägten Gipfel der sanften Wiesenkuppe genießen wir die herrliche Aussicht über die Wiesentafel von Wiederhofen. Von der Thaler Höhe wandern wir auf dem Weglein, das wir heraufgekommen sind, zur Teerstraße zurück.

Unser Rückweg führt uns auf der Teerstraße nach links (Wegweiser: Thalkirchdorf). Nach ca. 100 Metern biegt das Sträßchen nach links hinauf, und wir wechseln rechts auf einen Schotterweg (Wegweiser:

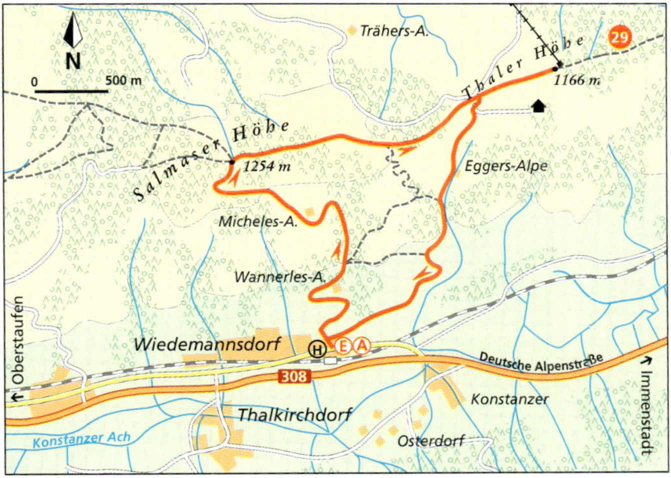


Thalkirchdorf). Auf ihm zu einer nahen Weide hinab und dann in gleichbleibender Richtung auf einer Wegspur durch das Wiesental nach Süden. Wir sehen eine Alphütte unter uns liegen und steigen an einem Zaun entlang zu einem Schotterweg ab. Er führt uns rechts zur nahen **Eggers-Alpe**.

Wir gehen rechts der Alphütte den steilen Zufahrtsweg abwärts (Wegweiser: Thalkirchdorf, Wiedemannsdorf) und treffen bald auf einen breiteren Wirtschaftsweg. Auf ihm wandern wir links durch Wald und über Wiesen abwärts, bis wir nahe dem Talgrund ein Gehöft erreichen. 100 Meter unterhalb treffen wir auf ein Quersträßchen, dem wir nach rechts folgen. Kurz vor Wiedemannsdorf knickt die Straße nach links auf die Talweiden ab. Wir wechseln hier geradewegs auf einen Wanderweg (Wegweiser: Thalkirchdorf, Wiedemannsdorf), der uns am Waldrand in das nahe **Wiedemannsdorf** führt. Am Ortsrand treffen wir die Teerstraße, auf der am Morgen unsere Wanderung begann. Links hinab erreichen wir nach wenigen Metern den Ausgangspunkt.

**Tourencharakter:** Eine einfache Familienwanderung über aussichtsreiche Bergkuppen. **Beste Jahreszeit:** Vom Frühjahr bis in den Spätherbst. **Reine Gehzeit:** 3 3/4 Std. **Höhendifferenz:** 600 m. **Ausgangs-/Endpunkt:** Der Parkplatz bzw. Bushaltestelle am Burgangerweg neben dem Landschulheim Adler im Ortszentrum von Wiedemannsdorf. **Verkehrsanbindung:** In Wiedemannsdorf Haltestelle der Buslinie von Immenstadt nach Oberstaufen. **Einkehr:** In der Micheles-Alpe. **Unterkunft:** In Wiedemannsdorf oder den Nachbarorten im Tal der Konstanzer Ach. **Auskunft:** Kurverwaltung Oberstaufen, Tel. (0 83 86) 9 30 00

# 30 Von Niedersonthofen zum Stoffelberg

Niedersonthofen – Gasthof Engel – Falltobel – Rieggis – Stoffelberg – Stoffels – Niedersonthofen

Karte: E/F 2

Durch einen einsamen Tobel und vorbei an einem Wasserfall führt uns ein stiller Weg auf den Stoffelberg, an dessen Fuß der glasklare Niedersonthofener See liegt.

## Wegverlauf:

Wir beginnen die Wanderung in **Niedersonthofen** auf dem Parkplatz vor dem ehemaligen Rathaus. Wir folgen der Hauptstraße, vorbei an der Kirche, bis sie nach links abknickt. Geradeaus nimmt uns das Sträßchen »Am Angerfeld« auf (Wegweiser: Wasserfall, Rieggis), das uns durch das Dorf zu einer Kreuzung führt. Wir halten uns rechts (Wegweiser: Wasserfall, Rieggis) und folgen der Mühlenbergstraße zum malerischen **Gasthof Engel**. Das Sträßchen leitet uns rechts am Gasthof vorbei und bringt uns geradewegs zu einer Weggabelung unterhalb des Holzach-Stüberls. Links wandern wir nun auf breitem Forstweg in ein bewaldetes Tal. An der nächsten Weggabelung halten wir uns rechts und folgen dem ansteigenden Sträßchen bis zu einer Kehre.

*Wasserkaskaden bestimmen das Bild im hinteren Falltobel.*

Wir wechseln an dieser Stelle geradeaus auf einen Weg (Wegweiser: Wasserfall), der nach einem kurzen Anstieg in einen schmalen Steig übergeht. Nach ca. hundert Metern folgen wir dem mit rotem Pfeil gekennzeichneten Pfad links abwärts in den **Falltobel**. Das herrliche Weglein läuft am Bach entlang, der über Felsen in glasklare Gumpen plätschert. Einen engen Schluchtabschnitt müssen wir in der rechten Talflanke umgehen, ehe uns der Steig wieder zum Bach hinabführt. Dreimal überqueren wir auf schmalen Stegen den Bach, der in Kaskaden über die dunklen Nagelfluhfelsen rauscht, ehe wir vor dem vierten Steg eine Wegkreuzung erreichen. Wir gehen noch wenige Schritte geradeaus in das Fels-Amphitheater im Talschluß, in den der Bach als rauschender **Wasserfall** stürzt. Über die moosgepolsterten Felsen rieseln silberne Wasserfäden, und in der Gischt zeichnet das Sonnenlicht einen Regenbogen.

Nach der beeindruckenden Rast am Fuß des Wasserfalls gehen wir zum obersten Steg zurück und überqueren den Bach (Wegweiser: Rieggis). Ein schmaler Steig führt uns in Serpentinen durch die steile

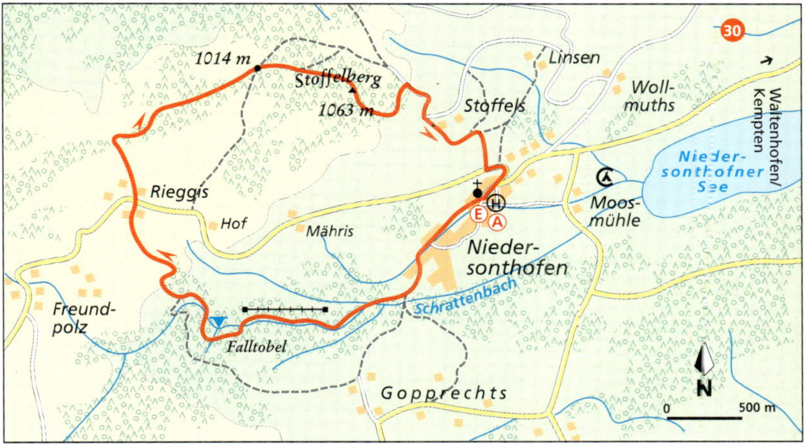


Flanke zum Talrand hinauf und knickt dort nach links. Durch Hochwald leitet uns der rot markierte Weg zu einer Wegkreuzung hinter einem Brückchen. Wir halten uns rechts (Wegweiser: Rieggis) und steigen zu den Wiesen von Rieggis hinauf. Eine Wegspur führt uns am Rand der Wiesen entlang und quert dann von einer Bank links (Wegweiser: Gasthof Alte Sennküche) durch die Weide zu einem Teersträßchen. Auf ihm wandern wir rechts geradeaus nach **Rieggis**.

Wir treffen auf die Hauptstraße und folgen ihr nach rechts. Nach wenigen Schritten biegen wir links ab (Wegweiser: Hauchenberg) und wandern an der Weggabelung vor der Kapelle von Rieggis geradewegs aufwärts. Über die frühjahrsbunten Wiesen schweift der Blick hinab zum Niedersonthofner See und durch das Illertal zum tief verschneiten Allgäuer Hochgebirge. Das Sträßchen leitet uns zu einer Wegkreuzung auf dem Bergkamm, von der wir rechts zu den Bauernhöfen gehen (Wegweiser: Stoffelberg). Am zweiten Bauernhof beginnt ein Feldweg, der links an blühenden Obstbäumen vorbei ansteigt. Den gelben Markierungen folgend durchqueren wir zwei Zäune und treffen auf einen schmalen Weg, der uns rechts am Waldrand entlang über eine aussichtsreiche Hügelkuppe führt.

**Tourencharakter:** Einfache, aussichtsreiche Familienwanderung über dem Niedersonthofner See. **Beste Jahreszeit:** Vom Frühjahr bis in den Spätherbst. **Reine Gehzeit:** 3 Std. **Höhendifferenz:** 380 m. **Ausgangs-/Endpunkt:** Das Ortszentrum von Niedersonthofen am Westufer des gleichnamigen Sees. **Verkehrsanbindung:** Busverbindung von Niedersonthofen nach Waltenhofen und Kempten. **Einkehr:** In Rieggis **Unterkunft:** In den Dörfern rund um den Niedersonthofner See. **Auskunft:** Verkehrsamt Waltenhofen, Tel. (0 83 03) 7 90.

Wir stoßen auf eine schmale Teerstraße, gehen wenige Schritte nach links und finden rechts der Straße die gelb markierte Fortsetzung unseres Wegleins (Wegweiser: Stoffelberg). Es leitet uns über eine bewaldete Kuppe zu einer Weggabelung. Wir gehen geradeaus (Wegweiser: Stoffelberg) über den Bergkamm zu einer Wegkreuzung in den Wiesen am Fuß des Stoffelberges. Über einige Serpentinen steigen wir rechts zum nahen Gipfelkreuz auf dem **Stoffelberg** (1063 m) hinauf. Trotz seiner geringen Höhe bietet der Stoffelberg eine umfassende Aussicht. Weit im Osten ragen neben dem → **Grünten** die Felshörner der Tannheimer Berge auf, und im Süden öffnet das tief eingeschnittene Illertal den Blick zu den Allgäuer Hochgipfeln rund um → **Nebelhorn**, Großen Krottenkopf und Mädelegabel.

Über die Gipfelwiese führt uns das weiterhin gelb markierte Weglein nach Süden abwärts. Nach einem Waldstück erreichen wir eine Wiese, an deren Rand wir nach rechts gehen. Durch steileres Gelände steigen wir links eines Zaunes im Zickzack abwärts. Wir treffen auf einen Wirtschaftsweg, dem wir abwärts folgen. Kurz nach einem Gatter biegen wir rechts auf eine Teerstraße (Wegweiser: Niedersonthofen), die uns zu den verstreuten Höfen von **Stoffels** führt. Unterhalb des Kleiterhofes bietet sich von einer Straßenkehre ein herrlicher Blick zum Niedersonthofner See. Wir erreichen eine Kreuzung, gehen nach links und biegen nach 40 Metern rechts auf einen Fußweg ab (Wegweiser: Niedersonthofen). Nach kurzer Strecke halten wir uns vor einem Bauernhof rechts und steigen auf schmalem Weg durch einen Graben abwärts. Wir stoßen auf eine Fahrstraße, der wir links durch die Wiesen bis zu einem Kreuz unter Kastanienbäumen folgen. Rechts setzt ein Weglein an, das uns im Bogen durch die Wiesen zu einer Teerstraße hinabführt. Auf ihr wandern wir links in das nahe Ortszentrum von **Niedersonthofen**.

*Die Wiesen von Rieggis im bunten Frühjahrskleid.*

# Bregenz und der Pfänder

Bregenz: Stadtrundgang; Pfänder – Moos – Hochberg – Lutzenreute – Stadlers – Hörbranz-Berg Karte: Einklinker B1

31

Diesmal steht die Kultur mit dem Stadtrundgang durch → **Bregenz** am Beginn und die Natur mit der Wanderung über den 1000 m hohen Rücken des → **Pfänder** am Ende der Tour. Aber man kann natürlich, beispielsweise an heißen Tagen, die Reihenfolge auch umkehren.

## Stadtrundgang Bregenz:

An der Tourist-Information in der Bahnhofstraße erhalten Sie kostenlos eine Broschüre über den Stadtrundgang Bregenz. Sie enthält alles Wissenswerte über Baugeschichte und Architektur der zahlreichen Baudenkmäler. Wenn Sie mit Rücksicht auf die Wanderung über den Pfänderrücken Zeit einsparen und gezielt auswählen wollen, dann setzen Sie drei Schwerpunkte: Altstadt, Oberstadt und Seepromenade. Bregenz ist keine große Stadt, und Sie müssen sich nicht unbedingt an einen vorgeschriebenen Kurs halten.

*Auf der Adlerwarte sieht man Flugkünste von Greifvögeln*

Mit dem Besuch der Tourist-Information sind Sie bereits am Rand der **Altstadt.** Am Kaspar-Moosbrugger-Platz zwischen Kornmarkt- und Seestraße treffen Sie auf ein schönes Ensemble. Ein zweites Ensemble sehen Sie in der Rathausstraße. Der stattliche Bau der **Seekapelle**, der am Platz von drei Vorgängerkirchen Ende des 17. Jh. errichtet wurde, besitzt alles andere als die Dimensionen einer »Kapelle«.

Bregenz, eingezwängt zwischen See und Gebirge, muß den Durchgangsverkehr zwischen Deutschland und der Schweiz durch seine Mauern schleusen. Gänzlich enthoben ist man dem Verkehr in der alten **Oberstadt.** Ist man die Maurachgasse hinaufgestiegen, tritt man in das Tor der Oberstadt. In ihm stimmt ein Spruch in Mittelhochdeutsch nachdenklich: »Nutz Dine Zit, Mahn Fule Lütt, Meid Bösen Strit, Duld Truglut it.« Nach links beherrscht der **Martinsturm** das Bild. Obwohl schon 1599–1602 errichtet, trägt er doch bereits Merkmale des Frühbarock. Von der mächtigen Turmzwiebel wird behauptet, daß sie die größte Mitteleuropas sei. Vieles läßt sich hier oben noch entdecken, z. B. das **Alte Rathaus** von 1662, ein schöner Fachwerkbau, dann das ehemalige **Gesellenspital** in der Eponastraße und schließlich das **Deuringschlößchen,** heute ein Hotel der ersten Klasse. Über die Meißnerstiege gelangt man wieder in die **Unterstadt.**

Durch die Kaiser- oder Rathausstraße spaziert man zum dritten Schwerpunkt, der **Seepromenade** mit Fischersteg, Gondelhafen, Casino und Festspielhaus mit **Seebühne.** Dieser Bereich ist dem Schauen, Bummeln und der Freizeit gewidmet. Vom Schiffshafen zur Talstation der Pfänderbahn sind es dann nur 10 Min.

**Tourencharakter:** Die Stadtwanderung erfolgt auf Fußwegen mit je 60 m Höhendifferenz auf- und abwärts. Die Wanderung über den Pfänder führt auf beschilderten und meist markierten Wegen erst als Kammweg, später als windungsreicher Abstieg ins Tal. **Weglänge:** 12 km. **Höhendifferenzen:** 110 m aufwärts, 550 m abwärts. **Reine Gehzeiten:** Stadtrundgang 2 Std.; Pfänder 4 Std. **Ausgangspunkte:** Stadtrundgang: Tourist-Information; Pfänder: Bergstation der Pfänderbahn. **Endpunkt:** Hörbranz-Berg. **Verkehrsanbindung:** Hörbranz-Berg–Bregenz Landbus (Stundentakt). **Tourist-Info:** A-6900 Bregenz, Bodensee-Alpenrhein-Tourismus, Bahnhofstraße 14, Tel. 05574/49590. **Unterkunft:** Bregenz: Zahlreiche Hotels aller Kategorien sowie Jugendherberge; Pfänder: Gasthof Schwedenschanze. **Einkehr:** Pfänder: Zahlreiche Gaststätten; Lutzenreute und Berg: jeweils 1 Gasthaus.

## Pfänder:

Wir beginnen unsere Wanderung am Berghaus **Pfänder**, dessen Aussichtsterrasse einen Galablick über den Obersee gewährt. Links neben der Fahrstraße führt ein kleiner Fußweg (Ww. »Zur Pfänderspitze 3 Min.«) hinauf zum Gipfel des Pfänder, den ein Radarsendemast nicht gerade verschönt. Man steigt in nordöstlicher Richtung wieder ab zum Gasthof Schwedenschanze, an dem man rechts vorbeigeht (Ww. »Theresienkapelle«). Nach der **Theresienkapelle** führen Stufen bergab, bis wir auf eine Straße stoßen, die wir nach links zu einem großen Parkplatz und einer Wegkreuzung verlassen. Links zweigt die Straße nach Lochau ab, während wir dem großen grünen Ww. »Hirschberg« folgen. 400 m nach dem Gehöft **Moos** begrüßt auf einem Schild »Eichenberg seine Gäste«. Kurz dahinter, in einer leichten Rechtskurve der Straße, zweigt links der Schotterweg »Lo13« ab. Er ist als **Käse-Lehrpfad** ausgerichtet, durch den man viel über die Käseherstellung erfährt.

Die nächsten 2,5 km bleiben wir auf diesem Höhenweg und ignorieren Abzweige nach rechts oder links. Wiederholt bieten sich rechter Hand schöne Ausblicke bis zu den Gipfeln des Rätikon. Wenn der Höhenweg wieder auf die Fahrstraße stößt, überqueren wir diese und steigen, zunächst auf Asphalt, auf zum **Tröger Stüble** (Ww.) und dann zum **Hochberg.** Wenn der Asphalt aufhört und der Weg sich gabelt, gehen wir den zweiten Abzweig nach links (Ww. »E9 Hochberg, Lutzenreute«). Wir durchschreiten ein Gatter und halten dann auf eine Alm zu. Der breite Hochberg liegt links vom Weg (Bank, Kruzifix). Bei der Alm schwenken wir links auf einen Trampelpfad (Ww. »Lutzenreute 20 Min.«). Nach einem Zaun geht es im Wald recht steil bergab. Wenn wir wieder auf einen breiteren Weg treffen, folgen wir diesem nach rechts zum Gehöft **Schlüssellehen** mit herrlichem Blick hinab zur Inselstadt **Lindau.**

Von Schlüssellehen führt ein Landwirtschaftsweg (»E9«) hinunter nach **Lutzenreute**. 500 m nach dem Ort zweigt nach einer Links-Rechts-Kurve der Straße an der Parzelle **Stadlers** links ein Schotterweg ab (Ww. »Fußweg Andreute Hörbranz«). Noch vor dem Gutsgebäude wandern wir rechts (Ww. »Hörbranz, Weienried, Scheidegg«) auf einem Karrenweg in wechselndem Auf und Ab eine Zeitlang am Waldrand entlang, dann links etwas hinauf zu den Höfen **Andreute.** Von hier führt der Wanderweg »H5« als Asphaltzubringer in vielen Kurven hinab nach **Berg**. Im Ort halten wir uns links abwärts; die Bushaltestelle liegt dann an der Straße nach Bregenz.

# 32 Durch die Schlucht der Bregenzer Ach

Traditionsbahn Bezau – Bersbuch; Bersbuch – Andelsbuch – Egg – Tal der Bregenzer Ach – Bozenau – Fuchs Säge Karte: Einklinker C 2

Von Bezau bis Bersbuch kann man an Wochenenden auf einem reaktivierten Teilstück mit der Bregenzer-Ach-Bahn fahren, die 1902–1981 verkehrte, ehe Bergstürze und Muren, aber auch das Auto sie unrentabel werden ließen. Von Nutzen ist die Ingenieursarbeit der Jahrhundertwende heute uns Wanderern, denn die Route verläuft auf dem Schotter des alten Gleisbetts ab Egg 13 km im romantisch tief eingeschnittenen Tal bis Bozenau.

*Die Bregenzer Ach bietet auch Bademöglichkeiten*

## Wegverlauf:

Die Traditionsbahn verläßt den Bahnhof **Bezau** samstags, sonn- und feiertags um 11 Uhr. Für die 6 km bis **Bersbuch** benötigt sie 30 Min.; sie fährt also etwas langsamer als ein Radfahrer. An Samstagen kann man die nicht so reizvolle Strecke bis Egg mit dem Bus überbrücken, der kurz nach der Ankunft in Bersbuch fährt (der Weiterbau der Bahn bis Andelsbuch ist geplant).

Will oder muß man alles laufen (z. B. werktags), geht man hinter der Endstation in Bersbuch rechts auf einem Schotterweg etwas aufwärts. Später kommt man an dem Ww. »Rundweg Bersbuch« vorbei. Nach 20 Min. erreicht man einen Teich, an dessen linker Seite nach einer Trafo-Station auf dem Damm ein Fußweg entlangführt. Vor dem Ortsschild **»Andelsbuch«** des Ortsteiles Bühel kommt man nach rechts wieder auf die alte Bahntrasse, die als Fuß- und Radweg gut hergerichtet ist. Hinter Andelsbuch verläßt die Trasse die Nachbarschaft der Straße und verläuft dann als Schotterweg am Fuß der Berghänge nach Egg.

In **Egg** gehen wir zum alten Bahnhof und betreten den

**Tourencharakter:** Von Bersbuch bis Egg guter Fuß-Radweg. Ab Egg Talwanderung auf oder neben dem Schotter der alten Bahntrasse, die gutes Schuhwerk erfordert. An heißen Tagen Bademöglichkeit. **Weglänge:** 21 km. **Reine Gehzeit:** 4 Std. **Ausgangspunkt:** Bersbuch, Endstation der Traditionsbahn. **Endpunkt:** Fuchs Säge. **Verkehrsanbindung:** Bus Bezau–Bersbuch–Egg Montag bis Samstag; ab Fuchs Säge Bus nach Bregenz oder Bezau, Montag bis Freitag im Stunden-, Samstag/Sonntag im Zweistundentakt. **Tourist-Info:** A-6863 Egg, Tourismusbüro, Loco 613, Tel. 05512/2426. Traditionsbahn: A-6941 Langenegg 39, Tel. 05513/6192 (Auskunft über Fahrtage und -zeiten ratsam). **Unterkunft:** Bezau und Egg: Hotels und Gasthöfe. **Einkehr:** Bis Egg Gasthöfe; ab Egg Rucksackverpflegung.

Langen
b. Bregenz
Rotach
32
Fuchs
Säge
E
870 m
Doren
Huban
Zwing
Brenden
Wolfbühl
Bozenau
Rain
Weißbach
Unter-
Bregenzer Ach
Langenegg
Burgen
Ober-
Kirchdorf
Oberbuch
Müselbach
Reute
Lingenau
Nannen
Horgen
Brüggelekopf
1082 m
Kleimat
Bezau
509 m
Hof
Großdorf
Mühle
Hub
Egg
Brutenberg
Unterbach
Maien
Weißtanne
Meisten
Schwarzen
Heidegg
Schwarzen-
berg
Andelsbuch
Liessen
Krähenberg
Bregenzer Ach
Loch
Bühel
A
Bersbuch
Klausberg
961 m
Traditionsbahn (nur So)
Wilbinger
N
A
(So)
0
1 km
Baien
Ellenbogen

*Eisenbahn-Nostalgie an der Bregenzer Ach*

Schotter des Gleisbetts. Das Schild »Benützung der Bahntrasse verboten« gilt offensichtlich nur für Fahrzeuge, denn täglich werden hier Wanderer auf der Trasse beobachtet. Wenn links die Autostraße die **Bregenzer Ach** überquert, bleibt der Trassenweg auf der rechten Seite des Flusses und passiert hier unterhalb einer Felswand eine recht interessante Stelle. Nach der Einmündung der **Subersach** von rechts ist das Gleisbett gelegentlich etwas überwachsen. Wenn der Bewuchs zu dicht wird, findet man neben der Trasse einen Trampelpfad. Auf einigen Passagen liegen noch die alten Bohlen; das erleichtert das Gehen, denn die Bohlenabstände entsprechen gerade einer durchschnittlichen Schrittlänge. Ab der alten Brücke unterhalb **Müselbach** (Straßenzufahrt, ehemalige Station »Langenegg–Krumbach«) gibt es wiederholt, besonders an heißen Tagen, willkommene Badegelegenheiten. So wandert man, bis von rechts die **Weissach** einmündet. Die Brücke über den Fluß ist noch sehr gut intakt. Nach dieser Einmündung beschreibt die Ach noch eine Links- und danach eine Rechtsbiegung. Dann wandert man 1 km bis zum Campingplatz **Bozenau.** Weiter kann man nicht laufen, da nach einem weiteren Kilometer die Tunneleinfahrt durch Geröllmassen verschüttet ist.

Auf dem Zubringer zum Campingplatz Bozenau müssen wir zum Schluß 150 Hm bis zur Bushaltestelle **Fuchs Säge** aufsteigen, jedoch führt die Straße zur Hälfte durch Wald und ist schattig.

# Auf den Aussichtsberg Hohe Kugel

**33**

Fraxern – Hohe Kugel –
Emser Hütte – Karren

Karte: Einklinker A 3/4

Mit 1643 m erreichen wir auf dieser Wanderung die größte Höhe von allen in diesem Buch beschriebenen Touren. Die Bergwanderung lohnt nur bei gutem Wetter, weil man dann vom Gipfel einen Galarundblick, insbesondere einen Tiefblick ins Rheintal, genießt. Im Bergrestaurant Karren kann man die Tour ausklingen lassen und von dort mit der Seilbahn zu Tal fahren.

## Wegverlauf:

Wir starten am (gebührenpflichtigen) Parkplatz »Hohe Kugel«, ca. 150 Hm über **Fraxern**. Wir folgen entweder dem von nun an für den öffentlichen Verkehr gesperrten Asphaltsträßchen oder benutzen den links der Straße verlaufenden Fußpfad »Hohe-Kugel-Weg«. Wenn nach zwei Kehren von links eine Forststraße einmündet, verlassen wir den Asphalt und steigen halb links auf dem »Maisäßweg« (Ww.) in die Höhe. Bei der ersten Weggabelung halten wir uns rechts (Ww.). Schon jetzt erleichtern schöne Tief- und Fernblicke, vor allem über das Rheintal zum Säntis, den Aufstieg. Nach etwa 30 Min. gelangen wir zur properen **Maiensäßalpe** (1350 m), von wo wir das Gipfelkreuz der **Hohen Kugel** bereits sehen können.

Auf diese halten wir zu, wobei wir nicht dem breiten Schotterweg folgen, sondern nach links ansteigen (weiß-rot-weiße Markierung an einem Baum suchen). In gut 1 Std. erreichen wir den Gipfel. Wie schon vorher begleitet uns der Tiefblick ins Rheintal, und oben weitet er sich zu einem Galarundblick aus. Weil im 17. Jh. viele Gläubige zum Wallfahrtsort Ebnit über die Hohe Kugel pilgerten, ließ Graf Kaspar von Hohenems auf dem Berg eine Unterkunft errichten, »zur Bequemlichkeit der Ankömmlinge und zu ihrer aller Sicherheit«. Aber er hatte seine Inschrift mit dem gräflichen Wappen in Latein verfaßt,

*Beim Aufstieg zur Hohen Kugel blickt man bis zum Säntis*

und die Fraxener, des Latein unkundig, argwöhnten gräfliche Besitzansprüche und beschädigten Dach und Inschrift.

**Tourencharakter:** Maßvolle Bergtour mit 2–3 Std. Aufstieg und 3 Std. Abstieg auf gut beschilderten und markierten Wegen. **Weglänge:** 18 km. **Höhendifferenz:** 830 m. **Reine Gehzeit:** 5–6 Std. **Ausgangspunkt:** Parkplatz »Hohe Kugel«, 150 m oberhalb Fraxern. **Endpunkt:** Karren. **Verkehrsanbindung:** Anfahrt mit dem Auto; Rückkehr mit der Seilbahn vom Karren bis Dornbirn und Bus Dornbirn–Klaus–Fraxern (letzter Bus gegen 18 Uhr). **Tourist-Info:** A-6850 Dornbirn, Verkehrsamt (!), Rathausplatz 1, Tel. 05572/221 88-0. **Unterkunft:** Fraxern: Gasthof Sonnenblick (sehr zu empfehlen wegen der Aussicht), Tel. 05523/645140. **Einkehr:** Essener Hütte; 2 Jausenstationen im Sommer; Karren; sonst Rucksackverpflegung.

Der Abstieg beginnt durch ein Drehkreuz hindurch nach Nordosten (Ww. »Fluhereck–Ebnit–Hohenems«) und führt, die Hohe-Kugel-Alpe rechts liegen lassend, über einen sanften Bergrücken. Nach knapp 1 km schwenkt der Weg nach Norden und steigt recht steil durch Wald ab; teilweise sind fixe Seile angebracht. Dieser Pfad mündet auf einen breiteren Weg (Ww. »Kugelweg – Fluhereck – Ebnit«), dem wir rechts hinunter zur **Essener Hütte** (1298 m) folgen. Nur 150 m weiter, am Fuße des Felsturmes **Strahlkopf**, informiert an der Wegkreuzung **Fluhereck** eine große Wandertafel. Wir wählen den links leicht ansteigenden »Schöner-Mann-Weg« (Weg 51, gelb/blau). Sowohl die **Schöner-Mann-Alpe** als auch die **Hinterberg-Alpe** sind im Sommer als Jausenstationen bewirtschaftet.

Nach der Hinterberg-Alpe beschreibt der Fahrweg zunächst mehrere Windungen und trifft dann auf eine weitere Forststraße, der wir nach links folgen (Ww. »Alpe Schuttannen–Karren–Hohenems«). Nach etwa 200 km kann man die Forststraße verlassen und rechts hinunter durch den Wald abkürzen (gelb/blau). Wenn wir wieder auf den breiten Schotterweg treffen, kreuzen wir diesen und laufen den Weg hinab zur **Alpe Schuttannen** (Ww.). Dort angelangt, wählen wir den blau-weiß markierten »Staufenrundgang«, der uns am Fuß des Staufenspitz, dann im Wald absteigend in 1 Std. zur Bergstation der **Karrenbahn** bringt.